Die Praxis der Sozialforschung

Diese ungewöhnliche Einführung in die Sozialforschung behandelt – in Form von fünf Reportagen eines Wissenschaftsjournalisten – umfassend, doch verständlich und lebendig eine Wissenschaft, die unser alltägliches Leben und Denken in grundlegender Weise beeinflußt. Doch wissen wir eigentlich wenig von dieser Wissenschaft: Es ist leicht, sich einen Chemiker bei der Arbeit vorzustellen, im weißen Kittel vor seinen Reagenzgläsern, aber was tut ein *Sozial*forscher?

Morton Hunt gibt dem Leser, sei er allgemein interessiert oder selbst Sozialwissenschaftler, einen pointierten Überblick über die verschiedenen Methoden und Bereiche der Sozialforschung, der die jeweiligen Vorteile und Grenzen deutlich macht.

Morton Hunt, geb. 1920, ist einer der bekanntesten Wissenschaftsjournalisten in den USA. Neben vielen hundert Artikeln hat er dreizehn Bücher geschrieben, darunter *The Microbe Hunters* und *The Universe Within: A New Science Explores the Human Mind*.

Morton Hunt

Die Praxis der Sozialforschung

Reportagen aus dem Alltag einer Wissenschaft

Aus dem Englischen von Margit Popp

Campus Verlag
Frankfurt / New York

Die amerikanische Originalausgabe *Profiles of Social Research. The Scientific Study of Human Interactions* erschien 1985 bei Russell Sage Foundation, New York.
Copyright © 1985 by Russell Sage Foundation

Verlag und Übersetzerin danken Kristina Heide für die kritische Durchsicht des Manuskripts.

Redaktion: Dagmar Simon

CIP-Titelaufnahme der Deutschen Bibliothek

Hunt, Morton:
Die Praxis der Sozialforschung : Reportagen aus dem Alltag
einer Wissenschaft / Morton Hunt. Aus dem Engl. von Margit
Popp. – Frankfurt/Main ; New York : Campus Verlag, 1991
  Einheitssacht.: Profiles of social research < dt. >
  ISBN 3-593-34278-2

Für Robert K. Merton,
dem Riesen,
von dessen Schultern
so viele
die Gesellschaft
betrachten

Inhalt

Vorwort

Obgleich beinahe jeder einigermaßen Gebildete etwas über Spacelab, Gentechnik, künstliche Intelligenz und viele andere Gebiete der wissenschaftlichen Forschung weiß, haben nur wenige eine Vorstellung davon, was Sozialforschung ist. Während der letzten drei Jahre, in denen ich Bekannten und Freunden gegenüber erwähnt habe, daß ich gerade ein Buch zu diesem Gebiet schreibe, haben viele von ihnen gesagt: »Sozialforschung? Was ist denn das?« Doch die Sozialforschung beeinflußt unser Denken und unser tägliches Leben in so vielfältiger Weise, daß wir es uns schulden, etwas darüber zu wissen.

So gebrauchen die Parlamente und Verwaltungsbehörden des Staates, der Länder und der Kommunen häufig die Ergebnisse der Sozialforschung, um die Sozialprogramme zu entwerfen und in Gang zu setzen, die unsere Gesellschaft umgestalten. Genauso stützen sich die Manager in den Unternehmen auf die Sozialforschung, wenn sie Entscheidungen treffen, die uns als Konsumenten beeinflussen. Somit liegt es in unserem eigenen Interesse, daß wir die Anwendungen – und die Grenzen – der Sozialforschung verstehen; wir haben die Verpflichtung, uns über die Entscheidungen und politischen Maßnahmen, die unser Leben beeinflussen, kundig zu machen und dazu Stellung zu nehmen.

Oft kennt man Begriffe, ohne zu realisieren, daß es sich um Schöpfungen der Sozialforschung handelt, oder ohne genug darüber zu wissen. Einige wenige der Begriffe und Erträge der Sozialforschung, die zu unserem alltäglichen Leben gehören, sind:

- Wirtschaftliche Indikatoren wie das Bruttosozialprodukt, die Arbeitslosenrate und die Lebenshaltungskosten werden vom Staat verwendet, um wichtige Sozialleistungen, etwa die Sozialversicherung und das Arbeitslosengeld, zu steuern.
- Soziale Indikatoren wie Sterbeziffern und Heirats- und Scheidungsraten ermöglichen dem Parlament, den Behörden und Unternehmen, die zukünftigen Bedürfnisse der Gesellschaft zu erkennen. Der ›Consumer Confidence Index‹ etwa ist eine Größe von vorrangiger Bedeutung, um Kaufverhalten und Preise vorauszuberechnen.
- Die Umfrage- und Marktforschung ist die wesentliche Quelle von umfassenden und aktuellen Informationen für Staat und Gesellschaft, angefangen vom Haushaltseinkommen über den Gesundheitszustand bis zu den Vorlieben der Konsumenten für Verbrauchsgüter und ihren Einstellungen zu politischen Fragen.
- Standardisierte Tests spielen eine bedeutende Rolle bei der Ausbildung, auf dem Arbeitsmarkt und im psychosozialen Bereich; »normierte« Tests ermöglichen Fachleuten, Schüler, Angestellte und Patienten an den richtigen Platz zu stellen. Tests sind auch ein Forschungsinstrument, mit dem Sozialforscher die Entwicklung des Menschen über die ganze Lebensspanne verfolgen können.

Die Beschäftigung mit der Sozialforschung lohnt sich aber auch darum, weil sie für eine Vielzahl von wichtigen Fragen viel bessere Erklärungen anbietet als unsere Schulweisheit: warum wir lieben oder hassen, zusammenarbeiten oder miteinander konkurrieren, uns unterwerfen oder dominieren, uns anpassen oder rebellieren, uns engagieren oder treiben lassen, anderen Beistand leisten oder sie verletzen. Mit einem Wort, wie und warum wir in jeglicher sozialer Gruppe vom Paar bis zur Nation so interagieren, wie wir es tun – und warum einige dieser Gruppen fortbestehen und andere sich auflösen.

In der Vergangenheit waren dies Fragen, über die selbst der weiseste Mensch nur Mutmaßungen anstellen konnte, aber mit dem Aufkommen der Sozialforschung wurde es möglich, Daten über das menschliche Verhalten zu sammeln, in ihnen nach Mustern zu suchen, Hypothesen zu konstruieren, die diese Muster erklären, und dann diese Erklärungen durch weitere Beobachtungen zu überprüfen: mit anderen Worten, die Gesellschaft mit wissenschaftlichen Methoden zu untersuchen, sie dadurch besser zu verstehen und besser mit sozialen Problemen umzugehen.

Es sind nicht nur Sozialwissenschaftler, die an diesem geistigen Abenteuer teilnehmen; wir alle tun dies in dem Maße, in dem wir in den Ergebnissen und Konzepten der Sozialforschung denken. Wie alles durchdringend und folgenreich auch die Datensammlung der Sozialforschung sein mag, so liegt ihr bedeutendster Beitrag doch in der Erweiterung und Verbesserung unseres Denkens über soziale Fragen. Wie könnten wir über die heutige Gesellschaft nachdenken, wenn wir als intellektuelles Rüstzeug nicht über solche Konzepte verfügten wie *Entfremdung*, *Kosten-Nutzen-Verhältnis*, *Norm*, *Peer-Gruppe*, *Machtstruktur*, *Lebensqualität*, *Bezugsgruppe*, *Rollenkonflikt*, *Sozialisation*, *Status* und *Subkultur*, um nur einige zu nennen?

Dieses Buch versucht, den Leserinnen und Lesern, die kein spezielles Wissen über die Sozialwissenschaften besitzen, etwas davon zu vermitteln, was Sozialforschung ist, ihnen zu zeigen, wie sie betrieben wird, und den Wert, den sie für ihr Leben haben kann, zu veranschaulichen – und es zeigt auch, um mit Cromwells berühmter Aufforderung an den Portraitisten John Lely zu sprechen, ihre »Falten, Pusteln, Fehler und alles andere«.

Das Portrait der Sozialforschung besteht aus einer Einführung (einem Überblick über ihre grundlegenden Formen), gefolgt von fünf Fallgeschichten oder Augenzeugenberichten über bedeutende Projekte der Sozialforschung. Um dem Gegenstand gerecht zu werden, hätte ich nicht fünf, sondern vielleicht zwanzig solcher Berichte schreiben müssen, von denen jeder eine andere Art der Sozialforschung behandelt. Aber ich hatte den wichtigsten Kommentar über die Langatmigkeit von Autoren vor Augen, die einfältige Antwort des Duke of Gloucester, als Gibbon ihm den dritten Band von *Verfall und Untergang des römischen Reiches* überreichte: »Was! Schon wieder ein verdammtes, dickes, viereckiges Buch! Dauernd kritzeln, kritzeln, kritzeln! Was, Mister Gibbon?« Ich habe es vermieden, ein verdammtes, dickes, viereckiges Buch vorzulegen; ich hoffe, daß es mehr als nur Gekritzel ist.

Teil I: Überblick

Kapitel 1

Die Welt der Sozialforschung

Etwas Neues unter der Sonne

Zwei Studenten sitzen in einem Raum und füllen Fragebögen aus. Der eine von ihnen ist bereits vom Versuchsleiter über das folgende Experiment instruiert und führt einen bestimmten Verhaltensplan aus, der andere kennt es nicht. Ein Teil des Raums ist durch einen Stoffvorhang abgetrennt. Von dort hören sie, wie die junge Frau, die ihnen die Fragebögen überreicht hat, Schubladen auf- und zuschiebt und offensichtlich auf einen Stuhl steigt, um etwas zu holen. Plötzlich fällt der Stuhl krachend um und ein Schrei ertönt. Dann stöhnt und weint die Frau. (In Wirklichkeit stammen die Geräusche von einem Tonbandgerät.) Der nicht instruierte Student will zu Hilfe eilen und blickt zu seinem Partner herüber. Dieser schaut spöttisch, zuckt die Achseln und fährt mit der Beantwortung der Fragen fort. Der erste Student zögert, wendet sich aber dann wieder dem Fragebogen zu. Dennoch scheint er sehr darüber beunruhigt zu sein, daß er nicht zu Hilfe gekommen ist.[1]

Im Laufe einer Woche rufen 1 800 Männer und Frauen in etwa 66 000 Haushalten jeglicher Art an, von einfachen Hütten der Farmpächter bis hin zu vornehmen Strandhäusern, in Städten, Ortschaften und ländlichen Gebieten von Maine bis Hawaii, und stellen höflich, aber bestimmt eine Reihe von Fragen, die Außenstehende gewöhnlich nichts angehen. Die Anrufer wollen wissen, welche Haushaltsmitglieder berufstätig sind, welche Arbeit sie verrichten, wie hoch ihr Einkommen ist und welche Art staatlicher Unterstützungsleistungen sie beziehen. Beinahe jedermann beantwortet die Fragen offen und freundlich, denn die Anrufer sind Interviewer des ›Bureau of the Census‹, die Daten für die *Current Population Survey* sammeln. Auf diese Daten stützen sich die amtlichen Statistiken über Beschäftigungs- und Arbeitslosenzahlen und über die finanzielle Situation der Haushalte des Landes.[2]

Die Mitarbeiter der psychiatrischen Klinik betrachten Herrn X als schizophren, obgleich er bis zu seiner Einweisung bei Verstand gewesen war und keinen Ärger verursacht hatte. Herr X ist ein gut gekleideter und gebildeter Mann im mittleren Alter, der darüber klagte, Stimmen zu hören. Er erzählte dem einweisenden Psychiater, daß die Stimmen unklar seien, aber soviel er berichten könne, sagten sie ›leer‹, ›hohl‹ und ›dumpf‹. Seit seiner Aufnahme im Krankenhaus erwähnt Herr X die Stimmen nicht mehr. Der Arzt glaubt aber nach wie vor, daß er geisteskrank sei, und das Pflegepersonal vermerkt in seinen Aufzeichnungen jeden Tag die gleiche Tätigkeit: »Der Patient schreibt.« Manche seiner Mitpatienten sehen ihn anders. Einer von ihnen sagt zu Herrn X: »Du bist nicht verrückt. Du bist ein Journalist oder Professor. Du untersuchst das Krankenhaus.« Die Patienten haben tatsächlich recht, das Krankenhauspersonal ist im Unrecht. Herr X ist ein Psychologe und eine von acht geistig gesunden Personen, welche an einem Forschungsprojekt arbeiten. Sie haben sich in psychiatrische Kliniken einweisen lassen, um die sozialen Beziehungen des Personals und der Patienten in diesem Milieu aufzuzeichnen, und zwar nicht als Besucher oder offene Beobachter.[3]

Einer der bedeutendsten Unterschiede zwischen Mensch und Tier besteht darin, daß wir unser eigenes Sozialverhalten wissenschaftlich untersuchen: Ein Tun, das erst ein Jahrhundert alt ist. Die Mehrzahl der Methoden, welche es ermöglichen, Tatsachen empirisch zu überprüfen, über die früher nur mehr oder weniger stichhaltige Vermutungen geäußert werden konnten, sind von Sozialwissenschaftlern ausschließlich in den letzten beiden Generationen entwickelt worden. Zu diesen Techniken gehören unter anderem: uneingeweihte Freiwillige zweideutigen sozialen Situationen auszusetzen (wenn z.B. eine Person in Not schreit), um die Bedingungen zu untersuchen, unter denen verschiedene Arten des Sozialverhaltens hervorgerufen werden; Daten von einer Stichprobe der Bevölkerung zu sammeln (wie beispielsweise in der monatlich durchgeführten *Current Population Survey* des ›Census Bureau‹), um schnell und zuverlässig bestimmte Zustände aufzudecken; und als »teilnehmende Beobachter« in speziellen sozialen Situationen (wie etwa einer psychiatrischen Krankenhausstation) zu agieren, um Einblick in die vorherrschenden sozialen Beziehungen und deren Auswirkungen zu erlangen.

Natürlich haben Philosophen lange Zeit über soziale Phänomene und das Wesen der Gesellschaft nachgedacht. Da es jedoch keine Tradition der empirischen Forschung gab, mußten ihre Urteile deduktive sein; sie beruhten auf dem Allgemeinwissen, auf überlieferten Überzeugungen und phantastischen Vorstellungen über die Vergangenheit. Dies hatte zur Folge, daß ihre sozialen Theorien zum größten Teil – wenn auch manchmal plausibel – Mythen darstellten, wie etwa vorwissenschaftliche Erklärungen von Krankheiten, des Wetters und anderer Naturereignisse. Die Lehre vom »Staatsvertrag« zum Beispiel, die im 17. Jahrhundert von Thomas Hobbes aufgestellt wurde, behauptete, daß die Gesellschaft existiere, weil Individuen bereit seien, gewisse Rechte für den Schutz durch einen souveränen Staat aufzugeben. Obgleich dieser Ansatz vielleicht der Realität zu Hobbes' Zeiten angemessen schien, war er doch genauso irreal und falsch wie die zeitgenössischen Theorien der Medizin, denen zufolge der Zustand des Krankseins auf ein Ungleichgewicht zwischen den vier Körpersäften – Blut, Schleim, gelbe Galle und schwarze Galle – zurückzuführen sei.

Im Laufe des späten 19. Jahrhunderts kristallisierten sich die Sozialwissenschaften aus der Philosophie und anderen Disziplinen in ihrer heutigen Form heraus. Ihr Ausgangspunkt war hauptsächlich empirisches Datenmaterial; dieses wurde systematisch auf Gesetzmäßigkeiten überprüft; diese wurden ihrerseits mit Hypothesen vorläufig erklärt; diese schließlich waren durch weitere Beobachtungen und durch das Experiment entweder zu bestätigen oder zu widerlegen. Die Basis der Sozialwissenschaften, d.h. der Soziologie, Anthropologie, Wirtschaftswissenschaften, politischen Wissenschaft und Sozialpsychologie*, ist also die Sozialforschung. Wenngleich es sich hierbei um relativ junge Disziplinen handelt und die meisten Forschungsmethoden sogar noch neueren Datums sind, ist es doch verwunderlich, daß so wenige Menschen eine Vorstellung darüber haben, was unter Sozialforschung zu verstehen ist. So hat das Bild des »Sozialforschers bei der Arbeit« keinen Eingang in die alltäglichen bildlichen oder begrifflichen Klischees gefunden. Der »Chemiker« zum Beispiel ist mit der Vorstellung eines weiß gekleideten Wissenschaftlers vor einer Batterie von Flaschen und Retorten verbunden, der geheimnisvoll zusammengesetzte Pillen in eine brodelnde Mixtur wirft. Der »Paläontologe« läßt an einen dreckigen, sonnenverbrannten Gelehrten denken, der an einem versteinerten, halb aus der Erde ragenden Kieferknochen kratzt. Trotz gewisser Vereinfachungen veranschaulichen solche Klischees charakteristische Tätigkeiten in jeder Disziplin. Jedoch gibt es kein vergleichbares Bild des Sozialforschers bei seiner typischen Tätigkeit.

Wie könnte es auch anders sein? Die Sozialwissenschaften unterscheiden sich stark voneinander. Darüber hinaus nimmt jede von ihnen jeweils andere Erscheinungsformen im universitären Bereich, in der Industrie und in der Verwaltung an, und was noch wichtiger ist, sie arbeiten mit einer Vielzahl ganz verschiedener Forschungsmethoden.

Aber da es keinen Archetyp der Sozialforschung gibt, sind auch ihre Disziplinen, trotz ihrer Unterschiedlichkeit, auf die gleiche Weise miteinander verbunden wie die verschiedenen ausgestorbenen Arten der Gattung *Mensch* untereinander und in bezug auf die moderne Menschheit. Im folgenden wer-

---

* Einige namhafte Wissenschaftler beziehen die Geographie, die mathematische Statistik und die Geschichtswissenschaften mit ein. In diesem Buch werden jedoch nur die sozialwissenschaftlichen Kerndisziplinen betrachtet.

den einige Beispiele für die verschiedenen Varianten der *Sozialforschung* dargestellt, welche eine erste, eher impressionistische Antwort auf die Frage »Was ist Sozialforschung« liefern mögen.

Zu Beginn befassen wir uns mit einigen Formen der Sozialforschung, die früher das Gebiet beherrschten. Diese werden heutzutage zwar immer noch benützt und stellen nach wie vor für die Untersuchung bestimmter Fragestellungen die angemessene Methode dar, sie genügen jedoch nur noch einem kleinen Teil der Sozialforschung. Im Rest dieses Kapitels und in den fünf größeren Fallstudien aus den Kapiteln 2 bis 6 werden wir diejenigen Forschungsmethoden kennenlernen, welche die Stützen der heutigen Sozialforschung sind.

Direkte Beobachtung

Offene teilnehmende Beobachtung

An einem Nachmittag des Winters 1962 saßen einige ärmlich gekleidete Schwarze im ›Downtown-Cafe‹, einer düsteren Bar in den Slums von Washington. Sie tranken Bier, redeten und machten Späße. Ein Mann, dessen weiße, jüdische Gelehrtengestalt hier fehl am Platz wirkte, saß mit einem schwarzen Begleiter an einem Tisch und plauderte angeregt mit ihm. Einige der schwarzen Barbesucher starrten den weißen Mann an, andere ignorierten ihn. Ein Mann kam mißtrauisch an den Tisch und fragte den Begleiter schroff, wer denn der weiße Mann sei. »Das ist Ellix«, sagte der Schwarze. »Wir hatten neulich ein langes Gespräch miteinander. Er ist mein Freund und er ist okay, Mann, er ist okay. Zuerst dachte ich, er sei ein Polyp, aber er ist keiner. Er ist okay.«

Elliot Liebow, von dem Mann, der im ›Downtown-Cafe‹ und in dem nahegelegenen ›New Deal Carry-Out-Shop‹ herumlungerte, mit Spitznamen »Ellix« genannt, war ein Kulturanthropologe und arbeitete für die ›Child Rearing Study‹, einem Projekt des ›Health and Welfare Council‹ der amerikanischen Hauptstadt. Seit beinahe drei Jahren befragten wissenschaftliche Mitarbeiter der Behörde Familien, um Daten über die Erziehungspraktiken in der schwarzen Innenstadt zu sammeln. Der Direktor des Projektes, Hylan Lewis, wollte »Feldmaterial« über einkommensschwache Männer in den Städten und ihre Rolle im Familienleben und bei der Kindererziehung erhalten.

»Geh' ins Feld und mache es wie ein Ethnologe«, sagte er zu Liebow. Liebow aber fragte, wonach er denn suchen solle. »Alles ist nützlich für uns«, antwortete Lewis. »Die wissenschaftliche Methode braucht Grips und kennt keine Grenzen.«

Daraufhin verbrachte Liebow für mehr als ein Jahr die meiste Zeit des Tages und viele Abende damit, mit dem Mann, den er »Tally's Corner« nannte, »herumzuhängen«. Tally war der beste schwarze Freund, den er hatte. »Corner« bezeichnete die unmittelbare Nähe des ›Carry-Out-Shops‹, der das Zentrum für das Gemeinschaftsleben der Menschen dieser Gegend bildete. Liebow war in einer vorwiegend schwarzen Nachbarschaft aufgewachsen, er wußte genug und verhielt sich fair: Er erzählte Tally und jedem, der ihn danach fragte, daß er an einer Untersuchung über das Familienleben in der Stadt arbeitete. Er unternahm keinen Versuch, seine Herkunft zu verschleiern, und obgleich er einige Sprachwendungen und Ausdrücke übernahm, versuchte er nie, sich wie die Menschen von ›Tally's Corner‹ auszudrücken.

Ausgehend von einem zufälligen Gespräch mit Tally, lernte Liebow nach und nach diese Menschen kennen und wurde von ihnen als Teil der lokalen Szene akzeptiert. Er aß, trank, sprach und machte Witze mit ihnen. Er spielte wie sie am Flipper und ging mit ihnen zum großen Tanz. Jedoch vermied er jegliche nähere Beziehung zu schwarzen Frauen, um keine Feindseligkeit hervorzurufen. Er beobachtete sie zwar, wie sie Blödsinn machten und Karten spielten, spielte aber selbst nicht mit, da er, wie er erklärte, in seinem Job nicht das Risiko einer Auseinandersetzung eingehen könne.

In der daraus entstandenen Untersuchung, die später unter dem Titel *Tally's Corner* veröffentlicht wurde, stand wenig über die Erziehungspraktiken, aber um so mehr über die ›street-corner society‹ der armen schwarzen Menschen, oder zumindest über *eine* solche Gesellschaft. Liebow beanspruchte nicht, Prinzipien entdeckt zu haben, die überall anwendbar wären, obwohl sein lebhafter und detaillierter Bericht über das Leben an und um ›Tally's Corner‹, wie jede eindringliche Fallstudie, stark den Einfluß sozialer Prinzipien vermuten läßt, die auch, wie man sich leicht verdeutlichen kann, in ähnlichen Gruppen an anderen Orten wirken.

Das Hauptergebnis von Liebows Untersuchung betraf die Bedeutung der Straßeneckengesellschaft für die verarmten schwarzen Stadtbewohner. Obgleich sie »Verlierer« im sozialen Kampf und beinahe wurzellos waren, haben sie sich an ihren Mißerfolg angepaßt und überlebten ihn, indem sie ein weitgehend künstliches und auf falschen Selbsteinschätzungen beruhendes Netzwerk von Pseudofreunden schufen, welches ihnen ein Zusammengehörigkeitsgefühl vermittelte, während es sie jedoch gleichzeitig daran hinderte, ihren Mißerfolg vor anderen zu verstecken. Somit war das Leben an und um ›Tally's Corner‹ nicht chaotisch und entfremdend, wie man es meist von Slums vermutet, sondern um ein kleines pseudointimes Netzwerk hoch organisiert. In sozialwissenschaftlichen Begriffen ausgedrückt stellt es eine spezielle Art einer »Primärgruppe« dar.[4]

›Tally's Corner‹ ist ein berühmtes Beispiel für diejenige Form der Sozialforschung, die unter dem Begriff Feldstudie – spezieller als »teilnehmende Beobachtung« durch einen offen auftretenden Beobachter – bekannt ist; hier werden Daten von einem Forscher gesammelt, der am täglichen Leben der untersuchten Population teilnimmt, und dessen Identität allen bewußt ist.

In der Vergangenheit wurden die meisten Berichte über entfernte Kulturen von Personen geschrieben, die Distanz zu den »Einheimischen« hielten, wie beispielsweise Eroberer, Entdecker und Missionare. Sozialwissenschaftler erkannten jedoch, daß sie sich ihrem Material annähern und den verfälschenden Einfluß ihrer eigenen Erziehung auf ihre Wahrnehmung minimieren mußten. Der polnisch-englische Anthropologe Bronislaw Malinowski war vor siebzig Jahren der erste, der zu diesem Zweck die Methode der teilnehmenden Beobachtung entwickelte; um die Trobriander, ein einfaches melanesisches Volk, zu untersuchen, lebte und aß er einige Jahren mit ihnen, beobachtete sie bei Arbeit und Spiel, klatschte mit ihnen, interviewte sie über ihr sexuelles Leben (er sprach drei melanesische Sprachen und Pidgin-Englisch), besuchte ihre Feste und nahm viele ihrer Gebräuche an. Er schrieb in sein privates Tagebuch: »Ich stehe ganz im Banne der Tropen, wie auch im Bann dieses Lebens und meiner Arbeit.«[5]

Als Ergebnis waren ihm die Trobriander, trotz der enormen kulturellen Distanz, so vertraut und er verstand sie so gut, daß seine Methode zum Standard anthropologischer Untersuchungen über Volksstämme und Völker außerhalb der westlichen Zivilisation wurde. Auf den Spuren Malinowskis verfolgten unzählige Anthropologen diesen ethnographischen Ansatz, kämpften mit schwierigen, der indogermanischen Familie gänzlich fremden Sprachen und deren linguistischen Kniffligkeiten, tranken mutig ungewöhnliche Alkoholika und nahmen widerwärtige Speisen zu sich, hielten knisternde Strohmatten, bissige Insekten, Langeweile, Einsamkeit, den Mangel an sanitären Einrichtungen und eine Vielzahl von Krankheiten aus, um fremde Kulturen kennenzulernen.

Etwa zur gleichen Zeit, als Malinowski seinen Aufenthalt bei den Melanesiern antrat, begannen Robert E. Park und andere Mitglieder der »Chicago-Schule« der Soziologie damit, ähnliche Methoden in Amerika anzuwenden,

um die exotischen Gesellschaften des Ghettos, des Hotellebens, der Landstreicher, der »Taxi-Tanz«-Hallen und der »Goldküste« zu erforschen.[6] Seither
wurde die ethnographische Methode vielhundertmal von Soziologen und
anderen angewandt, um Subkulturen in unserer Gesellschaft wie jene der
Polizei, der Autoverkäufer, der Einwanderer und der Gesundbeter zu untersuchen.

Wiederum andere haben die Methode der teilnehmenden Beobachtung
benützt, um ihnen erfahrungsmäßig nahestehende Gruppen (der Soziologe
und ehemalige Berufspianist Howard S. Becker schrieb beispielsweise später
über die Welt der Jazzmusiker) und die Lebensmuster spezieller amerikanischer Gemeinschaften zu untersuchen. Der Klassiker der letzgenannten Forschungsrichtung ist die von Robert und Helen Lynd durchgeführte Untersuchung *Middletown* über eine typische Kleinstadt des Mittelwestens (Muncie,
Indiana) im Jahre 1924, bei der sowohl teilnehmende Beobachtung als auch
andere Methoden wie Erhebungen und Interviews eingesetzt wurden.

Durch einen besonderen, zweiteiligen Erkenntnisprozeß werden diese Untersuchungen zur Sozialforschung anstatt zum bloßen Bericht.

Der eine Teil dieses Prozesses besteht aus dem bewußten Versuch der Forscher, sich mit denjenigen, die sie beobachten, zu identifizieren und sich in
deren Erfahrungen, Vorstellungen und Werte einzufühlen, um ihre soziale
Wirklichkeit zu teilen. Ethnographen wird nachgesagt, daß sie sich selber als
Untersuchungsinstrument benützen; sie wollen ihre Untersuchungsobjekte
verstehen, indem sie versuchen, so wie diese zu fühlen. Max Weber, eine
bedeutende Persönlichkeit der frühen Soziologie, sah dieses *Verstehen*, wie er
es nannte, als wesentlich für die wissenschaftliche Erklärung des menschlichen Handelns an, und viele der heutigen Sozialwissenschaftler, insbesondere
phänomenologisch orientierte, stimmen dem zu. Sie vertreten die Ansicht,
daß die Wirklichkeit des sozialen Lebens nicht wie in den Naturwissenschaften aus Ereignissen besteht, sondern aus den *subjektiven Bedeutungen*, die
diese Ereignisse für die Menschen haben. So wird in vielen Gesellschaften ein
Junggeselle, der mit dem Vater seiner Verlobten hart um deren Mitgift ver-
handelt, bewundert, während die meisten der heute lebenden Amerikaner ein
solches Verhalten als verachtenswert einstufen würden. In einigen Ländern
wird Brutalität gegenüber einer untreuen Frau oder sogar deren Ermordung
als Ehrenhandlung angesehen; in den USA gelten solche Handlungsweisen als
verrückt oder soziopathisch.

In dem anderen Teil des Erkenntnisprozesses (der gleichzeitig mit dem
ersten oder in ruhigen Momenten außerhalb des beobachteten Geschehens

ablaufen kann) stehen die Forscher abseits und betrachten ihre Beobachtungen vor dem Hintergrund bereits vorhandener Daten aus vergleichbaren Untersuchungen und anerkannter sozialwissenschaftlicher Konzepte und Theorien. Während sie an den Handlungen einer tief religiösen Gruppe teilnehmen, mögen sie sich in die Überzeugungen der Mitglieder einfühlen, daß das Klammern an die strengen Gruppenregeln über Ernährung, Kleidung und Ritual frommen Gehorsam gegenüber Gottes Wünschen bedeutet, wenn sie aber zur Wissenschaft übergehen, können die Forscher den Sinn der Existenz solcher Regeln erkennen, der darin besteht, Menschen zusammenzubinden und ihre Identität als Gruppe zu bewahren.

Eine solche Analyse, die die neuen Beobachtungen mit existierendem Datenmaterial und Theorien verbindet, versucht diese kausal zu erklären oder wenigstens vorsichtig Aussagen dahingehend zu formulieren, daß unter bestimmten Bedingungen wahrscheinlich ein solches oder solches Verhalten folgt (was im großen und ganzen dasselbe bedeutet). Nach Weber ist Verstehen das deutende Verständnis von menschlichen Handlungen, um dadurch zu einer kausalen Erklärung seines Verlaufs und seiner Wirkungen zu gelangen.[7]

Die teilnehmende Beobachtung hat ihre Grenzen und birgt Gefahren. Viele Forscher, die sich an ihr versucht haben, bezeugten, wie schwierig es sei, nicht zu tief hineingezogen und zum »Eingeborenen« zu werden. Der junge Soziologe James Mannon, der für eineinhalb Jahre in mehreren Notarztwagen mitfuhr, wurde zunächst durch das Erleben von Blut, zerschmetterten Körpern, Todeskämpfen und Leichen physisch krank; langsam lernte er jedoch alles genauso wie das Krankenwagenpersonal zu sehen. Er entpersonalisierte die Patienten und betrachtete sie als »Sachen« oder »Objekte«, mit denen in einer routinierten, leidenschaftslosen und technischen Art und Weise umgegangen werden mußte. Als er diese Stufe erreicht hatte, war er bestürzt darüber, daß er genauso wie die Kollegen auf einen »großen Einsatz« – einen besonders ernsten Notfall – hoffte und fürchtete, ein »soziologisches Monstrum zu werden, das eine Art professioneller Freude aus dem blutigen Schicksal anderer zog«.[8]

Ein noch ernsthafteres Problem jedes Forschungsprojektes, das mit teilnehmender Beobachtung arbeitet, betrifft die Generalisierbarkeit seiner Befunde. Wie hoch ist die Wahrscheinlichkeit dafür, daß die aus der Beobachtung eines Krankenwagens oder einer Straßeneckengesellschaft abgeleiteten Prinzipien auch für andere gelten? Sie können es, sofern die anderen der beobachteten sehr ähnlich sind, allerdings sind zwei Gruppen niemals genau denselben Einflüssen ausgesetzt.

Der Sozialpsychologe Donald T. Campbell, ein anerkannter Methodologe, behauptet, daß diese Schwierigkeit durch Kulturvergleiche (die leider eine zusätzliche Last für die Forscher darstellen) überwunden werden kann. Die Methode des Kulturvergleichs stützt sich auf das, was Campbell als »die Heterogenität der Irrelevanzen« bezeichnet; das heißt, in ähnlichen Fällen aus verschiedenen Kulturen werden sich die unwichtigeren Faktoren unterscheiden, mit dem Ergebnis, daß jene Faktoren, die in allen Fällen gemeinsam auftreten, dies wahrscheinlich aus irgendeinem triftigen Grund tun, nämlich aus einer kausalen, funktionalen oder strukturellen Beziehung zueinander.[9]

Robert LeVine, Professor für menschliche Entwicklung an der Harvard University, gibt hierfür ein Beispiel: Juden im mittelalterlichen Europa, Hindus in Ostafrika, Libanesen in Westafrika und Chinesen in Südostasien wurden oder werden von den Einheimischen als raffiniert und habsüchtig angesehen. Warum? Nicht wegen ihrer Hautfarbe, ihrer Religion, ihrer Sprache oder ihrer nationalen Herkunft, denn diese variieren in den genannten vier Gruppen. Aber, sagt LeVine, allen diesen Gruppen ist gemeinsam, daß sie »fremde Gemeinschaften, die Handel treiben und eine städtische Kultur besitzen, in weitgehend ländlichen Gesellschaften sind«; dieses allgegenwärtige Merkmal ist wahrscheinlich für die Bildung ähnlicher Stereotype verantwortlich.[10]

Das ernsthafteste Problem der teilnehmenden Beobachtung besteht vermutlich darin, daß offen auftretende Beobachter unausweichlich ihren Untersuchungsgegenstand beeinflussen. Wenn Menschen wissentlich beobachtet werden, so handeln sie höchstwahrscheinlich anders, als wenn sie nicht unter Beobachtung stünden oder davon nicht wüßten. Sie wägen vielleicht ihre Worte und Handlungen ab und sind befangen. Sie können versuchen, sich in einem besseren oder auch schlechteren Licht erscheinen zu lassen.

Der Forscher Vilhjalmur Stefansson, der zu Beginn dieses Jahrhunderts die Eskimos studierte, lernte erst nach mehreren Arbeitsjahren, daß seine Gastgeber ihm aus Höflichkeit in vielen Punkten nicht die Wahrheit, sondern das berichtet hatten, wovon sie annahmen, daß er es hören wollte.[11] Als die junge Margaret Mead noch ein anthropologischer Neuling war, erhielt sie viele ihrer Informationen über die vorehelichen Sexpraktiken der Einwohner von Samoa von Teenagermädchen, deren Schilderungen einer paradiesähnlichen Befreiung von Gehemmtheit und Schuldgefühlen sie als wahr annahm. Spätere Untersuchungen lieferten allerdings ein anderes Bild: Gebildete Samoaner, die die Arbeit von Mead gelesen hatten, erzählten einem Forscher, daß die Informanten Mead wohl belogen haben mußten, um sie aufzuziehen, und der Anthropologe Derek Freeman meinte in einem kürzlich vorgetragenen

Angriff auf diese Arbeit von Mead, daß »einen anderen absichtlich in die Irre führen« ein vergnüglicher Zeitvertreib der Samoaner gewesen sei, denn er verschaffte ihnen »ein wenig Erleichterung von der Strenge ihrer autoritären Gesellschaftsordnung«.[12]*

Ein Weg, Irreführungen zu vermeiden, ist unter dem Begriff »Triangulation« bekannt: Der Forscher stützt sich hierbei auf mehr als einen Beobachter und eine Methode, etwa auf Beobachtung, Fragebögen und offizielle Statistiken. Wenn diese unterschiedlichen Ansätze übereinstimmen, kann man seinen Ergebnissen in recht hohem Maße Vertrauen schenken. Aber natürlich erhöht ein solches Vorgehen erheblich die Kosten und den Arbeitsaufwand einer Untersuchung.

Verdeckte teilnehmende Beobachtung

Aus den oben genannten Gründen greifen Forscher manchmal zu einer verwandten Methode, die sowohl einfacher als auch schwieriger ist, nämlich der verdeckten teilnehmenden Beobachtung; hier unterwandern die Forscher eine Gruppe, indem sie ihre wahre Identität verschleiern und als echte Mitglieder auftreten. Natürlich ist dies manchmal unmöglich; Liebow hätte diese Methode bei ›Tally's Corner‹ nicht anwenden können. In anderen Fällen jedoch ist sie sowohl möglich als auch der einzig gangbare Weg, Verhalten zu beobachten, das die Mitglieder einer Gruppe einem Außenstehenden wissentlich nicht zeigen würden. Die verdeckte teilnehmende Beobachtung ist jedoch sehr kontrovers, denn sie impliziert eine bewußte Täuschung der Beobachteten; Ethikkommissionen der verschiedenen Disziplinen mißbilligen sie, und viele institutionelle Kommissionen lehnen Forschungsanträge ab, die sie enthalten.

Am Abend des 23. Novembers 1954 saßen neun Personen kreisförmig im Wohnzimmer einer Stadt im Mittelwesten. Sie hielten eine Séance ab und hofften, bedeutende Informationen von den »Wächtern« auf dem Planeten »Clarion« zu erhalten. Die Gruppenleiterin, Marian Keech (deren richtiger Name anders lautete), eine zierliche, etwa fünfzigjährige Frau, erhielt in Trance, bei der sie automatisch schrieb, zum erstenmal ein Jahr zuvor Bot-

---

* Bei ihren späteren ethnographischen Studien war Mead erfahrener und besser vorbereitet. Die möglichen Fehler in der Arbeit über die Samoaner taten ihrer Karriere keinen Abbruch.

schaften vom Planeten Clarion, und drei Monate vor dem jetzigen Treffen wurde ihr auf diese Weise übermittelt, daß am 21. Dezember eine große Flut die nördliche Halbkugel überspülen würde. Die kleine Abendgesellschaft – es gab auch noch andere Gläubige, die nicht anwesend sein konnten – erwartete Anweisungen, wie sie sich für die Flut vorbereiten solle, und Informationen darüber, wie sie gerettet werden würde.

Als das zehnte und letzte Mitglied, ein junger Geschäftsmann, eintraf, nahm ihn Frau Keech beiseite und sagte zu ihm, daß die Gruppe Anweisungen erwartete; dann fügte sie hinzu: »Wir wollen, daß Sie uns heute Abend führen.« Er schien aus der Fassung gebracht und protestierte, daß er nicht als Leiter fungieren könne, da er nicht »vorbereitet« sei. Frau Keech war anderer Meinung; sie sagte mit fester Stimme, daß er *bereit* sei, und fügte hinzu: »Wir müssen alle unseren großen Verantwortungen ins Auge sehen und sie annehmen.«

Widerwillig gab er nach. Im Wohnzimmer jedoch, aller Augen auf sich gerichtet, hielt er sie hin und sagte mit geneigtem Kopf: »Laßt uns meditieren.« Er wartete in der Hoffnung, daß irgendetwas passieren würde, und mehr als zwanzig Minuten lang, die in quälender Stille vergingen, sagte oder tat niemand etwas. Daß der Gastgeber nichts tat, lag darin begründet, daß er weder ein Geschäftsmann noch ein Gläubiger, sondern ein Sozialpsychologe war, nämlich Henry W. Riecken, Mitglied eines dreiköpfigen Forscherteams der University of Minnesota (Leon Festinger, das Seniormitglied, und Stanley Schachter waren die beiden anderen), die mit fünf studentischen Mitarbeitern die Sekte von Frau Keech verdeckt untersuchten, um zu sehen, wie die Mitglieder auf das Ausbleiben der vorhergesagten Flut reagieren würden.

(Nach Festingers berühmter Theorie der kognitiven Dissonanz würden die Gläubigen den Konflikt zwischen ihrer Überzeugung und deren Nichtverwirklichung nicht aushalten können. Einige dürften den Konflikt dadurch lösen, daß sie ihre Überzeugung aufgaben, aber andere, die stark engagiert gewesen waren – ein paar hatten sogar aufgehört zu arbeiten –, könnten Wege finden, das Mißlingen zu »erklären«, und dürften am Schluß sogar noch fester daran glauben als zuvor.)

In jener Nacht wurde Riecken von Bertha Blatsky (ebenfalls ein Pseudonym), einer Frau in den Vierzigern, die mit zurückgeworfenem Kopf auf dem Sofa saß und zu keuchen, zu stöhnen und zu ächzen begann, aus seiner mißlichen Lage befreit: »Ich habe die Worte erhalten, ich habe die Worte erhalten«, gefolgt von »dies ist Sananda, Sananda spricht.« (Sananda war der Sprecher der Wächter.) Frau Keech wandte sich eifrig von dem vermeintlichen Geschäftsmann, der sie im Stich gelassen hatte, Bertha zu, und während des ganzen Abends und der Nacht hingen sie und die anderen an Berthas Worten. Eine

Enttäuschung war allerdings, daß diese nur aus Grüßen und geistigen Botschaften an jedes Mitglied, nicht aus besonderen Anweisungen bestanden.

Bei späteren Treffen kamen (über Frau Keech) Anweisungen an, die den Mitgliedern auftrugen, zu einem bestimmten Zeitpunkt für fliegende Untertassen, die sie in Sicherheit bringen würden, bereitzustehen. Als die Raumschiffe während mehrerer solcher Verabredungen nicht eintrafen und es keine Überflutung gab, verhielten sich die Sektenmitglieder genauso, wie es Festingers Theorie vorhersagte. Frau Keech erhielt die Nachricht, daß dank des Lichtes und der Güte, die die Gruppe der Gläubigen ausstrahlte, Gott beschlossen hatte, die Katastrophe nicht eintreten zu lassen und die Welt zu schonen. Einige der Kultmitglieder reagierten mit Enttäuschung und sagten sich los, aber jene, die am stärksten engagiert gewesen waren, gingen noch überzeugter als vorher aus der Sache heraus.

Die Phase der Feldstudie des Projekts dauerte sieben Wochen. Während dieser Zeit besuchten Forscher insgesamt neunundzwanzigmal in einer und dreißigmal in einer anderen Stadt die Mitglieder von Sekten oder nahmen an ihren Treffen teil. Sie notierten sich die Situation (im Badezimmer oder während sie nach draußen gingen, um frische Luft zu schnappen) oder sprachen Details auf ein Bandgerät, sobald sie gegangen waren. Als scheinbar Gläubige gelang es ihnen auch, Kopien von vielen der bedeutendsten Botschaften, die Frau Keech erhalten hatte, und von Bändern halböffentlicher Sitzungen zu bekommen.

In ihrem Bericht über die Untersuchung gaben Festinger, Riecken und Schachter offen zu, daß »die Vorgehensweisen, welche bei der Durchführung dieser Studie angewandt wurden, in mehreren Punkten von der Orthodoxie der Sozialwissenschaft abwichen«. Aber nach der Darstellung ihrer Versäumnisse gegenüber der Norm schlossen sie: »Es war uns trotzdem möglich, genügend Informationen für eine zusammenhängende Darstellung zu sammeln, und glücklicherweise waren die Auswirkungen der Nichtbestätigung [der Prophezeiung] durchschlagend genug, um ernstzunehmende Schlußfolgerungen zu ermöglichen.« Ihr Bericht *When Prophecy Fails* wurde in Rezensionen im *American Journal of Sociology* und in der *American Sociological Review* als eine schwierige, aber gelungene Untersuchung gefeiert; sie war zu dieser Zeit ein klassisches Beispiel für die verdeckte teilnehmende Beobachtung.[13] Darüber hinaus bildete sie auch eine Zeitlang den Mittelpunkt der Auseinandersetzung und wurde von jenen scharf kritisiert, die die Methode als eine unsittliche Einmischung in Privatangelegenheiten ansahen.

Wie Festinger und seine Mitarbeiter haben auch andere Forscher verdeckte Methoden eingesetzt, sofern sie guten Grundes davon ausgehen konnten, daß sie durch die Offenlegung ihrer wahren Absichten entweder am Zugang zu einer Gruppe gehindert oder sie von dieser zwar akzeptiert worden wären, man ihnen jedoch nur ein »schönes Programm« verkauft hätte.

Ein Forscher, der das Verhalten von Behördenleitern untersuchen wollte, erfuhr von anderen, die eine offene Beobachtung und Untersuchung versucht hatten, daß sie von den Leitern gesteuert und manipuliert worden waren, damit sie nur sahen, was sie sehen sollten. Der Forscher gab deshalb an, daß er an einer Untersuchung über »Personalprobleme« interessiert sei, und es war ihm in dieser Verkleidung mehr oder weniger ungehindert möglich, echtes und unkontrolliertes Führungsverhalten zu beobachten.[14]

Die kleine Geschichte über Herrn X zu Beginn dieses Kapitels basiert auf dem veröffentlichten Bericht einer bemerkenswerten Studie mit verdeckter Beobachtung über psychiatrische Kliniken. David L. Rosenhan, Psychologe und Professor für Recht an der Stanford University, sowie sieben wissenschaftliche Mitarbeiter ließen sich in zwölf psychiatrische Kliniken an der Ost- und Westküste einweisen, indem sie sich der Krankenhausaufnahme vorstellten und angaben, Stimmen zu hören. Als Patienten konnten sie die Interaktionen zwischen Krankenhauspersonal und Patienten in einer Weise beobachten, wie es unter ihrer wahren Identität nicht möglich gewesen wäre. Die Untersuchung erbrachte ein beunruhigendes Ergebnis: Obwohl die Pseudopatienten jedes abnorme Verhalten sofort nach der Einweisung ablegten, veranlaßte die Diagnose »Schizophrenie« das ganze Krankenhauspersonal trotz aller diagnostischen Fachkenntnisse dazu, ihr Verhalten weiterhin als schizophren anzusehen und mit ihnen demgemäß umzugehen – höchst bemerkenswert: sie so oft wie möglich zu meiden.[15]

Andere haben die verdeckte Methode dort benutzt, wo die Gruppe, die sie untersuchen wollten, ihren Mitgliedern strenge Regeln der Geheimhaltung auferlegt hatte. Ein Forscherteam gab sich als Alkoholiker aus, um in eine Gruppe der Anonymen Alkoholiker aufgenommen zu werden, da ihnen die Forderung der Organisation, daß nichts, was auf den Treffen gesagt wird, nach außen gelangen dürfe, die Teilnahme verwehrt hätte – und somit auch zu untersuchen, wie die Gruppe der Anonymen Alkoholiker funktionierte und warum sie unfähig war, eine noch größere Zahl von Alkoholikern anzuziehen.[16]

Obgleich die verdeckte teilnehmende Beobachtung es Forschern ermöglicht, Gruppen zu untersuchen, die ihnen anderenfalls nicht zugänglich wären, stellt sie doch hohe Anforderungen und ist kompliziert. Die Annahme und Wahrung einer falschen Identität ist für viele Menschen schwierig und stressreich: In jedem Moment können sie durch eine unbedachte oder herausgerutschte Äußerung, durch den falschen Gebrauch eines »Insiderwortes«, durch das Nichterkennen eines Scherzes – oder die Bemühung, einen Scherz zu machen, der zum Verplapperer wird – »auffliegen«.

Die Forscher können auch ganz einfach das Pech haben, von Bekannten erkannt zu werden. Der Soziologe Jack Douglas, der eine Untersuchung mittels teilnehmender Beobachtung an einem berüchtigten Nacktbadestrand in Kalifornien durchführte, sprach dort eines Tages zwei Frauen an, ohne seine Identität preiszugeben. Nachdem er einige Zeit mit ihnen über ihre Einstellung zu dem Strand geredet hatte, fragte er zu Forschungszwecken: »Seid ihr Studentinnen?« Eine von ihnen sagte: »Oh ja«, und fügte hinzu: »Wir sind sogar Soziologiestudentinnen.« Beim Weggehen drehte sie sich dann noch einmal um und sagte: »Wir haben sogar Ihre Einführungsveranstaltung im letzten Semester besucht.« Douglas war beschämt; er erkannte, daß nicht sie, sondern er der von der Forschung »Gefoppte« gewesen war.[17]

Eine andere Gefahr der verdeckten Beobachtung besteht darin, daß die Möglichkeit, zum »Eingeborenen« zu werden, noch größer als bei der offenen Beobachtung ist, denn je sorgfältiger man sich der falschen Rolle anpaßt, desto schwieriger wird es, seine Objektivität zu bewahren. Der populären Literatur über Spionage zufolge sind Doppelagenten oftmals nicht mehr darüber auf dem laufenden, an welche Seite sie überhaupt glauben; ob dies nun für Agenten tatsächlich zutrifft oder nicht, Sozialwissenschaftlern passiert es jedenfalls gelegentlich. Ein Team zum Beispiel, das eine religiöse Sekte erfolgreich unterwanderte, wurde tatsächlich bekehrt und schrieb seinen Bericht aus dieser Sichtweise.[18]

Das ernsthafteste der Probleme, die die verdeckte teilnehmende Beobachtung aufwirft, besteht wohl in dem ethischen Konflikt, den sie bei den Forschern hervorruft: Sie täuschen andere und »mißbrauchen« sie, indem sie deren Geheimnisse enthüllen. Einige Forscher sind durch diesen Konflikt so aus der Ruhe gebracht worden, daß sie ihre Projekte aufgaben. Zumindest ein tief Beunruhigter aber war glücklich über die Wahl seines Täuschungsobjektes. Er war in die Kirche des Satans von San Francisco eingetreten, indem er Bekehrung und Überzeugung heuchelte, und hatte einige Jahre an den geheimen Ritualen teilgenommen, bis er dann schließlich so im Widerspruch mit seinem Täuschungsmanöver stand, daß er dem Sektenführer die Wahrheit erzählte und um die Erlaubnis bat, einen Bericht über das Erlebte schreiben zu dürfen. Der Sektenführer erteilte ihm nicht nur die Erlaubnis, sondern billigte auch das, was ihm und seiner Gruppe geschehen war, denn seiner Ansicht nach war Täuschung eine angemessene Handlung des Satans.[19]

Allerdings haben Lewis A. Coser, Edward Shils und eine Reihe anderer

Sozialwissenschaftler die verdeckte teilnehmende Beobachtung als Verstoß gegen die Berufsethik bezeichnet. Der Soziologe Fred Davis meinte sogar noch barscher, daß diejenigen, die verdeckte Methoden benützen, um Menschen dazu zu bringen, sich zu offenbaren, »das kollektive Gewissen der ganzen Gemeinschaft verletzen« und »der Ruch der Schändlichkeit« über ihnen liege.[20]

Die Forscher, die verdeckte Beobachtung verwenden, erwidern, daß ihre Arbeit vor dem Hintergrund einer Kosten-Nutzen-Analyse beurteilt werden sollte; das heißt nicht nur nach den Mitteln, sondern auch den Zielen. Den Beobachteten werde nur geringer oder gar kein Schaden zugefügt, da die meisten Forscher sowohl aus Gründen des Anstands als auch des Selbstinteresses die Identität ihrer Versuchspersonen sorgfältig unkenntlich machten. Wenn dem so ist, so argumentieren sie weiter, und wenn dadurch wertvolle Erkenntnisse gewonnen werden, die anders nicht zu erhalten sind, sei die Täuschung voll gerechtfertigt.

Nichtteilnehmende Beobachtung

Eine andere Beobachtungsmethode, die alle genannten Probleme vermeidet, jedoch um den Preis, daß man nur das Oberflächliche sieht, ist die nichtteilnehmende Beobachtung. Sie wird oftmals benützt, um Verhalten in und auf öffentlichen Plätzen wie Bürgersteigen, Restaurants und Supermärkten oder halböffentlichen Plätzen wie Empfangsräumen, Klublokalen und Hausparties zu untersuchen. In diesen und anderen Situationen, in denen die Interaktion zwischen Forscher und beobachteten Personen deren normale Verhaltensmuster stören würde, mag der Forscher, ähnlich dem im Gebüsch lauernden und den Brauttanz der afrikanischen Kraniche beobachtenden Verhaltensforscher, die Rolle eines passiven Zuschauers wählen.

Der Soziologe Erving Goffman gebrauchte die nichtteilnehmende Beobachtung bis zur Perfektion, um – in seinen Worten – die »Dramaturgie« des sozialen Lebens zu untersuchen; nämlich solche Verhaltensaspekte wie die Regeln und Rituale, die unsere Interaktionen mit Fremden in der Öffentlichkeit steuern (zum Beispiel den »richtigen« Abstand einzuhalten), und die Vorgehensweisen, mit deren Hilfe wir unterschiedliche, an jeweils andere Personen gerichtete Eindrücke von unserem ›wahren Selbst‹ erzeugen. Goffmans bedeutendste Methode, ein solches Verhalten zu untersuchen, bestand darin, der »unbeobachtete Beobachter« , wie er es nannte, zu sein – eine Rolle, für die er veranlagungsmäßig gut geeignet war und die er ausgezeichnet spielte.

Leider hinterließ Goffman, der ein die Öffentlichkeit scheuender und eher geheimnisvoller Mensch gewesen war, keine Aufzeichnungen seiner eigenen Feldstudien. Aber anhand von Anhaltspunkten in seinen Arbeiten kann man sich leicht verdeutlichen, wie die Untersuchungen abgelaufen sein mußten. Denn obgleich er eine Fülle von Details einflicht, in denen er viele Untersuchungen von anderen zitiert, beschreibt Goffman oftmals irgendwelche Verhaltensmuster, ohne eine Quelle dafür anzugeben. In diesen Fällen kann nur er das Geschilderte selbst beobachtet haben. Im folgenden Beispiel diskutiert er einen Aspekt der Territorialität in der Öffentlichkeit:

Der *persönliche Raum* [ist] der Raum, der ein Individuum überall umgibt und dessen Betreten seitens eines anderen vom Individuum als Übergriff empfunden wird, der es zu einer Mißfallenskundgebung und manchmal zum Rückzug veranlaßt. Es handelt sich dabei um eine Kontur, nicht um eine Sphäre, da die räumlichen Ansprüche auf den unmittelbar vor einem liegenden Bereich größer sind als die sich auf den hinter einem liegenden Bereich beziehenden... Ein schönes Beispiel dafür kann man in den Salonwagen der amerikanischen Ostküste erleben, in denen zu beiden Seiten eines breiten, längs verlaufenden Mittelgangs drehbare Einzelsitze angebracht sind. Wenn der Zug voll ist, maximieren die sitzenden Reisenden ihren »Komfort« dadurch, daß sie ihre Sitze so drehen, daß sie die kleinstmögliche Anzahl von Passagieren im Blick haben.[21]

Goffman zitiert keine Quelle für diese Beobachtungen; es erscheint offensichtlich, daß er selbst unauffällig die Positionen der Reisenden studierte, während er wahrscheinlich im Zug von Philadelphia (wo er lebte) nach New York oder Washington unterwegs war, eine Strecke, auf der Salonwagen immer eingesetzt wurden. Und obwohl jeder Reisende dasselbe hätte sehen können, wäre nur jemand mit der Fähigkeit Goffmans, Mikroverhaltensmuster wahrzunehmen und ihren sozialen Zweck intelligent zu interpretieren, in der Lage gewesen, sie überhaupt zur Kenntnis zu nehmen und ihre Verwandtschaftsbeziehung zu anderen räumlichen Anordnungen, die wir zur Wahrung unseres Selbstgefühls auf öffentlichen Plätzen benützen, zu erkennen.

Betrachten wir die folgende Passage, in der Goffman über »Miteinander« spricht, sein Begriff für Gruppen von zwei oder mehr Personen, die von anderen als zusammengehörend wahrgenommen werden, im Gegensatz zu Personen, die in derselben Situation als »Einzelne« angesehen werden:

Wenn ein Mitglied eines Zwei-Personen-Miteinanders seinen Partner vorübergehend verläßt, um zu telefonieren oder zur Toilette zu gehen oder um mit jemandem am anderen Ende des Raumes zu sprechen, kann es so aussehen, als sei letzterer ein einzelner. Dieser Eindruck läßt sich aber korrigieren. Auf jede Gesprächseröffnung kann man mit der Antwort reagieren: »Ich bin mit jemandem hier«, und die Körperhaltung kann unterstreichen, daß man nur kurzfristig begleitungslos ist. Analog können dann auch einzelne Personen, die nicht als einzelne klassifiziert werden wollen, stillschweigend oder mit Worten zu verstehen geben, daß sie auf einen fiktiven Ankömmling warten.[22]

Es ist einfach, sich Goffman in Restaurants, Hotelfluren oder auf soziologischen Tagungen vorzustellen, wie er unauffällig das dortige Verhalten beobachtet und sich Notizen macht, die zu minuziös exakten Aufzeichnungen summiert und später für eine scharfsinnige Abhandlung über menschliches Verhalten auf öffentlichen Plätzen benützt werden.

Viele andere Forscher haben dieselbe Methode entweder allein oder in Verbindung mit der teilnehmenden Beobachtung angewandt. Ein paar bemerkenswerte Beispiele hierfür sind:

– Der Anthropologe Edward T. Hall untersuchte, wie Menschen bei einer Unterhaltung die Distanz zueinander, entsprechend ihrer Beziehung und der Art des Schauplatzes, variieren. Er machte zum Teil Interviews, aber schaute und hörte, wo immer er ging, weitgehend auch zu.[23]
– Der Soziologe Herbert Gans lebte mehrere Monate in den Slums von Boston, um sie zu studieren. Zeitweise interagierte er mit den dort lebenden Menschen, aber die meiste Zeit versuchte er, sich »von einer aktiven Beteiligung zurückzuhalten, um nicht den Untersuchungsgegenstand zu beeinflussen – oder wenigstens, ihn nicht mehr zu beeinflussen als absolut unvermeidbar. Meistens war meine Beteiligung derart, wenn ich die örtlichen Einrichtungen benützte, Versammlungen besuchte oder Vorfälle in den hiesigen Geschäften und Kneipen beobachtete«.[24]
– Martin Weinberg und Colin Williams vom Institut für Sexualforschung an der Indiana University untersuchten die ungewöhnlichen Interaktionen homosexueller Männer in »Schwulensaunen«, indem sie den Eintrittspreis bezahlten, wie die anderen mit dem vorgeschriebenen Handtuch umhergingen und das gegenseitige Werben und die sexuellen Aktivitäten beobachteten, ohne daran teilzunehmen. (Diese passive Beobachtung blieb unbemerkt, denn sie gehört in Saunen für Homosexuelle zum allgemeinen Verhalten.) Sie fanden heraus, daß die Besucher, ungeachtet ihrer ausschweifenden Aktivitäten, emotionale und persönliche Distanziertheit zueinander hielten – sich tatsächlich so verhielten, um sich besser auf ersteres konzentrieren zu können. Die Besucher hätten ihre sexuellen Handlungen wohl kaum in der üblichen Weise ausgeführt, wenn sie gewußt hätten, daß zwei heterosexuelle männliche Wissenschaftler sie studierten, um einen Bericht mit dem Titel »The social organization of impersonal sex« für eine Fachzeitschrift zu schreiben.[25]

Eine Reihe anderer Sozialwissenschaftler haben die unauffällige Beobachtung nicht für die Untersuchung des Sexualverhaltens, sondern von Geschlechtsunterschieden im Verhalten, insbesondere im Gespräch, benützt. Schon 1922 spazierte ein unternehmungslustiger Forscher jeden Abend den Broadway in New York entlang und machte sich von allen Unterhaltungsfetzen, die er zufällig mitbekam, Notizen. Die Methode war einfach, aber eines der faszinierenden Ergebnisse, die sie lieferte, war, daß nur acht Prozent der Gespräche zwischen Männern Frauen betrafen, während 44 Prozent der Unterhaltungen zwischen Frauen sich auf Männer bezogen.[26] Angesichts der dramatischen Veränderungen in der Männer- und Frauenrolle wäre eine heutige Wiederholung dieser Untersuchung interessant.

In der Tat sind Forscher immer noch an den Kommunikationsunterschieden zwischen Männern und Frauen interessiert. Eine kürzlich durchgeführte Untersuchung, bei der Unterhaltungen zwischen Männern und Frauen in Cafés, Läden und anderen öffentlichen Plätzen eines Universitätsgeländes sowie in privaten Wohnungen auf Band mitgeschnitten wurden, zeigte, daß in zwischengeschlechtlichen Gesprächen, zumindest unter Studenten auf diesem kalifornischen Campus, Männer für 96% aller Unterbrechungen verantwortlich waren. Sogar in einer Laboruntersuchung gingen bei gemischtgeschlechtlichen Gesprächen zwischen Fremden 75% der Unterbrechungen von Männern aus.[27]

Andere Forscher haben heimlich Gespräche im Hotel, den Foyers von Konzertsälen, in Kaufhäusern und sogar in Schlafsälen (wo sich ein Team, gewillt, Unbequemlichkeiten im Namen der Wissenschaft auszuhalten, unter Betten versteckte, während die Studenten kleine Feste feierten) belauscht. In »Gesprächsanalysen«, einem bedeutenden Bereich der gegenwärtigen Ethnomethodologie, besteht das Rohmaterial zum großen Teil aus Tonband- oder Videomitschnitten von Gesprächen, deren Teilnehmer nicht wußten, daß diese aufgezeichnet wurden.

William H. Whyte hat eine etwas andere Art der nichtteilnehmenden Beobachtung als Basis für seine reizenden Untersuchungen über die Benutzung von Plätzen, Treppen, Bürgersteigen und anderen öffentlichen Räumen der Stadt angewandt. Er befestigt Kameras, die im Zeitrafferverfahren Aufnahmen machen, an unauffälligen Aussichtspunkten und fotographiert dort in regelmäßigen Abständen den Menschenfluß. Einige seiner interessantesten Ergebnisse sind unter anderem:[28]

– Menschen geben oft vor, daß sie Frieden, Ruhe und einen Platz für sich alleine möchten, aber sie handeln nicht danach. Wenn sie anhalten, um mit jemandem auf der Straße oder sogar auf einem Platz zu reden, bleiben sie in der Mitte des Fußgängerflusses stehen, und wenn sie sich zum Ausruhen auf Stufen oder Vorsprünge setzen, so lassen sie sich nicht abseits, sondern mitten im Hauptstrom nieder.

– Auch wenn auf einem Platz Tische so gruppiert sind, daß sie die Menschen zusammenpferchen, lieben sie es; sie drängen sich hinein, knüpfen ein Gespräch an und verhalten sich gesellig. Wenn ein Platz keine Möglichkeit des Sichzusammendrängens bietet, sind die Menschen weniger geneigt, dorthin zu kommen. Gute Gastwirte wissen das, aber viele Städteplaner nicht. In Whytes Worten ausgedrückt: »Was Menschen am meisten anzieht, falls es sich so ergibt, sind andere Menschen.«

– Von wenigen Ausnahmen abgesehen, sind tiefer gelegene Plätze tote Orte; die Menschen meiden sie, denn einmal dort, »schauen die Menschen auf dich. Du schaust nicht auf sie.«

– Wie Vögel auf einem Telegraphenmast verteilen sich die Menschen über Vorsprünge oder Bänke auf einem öffentlichen Platz. Whytes Diagramme auf der Grundlage seiner Fotografien zeigen einen erstaunlichen Grad an Uniformität und Genauigkeit bei all dieser Distanzeinhaltung.

Indirekte Beobachtung

Es ist möglich, eine Menge über das Sozialverhalten einer Personengruppe zu erfahren, ohne mit ihr zu leben, sie zu interviewen oder sie auch nur von weitem zu beobachten. Eine Reihe von Forschungsmethoden stützt sich gänzlich auf einen physischen oder schriftlichen Nachweis menschlichen Sozialverhaltens oder auf Daten, die bereits von anderen erhoben wurden. Diese Methoden werden manchmal benützt, um jegliche Verfälschung durch die Anwesenheit des Beobachters zu vermeiden, aber öfters, weil sie als einzige durchführbar (wie in Fällen, in denen die zu untersuchenden Personen schon tot sind oder über die ganze Welt verstreut leben) oder sehr wirtschaftlich sind (wie in der Analyse bereits existierender, durch andere erhobener Daten).

Physischer Nachweis

Eine Methode der indirekten Beobachtung stützt sich auf die Interpretation von physischen Spuren menschlichen Sozialverhaltens.

Jeder Liebhaber von Kriminalromanen weiß, daß ein guter Detektiv eine Menge über den Charakter und das Sozialverhalten eines Mordopfers oder eines Verdächtigen erfahren kann, indem er die Form seiner Zahnpastatube, die Abnutzungserscheinungen an seinem Wohnzimmerteppich oder den

Schmutz in seinen Manschetten untersucht. Von solchen Beobachtungen ist es nicht mehr weit bis zu jenen Formen der Sozialforschung, die sich auf physische Nachweise stützen. Eine sehr bekannte Monographie über die Methoden der indirekten Beobachtung von Eugene J. Webb, Donald T. Campbell, Richard D. Schwartz und Lee Sechrest enthält unter anderem die folgenden Beispiele:

Im Chicagoer ›Museum of Science and Industry‹ müssen die Fußbodenfliesen um eine ausgestellte Vitrine mit gerade schlüpfenden Küken alle sechs Wochen erneuert werden. Die Fliesen an anderen Stellen des Museums überdauern Jahre ohne Auswechslung. Die – durch die Erneuerungsrate angezeigte – selektive Abnützung von Fliesen ist ein Maßstab für die relative Beliebtheit von Ausstellungsstücken.

Der Ausleihrückgang an Bibliotheken wurde dazu benützt, die Wirkung der Einführung des Fernsehens in einer Reihe von Gemeinden zu demonstrieren. Unterhaltungsliteratur ging zurück, Sachliteratur blieb davon unberührt.

[Frederick] Mosteller … [untersuchte], wie stark verschiedene Abschnitte der *International Encyclopedia of the Social Sciences** gelesen wurden. Er maß die Abnutzung einzelner Stellen, indem er schmutzige Ecken der Seiten vermerkte und die Häufigkeiten von Schmutzflecken, Fingerabdrücken und Unterstreichungen aufzeichnete.[29]

Die Beispiele mögen leichtfertig erscheinen. Man könnte stattdessen ganz einfach die Menschen zählen, die die ausgestellte Vitrine mit Küken betrachten. Aber die Autoren ergänzten, daß es sich hierbei um ausgezeichnete indirekte Methoden zur Gewinnung stichhaltiger sozialer Informationen handle, und manchmal sind sie wohl auch der beste Weg. Das Zählen der Personen, die sich all die Ausstellungsstücke in Museen anschauen, wäre zeitraubend und kostspielig und eine Befragung vor Ort könnte nicht die Wahrheit ans Licht bringen, sondern Antworten, die die Befragten in einem besseren Licht erscheinen ließen (so könnten sie sagen, daß sie lieber anspruchsvolle Ausstellungen als die Küken ansehen würden). Die Abnützung der Fliesen und Seiten, die einen Nachweis entweder für deren Gebrauch oder deren Unberührtheit liefert, lügt nicht.

In anderen Fällen kann einzig ein physischer Nachweis verfügbar sein. Manch ein antikes oder untergegangenes Volk hinterließ keine schriftlichen oder bildlichen Aufzeichnungen seines sozialen Lebens, aber Archäologen können zumindest einen Teil davon aufgrund der übriggebliebenen Werkzeuge, der Scherben von Gefäßen, des Grundrisses der Häuser und ähnlichem rekonstruieren. Derartige Relikte können offenbaren, ob Frauen oder Kinder separat lebten oder Wohnviertel mit Männern teilten, ob es sich um kriegslü-

---

* Eine geringfügige Korrektur: David L. Sills, Herausgeber der IESS, meint, daß Mosteller in Wirklichkeit die vorherige Ausgabe, nämlich die *Encyclopaedia of the Social Sciences*, untersuchte.

sterne oder friedfertige Menschen handelte, wie groß ihre Gemeinschaften waren, ob sie irgendein geldähnliches Tauschmittel besaßen, und vieles mehr.

Abfallgruben (Ansammlungen von Müll und Küchenabfällen) können eine Menge darüber erzählen, welche Nahrungsmittel ein Volk vor Jahrhunderten oder sogar Jahrtausenden zu sich nahm, und darauf hinweisen, ob die Menschen Jäger, Sammler oder Bauern waren, ob Kannibalen oder nicht, ob sie ihre Nahrung kochten und deshalb vermutlich zusammen aßen, und so weiter.

Die Untersuchung des Mülls spielt sogar in der gegenwärtigen Sozialforschung eine Rolle, wenngleich auch eine geringe. Webb et al. berichten von einem Forscher, der wissen wollte, wieviel harte Spirituosen in einem offiziell »trockenen« Ort, von dem es somit keine Aufzeichnungen gab, getrunken wurden. Er hätte eine Befragung durchführen können, aber möglicherweise nur ausweichende Antworten von den Leuten erhalten. Stattdessen wählte er die unappetitliche, aber von Grund auf solide Methode, in einer Stichprobe von Häusern der Stadt die leeren Flaschen im Abfall zu zählen, anhand derer er den gesamten Alkoholkonsum in der Gemeinde schätzen konnte.

Der Kulturanthropologe William Rathje von der University of Arizona entwickelte diesen Forschungsansatz weiter und betrieb zehn Jahre lang Untersuchungen über das, was er »Archäologie von uns« nennt; er leitete dabei das ›Garbage Project‹. In Tucson, Milwaukee, Marin County nördlich von San Francisco und Mexico City sammelten Studenten von Rathje und andere Sozialwissenschaftler großangelegte Stichproben von Haushaltsmüll und sortierten sie. In erster Linie erhoben sie Daten über die Verschwendung von Nahrungsmitteln und die Beseitigung von wiederverwertbarem oder umweltfeindlichem Material. »Wenn bedeutende Fakten über das Leben in antiken Gesellschaften aus dem alten Küchenmüll geklaubt werden können«, so schreibt Rathje, »dann kann uns der frische Küchenmüll nützliche Dinge über die moderne Gesellschaft berichten.« Das Projekt lieferte unter anderem die folgenden Ergebnisse:[30]

– Die Menschen essen viel weniger rotes Fleisch und tierische Fette, als sie angeben: Die Mitarbeiter des Küchenmüllprojekts interviewten die Personen, deren Abfälle sie untersuchten, und stellten bedeutende Unterschiede zwischen ihren Aussagen und dem physischen Nachweis fest. Dies könnte ein wichtiges Korrektiv in Untersuchungen über den Zusammenhang zwischen Fettaufnahme und Krebs sein.
– Personen mit höherem Einkommen nehmen für sich in Anspruch, eine größere Anzahl ihrer Zeitungen wiederzuverwenden als Personen mit niedrigem Einkommen, aber die Müllanalyse zeigt keinen Unterschied zwi-

schen den beiden Gruppen. (Eine Schlußfolgerung könnte sein, daß Personen mit höherem Einkommen eher glauben, daß sie ihre Zeitungen wiederverwenden sollten, und entsprechend sich selber oder den Interviewer täuschen.)

– Menschen, die neben einem neu eingerichteten Spirituosenladen in Los Angeles leben, behaupteten, daß sie nach der Eröffnung nicht mehr tranken als zuvor, aber die Analyse der Küchenabfälle zeigte eine starke Zunahme ihres Konsums an Bier, Wein und harten Alkoholika.

– Das Volumen nicht biologisch abbaubaren Abfalls eines Kolonialhaushalts in Massachusetts, der ein halbes Jahrhundert lang bewohnt war, machte acht kleine Häufchen auf einem großen Labortisch aus; für den nicht biologisch abbaubaren Abfall eines typischen Haushalts in Tuscon über einen Zeitraum von fünf Jahren würde der ganze Raum nicht ausreichen.

Wie Rathje bissig bemerkt: »Unser Küchenmüll hat einen ausdrucksvollen materiellen Wortschatz.« Oder um von Hamlet zu leihen: Küchenabfall, hat er schon keine Zunge, spricht mit wundervoller Stimme.

Schriftliche Materialien

Eine andere Form der indirekten Beobachtung menschlichen Sozialverhaltens ist der Gebrauch schriftlicher Materialien, und zwar insbesondere jener, die vergangenes Sozialverhalten schildern.

Diese Quellen sind Beschreibungen des sozialen Lebens vergangener Zeiten, die von jenen aufgezeichnet wurden, die damals lebten. Aber Tagebücher, Theaterstücke, Romane, Gedichte, Predigten und andere Schriften, welche die Gesellschaft schildern, in der ihre Autoren lebten, tun dies aus der eigenen Perspektive und nicht aus der der Sozialwissenschaft. (Wenn Sozialforscher die Gesellschaft, in der sie selbst leben, untersuchen, ermöglicht es ihnen ihre Ausbildung und die Methodologie mehr oder weniger, sie objektiv und distanziert zu sehen.)

Deshalb behandeln Sozialforscher solche Quellen als Rohmaterial, das vor dem Hintergrund sozialwissenschaftlicher Konzepte analysiert werden muß, und genauso bedeutend ist die Verifikation oder Korrektur durch andere Arten von Daten. Ein Forscher, der an der viktorianischen Ehe der Mittelschicht interessiert ist, mag ein idyllisches Bild aus seinen Quellen wie beispielsweise Coventry Patmores langes Gedicht *The Angel in the House* erhalten, aber er wird dieses mit solchen objektiven Zeitdaten wie dem Auftreten von Prostitution und Ehebruch und dem niedrigen Status der Frauen in den Gesetzen des 19. Jahrhunderts abschwächen.

Sozialforscher suchen nach derartigen harten Daten in denselben schriftlichen historischen Materialien, die oftmals von Historikern benützt werden und gewöhnlich unter »Archivquellen« laufen – staatliche Aufzeichnungen über Steuereinziehungen, Geburten und Todesfälle, medizinische Berichte, kirchliche Aufzeichnungen über Geldbußen für Straftaten oder öffentliche Sündengeständnisse, Korrespondenzen, Verträge, Bilanzen, Geschäftsdokumente, Gesetzbücher, Zeitungen und andere Quellen der laufenden Ereignisse und ähnliches. Sogar Bibliotheksaufzeichnungen, die die Ausleihhäufigkeit einzelner Bücher zeigen, sind eine breite statistische Basis, die einen bedeutenden und aufschlußreichen Verhaltensaspekt darlegt.

Diese Form der Sozialforschung ähnelt der historischen, aber ihre Zielsetzung unterscheidet sich davon. Historiker neigen dazu, jedes Ereignis als einzigartig anzusehen und seine Umstände aus diesem Blickwinkel zu beschreiben. Sozialforscher betrachten jedes Ereignis als Ausfluß von Prinzipien, die auch anderswo gelten können. Die Goliarden waren Mönche und Priester im mittelalterlichen Frankreich und Deutschland, die die Kutte abgelegt hatten, als Bettler und herumziehende Studenten lebten und das Saufen und die Prostitution in skandalösen Parodien auf sakrale Texte feierten. Ein Historiker dürfte die Bedingungen untersuchen, die ihr Verhalten zu dieser Zeit und an diesem Ort hervorriefen, aber ein Sozialforscher dürfte dasselbe Material verwenden, um eine Hypothese über Devianz zu überprüfen, welche nicht nur das Verhalten der Goliarden, sondern auch das anderer Abtrünniger von den strengen Institutionen erklären würde, die sich über das, was sie verlassen hatten, eher lustig machten, als es bösartig zu attackieren.

Einige Beispiele aus der Sozialforschung, bei denen Archivquellen verwendet wurden, sind:

– Nach der marxistischen Lehre formt die wirtschaftliche Struktur einer Gesellschaft alles in ihr, einschließlich der Ideen und Überzeugungen der Menschen. Zu Beginn dieses Jahrhunderts stellte Max Weber die Hypothese auf, daß, genau umgekehrt, die Ideen und Überzeugungen der Menschen die Wirtschaft ihrer Gesellschaft formen könnten. Er nahm als Beispiel die wirtschaftlichen Auswirkungen der Ideen Johann Calvins. Die zentrale Lehre des Systems des im 16. Jahrhundert lebenden Theologen war, daß von Geburt an jeder entweder für die Erlösung oder die Verdammung vorbestimmt ist, wobei das Erkennungszeichen für sichere Erlösung materieller Erfolg auf Erden sei. Calvins Anhänger versuchten entsprechend zu zeigen, daß sie für die Erlösung ausgesucht worden seien, indem sie schwer arbeiteten und ihr Geld eher wieder anlegten als es vergeudeten. Der Calvinismus hat somit die Entwicklung des Kapitalismus – gemäß Webers Hypothese – gefördert.[31]

– Der bedeutende Soziologe Robert K. Merton hat zu Beginn seiner Laufbahn auf Webers Erkenntnis aufgebaut, um die Beziehung zwischen dem Puritanismus und dem wissenschaftlichen Fortschritt zu untersuchen. Während er über Briefen, Biographien, Tagebüchern, Reden und anderen Quellen saß, die die Einstellungen der englischen Wissenschaftler im 17. Jahrhundert dokumentierten, fand er heraus, daß ihre Aussagen über das Warum und Wozu der wissenschaftlichen Arbeit »Punkt für Punkt mit den puritanischen Lehren zu dem selbem Thema übereinstimmten«. Insbesondere wurde ihnen bewußt, daß der beste Weg, Gott zu verehren, die fleißige Untersuchung der von ihm geschaffenen Welt war. Wie der Physiker Robert Boyle schrieb: Die »aufmerksame Überprüfung« von Gottes Schöpfung würde ihn viel mehr verherrlichen als das Vertrauen in die »wirre und bequeme Vorstellung, die wir gemeinhin von seiner Macht und seiner Weisheit haben«. Der Puritanismus, so schloß Merton, tendierte somit dazu, das wissenschaftliche Denken und die Forschung zu fördern.[32]

– In einer herausragenden Studie, einem Meilenstein der Sozialforschung, untersuchten W. I. Thomas und Florian Znaniecki die soziale Anpassung polnischer Bauern, die zu Beginn dieses Jahrhunderts nach Amerika eingewandert waren. Die Forscher stützten sich vornehmlich auf Archivmaterialien wie etwa Aufzeichnungen von Gerichten und Sozialbehörden, aber sie machten auch nachdrücklichen Gebrauch von einer eher persönlichen Form des schriftlichen Nachweises: Sie sammelten eine große Anzahl von Briefen, die zwischen den Einwanderern und Polen ausgetauscht worden waren, und erhielten aus diesen Dokumenten einige ihrer stärksten Einsichten darüber, wie das Leben in Amerika die Einstellungen der Einwanderer, ihr Familienleben und ihre privaten Beziehungen veränderte.[33]

– Der Soziologe Kai T. Erikson wollte die Hypothese von Durkheim überprüfen, nach der Devianz für bestimmte Institutionen deshalb nützlich ist, weil sie das Erlaubte und das Verbotene deutlich macht und dadurch nochmals die Identität einer Gruppe sichert. Er wählte das puritanische Neu-England des 17. Jahrhunderts und griff hauptsächlich auf Gerichtsmaterial, aber auch beispielsweise auf Predigten und Tagebücher zurück. Diese Quellen zeigten, daß die Führer der Kolonie Massachusetts die Grenzen des akzeptablen Glaubens und der puritanischen Gesellschaft selbst klar definieren mußten, und dies sie dazu veranlaßte, Hexenjäger einzusetzen und jegliches Abweichen von der vollständigen Identifikation mit dem Puritanismus zu verdammen.[34]

Wenn Forscher sich weitgehend auf solche historischen Zeugnisse stützen, beurteilen sie für sich selbst, wieviel Bedeutung sie den Ideen oder Handlungen, über die ihre Quellen berichten, beimessen. Aber sie benützen auch manchmal ein systematischeres und objektiveres Verfahren, die sogenannte »Inhaltsanalyse«, um schriftliche historische Materialien oder eigentlich jede Form aufgezeichneter vergangener oder gegenwärtiger Kommunikation zu bewerten. Die Inhaltsanalyse besteht aus einer Reihe von Techniken, um die Häufigkeit des Auftretens verschiedener Wörter, Phrasen, Ideen oder Bilder innerhalb einer bestimmten geschlossenen Kommunikation zu zählen und sie in ein Raster von Kategorien einzuordnen. Der Zweck der Inhaltsanalyse ist, das intuitive Urteil über die Bedeutung des Inhalts durch eine quantitative Messung zu ersetzen.

Der Kommunikationsforscher G. Ray Funkhouser wollte wissen, welche Themen die Öffentlichkeit in den 60er Jahren am meisten beunruhigt hatten. Er benützte als vorwiegende Datenbasis den *Reader's Guide to Periodical Literature* und zählte die Anzahl von Artikeln zu verschiedenen Themen, die in den drei führenden amerikanischen Nachrichtenmagazinen während dieses Jahrzehnts erschienen waren. (Er hätte alle 1716 Ausgaben untersuchen und die Artikel selber klassifizieren und zählen können, aber aus Effizienzgründen entschied er sich, die Kodierung, die bereits von den Mitarbeitern des *Reader's Guide* vorgenommen worden war, zu übernehmen.)

Seine Liste enthielt keine Überraschungen. Sie stimmte weitgehend mit den Ergebnissen der Gallup-Meinungsumfrage darin überein, was die Menschen »als das wichtigste Problem, mit dem Amerika derzeit konfrontiert ist«, ansahen. Aber sie brachte etwas von Wert zutage, nämlich einen Index der relativen Bedeutung der vierzehn, zumindest nach Einschätzung der Zeitschriftenherausgeber, führenden Probleme in Form der Gesamtzahl von Artikeln, die sich mit jedem einzelnen Problem beschäftigten. Der Vietnam-Krieg (das Problem Nummer 1) wurde in 861 Artikeln, die Kriminalität (Nummer 5) in nur 203, und die sexuelle Moral (Nummer 11) überraschend nur in 62 Artikeln aufgegriffen.[35]

Die meisten Inhaltsanalysen sind viel komplizierter und raffinierter. als diese. Oftmals müssen die Forscher zahlreiche feine Unterscheidungen zwischen zusammenhängenden Begriffen oder Ausdrücken treffen und sich entscheiden, wieviel Gewicht sie jedem zuweisen. Ein Inhaltsanalytiker, der versuchte, die relative Bedeutung zu messen, die Politologen verschiedenen Einflüssen auf die internationalen Beziehungen zuschrieben, vergab jeweils 0,2 Punkte, wenn Ausdrücke wie »kann sein, wegen« verwendet wurden, 0,3 Punkte für »ist teilweise abhängig von«, 0,4 für »neigt dazu«, 0,5 für »beeinflußt stark«, 0,6 für »wird bestimmen« und 0,7 für »ist direkt bezogen auf«.[36]

Die in der Inhaltsanalyse gezählten Einheiten können Wörter, Phrasen, Sätze oder »Themen« sein (zentrale Ideen oder Gedankeneinheiten, ob in ein paar Wörtern oder in einem Kapitel ausgedrückt). James A. Banks benutzte eine Themenanalyse zur Untersuchung darüber, wie Schwarze und Rassenbeziehungen in den amerikanischen Geschichtsbüchern für die Grundschule behandelt wurden. Nachdem er elf Themenkategorien entwickelt hatte, forsteten Banks und vier Mitarbeiter 36 Lehrbücher nach Passagen durch, die in eine der Kategorien fielen. Dazu zwei Beispiele: Material, das die Andeutung machte oder in dem behauptet wurde, daß Schwarze das heiße südliche Klima besser ertragen könnten als Weiße, wurde als »erklärte Diskriminierung« klassifiziert und Aussagen wie »Sklaven sind schlecht genährt« wurden unter »Deprivation« eingeordnet. Die relative Häufigkeit der Zugehörigkeit des Materials zu diesen oder anderen Kategorien würde einen Nachweis dafür liefern, in welchem Maße jedes Lehrbuch Rassismus diskutierte, rechtfertigte, verurteilte oder das Thema vermied.

Neben anderen Dingen folgerte Banks, daß im großen und ganzen die Autoren von Geschichtsbüchern für die Grundschule nicht, wie manchmal behauptet, den Rassenkonflikt vernachlässigten oder harmonische Rassenbeziehungen betonten. Aber sie nahmen, wenn sie Rassenvorurteile oder -diskriminierung (meistens weder erklärend noch verurteilend) diskutierten, selten einen moralischen Standpunkt ein, und nach Banks Meinung widmeten sie der Rassengewalt und dem Rassenkonflikt zu wenig Aufmerksamkeit, um den Kindern ein realistisches Verständnis der Rassenbeziehungen im heutigen Amerika zu vermitteln.[37]

Die Inhaltsanalyse kann auch bildliches Material behandeln und solche Dinge untersuchen wie den Umfang, in dem Zeitschriften schmeichelhafte Bilder von bevorzugten Kandidaten verwenden beziehungsweise vice versa, wie oft Anzeigen Frauen darstellen, die niedriger sitzen als Männer und zu diesen aufblicken, und wie oft markant männliche Männer das Objekt von Tabakwerbung sind. Es gibt wohl sogar eine sozialwissenschaftliche Dissertation darüber, was Grabskulpturen über die mittelalterliche Ehe enthüllen: In der Chichester Kathedrale in Sussex, England, halten sich Richard Fitzalan, Earl von Arundel, und seine Frau, Gräfin Eleanor, auf ihrem Bildnis an den Händen; letzteres legt nahe, daß nicht alle Adligen dieser Zeit die Auffassung von der unromantischen Liebe zwischen Ehepaaren teilten, die in dem wichtigen mittelalterlichen Bericht über die adlige Liebe und den Ehebruch, dem *Tractatus de Amore*, von Andreas Capellanus geschildert wurde.

Existierende Daten

Bei weitem die gebräuchlichste Form der Sozialforschung, die sich auf indirekte Beobachtung stützt, ist die Analyse bereits bestehender, gewöhnlich von anderen erhobener Daten. Viele der bedeutendsten Ergebnisse in den Sozialwissenschaften sind durch die sogenannte »Sekundäranalyse« entdeckt worden. (So gesehen ist die Verwendung historischen Materials, über die wir bereits gesprochen haben, eine Sekundäranalyse. Der Begriff weist gemeinhin jedoch eher auf den Gebrauch statistischer Verfahren zur Aufdeckung signifikanter Beziehungen in bereits bestehenden zusammengetragenen Datenbasen als in Rohdaten hin.)

Ein berühmtes Beispiel ist die in den 90er Jahren des vorigen Jahrhunderts von dem französischen Soziologen Émile Durkheim über den Selbstmord durchgeführte Studie. Um herauszufinden, welche Bedingungen Selbstmordverhalten förderten oder einschränkten, untersuchte er offizielle Selbstmordstatistiken, die in mehreren Ländern in früheren Jahrzehnten gesammelt wurden. Eine damalige Theorie verband Selbstmord mit dem jeweiligen Klima – die Selbstmordrate war bei heißem Wetter höher; Durkheim fand allerdings heraus, daß die Raten in den warmen südlichen Ländern viel niedriger als in den kalten nördlichen Ländern lagen. Da sich die saisonbedingten und die geographischen Daten somit widersprachen, mußte Durkheim nach weitergehenden und tiefgründigeren Erklärungen suchen.

In diesem Zusammenhang stellte er als nächstes die Hypothese auf, daß die Religion der entscheidende Faktor sein könnte, da die nördlichen Länder hauptsächlich protestantisch, die südlichen vorwiegend katholisch waren. Bei der Betrachtung der Daten zur Religionszugehörigkeit zeigte sich, daß die vorherrschend katholischen Länder 50 Selbstmorde auf eine Million Einwohner aufwiesen, die vorherrschend protestantischen 190. Als eine Erklärung bot sich an, daß der Selbstmord eine Todsünde für Katholiken, jedoch nicht für Protestanten darstellte. Diese Annahme wurde allerdings durch Daten über Juden, die Selbstmord nicht als Sünde erachteten, deren Selbstmordrate aber die niedrigste von allen war, zurückgewiesen.

Auf der Suche nach anderen Hinweisen bemerkte Durkheim, daß alleinlebende Personen eher Selbstmord begingen als verheiratete Personen mit Kindern; daß Soldaten selbstmordanfälliger waren als Zivilisten und die Selbstmordraten in Zeiten wirtschaftlichen Umbruchs anstiegen.

Er erkannte schließlich einen gemeinsamen Nenner und schlug eine übergreifende Theorie vor, nach der *Anomie* – ein Gefühl sozialer Orientierungslosigkeit – Selbstmord fördert, wohingegen die Zugehörigkeit zu einem starken sozialen Netzwerk ihm entgegenwirkt. Dies würde alle Ergebnisse erklären: Der Protestantismus betont den Individualismus, während der Katholizismus und das Judentum die Tradition und die Integration in das Leben der religiösen Gemeinschaft hervorheben; sowohl dem Alleinlebenden als auch dem Soldaten fehlt das Gefühl der Zugehörigkeit und Einbindung, welches der Familienmensch besitzt; und wirtschaftlicher Umbruch führt dazu, daß sich die Menschen mit ihrem Schicksal alleine gelassen und isoliert fühlen.[38]

Seit der Zeit Durkheims hat sich bis heute die Anzahl von Datensammlungen für praktisch jedes sozialwissenschaftliche oder damit verwandte Themengebiet enorm vergrößert. In den USA gibt es die ›Zehnjährige Volkszählung‹ und viele besondere Erhebungen, die vom ›Bureau of the Census‹ durchgeführt wurden; des weiteren Erhebungen und Untersuchungen für das oder von dem ›National Center for Health Statistics‹ und viele Hundert andere Ergebnisreihen, die von der Universität, unabhängigen sozialwissenschaftlichen Forschungszentren und kommerziellen öffentlichen Meinungsumfrage- und Marktforschungsinstituten erhoben wurden. Nach einem Verzeichnis von 1974 gab es damals weltweit ungefähr 1 500 sozialwissenschaftliche Datenbasen; heute sind es nach der inoffiziellen Schätzung des Herausgebers mindestens 3 000.[39]

Viele von diesen, einschließlich der von oder für amtliche Stellen gesammelten Daten wurden computergespeichert. Die Forscher haben die Möglichkeit, diese Daten auf Magnetbändern zu erhalten, die sie entweder kaufen können oder zu denen sie Zugriff haben, wenn sie eine On-line-Datenbank über Computer-Netzwerke anwählen. Zusätzlich faßt der »Ethnographic Atlas« von George Murdock aus dem Jahre 1967 Daten zusammen, die Kulturanthropologen und Ethnographen von weltweit 800 Gesellschaften (meistens kleinere und des Lesens und Schreibens unkundige) erhoben haben, und die ›Human Relations Area Files‹, eine andere an den meisten größeren Universitäten vorhandene Sammlung, gibt eine detailliertere Aufstellung für 300 Gesellschaften.[40]

Manchmal führen Sozialwissenschaftler eine Sekundäranalyse bereits erhobener Daten durch, um deren Erstanalyse zu korrigieren oder zu verbessern, aber öfters benützen sie die bereits bestehenden Daten für andere als die ursprünglichen Forschungszwecke. Der Bereich der Sekundäranalyse und ihrer Ergebnisse erstreckt sich praktisch auf jedes Gebiet der Sozialwissenschaften und trotzt jeder Zusammenfassung. Im folgenden sollen nichtsdestoweniger ein paar anschauliche Beispiele gegeben werden:

– In den späten 50er und frühen 60er Jahren führten Gabriel Almond und Sidney Verba eine Reihe von Erhebungen über das politische Engagement in fünf Ländern als Ausgangspunkt für die Untersuchung von Demokratieformen durch. Einige Jahre später gelang es Earl Babbie, damals Doktorand an der University of California in Berkeley, ihre Daten zu einem ganz anderen Verwendungszweck einzusetzen. Wie er erklärt:

[Charles] Glock hatte behauptet, daß Personen, die weltliche Lösungen für soziale Probleme sahen und sich zu solchen Lösungen fähig fühlten, auch diesen Weg verfolgen würden. Jene, die keine weltlichen Lösungen suchten, würden sich der Kirche zuwenden. Ich wollte diese These überprüfen, obgleich ich nicht die notwendigen Mittel für eine großangelegte Erhebung besaß. Die Daten von Almond und Verba enthielten allerdings sowohl Informationen über religiöse als auch politische Aktivitäten und zudem über die Auffassungen der Personen hinsichtlich politischer Lösungen für soziale Probleme. Folglich konnte ich untersuchen, ob Personen, die keine politischen Lösungen sahen, religiöser waren als solche, die dies für möglich hielten. [Wie erwartet, fand er, daß religiöse und politische Handlungen im wesentlichen Alternativen waren; wer sich politisch engagierte, war im allgemeinen nicht religiös und umgekehrt.][41]

– In der Zeit nach dem Zweiten Weltkrieg gerieten viele große Städte in den USA in finanzielle Schwierigkeiten. Eine Debatte entbrannte, ob letzteres auf den Zuwachs der vorstädtischen Bevölkerung, die zwar die Einrichtungen der Stadt benutzte, aber ihre Steuern woanders zahlte, oder auf den Anstieg der Armen in der Stadt, die soziale Dienste benötigten, oder auf beides zurückzuführen sei. John D. Kasarda versuchte 1970 die Antwort darauf in zwei getrennten Datensammlungen des ›Bureau of the Census‹ zu finden, nämlich in den offiziellen Firmenzählungen und in den Finanzaufstellungen der Stadtverwaltung. Er fand heraus, daß der Zuwachs der vorstädtischen Bevölkerung tatsächlich mit steigenden städtischen Kosten korrelierte. Aber beides hätte zufällig ansteigen können. Zur Klärung, ob das erste das zweite verursacht hatte oder ob stattdessen der Anstieg der armen städtischen Bevölkerung verantwortlich war, verwandte Kasarda ein statistisches Auswertungsverfahren, welches unter dem Begriff »Pfadanalyse« bekannt ist. Diese Methode zerlegte die Korrelation in ihre Teilkomponenten und zeigte, in welchem Ausmaß der vorstädtische Bevölkerungszuwachs mit dem Anstieg jeder städtischen Gewerbesparte verbunden war und welche direkte Beziehung zwischen den einzelnen Branchen und dem Bedarf an Polizei-, Feuerwehr-, Schnellstraßen- und anderen Dienstleistungen bestand. Somit konnte er die Verbindung zwischen vorstädtischem Bevölkerungszuwachs und städtischen Kosten herstellen. Seine Schlußfolgerung lautete:

Die vorstädtische Bevölkerung im allgemeinen und die Pendler im speziellen üben einen starken Einfluß auf Polizei-, Feuerwehr- und Schnellstraßendienste, die sanitären und Unterhaltungseinrichtungen sowie die allgemeinen Verwaltungsfunktionen der Städte aus ... [und] erhöhen beträchtlich die Kosten der kommunalen Dienstleistungen. Obgleich die vorstädtische Bevölkerung die Städte teilweise durch Lohnsummen- und Umsatzsteuer entschädigt, ist es unwahrscheinlich, daß diese »Benutzergebühren« genügend hohe Einnahmen zur Deckung der zusätzlichen Kosten liefern.[42]

– M. Harvey Brenner und seine Kollegen an der Johns Hopkins University untersuchten für das ›Joint Economic Committee‹ des amerikanischen Kongresses die Auswirkungen der Konjunktur auf die allgemeine Gesundheit und das soziale Wohlergehen. Sie verwendeten dafür verschiedene Daten aus den Jahren 1950 bis 1980 und verglichen die Arbeitslosenrate, die Konkursrate und das Pro-Kopf-Einkommen mit solchen Gesundheitsindikatoren wie der Sterblichkeit aufgrund bestimmter Krankheiten, der Rate erstmaliger Einweisungen in psychiatrische Krankenhäuser und der Kriminalitätsrate. Es ergab sich eine beträchtliche Anzahl von Korrelationen: Zum Beispiel war eine Steigerung der Arbeitslosenrate um 10% mit einem Zuwachs der Sterbefälle aufgrund von Herz- und Nierenerkrankungen von 1,7%, sowie einem Anstieg der Kranken in psychiatrischen Kliniken um 4,2% und einer Steigerung der Gefängnisstrafen um 4% verbunden.[43]

– Viele Sozialwissenschaftler, die sich auf aus dem »Ethnographic Atlas« von Murdock und den ›Human Relations Area Files‹ gewonnene Generalisierungen stützen, haben die Meinung vertreten, daß die menschliche Sozialstruktur auf biologisch bedingter Rollenteilung beruht. Nach dieser Auffassung hatten in beinahe allen kleinen Gesellschaften Männer die »instrumentellen« Rollen inne (sie brachten die Nahrung nach Hause, bekämpften die Feinde und waren im allgemeinen für das gesellschaftliche Überleben verantwortlich), während Frauen die »expressiven« Rollen zugewiesen waren (sie erzogen die Kinder, sorgten für die Behaglichkeit und waren auf das emotionale Klima in der Gemeinschaft spezialisiert).

– Kürzlich stellten sich allerdings William Crano und Joel Aronoff die Frage, ob diese Generalisierungen nicht auf einer zu einfachen und unrealistischen Rollenetikettierung beruhen könnten, da ja auch Frauen für das gesellschaftliche Überleben und Männer für die Kindererziehung eine gewisse Rolle spielten. Sie verwendeten die Schätzungen Murdocks über die Abhängigkeit des Überlebens jeder Gesellschaft von den folgenden fünf Handlungen, nämlich Jagen, Fischen, Nahrungssammlung, Viehzucht und Landwirtschaft, und multiplizierten diese Zahlen mit dem Maß, in dem jede Handlung von Frauen durchgeführt wurde. Die unten aufgeführten Ergebnisse zeigten, daß Frauen beträchtlich zum Überleben vieler Gesellschaften beitrugen:

Der Beitrag der Frauen zum Lebensunterhalt machte in mindestens 45% der untersuchten Gesellschaften mehr als 40% der Nahrungsmittel der betreffenden Gruppe aus ... Es ist offensichtlich, daß, in rein quantitativer Hinsicht, die Rolle der Frauen bei aufgabenorientierten Handlungen lange Zeit unterschätzt worden ist.

– Eine ähnliche Reanalyse der Kinderversorgung zeigte, daß Mütter zwar gewöhnlich die hauptsächlichen Kinderhüter waren, der Beitrag der Väter aber beträchtlicher und größer war als gewöhnlich angenommen. Zusammenfassend läßt sich sagen:

[Unsere] Ergebnisse stützen nicht die Annahme, daß Männer im allgemeinen die Rolle eines instrumentellen Führers oder Frauen einheitlich die Rolle des sozio-emotionalen Spezialisten übernahmen – obgleich sie zweifellos die Pflegeaufgabe innehatten ... Die auf den ersten Blick so einsichtigen, einheitlichen Rollenverteilungsregeln erscheinen jetzt unbegründet.[44]

Wie diese Beispiele zeigen, ist die statistische Analyse nicht nur ein Hilfsmittel, sondern selbst eine Hauptform der Forschung. Dies gilt nicht nur für Sekundäranalysen, sondern auch für Primäranalysen, die von den Forschern an Daten durchgeführt werden, die sie selbst erhoben haben. Denn solange die Daten nicht von den Forschern auf eine Art sortiert oder geordnet werden, die die Beziehungen zwischen verschiedenen Variablen zeigt, sagen sie nichts über das Sozialverhalten aus.

Scheidungsstatistiken zum Beispiel können danach unterteilt werden, ob die Geschiedenen Kinder hatten oder nicht. Eine solche Kategorisierung liefert eine Korrelation derart, daß kinderlose Ehepaare eher zur Trennung bereit sind als Paare mit Kindern. Aber bedeutet dies nun, daß Kinder die Ehe stärken oder die Scheidung verhindern? Der nach Erklärungen suchende Analytiker versucht die Daten anders zu ordnen, zum Beispiel danach, wie lange die Ehe dauerte – und findet heraus, daß die Scheidungsrate in den ersten Ehejahren, wenn viele Ehepaare noch kinderlos sind, am höchsten ist. Die Korrelation bedeutet dann vielleicht nur, daß ein Mangel an Verträglichkeit zwischen den Eheleuten beides verursacht, nämlich Scheidung und Kinderlosigkeit, weil sich viele Paare sehr früh trennen.[45]

Doch um sicherzustellen, daß die Korrelation ausschließlich auf letzterem beruht, müßte der Analytiker überprüfen, ob Kinder irgendeinen Einfluß in die eine oder andere Richtung auf die späteren Ehephasen ausüben, und Daten über Scheidungen nach zehn oder fünfzehn Jahren betrachten. Falls sich dann Nichteltern tatsächlich immer noch häufiger scheiden lassen als Eltern, könnte er sich über eine wirkliche Beziehung einigermaßen sicher sein. Dies würde allerdings noch keine Aussagen darüber liefern, wieviele Ehepaare sich durch Kinder näher kommen, wieviele ihnen zuliebe, wenn auch unglücklich, zusammenbleiben, und wieviele eine gute Ehe führen und deshalb Kinder haben *und* beisammenbleiben. Um diese Frage zu beantworten, müßte der Analytiker nach anderen Korrelationen in seiner Datenbasis suchen, wie beispielsweise der Beziehung zwischen Elternschaft und verschiedenen Maßen des Glücklichseins in der Ehe, und, wenn er dafür einen Anhaltspunkt in die eine oder andere Richtung gefunden hat, den Mechanismus postulieren, der die Korrelation erklärt. Falls die Datenbasis jedoch keine derartigen Statistiken enthält, müßte er sie in anderen Datenbasen suchen, die mit der von ihm gebrauchten vergleichbar wären. (Bis heute hat noch kein Forscher irgendwelche definitiven Ergebnisse auf diesem Gebiet erzielt.)

Die statistische Analyse ist somit ein intellektuelles Abenteuer und ein Wettbewerb mit sich selbst (um die versteckten Botschaften zu finden); trotz ihrer abschreckenden Ausdrucksweise ist sie ein Teil dessen, was als »das Spiel der Wissenschaft« [46] bezeichnet worden ist. Einige statistische Spielarten werden in den folgenden Kapiteln dieses Buches aufgegriffen. Die beiden am häufigsten verwendeten statistischen Verfahren sind:

– Die Varianzanalyse: Die Fälle werden nach einer Variablen in Gruppen unterteilt (zum Beispiel nach Weißen und Nichtweißen); dann vergleicht der Analytiker die Gruppen im Hinblick auf eine zweite Variable wie zum Beispiel das durchschnittliche Einkommen. Falls ein Unterschied besteht, überprüft der Analytiker dessen Bedeutung, indem er die Varianz in jeder Gruppe betrachtet, nämlich die Höhe der Streuung der Einkommen in den einzelnen Gruppen, und diese mit der normalen Streuung, die man statistisch erwarten würde, vergleicht. Dies zeigt, welcher Anteil des Unterschiedes zwischen den Gruppen sich auf die normale Variation innerhalb der Gruppen zurückführen läßt und wieviel Varianz mit der ersten Variablen, d.h. der Rasse, verbunden ist, und ermöglicht dem Analytiker somit, zu bestimmen, ob die Einkommensunterschiede zwischen den Gruppen zufällig bestehen oder »statistisch signifikant« sind.
– Die Regressionsanalyse: Der Analytiker gebraucht algebraische Methoden, um alle Faktoren, die an irgendeinem sozialen Phänomen beteiligt sind, bis auf einen »konstant« zu halten. Das Ziel ist, zu überprüfen, wieviel des Nettoergebnisses durch diesen einen Faktor erklärt wird. Falls der Analytiker, sagen wir, die Ergebnisse verschiedener Erziehungsstile der Eltern untersucht, muß er viele andere Einflüsse auf die Entwicklung von Kindern in Betracht ziehen, beispielsweise wie hoch die Bildung der Eltern ist, die Art der Schulen, die die Kinder besuchen, die familiäre Zugehörigkeit zur Kirche, die örtlichen Gebräuchlichkeiten, die Anzahl der Kinder in der

Familie und die Geburtenreihenfolge jedes Kindes. Dadurch, daß mathematisch alle Faktoren außer einem konstant gehalten oder ausbalanciert werden – genauso, als wenn Fälle verglichen werden, die in jeder Hinsicht bis auf eine Ausnahme identisch sind –, kann der Analytiker die Bedeutung, die dieser Faktor für das resultierende Ergebnis besitzt, messen.

Diese Beispiele geben nur einen sehr schwachen Hinweis darauf, welcher Art diese Analysen sind, und verdeutlichen keineswegs die Bandbreite der Verfahren, die für spezielle Zwecke zur Verfügung stehen. Ein kürzlich verfaßtes Handbuch für die Analyse sozialwissenschaftlicher Daten listet ungefähr 150 statistische Verfahren und Techniken auf und leitet den Leser bei der Durcharbeitung eines 28seitigen »Entscheidungsbaums« (einer Fragen- und Antwortreihe) an, um die angemessene Technik für sein Problem zu bestimmen.[47]

Da viele komplexere statistische Verfahren eine Vielzahl von Berechnungen erfordern, wurden sie erst mit dem Aufkommen von billigen, hochleistungsfähigen Computern durchführbar und überhaupt entwickelt. Solche Computer haben die sozialwissenschaftliche Forschung verwandelt: Im Jahre 1946 verzichtete annähernd die Hälfte aller Forschungsartikel der zwei führenden soziologischen Zeitschriften auf eine mathematische Analyse, aber 1976 galt dies nur noch für 12%.[48]

Komplexere statistische Techniken, gepaart mit den Möglichkeiten des Computers, haben auch eine schwer verständliche Form der Sozialforschung, die als »Simulation« bekannt ist, ermöglicht. Diese enthält die Konstruktion eines »ökonometrischen Modells«, d.h. einer Reihe von Gleichungen, die das Zusammenspiel einer Unzahl in der Wirtschaft wirkender Kräfte, wie der Preise verschiedener Güter, der Beschäftigungsdaten und der Aufwände und Erträge aus bestimmten wirtschaftlichen Bereichen, darstellen. Ein solches Modell kann aus einem Dutzend oder auch aus Hunderten von Gleichungen bestehen, die gleichzeitig gelöst werden müssen (eines besteht aus mehr als 2 000 Gleichungen), und die die interaktiven Beziehungen von Hunderten oder sogar Tausenden von ökonomischen Aspekten beschreiben. Die Ökonometriker führen diese riesigen Verfahren durch, um die Zukunft der Wirtschaft und die Auswirkungen der betrachteten politischen Maßnahmen vorherzusagen; wenn die richtigen Daten und Annahmen eingegeben sind, simulieren die Berechnungen, was im wirklichen Leben unter denselben Bedingungen geschehen würde. (Andere Sozialforscher gebrauchen dieselbe Technik, um andere Phänomene wie zum Beispiel Migration und Einwanderung, Bevölkerungszuwachs und veränderte Anforderungen an das Bildungswesen und andere Dienstleistungen vorherzusagen.)

Der bedeutende Wirtschaftswissenschaftler Wassily Leontief und seine Mitarbeiter benutzten diese Methode, um die Auswirkungen einer zunehmend computergesteuerten Automatisierung im Dienstleistungs- und Produktionssektor der Wirtschaft auf den Arbeitsmarkt vorherzusagen. Er verwendete dafür drei verschiedene Annahmen, nämlich 1) daß nach 1980 keine neue Technologie eingeführt würde; 2) daß die weitere Modernisierung gemäßigt ansteigen würde; und 3) daß es einen starken Zuwachs in der weiteren Modernisierung gäbe. Die Untersuchung sagte verschieden hohe Rückgänge in der Beschäftigung von Bürokräften und einen Anstieg in den freien und technischen Berufen voraus, aber im allgemeinen zeigte sich ein konstanter Grad der Beschäftigung in der Produktion.[49]

Zwischen einer Untersuchung wie der letzteren und dem Leben als Patient in einer psychiatrischen Krankenhausstation, um deren Sozialstruktur und -beziehungen zu untersuchen, besteht ein himmelweiter Unterschied; insofern ist es nicht verwunderlich, daß man die Sozialforschung nicht durch ein einziges Bild darstellen kann. Und selbst die verschiedenen Formen, über die wir bisher gesprochen haben, verdeutlichen keineswegs schon das ganze Spektrum der Sozialforschung; es ist zwar unbestreitbar, daß die betrachteten Formen aus den genannten Gründen wichtig sind, aber wir sind noch nicht einmal zu den zwei Kategorien gekommen, die die Masse der gegenwärtigen Sozialforschung ausmachen. Ihnen sind Kapitel 2 bis 6 gewidmet, aber der Vollständigkeit halber wollen wir im folgenden schon einen kurzen Blick auf sie werfen.

Befragungen

Glaubwürdigkeit

Vor einigen Jahrzehnten waren die bisher betrachteten Methoden die hauptsächlichen Datenquellen der Sozialforschung, und sie sind, insbesondere in der Sozialpsychologie und der Kulturanthropologie, nach wie vor bedeutend. In den letzten Jahren wurden allerdings in diesen Disziplinen zunehmend Umfragedaten benützt, und in der Soziologie und den Wirtschaftswissenschaften ist diese Erhebungsform die mit Abstand erste Datenquelle geworden.

Die Umfrage ist auch die Form der Sozialforschung, die in der Öffentlichkeit am bekanntesten ist. Die Medien berichten fortwährend über Ergebnisse von Meinungsumfragen zu jedem nur vorstellbaren Gebiet, und praktisch jeder Zeitschriftenartikel, jede Fernsehdokumentation und jedes populärwissenschaftliche Sachbuch, das irgendein aktuelles Thema aufgreift, ist übersät mit Umfragedaten. Typisch dafür ist die Titelgeschichte der *Time* vom 9. April 1984, die das Auslaufen der sexuellen Revolution behandelte und Zahlen aus Umfragen von *Cosmopolitan*, *Playboy*, dem ›National Center of Health Statistics‹, von *Psychology Today*, Yankelovich, Skelly & White (ein führendes Meinungsforschungsinstitut), dem ›National Opinion Research Center‹ der University of Chicago und von einem halben Dutzend anderer Stellen zitierte.

Leider können viele Menschen nicht beurteilen, welchen Erhebungen sie Glauben schenken können und welchen nicht. Wenn *Psychology Today* über »mehr als 1000« Rückantworten auf einen abgedruckten Fragebogen berichtet[50], mögen unvorsichtige Leser – viele wissen, daß die Stichproben landesweiter Meinungsumfragen oftmals nicht größer sind als diese – die Ergebnisse, zumindest bezogen auf die Leser dieser Zeitschrift, ohne Zweifel akzeptieren. Aber bei professionellen Meinungsumfragen wird die Stichprobe nach wissenschaftlichen Kriterien von den Forschern ausgewählt und ist für die untersuchte Population repräsentativ, wohingegen bei der von *Psychology Today* durchgeführten Erhebung die Rückantworten ausschließlich von solchen Personen kommen, die motiviert waren, den Fragebogen auszufüllen und zurückzusenden. Eine solche ›selbstgewählte‹ Stichprobe kann ein sehr verzerrtes Bild, bedingt durch die Leserschaft der Zeitschrift, ohne Berücksichtigung der breiten Bevölkerung ergeben. Denn eine Stichprobe, die ausschließlich aus Personen besteht, die ihre Antworten anbieten, tendiert dazu, unangemessen einseitig aus Personen zusammengesetzt zu sein, die sehr stark die eine oder andere Meinung gegenüber der Sache vertreten, insbesondere dann, wenn die Umfrage so heikle oder kontroverse Themen wie Religion, Drogen oder Sex betrifft.

Selbst dann, wenn Forscher die Stichprobe selbst auswählen und jede Person auf ihrer Liste anrufen oder besuchen, sind die Ergebnisse nicht zuverlässig, sofern nicht 60% oder mehr gewillt sind, ihre Fragen zu beantworten. Denn jene, die nicht geantwortet haben, können sich in unbekannter Weise beträchtlich von jenen unterscheiden, die geantwortet haben. Sogar eine sehr bescheidene Umfrage an zum Beispiel einigen hundert Studenten einer Universität kann ziemlich zuverlässig sein, sofern eine wirklich repräsentative Stichprobe vorliegt und die prozentuale Ablehnung gering ist. (Eine zufällige Auswahl, sogar mittels einer so primitiven Methode, wie jeden zehnten, fünfzigsten oder hundertsten Namen im Studentenverzeichnis zu nehmen, ist eine Möglichkeit, ein echtes repräsentatives Miniaturabbild der untersuchten Population zu erhalten.)

Genau genommen teilt uns die kleine Universitätsumfrage allerdings nur mit, was Studenten an dieser Universität, oder einer sehr ähnlichen, fühlen oder tun. Die Ergebnisse können nicht auf Studenten im allgemeinen und noch viel weniger auf jüngere Nichtstudenten, ältere Personen oder die breite Masse übertragen werden. Trotzdem werden solche Erhebungen oftmals von der Öffentlichkeit so akzeptiert, als ob sie weitreichende Folgerungen erlaubten, und selbst Forscher, die pflichtbewußt vor einer Verallgemeinerung ihrer Schlußfolgerungen warnen, neigen zu der Deutung, daß sie tiefgründige und allgemeiner zutreffende Wahrheiten enthalten. Aber für Sozialwissenschaftler und für den Staat sind Forschungsprojekte, die auf Erhebungsdaten beruhen und eine geistreiche Wirkung besitzen, solche, die große, sorgfältig ausgewählte Stichproben verwenden, welche mit akzeptabler Genauigkeit die vollständige Bevölkerung oder einen festgelegten Teil, wie beispielsweise Personen auf dem Arbeitsmarkt, Hausbesitzer oder Bezieher von Behindertenrente, repräsentieren.

(Die Kriterien gründlicher und fehlerhafter Erhebungsmethoden und die Bedeutung von Umfragedaten für die moderne Gesellschaft werden in Kapitel 3 ausführlich diskutiert.)

Querschnittstudien

Die gebräuchlichste Erhebungsform ist die einmalige Querschnitterhebung (*cross-sectional*). Sie ist, ähnlich dem Standfoto eines Films, ein gefrorenes Raster der Wirklichkeit, das die Gegebenheiten zu einem bestimmten Zeitpunkt wiedergibt. Da die Querschnitterhebung keine Bewegung oder Veränderung anzeigt, kann sie nichts über die Entstehung von Sachverhalten oder deren wahrscheinliche Folgen aussagen. Dies kann aber indirekt, in Form von Korrelationen über die in ihr enthaltenen Zahlenreihen, geschehen. Falls eine Erhebung ergibt, daß Raucher im Durchschnitt weniger gesund sind als Nichtraucher und daß die stärksten Raucher die schlechteste Gesundheit besitzen, so könnte diese Korrelation nach Meinung der Statistiker bedeuten, daß es eine Ursache-Wirkungsbeziehung zwischen den beiden Faktoren gibt.

Allerdings sagt eine solche Korrelation nichts darüber aus, was die Ursache und was die Wirkung ist, und in vielen Fällen kann der Forscher dies nicht angeben. Wenn größere Kinder mehr essen, kann das Essen das Wachstum fördern – aber es ist genauso möglich, daß die vererbte Größe die Ursache für den stärkeren Appetit ist. Im Falle des Rauchens hilft allerdings die Erfahrung und der gesunde Menschenverstand bei der Beurteilung: Es ist unwahrscheinlich, daß schlechte Gesundheit Rauchen verursacht und somit wahrscheinlich, daß Rauchen die Ursache für schlechte Gesundheit ist. Jedoch ist die Korrelation nur ein mutmaßlicher Beweis, denn irgendein anderer übersehener Faktor könnte die wahre Ursache für beides, Rauchen und schlechte Gesundheit, sein. Vielleicht verleitet zum Beispiel Stress am Arbeitsplatz viele Personen zum Rauchen – und schädigt auch ihre Gesundheit. Der entscheidende Beweis für eine Kausalbeziehung erfordert ein viel komplexeres Forschungsdesign als das einer einmaligen Querschnitterhebung.

Eine typische und sehr bekannte Querschnitterhebung ist die der *New York Times*.[51]

Von Zeit zu Zeit beschließt der Herausgeber der Zeitung, eine landesweite Umfrage zu irgendeinem Thema, wie zum Beispiel Patriotismus, Erziehung oder Frauenangelegenheiten, durchzuführen. Spezialisten der *Times* bereiten zunächst eine computergenerierte Stichprobe von lokalen Telefonnetzen aus einer vollständigen Liste vor. Die Wahrscheinlichkeit, daß ein Netz ausgewählt wird, verhält sich proportional zu der Zahl der angeschlossenen Teilnehmer. Innerhalb jedes ausgewählten Netzes werden vom Computer dann zufällig Telefonnummern erzeugt, wobei Geschäftsanschlüsse aus der Liste gestrichen werden. Aus diesem Vorgehen ergibt sich eine Stichprobe, die für die Bevölkerung insgesamt repräsentativ ist oder zumindest für jene große Mehrzahl, die ein Telefon besitzt.

Eine solche Stichprobe kann ziemlich klein sein und doch annehmbar genaue Ergebnisse über das Bewußtsein der Bevölkerung liefern: Für eine Meinungsumfrage der *Times* bei 1500 Befragten besteht eine 95%ige Wahrscheinlichkeit, daß der Prozentanteil einer bestimmten Antwort nicht weiter als drei Prozentpunkte von dem abweicht, was Interviewer herausgefunden hätten, wenn die Möglichkeit bestanden hätte, jeden Bürger der Vereinigten Staaten zu befragen.

Nach der Auslese der Stichprobe und anderen vorbereitenden Schritten beginnt die eigentliche Meinungsumfrage in dem Gebäude der *Times* in New York. Dort wählen sechzig Interviewer, die in Kabinen stecken wie Bienenlarven in einer Honigwabe, Nummern aus der vorbereiteten Telefonliste. Wenn der Anruf beantwortet wird, stellen sich die Interviewer vor und beschreiben ihr Anliegen; nur ein kleiner Prozentsatz derjenigen, die sich melden, verweigert die Antwort. Aber unbeantwortete Anrufe und verweigerte Antworten könnten die Stichprobe in einer unbekannten Weise verzerren (sie könnten eine Minderheit mit einer besonderen Auffassung repräsentieren). Telefonnummern, bei denen niemand abhebt, werden später mindestens noch viermal angerufen, und Personen, die sich melden, aber die Antwort verweigern, werden von erfahreneren Interviewern zurückgerufen, die gewöhnlich in der Lage sind, wenigstens die Hälfte von ihnen zum Antworten zu überreden.

Die Abwicklung der Interviews dauert vier bis fünf Tage. Danach speichern die Techniker die Antworten auf Computer ab. Mehrere Statistiker untersuchen anschließend die Rohsummen, »gewichten« die Daten und passen die Stichprobe so an, daß sie ein genaues Miniaturabbild der Bevölkerung des Landes abgibt. Wenn die Interviewer einen höheren Prozentsatz an Frauen als den von den Volkszählungsdaten ausgewiesenen Prozentsatz in der Bevölkerung erreicht haben, gleichen die Statistiker die Antworten von Männern und Frauen arithmetisch wieder aus, um das landesweit reale Verhältnis zu treffen. Bei den Kategorien Alter, Bildung und Einkommen wird ebenso vorgegangen.

Der Computer druckt dann die gewichteten Ergebnisse in Form von Tabellen aus, die den Prozentsatz der Antworten auf jede Frage zeigen, getrennt nach den Faktoren, die wahrscheinlich signifikante Korrelationen liefern. Etwa wie Männer und Frauen antworteten, wie die Antworten von Hochschulabsolventen im Vergleich zu Nichthochschulabsolventen ausfielen und so weiter. Ein oder zwei Reporter beraten sich mit den Statistikern, wie diese Korrelationen zu intepretieren sind, und bereiten dann den Artikel über die Ergebnisse vor. Die Daten zu gewichten, signifikante Korrelationen zu ermitteln, Schlußfolgerungen aus diesen Daten zu ziehen und den Zeitungsartikel zu schreiben, dauert gewöhnlich nicht mehr als 24 Stunden.

(In komplizierteren Querschnittuntersuchungen kann die Planung, die Vorbereitung, die Datenerhebung und -analyse Monate oder Jahre in Anspruch nehmen. In Kapitel 2 wird der Verlauf einer komplexen Erhebung dieser Art dargestellt, die in die Geschichte eingegangen ist.)

Längsschnittstudien

Wenn die Forscher sozialen Wandel oder soziale Prozesse untersuchen, wählen sie eines von mehreren »Längsschnittdesigns« (*longitudinals*): Das sind Erhebungen, die ein besonderes Phänomen oder eine Gruppe von Phänomenen über eine gewisse Zeitspanne messen.

Bei einem solchen Versuchsplan wird dieselbe Reihe von Fragen in festen Zeitabständen jeweils neuen Stichproben, die aus derselben Population mit derselben Vorgehensweise gezogen wurden, gestellt. Wenn auch die Individuen nicht dieselben sind, so sind doch die Stichproben für die befragte Population gleich repräsentativ. Zwei oder mehr Querschnitterhebungen, die zu verschiedenen Zeiten durchgeführt wurden, stellen eine »Trenduntersuchung« dar, die Veränderungen wie zum Beispiel den Anstieg oder den Rückgang der Zustimmung zur Amtsführung des Präsidenten und ähnliche Dinge anzeigt.

Eine typische Trenduntersuchung, die über viele Jahre vom ›Institute for Social Research‹ an der University of Michigan durchgeführt wurde, mißt den Grad des Vertrauens, den Amerikaner in verschiedene Institutionen haben. Eine Stichprobe von 1982 ergab, daß ein Drittel aller Amerikaner meinte, ihrer Regierung immer oder die meiste Zeit zu vertrauen. 1980 besaß nur ein Viertel der Bevölkerung dieses Vertrauen. 1964 aber vertrauten noch drei Viertel aller Amerikaner der Regierung. Der Anstieg zwischen 1980 und 1982 stellt nur eine kleine Verbesserung in einem langfristigen Prozeß des Nachlassens des öffentlichen Vertrauens in die Regierung dar.[52] (Eine damit in Zusammenhang stehende, aber nicht identische Frage in einer Umfrage der *New York Times* in Zusammenarbeit mit den CBS News im November 1984 erbrachte, daß der Anstieg anhielt und zu dieser Zeit 40% erreicht hatte.[53])

Trenduntersuchungen zeigen nicht nur Bewegungen, sondern können auch der Feststellung der Ursache-Wirkungsbeziehung viel näher kommen als einzelne Querschnittstudien. Wenn eine Querschnitterhebung auf eine weitverbreitete Furcht vor Verbrechen in einer bestimmten Stadt hinweist, die Polizeistreifen daraufhin verstärkt werden, und eine zweite Erhebung nach der Vermehrung der Polizeistreifen signalisiert, daß die Furcht vor Verbrechen zurückgegangen ist, sind die Daten ein relativ guter Beweis dafür, daß – bei gleichbleibenden anderen Faktoren – die Zunahme der Polizeistreifen die Furcht reduzierte.

Aber Trenduntersuchungen haben bestimmte Mängel. Der wichtigste ist, daß sie nur die »Nettoveränderung« (*net change*) anzeigen. Es kann aber viel mehr geschehen sein, als die Zahlen enthüllen. Eine Reihe von Querschnittstudien könnte zeigen, daß es keine Veränderung im Prozentsatz der Wähler, die den einen oder anderen Kandidaten bevorzugen, gegeben hat, doch könnten bedeutende Veränderungen in jeder Richtung vorgekommen sein, die sich gegenseitig aufgehoben haben. Um zu erfahren, wie sich die öffentliche Meinung wirklich verändert hat, braucht der Forscher bessere Informationen, als Trenduntersuchungen sie anbieten können.

Eine Lösung ist eine komplizierte Art der Längsschnitterhebung, welche sich auf ein »Panel« – eine Stichprobe von Personen, die in festgelegten Zeitabschnitten immer wieder befragt werden – stützt. Eine solche Erhebung der Wählerpräferenzen würde nicht nur zeigen, welcher Prozentsatz welchen Kandidaten zu welcher Zeit begünstigte, sondern auch, welche Art von Wählern ihre Präferenz geändert hatte.

Darüber hinaus kann die Panelstudie, da sie eine laufende Aufzeichnung des Lebens jedes Interviewten ist, der Identifizierung der Ursachen für den Wechsel näher kommen als Trenduntersuchungen. Eine Trenduntersuchung, die aus mehreren Querschnittstudien besteht, könnte keine Veränderung in dem Prozentsatz von Liberalen und Konservativen über einen Zeitraum von einem Jahr zeigen; eine Panelstudie, die jedesmal dieselben Personen betrachtet, könnte herausfinden, daß Menschen, wenn sie älter werden, mehr zum Konservatismus neigen, oder vielleicht solche, die finanziellen Erfolg hatten, oder beide Gruppen.

Längsschnitt-Panelstudien haben jedoch schwerwiegende Nachteile, etwa die hohen Kosten und die beträchtlichen Anstrengungen, die erforderlich sind, um die beteiligten Personen über eine längere Zeitspanne nicht aus den Augen zu verlieren, oder die Tendenz der Interviewten, von den Fragen gelangweilt oder ihrer überdrüssig zu werden. Diese Probleme können reduziert werden, indem ein Panel für ein paar Jahre oder eine begrenzte Anzahl von Interviews verwendet und dann durch ein ähnlich ausgewähltes Panel ersetzt wird.

(In Kapitel 3 werden eine großangelegte Kurzzeit-Panelerhebung und die Erhebungsmethodologie im allgemeinen behandelt. Kapitel 5 beschreibt eine kleine Panelstudie, die den Beteiligten über eine Generation lang folgte, und diskutiert generell Langzeit-Panelstudien.)

Experimente

Grundsätzliche Probleme

Das Experiment wird als Forschungsmethode in jenen Naturwissenschaften bevorzugt, in denen sie überhaupt benützt werden kann: zum Beispiel in Disziplinen wie der Chemie und der Physik, nicht hingegen in anderen wie der Astronomie oder der Geologie.

Einfach ausgedrückt stellt in jeder Wissenschaft ein Experiment eine bekannte Situation dar, in die der Forscher zu einem bestimmten Zeitpunkt eine Veränderung einführt, um zu sehen, was dann geschieht. Der Chemiker fügt einem Gemisch ein Reagenz bei; der Physiker erhöht die Geschwindigkeit zusammenstoßender Teilchen; der Biologe streicht eine besondere Substanz im Futter seiner Labormäuse.

In der Sozialforschung können Experimente nicht so einfach durchgeführt werden. Sowohl ethische Maßstäbe als auch die gesetzlichen Vorschriften halten den Forscher davon ab, Experimente an Menschen heimlich oder gegen ihren Willen durchzuführen. Sogar wenn Personen sich mit sozialwissenschaftlichen Experimenten einverstanden erklären, können die Forscher nicht verhindern, daß die Ergebnisse durch unvorhersehbare Ereignisse oder soziale Veränderungen beeinflußt werden.

Darüber hinaus tendieren Menschen dazu, sich anders zu verhalten als sonst, wenn sie an einem Experiment teilnehmen. Dies war das unerwartete und vielleicht bedeutendste Ergebnis eines berühmten frühen Experiments in der Sozialforschung. In den späten 20er Jahren dieses Jahrhunderts berichteten Forscher einer kleinen Gruppe von Frauen, die in der Relaismontagehalle des Zweigbetriebs der Western Electric Company in Hawthorne (Chicago) Schaltkreise verdrahteten, daß sie als Versuchspersonen an einem Experiment zur Verbesserung der Arbeitsbedingungen mitwirkten. Dann erhöhten die Forscher stufenweise die Beleuchtung, boten Geldprämien an und führten nach und nach weitere Veränderungen durch. Erfreulicherweise steigerte jede Verbesserung der Arbeitsbedingungen die Produktivität, aber als das Forscherteam versuchte, seine Schlußfolgerungen zu verifizieren, indem es die Veränderungen rückgängig machte – zum Beispiel wurde die Beleuchtung wieder gedämpft –, stieg die Produktivität erneut an.

Eindeutig waren irgendwelche anderen Kräfte am Werk. Das Forscherteam vermutete, daß die Gruppe neue Normen entwickelt hatte und die Mitglieder sich diesen verpflichtet fühlten. Durch eine ausführliche Analyse kamen jedoch andere Wissenschaftler zu der Schlußfolgerung, daß der hauptsächliche, aber unbeabsichtigte Einfluß die Reaktion der Frauen auf das Interesse, das ihnen von dem Forscherteam entgegengebracht wurde, gewesen war. Gleichgültig, welche Veränderung eingeführt wurde, es spornte die Frauen an, daß sie im Mittelpunkt des Interesses standen. Dies wurde als der »Hawthorne-Effekt« bekannt, und seither haben sich experimentelle Forscher einige Mühe gemacht, ihn zu vermeiden oder ihm entgegenzuwirken.[54]*

Trotz dieser grundsätzlichen Probleme haben sich vier verschiedene Arten des Experiments in der Sozialforschung als erwiesenermaßen nützlich herausgestellt.

---

* Vor kurzem kam eine alternative Erklärung des Hawthorne-Effekts auf, die hier jedoch nicht berücksichtigt werden muß.[55]

Das natürliche Experiment

Eine Form ist das »natürliche Experiment«. Beim natürlichen Experiment geht es um ein Ereignis wie eine Katastrophe oder ein historisches Geschehen, etwa der Ausbruch eines Krieges, das bestimmte Veränderungen im sozialen Leben auslöst. Sozialforscher vergleichen das Verhalten der Personen vor dem Ereignis mit ihrem Verhalten nach dem Ereignis und führen Veränderungen darauf zurück. Aber diese Schlußfolgerung kann keineswegs als eindeutig angesehen werden, da die Forscher keine Kontrolle über andere neue Einflüsse besitzen, die zur selben Zeit auftreten und eine Rolle spielen können. Außerdem sind natürliche Experimente unvorhersehbar und die Forscher haben nicht die Möglichkeit, im voraus eine Vergleichsgruppe von Personen zusammenzustellen, die von dem Ereignis nicht betroffen sein wird. Doch nur durch eine solche Gruppe könnten sie sehen, ob die Veränderungen auch ohne den Einfluß dieses Ereignisses eingetreten wären. Natürliche Experimente liefern deshalb keinen eindeutigen Beweis für die Ursache-Wirkungsbeziehung, sondern sind hauptsächlich eine Quelle für Hypothesen und Urteile, die eines weiteren Beweises bedürfen.

(Manchmal können Sozialforscher jedoch einen ähnlichen Schauplatz wie denjenigen, der durch die Katastrophe oder das historische Ereignis beeinflußt wurde, ausfindig machen, bei dem der Einfluß aber nicht wirksam war; dieser stellt eine »natürliche Kontrolle« dar, und wenn er nicht dieselben Konsequenzen aufweist wie der erste, verstärkt dies die Schlußfolgerungen der Sozialforscher über die Wirkung des natürlichen Experiments.)

Am 26. Februar 1972 um 8 Uhr morgens brach nach mehreren Regentagen am Buffalo Creek (West Virgina), einem Kohlebergbaugebiet der Appalachen, ein großer Staudamm aus Erzabfällen. Ein ganzer See – ungefähr 500 Millionen Liter Wasser – und der Schlamm des Staudamms drängten sich durch das enge, 27 Kilometer lange Tal und rissen Personen, Autos und ganze Siedlungen mit sich; 125 Personen starben, 4 000 wurden obdachlos und das außerordentlich enge Gemeinschaftsleben, das vor der Katastrophe 16 Dörfer verband, wurde zerstört.

Ein Jahr danach begann Kai T. Erikson mit einer ausführlichen Untersuchung über die Nachwirkungen der Katastrophe am Buffalo Creek. Er besuchte mehrmals das Gebiet, interviewte ausführlich viele Bewohner und las um die 30 000 bis 40 000 Seiten eidesstattlicher Aussagen und Aufzeichnungen, die von Juristen für die Flutopfer gesammelt worden waren. Aus diesen Quellen gewann er ein Bild vom Leben am Buffalo Creek vor und nach der Flut – zwei oder drei Jahre später.

Die Forschung zu einer Anzahl vergleichbarer Katastrophen hatte gezeigt, daß sich gewöhnlich das persönliche und gemeinschaftliche Leben etwa innerhalb eines Jahres normalisierte, aber am Buffalo Creek registrierte Erikson ein Jahr nach der Flut – und sogar noch später – nur einen geringen Wiederherstellungsgrad des Gemeinschaftslebens und unverminderte Depression, Angst und Lethargie. Typisch dafür waren Aussagen wie die folgenden:

Ich möchte nicht ausgehen und keine Menschen sehen. Warum? Ich weiß es nicht. Ich habe mich einfach verändert. Ich möchte mit keinem Menschen verkehren. Es stört mich.

Manchmal, wenn du zu Bett gehst und versuchst, dich zu entspannen, kommen die Alpträume. Das Wasser kommt wieder; du liegst da und kannst dich nicht bewegen, rufst nach Hilfe. Ich glaube, daß jeder Betroffene besser daran wäre, wenn er getötet worden wäre … dann müßtest du nicht darüber traurig sein, daß dein Freund getötet wurde und du nicht.

Nun, ich habe alle meine Freunde verloren. Die Menschen, mit denen ich aufgewachsen bin und mit denen ich gelebt habe, sind in alle Winde verstreut. Ich weiß nicht, wo sie hier in ›…Down‹ leben, es gibt nur noch wenige Menschen, die ich kenne, und man fühlt sich unsicher unter Menschen, die man nicht kennt.

Erikson begriff, daß einer der entscheidenden Einflüsse auf die Flutopfer die Unterbringung der Obdachlosen – ungeachtet ihrer früheren Gemeinschaft – in Wohnwagenlagern war, die der Staat zur Verfügung gestellt hatte. Nicht nur, daß ihr Leben zerstört worden war, sie hatten auch noch das Gefühl der »Gemeinschaftlichkeit« verloren, das heißt ihr Eingebundensein in ein Beziehungsgeflecht von lang vertrauten Nachbarn und Freunden. Wie Erikson sagt:

Die meisten der traumatischen Symptome der Überlebenden am Buffalo Creek sind sowohl eine Reaktion auf den Verlust der Gemeinschaftlichkeit als auch eine Reaktion auf die Katastrophe selber … Die Furcht, Apathie und Demoralisierung, der man entlang des Tales begegnet, entspringt sowohl dem Schock, aus einem für sie wesentlichen Gemeinschaftsmilieu herausgerissen worden zu sein, als auch dem Schock der Begegnung mit diesem grauenvollen schwarzen Wasser.

Erikson spürt, daß letzteres eine bedeutende Tragweite für uns alle besitzt, nicht nur wegen der Möglichkeit eines Atomkrieges – der zusätzlich zu allem anderen das soziale Netzwerk der Überlebenden zerstören würde –, sondern auch wegen der vielen Möglichkeiten, wie durch die moderne Gesellschaft die Gemeinschaftlichkeit zerstört werden kann:

Das Geschehen am Buffalo Creek kann so als Mahnung für die Erhaltung der gemeinschaftlichen Lebensformen dienen, nicht nur für jene, die sich mit den sozialen Folgen
einer akuten Katastrophe befassen, sondern auch für jene, deren Auftrag die Planung
einer lebenswerten menschlichen Zukunft ist.[56]

Das Quasi-Experiment

So fruchtbar natürliche Experimente auch als Quelle für Hypothesen sind, so
erreichen sie doch bei weitem nicht das Ideal des kontrollierten Experiments.
Diesem Ideal kommt das »Quasi-Experiment« etwas näher. Es ist eine Form
der Forschung, bei der der Sozialwissenschaftler das Verhalten einer Gruppe
von Personen, die einer spezifischen Bedingung ausgesetzt sind, mit dem
einer Kontrollgruppe ähnlicher Personen ohne diese Bedingung vergleicht.
Falls die beiden Gruppen ansonsten übereinstimmen, kann jeder Unterschied
zwischen ihnen auf diese Bedingung zurückgeführt werden.

In vielen Fällen haben die Forscher keine vollständige Kontrolle über die
Zusammensetzung der zwei Gruppen und können deshalb nicht sicher sein,
ob tatsächlich gleiche Bedingungen in beiden Gruppen anzutreffen sind.
Irgendein unbekannter Faktor kann in einer Gruppe stärker wirken als in der
anderen und so teilweise oder gänzlich die Ursache für den Unterschied zwischen ihnen sein – daher der Begriff »Quasi-Experiment«.

Dies ist die Schwäche der Quasi-Experimente. Immer wenn Forscher im
nachhinein eine Kontrollgruppe zusammenstellen müssen, passen sie diese
der Experimentalgruppe auf der Grundlage der ihnen bekannten Faktoren
wie beispielsweise Einkommen, Bildung, Alter und so weiter an. Aber es
kann feine und versteckte Unterschiede zwischen den Gruppen geben, die
den Forschern nicht bewußt sind. Wenn sie eine Ex-post-facto-Kontroll-
gruppe zusammenstellen und diese mit freiwilligen Teilnehmern für ein
Berufstrainingsexperiment vergleichen, so sind sie in der Lage, die Kontrollgruppe in allen offensichtlich wichtigen Faktoren anzupassen. Ob die freiwilligen Teilnehmer von Natur aus optimistischer sind als die Kontrollgruppe,
kann jedoch nicht untersucht werden, obwohl ein solcher Unterschied eine
bedeutende Rolle für das Ergebnis spielen könnte.

Der beste Weg, solche unbekannten Unterschiede zwischen Experimental-
und Kontrollgruppe auszuschalten oder zumindest zu minimieren, ist, eine
Stichprobe zu ziehen und die Individuen vor dem Experiment nach dem
Zufallsprinzip auf die beiden Gruppen zu verteilen; dieses Vorgehen ermöglicht es, die vielen unbekannten Faktoren, die den Unterschied zwischen den

Gruppen ausmachen könnten, weitgehend auszugleichen. Aber die Forscher haben nicht immer die Gelegenheit dazu, da die Gesetzgeber oftmals Programme verabschieden, die eine große Anzahl von Personen beeinflussen, und erst später Untersuchungen anordnen, um herauszufinden, was sie bewirkten. Gleichwohl liefert die quasi-experimentelle Forschung Ergebnisse, denen man ziemlich gut vertrauen kann.

Das wahre Experiment

Theoretisch sehr zuverlässige Schlußfolgerungen über die Ursachen verschiedener Arten von Sozialverhalten liefert das sogenannte »wahre Experiment«. Man unterscheidet hier zwischen zwei Arten: Die erste, klein, künstlich und vom Forscher vollständig kontrolliert, wird gewöhnlich »Laborexperiment« genannt, auch wenn sie manchmal außerhalb des Labors stattfindet. Die zweite, im allgemeinen großangelegt und natürlich, findet gewöhnlich an einem Schauplatz des »wirklichen« Lebens statt und wird als »Sozialexperiment« (*social experiment*) bezeichnet.

Laborexperimente werden hauptsächlich von Sozialpsychologen durchgeführt und sind in dieser Disziplin die vorherrschende Forschungsmethode. In solchen Experimenten wird im Labor eine soziale Situation im kleinen geschaffen und die Forscher beobachten die freiwilligen Teilnehmer. Sie teilen die Teilnehmer in zwei Gruppen, Experimental- und Kontrollgruppe, ein und setzen nur die Experimentalgruppe einem besonderen zusätzlichen Reiz (*Stimulus*) oder einer zusätzlichen Bedingung aus – dem sogenannten »Behandlungsfaktor« (*treatment*). Da das Treatment der einzige Unterschied zwischen den zwei Gruppen ist, muß es die Ursache für einen etwaigen Verhaltensunterschied zwischen ihnen sein. Die Forscher vermeiden den Hawthorne-Effekt und andere Verzerrungen des Verhaltens der Freiwilligen, die aus dem Bewußtsein über die künstlich geschaffene Situation resultieren könnten, durch den Einsatz von Ablenkungsmanövern oder einer »Cover-Story«, die die Zwecke des Experiments und des untersuchten Treatments verschleiern.

Vor mehreren Jahren wollte Joel Cooper von der Princeton University die Hypothese überprüfen, ob Personen, die freiwillig eine anstrengende Tätigkeit ausführen, von der sie erhoffen, daß sie ihr Verhalten verändere, tatsächlich eine Verhaltensänderung zeigen – vornehmlich deshalb, weil sie nicht das Gefühl haben möchten, sich umsonst angestrengt zu haben. (Diese Hypothese ist aus der Theorie der kognitiven Dissonanz von Festinger abgeleitet, deren Anwendung wir bereits im Falle der nichteingetretenen Prophezeiung gesehen haben.) Cooper ging davon aus, daß dieser mentale Mechanismus eine Erklärung dafür sein könnte, warum die verschiedenen Formen der Psychotherapie scheinbar alle irgendeine Wirkung besitzen: Nicht so sehr die besonderen Techniken wirken als vielmehr die Tatsache, daß in jedem Fall Patienten Zeit, Geld und Anstrengung in der Hoffung auf eine Verhaltensänderung investieren.

Mit einer Anzeige in der Universitätszeitung warb er freiwillige Teilnehmer an und bot ihnen zwei Dollar für eine einstündige Teilnahme an einem Verfahren, das der Förderung selbstbewußten Handelns dienen sollte. Von den hundert Teilnehmern, die sich für das Experiment meldeten – es waren nur zwei Frauen darunter –, wählte Cooper die fünfzig, die in einem ›paper-and-pencil-Test‹ die niedrigste Punktzahl in puncto Selbstbewußtsein erzielt hatten. Diese Teilnehmer wurden dann einzeln zu getrennten Zeiten einbestellt: Der einen Hälfte wurde erzählt, daß das Verfahren anstrengend und möglicherweise peinlich sei, und man fragte sie, ob sie trotzdem weitermachen wollten; der anderen Hälfte wurde eine Erklärung gegeben, in der weder Anstrengung noch Peinlichkeit erwähnt wurden, und sie konnten nicht zwischen einer Fortsetzung oder dem Abbruch des Experiments wählen.

Die Mitglieder jeder Gruppe wurden dann erneut geteilt. Eine Hälfte erhielt 40 Minuten lang eine intensive Verhaltenstherapie; die andere Hälfte mußte in der gleichen Zeit ein körperliches Training absolvieren (der Vortest zeigte, daß letzteres »die Aktivität auf emotionalem und neuralem Niveau erhöhen würde«). Dann wurde jedem für die Teilnahme am Experiment gedankt und ihm mitgeteilt, daß er an der Rezeption zwei Dollar ausgezahlt bekommen würde.

An der Rezeption gab ein Mitarbeiter von Cooper jedem Teilnehmer allerdings nur einen Dollar. Wenn dieser ihn ruhig in Empfang nahm und ging, wurde sein Selbstbewußtsein mit 0 Punkten kodiert; wenn er spöttisch auf den Dollar schaute und in einer anderen nicht verbalen Art anzudeuten versuchte, daß das nicht genug wäre, erhielt er eine 1; falls er verbal die Höhe der Bezahlung anzweifelte, erhielt er eine 2; falls er zunächst auf zwei Dollar beharrte, aber schließlich doch den einen Dollar nahm und ging, eine 3; und falls er sagte, daß er den Leiter des Experiments suchen und sich bei ihm beschweren würde, eine 4.

Die Ergebnisse: Teilnehmer, die die Wahlmöglichkeit besessen hatten, ob sie sich für dieses Selbstbewußtseinstraining plagen wollten oder nicht, standen für ihre Rechte ein, und zwar unabhängig von dem Treatment, das sie erhalten hatten. Solche, die die Verhaltenstherapie genossen hatten, bekamen im Durchschnitt 3.4 Punkte für ihr Selbstbewußtsein, während jene, die ein schweres körperliches Training hinter sich hatten, mit durchschnittlich 3.2 Punkten beinahe ebenso gut abschnitten. Diejenigen jedoch, die keine freie Wahlmöglichkeit besessen hatten, zeigten mit einer Punktzahl von nur 2.1, falls sie die Verhaltenstherapie erhalten hatten, und 1.9, falls sie trainiert hatten, ein beträchtlich geringeres Selbstbewußtsein.[57]

(In Kapitel 4 werden Laborexperimente zum Sozialverhalten ausführlicher diskutiert und überdies eine bemerkenswerte Serie von Experimenten zur Gruppenarbeit dargestellt.)

Im Gegensatz zu Laborexperimenten gehören Sozialexperimente zu den größten, teuersten und längsten Projekten der Sozialforschung. Manche haben mit Tausenden von Freiwilligen gearbeitet, kosteten viele Millionen Dollar und dauerten mehrere Jahre; einige wenige haben diese Dimensionen sogar noch weit überschritten.

Sozialexperimente unterscheiden sich auch darin von Laborexperimenten, daß sie eher angewandte als grundlagenorientierte Forschung darstellen. Diese wird hauptsächlich von staatlichen Einrichtungen finanziert, denen nicht an einem tiefgründigen Verständnis des Sozialverhaltens gelegen ist, sondern vielmehr daran, die Auswirkungen einiger in die sozialen Prozesse eingreifender staatlicher Vorschläge zu messen. Trotzdem liefern solche Experimente neue grundlegende Erkenntnisse, denn ihre Daten werden von Wissenschaftlern, die an theoretischen Ergebnissen interessiert sind, für unzählige Sekundäranalysen verwendet.

Im Rahmen typischer Sozialexperimente wurden Gruppen von Rauschgiftsüchtigen und ehemaligen Dieben Arbeitsstellen oder Bargeld gegeben, um zu sehen, ob die eine oder andere Form der Hilfe sie auf den »rechten« Weg bringen würde. Arme Leute wurden finanziell unterstützt, um zu beobachten, wie das Geld die allgemeine Wohn- und Lebensqualität in dieser Gesellschaftsgruppe beeinflussen würde; Tausenden von freiwilligen Teilnehmern wurden verschiedene Arten von Krankenversicherungsprogrammen angeboten (einschließlich kostenloser Versorgung), um zu sehen, welches jeweilige medizinische System sie in Anspruch nehmen würden und welche Auswirkungen es auf ihre Gesundheit hatte.[58]

Projekte dieser Art sind aus zwei Gründen eher wahre Experimente als Quasi-Experimente. Erstens werden Stichproben benutzt, die für den Teil der Bevölkerung hinreichend repräsentativ sind, der von dem vorgeschlagenen

Programm oder Gesetz betroffen sein wird. Zweitens werden diese Stichproben, bevor die experimentelle Behandlung einsetzt, zufällig in Experimental- und Kontrollgruppen aufgeteilt. Da beide Gruppen wirklich vergleichbar sind, kann davon ausgegangen werden, daß ein Unterschied nach Einführung des Treatments ziemlich sicher durch dieses verursacht worden ist.

Das bedeutet nicht, daß es keine Schwierigkeiten bei der Interpretation der Daten gäbe. Da solche Experimente mit Menschen durchgeführt werden, die in bestimmten gesellschaftlichen Zusammenhängen leben, enthalten sie unzählige Probleme und Zweideutigkeiten. Zum Beispiel können die Personen der Kontrollgruppe die Vorteile, die jene in der Experimentalgruppe genießen, entdecken und daraufhin ausscheiden oder in irgendeiner anderen, unvorhersehbaren Weise reagieren. Daneben sind unabsehbare Veränderungen in der Gesellschaft denkbar, die die soziale Umgebung so verändern, daß die Ergebnisse schwer interpretierbar werden: In New Jersey wurde ein Experiment organisiert, das als Alternative zum bestehenden Wohlfahrtsprogramm ein bestimmtes jährliches Einkommen garantierte. Kurz nachdem es in Gang gekommen war, verabschiedete New Jersey jedoch ein großzügigeres Wohlfahrtsgesetz, das nahezu dem experimentellen Programm die Anziehungskraft für die Armen zu nehmen drohte.

(Die Geschichte eines großen Sozialexperiments wird in Kapitel 6 im Zusammenhang mit der Diskussion der wissenschaftlichen und politischen Schwierigkeiten der Durchführung einer solchen Forschung erörtert.)

Teil II:
Fünf Fallgeschichten
der Sozialforschung

Kapitel 2

Das Dilemma im Klassenzimmer

Eine Querschnittuntersuchung mißt die Auswirkungen
des rassengetrennten Unterrichts

Eine unwillkommene Gelegenheit

Es passiert wohl kaum jeden Tag, daß ein junger, noch wenig erfahrener
Sozialwissenschaftler einen unerwarteten Telefonanruf erhält und gebeten
wird, eine 1,5-Millionen-Dollar-Untersuchung zu leiten, die einen gravieren-
den Einfluß auf die amerikanische Gesellschaft haben könnte. Noch seltener
kommt es vor, daß so jemand ein derartiges Angebot höflich ablehnt, weil
ihn diese Untersuchung, die vom Kongreß der Vereinigten Staaten angeordnet
worden ist, um die Durchführung eines kürzlich verabschiedeten Gesetzes
von großer sozialer Bedeutung zu unterstützen, von der stärker grundlagenorientierten oder »abstrakten« Forschung wegführen würde.

Diese beiden unwahrscheinlichen Dinge geschahen an einem Wintermor-
gen des Jahres 1965. James S. Coleman, erst 39 Jahre alt und bereits ordentli-
cher Professor und Direktor des soziologischen Instituts an der Johns Hopkins University in Baltimore, nahm den Telefonanruf in seinem Büro entgegen und erhielt, gleichsam ohne Vorwarnung, eine außergewöhnliche Gelegenheit geboten.

Der Anrufer, ein bekannter Statistiker namens Alexander Mood, hatte vor
kurzem die ›Rand Corporation‹ verlassen, um stellvertreter Leiter für päd-
agogische Statistik am ›Office of Education‹, damals Teil des ›Department of
Health, Education, and Welfare‹, zu werden. Mood teilte ihm mit – was
Coleman sicherlich wußte –, daß das Bürgerrechtsgesetz von 1964 vom
›Office of Education‹ die Durchführung einer Untersuchung verlangte, welche »die fehlende Chancengleichheit im Bildungswesen aufgrund von Rasse,
Hautfarbe, Religion oder nationaler Herkunft« in den öffentlichen Schulen
des Landes nachweist. Coleman wußte als Autor von *The Adolescent Society*

und *Introduction to Mathematical Sociology* nicht nur viel über Erziehung und Bildung, sondern auch über die Methodologie umfangreicher Erhebungen, und Mood forderte ihn auf, dieses riesige Unternehmen zu leiten.

Da er von dem Angebot überrascht war – er hatte noch nicht einmal neun Jahre als Soziologe gearbeitet – und um Zeit zum Nachdenken zu haben, hielt Coleman Mood hin, indem er ihn nach Einzelheiten über den Umfang, die Reichweite und den Zeitplan der Aufgabe befragte. Was er erfuhr, klang beunruhigend: Nicht nur würde die Erhebung gigantisch und komplex sein, sie mußte auch noch in kurzer Zeit durchgeführt werden. Ein halbes Jahr war bereits mit der Planung einer kleineren Untersuchung verschwendet worden, die von Mitarbeitern des ›Office of Education‹ hätte durchgeführt werden sollen. Jetzt aber hatte dessen Leiter, Francis Keppel, beschlossen, daß nur eine großangelegte, professionelle und von externen Fachleuten durchgeführte Umfrage das gewünschte Resultat erbringen würde. Das Gesetz verlangte allerdings, daß die Ergebnisse der Erhebung dem Kongreß und dem Präsidenten bis zum 2. Juli 1966 vorliegen, das bedeutete in nur eineinhalb Jahren. Noch stünde Geld zur Verfügung – das Budget würde ungefähr eineinhalb Millionen Dollar betragen –, um alle möglichen Spezialisten einzustellen.

Allerdings war sich Coleman überhaupt nicht sicher, ob das Projekt in dieser kurzen Zeitspanne wissenschaftlich solide durchführbar wäre. Und zusätzlich zu seiner Unlust, seine Zeit nicht mit Grundlagenforschung verbringen zu können, beunruhigte ihn, daß die Erhebung weniger dazu geplant sein könnte, objektive Daten zu erbringen, als vielmehr dazu, dem ›Justice Department‹ zu helfen, gerichtlich gegen Schulen vorzugehen, die laut Umfrage nicht dem Gesetz folgten.

»Vor allem«, so erinnerte sich Coleman kürzlich, »sträubte ich mich gegen eine Zusage, da diese bedeutet hätte, aus meiner Rolle als Soziologe – wie ich sie damals sah – auszusteigen. Zu dieser Zeit führten Soziologen keine staatlich unterstützte angewandte Forschung durch. Wir stellten Anträge an das ›National Institute of Mental Health‹ und die ›National Science Foundation‹, um staatliche Gelder für die Forschung zu erhalten, die wir machen wollten, aber irgendwie führten wir niemals Forschung durch, die vom Staat in Auftrag gegeben wurde.* Deshalb sagte ich zu Mood, daß es mir leid täte, ich aber

---

* Das dachten damals zumindest viele Soziologen der akademischen Richtung, obwohl einige von ihnen bereits angewandte Forschungen im Auftrag des Staates durchgeführt hatten. Dazu gehören zum Beispiel die Untersuchungen von Samuel Stouffer und anderer über die Sozialpsychologie der amerikanischen Soldaten während des Zweiten Weltkriegs und ein Großteil der Arbeiten, die am ›Center for Applied Social Research‹ der Columbia University in den 50er Jahren von Paul Lazarsfeld, Robert K. Merton und anderen führenden Soziologen gemacht worden waren.

die Aufgabe nicht annehmen könne – ich glaube, ich berief mich auf anderweitige Verpflichtungen –, und bot ihm meine Hilfe bei der Suche nach jemand anderem an.«

Colemans Bedauern war echt. Er spürte seine eigene Ambivalenz: Er wollte den Job so sehr, wie er ihn fürchtete.

Er zog mich an, weil er eine neue Phase in der Sozialwissenschaft darstellte, nämlich eine, bei der Sozialforschung von den Politikern ernst genommen werden würde. Wir hatten uns mit gelehrten und akademischen Problemen befaßt, aber da die Gesellschaft der Gegenstand der Soziologie ist, erschien es mir an der Zeit, daß diese Disziplin anfing, etwas Brauchbares und Nützliches für das Funktionieren der Gesellschaft zu tun. Wir könnten ein »Fenster« für die Politiker liefern, durch das sie Dinge sehen würden, die sie ansonsten nicht klar erkennen konnten. Je mehr ich darüber nachdachte, desto stärker fesselte mich die Idee, diese Erhebung durchzuführen, besonders deshalb, weil sie ein Gebiet behandelte, bei dem der Einfluß auf die Politik so bedeutend war.

Wie es so kam, fand ich niemanden, der gewillt war, den Job zu übernehmen, und so rief ich schließlich Alex Mood an und sagte, daß ich darüber nachgedacht hätte, und falls ich einen Kodirektor bekäme, der den Teil der Erhebung, der sich mit Institutionen der höheren Bildung beschäftigte, übernähme, würde ich es doch tun.

(Mood stimmte zu, und Coleman konnte Ernest Campbell, Professor an der Vanderbilt University, dafür gewinnen, die Aufgabe des Kodirektors zu übernehmen.) Diese Entscheidung veränderte Colemans Leben – und das von Millionen von Amerikanern.

Wie es wahrscheinlich für die meisten Wissenschaftler bei der Wahl ihres Untersuchungsobjekts zutrifft, standen hinter Colemans Entscheidung tieferliegende Motive als die intellektuellen, von denen er sprach. Er wurde in einer kleinen Stadt in Indiana geboren und verbrachte in seiner Jugend mehrere Sommer auf der Farm seines Onkels in Kentucky. Dort erwuchs in ihm ein beunruhigendes Gefühl über die schizoiden Beziehungen zwischen Weißen und Schwarzen des ländlichen Südens – Vertraulichkeit und wechselseitige Abhängigkeit bei ihrer Arbeit, Segregation und große Ungleichheit in ihrem sozialen Leben und ihren sonstigen Lebensbedingungen. Als Erwachsener nahm Coleman eine liberale Haltung gegenüber Rassenthemen ein, und er engagierte sich von Zeit zu Zeit, eher in seiner Eigenschaft als Bürger als in seiner Eigenschaft als Sozialwissenschaftler, für seine Überzeugungen. Zur Zeit der Demonstrationen gegen die Rassentrennung, im Herbst 1963, beteiligten sich Coleman, seine Frau und ihre drei kleinen Kinder zum Beispiel an einem ›CORE‹-Protest in einem segregierten Vergnügungspark in Baltimore. Die Polizei verhaftete Demonstranten, die den Park betraten, aber Coleman und seine Familie kamen irgendwie hinein und wurden prompt in einen Polizeiwagen verfrachtet und zu einer Exerzierhalle gefahren. Dort war bereits eine Menge Schwarzer und Weißer, die im Park wegen des Verstoßes gegen ein Gesetz, das unbefugtes Betreten verbot, verhaftet worden war. »Von uns wurden Fingerabdrücke genommen«, erinnert sich Coleman, »wir wurden unter Anklage gestellt und dort bis zwei oder drei Uhr morgens festgehalten. Es erfüllte uns mit Stolz; wir fühlten, daß wir richtig gehandelt hatten.« Die Anklagen wurden später zurückgenommen und der Massenprozeß eingestellt, nachdem das Gesetz gegen unbefugtes Betreten für ungültig erklärt worden war.

Bis er die Möglichkeit erhielt, die Leitung der Untersuchung zur Chancengleichheit im Bildungs- und Erziehungswesen zu übernehmen, hatte Coleman mit seinen soziologischen Studien keineswegs das Ziel verfolgt, die Segregation zu beseitigen, gesellschaftliche Veränderungen zu bewirken oder irgendeinen Einfluß auf politische Maßnahmen auszuüben. Er hatte solide Untersuchungen über den Gesellschaftskonflikt, die Lebensumstände von Jugendlichen und das soziale Klima in amerikanischen Schulen durchgeführt. Alle waren durch das, was eine ordentliche akademische Soziologie ausmacht, nämlich Objektivität und Vermeidung von Werturteilen, gekennzeichnet gewesen. Das Ziel dieser Form der Sozialwissenschaft war, wie einer von Colemans bedeutendsten Mentoren an der Columbia University, Robert K. Merton, seinen Studenten zu erzählen pflegte, herauszufinden, ob »etwas wirklich so ist und warum es so ist«. Coleman war nun jedoch dabei, eine Art Forschung zu betreiben, die stärker von zwei ganz andersartigen und weniger uninteressanten Fragen bestimmt erschien, nämlich »ist es richtig, daß es so ist, und was sollen wir damit tun«.

Tatsächlich können seine Motive nicht so vereinfacht dargestellt werden. In seinem persönlichen Leben empfand er eine tiefe Abneigung gegenüber der Rassentrennung; darum wurde er von einer Forschung, die die Auswirkungen der Segregation aufdeckte und dokumentierte, stark angezogen; doch aufgrund seiner Ausbildung und seiner Veranlagung konnte er es vor sich selbst nicht verantworten, eine Forschungsarbeit durchzuführen, die oberflächlich die Schulsegregation als so schädlich »beweisen« würde, wie er dachte. Und tatsächlich würde Colemans Art und Weise, wie er die Schulerhebung anging, genauso gewissenhaft und unparteiisch wie seine stärker grundlagenorientierte Forschung, einige Ergebnisse erbringen, die vielen seiner eigenen Annahmen über die Auswirkungen des segregierten Unterrichts widersprachen und ihn zu Schlußfolgerungen veranlassen würden, die zu komplex waren, um seine staatlichen Geldgeber zufriedenzustellen – die aber gleichwohl einen starken Einfluß auf die Regierungspolitik, die nationalen Schulsysteme und den rassenbestimmten Charakter amerikanischer Großstädte ausübten.

Die Ziele der Sozialforschung

Colemans innerer Widerspruch zwischen dem hohen Rang der Grundlagenforschung und dem dringenden Bedarf an statistischen Daten, die die Durchführung des Bürgerrechtsgesetzes von 1964 unterstützen würden, war Teil einer alten Tradition.

In den »harten« Wissenschaften waren lange Zeit zwei unterschiedliche und oftmals unvereinbare Ziele virulent: Einerseits zu verstehen, warum Dinge so sind, wie sie sind, und andererseits zu lernen, wie man praktische Probleme löst – in allgemeinverständlichen Begriffen ausgedrückt: »Grundlagenforschung« versus »angewandte« Forschung. Die Grundlagenforschung, der direkte Abkömmling der Philosophie, wurde immer als die Forschung mit dem höheren intellektuellen Prestige angesehen, aber im pragmatischen und erfolgsorientierten Amerika unterstützten die Unternehmen – und später der Staat – lange Zeit stärker die angewandte Forschung.

Sozialwissenschaftler, insbesondere Soziologen, haben in demselben Widerspruch gestanden, daß das eine oder andere Forschungsziel zu verschiedenen Zeiten ihr Denken beherrschte. In Amerika besaß die angewandte Forschung ursprünglich die Oberhand: Gegen Ende des letzten Jahrhunderts bestand das Interesse der meisten Soziologen hauptsächlich darin, »soziale Kontrolle« zu fördern, womit sie die demokratische Selbstbestimmung der Industriegesellschaft meinten.[1] Wie im Leitartikel der ersten Ausgabe des *American Journal of Sociology* im Jahre 1895 dargelegt, war das Ziel der jungen Wissenschaft, »unser gegenwärtiges Verständnis des sozial Nützlichen zu vergrößern, um den allgemeinen Wohlstand zu erhöhen«[2], und ein Großteil der Forschung, die in dieser Zeitschrift während der nächsten zwei Jahrzehnte veröffentlicht wurde, befaßte sich mit Vorschlägen für die Lösung spezifischer Probleme des städtischen Lebens und der industriellen Arbeit (wie zum Beispiel dem Acht-Stunden-Arbeitstag). Diese Form der Soziologie wurde oftmals als »Sozialmanipulation«[3] bezeichnet.

Zur selben Zeit fand in Europa ein ganz anderes Konzept der Soziologie eine breite Resonanz, nämlich eines, bei dem das Forschungsziel die Entdeckung von Gesetzen oder Prinzipien war, die soziale Phänomene erklärten, um sie besser verstehen zu können. Die praktikable Anwendung dieses Verständnisses war ein willkommenes Nebenprodukt der Forschung, aber nicht ihr eigentlicher Zweck. In den 90er Jahren des vorigen Jahrhunderts führte zum Beispiel Durkheim (wie wir in Kapitel 1 sahen) bei der Untersuchung des Phänomens des Selbstmords keine kleinen Experimente mit dem Ziel durch, die Tendenz zu einem solchen Verhalten zu verringern, sondern analysierte Daten auf der Suche nach einem Grundprinzip, das die verwirrenden Korrelationen zwischen dem Selbstmordverhalten und der Religion, der Region, der politischen und wirtschaftlichen Situation und anderen sozialen Faktoren erklären würde.

Nach der Jahrhundertwende begann eine Anzahl jüngerer Soziologen in Amerika mit dem Versuch, die Soziologie auf diese Art und Weise neu zu gestalten. Bis in die 20er Jahre hinein waren sie weitgehend erfolgreich: Die akademische Soziologie war vorherrschend, die »Sozialmanipulation« wurde von oben herab als »politische Machenschaft« betrachtet, und William Ogburn bezeichnete 1929 in seiner Präsidentenansprache an die ›American Sociological Society‹ den »Umgang mit praktischen Problemen« als ein Haupthindernis für die Entstehung einer »kumulativen Wissenschaft von der Gesellschaft«.[4]

Während der 20er und 30er Jahre dieses Jahrhunderts zielte die Sozialforschung, die sich mit den Beziehungen zwischen Weißen und Negern* beschäftigte, dementsprechend in erster Linie auf ein besseres Verständnis denn auf sozialen Wandel ab. Bezeichnenderweise versuchten der Soziologe W. Lloyd Warner und mehrere Kollegen, die verwirrende Komplexität der Beziehungen zwischen Negern und Weißen in Amerika mittels des Konzepts eines *color-caste system* zu verstehen: Die Kaste betrachtet die Neger als den Weißen untergeordnet, aber jede Kaste hatte ihr eigenes Klassensystem, durch das Status und Macht innerhalb und zwischen den Kasten verteilt waren.[5] Diese Art Ansatz gab vielem, das über Rassenbeziehungen unklar oder verwirrend gewesen war, einen Sinn. Jedoch bewirkte sie wenig, um die amerikanische Öffentlichkeit dazu zu bewegen, die Ungleichheiten und Ungerechtigkeiten des Systems zu reduzieren.

Im Jahre 1944 erschien jedoch eine wichtige, ganz andersartige Arbeit. *An American Dilemma* des berühmten schwedischen Sozialökonomen Gunnar Myrdal war eine umfangreiche und sehr detaillierte Untersuchung über das Negerproblem, die aus beinahe drei Dutzend Seiten Forschungsbericht, von Myrdal in Auftrag gegeben, bestand und zusätzlich eine Fülle von vorhandenen empirischen Daten und theoretischen Studien umfaßte. Die These Myrdals war, daß »das amerikanische Negerproblem ein Problem im Herzen des Amerikaners ist ... und dort geht der entscheidende Kampf weiter.«[6] Die Amerikaner, sagte er, litten an einem Wertekonflikt, nämlich ihren demokratisch-moralischen Geboten und Idealen auf der einen Seite und ihren Vorurteilen und selbstsüchtigen Interessen auf der anderen Seite. Er sah dieses Auf-

---

* Ich benütze die Ausdrücke »Neger« und »Schwarze« nach dem damaligen Gebrauch.

einanderprallen von Einstellungen, dieses moralische Dilemma als die Hauptursache der sozialen Spannung und Unordnung und als den größten Mißerfolg Amerikas an.

Das, was diese Arbeit von Grund auf anders sein ließ als die meiste Forschung über Rassenbeziehungen zur damaligen Zeit, war Myrdals leidenschaftliches Eintreten dafür, daß die Sozialforschung die objektive Untersuchung mit einer moralisch inspirierten Suche nach Abhilfen für soziale Probleme verbindet:

Der Rationalismus und der Moralismus, die als treibende Kräfte hinter der Untersuchung sozialer Phänomene stehen, bilden, ob wir es akzeptieren oder nicht, das Vertrauen, daß Institutionen verbessert und gestärkt werden können … Das Finden der praktischen Formeln für diesen niemals endenden Neuaufbau der Gesellschaft ist die wichtigste Aufgabe der Sozialwissenschaft.[7]

Myrdal behauptete, daß die zurückhaltende und akademische Soziologie von William Graham Sumner, der die Rassenbeziehungen vom Standpunkt tiefsitzender und durch kein Gesetz zu verändernder Lebenstraditionen und Sitten beschrieben hatte, eine formale Rechtfertigung für den Status Quo bedeutete. Ganz und gar im Widerspruch zu Sumners bekannter Behauptung, nach der »staatliche Normen keine Lebenstraditionen schaffen können, … die Gesetzgebung keine Sitten begründen kann«, appellierte Myrdal an die Amerikaner, die Bedingungen herzustellen, durch die staatliche Normen in der Tat solche Veränderungen bewirken könnten.[8] Aber seine Arbeit war von der ›Carnegie Corporation‹ und nicht vom Staat in Auftrag gegeben worden, und er wagte keine präzisen Aussagen darüber, wie solche Veränderungen durch Gesetz oder andere staatliche Eingriffe hervorgebracht werden könnten. Myrdals Vorgehen unterschied sich damit grundsätzlich von einer Sozialforschung, die auf bestimmte staatliche Maßnahmen abzielt oder bei deren Ausführung hilft – bekannt als »staatliche Auftragsforschung«.

Erst nach zehn Jahren bekamen die von Myrdal zur Verfügung gestellten Informationen einen praktischen Wert: Im Jahre 1954 fällte das Oberste Bundesgericht sein historisches Urteil im Fall *Brown versus Board of Education*. Es befand, daß die Doktrin der »getrennten, aber gleichwertigen« Möglichkeiten, durch die der Süden die Rassensegregation in den Schulen aufrechterhalten konnte, Negerkinder ihres Anrechts auf gleichen Schutz beraubte, das durch den vierzehnten Zusatzartikel zur Verfassung garantiert war.

Die Schulen des Südens waren schon seit der ›Post-Reconstruction‹-Ära segregiert gewesen; Negerkinder besuchten Schulen, deren Bildungsniveau ihnen nur geringe berufliche und soziale Chancen bot.[9] (Im Norden war die

Segregation nach dem Bürgerkrieg abgeschafft worden.) Alle Bemühungen, Gleichheit durch Integration zu erzielen, wurden im Süden durch das 1896 gefällte Urteil des Obersten Bundesgerichts im Fall *Plessy versus Ferguson* abgeblockt, bei dem es um ein Gesetz von Louisiana ging, das die getrennte Benutzung von Eisenbahnabteilen für Neger vorschrieb. Das Bundesgericht hatte in *Plessy* festgehalten, daß eine Segregation nach der Doktrin der »getrennten, aber gleichwertigen« Möglichkeiten Neger nicht ihrer Rechte beraubte.

Die seit den 30er Jahren wirkenden sozialen Einflüsse zogen erneute Versuche der Auflösung der segregierten Erziehung nach sich. Die Urbanisierung und Industrialisierung lockte viele Schwarze von den Farmen des Südens in die Städte des Nordens. Die Arbeits- und Sozialgesetzgebung im »New Deal« eröffnete den Schwarzen bessere wirtschaftliche Möglichkeiten. Der Zweite Weltkrieg und das selbstbewußte Auftreten der Staaten der Dritten Welt veränderten die Erwartungen der Neger.[10] In dieser Stimmung brachten Bürgerrechtler neue Fälle vor, die die Schulsegregation anfochten – und zum erstenmal in der amerikanischen Geschichte wurde die Sozialforschung bedeutsam.

Denn es war gerade diese Forschung, die es dem Obersten Bundesgericht ermöglichte, die »Getrennt-aber-gleichwertig«-Doktrin als fehlerhaft und verfassungswidrig einzustufen. In den unteren gerichtlichen Instanzen hatten die Anwälte der klagenden Neger im Fall *Brown* über vierzig Sozialwissenschaftler und Erzieher als sachkundige Zeugen aufgerufen; zusätzlich enthielt die Petition der Kläger an das Oberste Bundesgericht einen von zweiunddreißig Sozialwissenschaftlern verfaßten Anhang. Das Bundesgericht überprüfte dieses Material und schloß daraus, daß segregierte Erziehung, auch wenn die Schulen ansonsten als gleichwertig anzusehen seien, ein Minderwertigkeitsgefühl in den Negerkindern hervorrief. Letzteres beeinträchtigte ihre Lernmotivation und verzögerte ihre intellektuelle Entwicklung; ein Standpunkt, der nach Meinung des Gerichts »reichlich durch die moderne Rechtsprechung unterstützt wird«.

Das Urteil des Bundesgerichts zitierte diese Rechtsprechung in einer Fußnote und benannte sechs, vorwiegend experimentelle, sozialwissenschaftliche Untersuchungen und zusätzlich *An American Dilemma*. Die Liste führte eine Untersuchung an, die 1950 von dem schwarzen Psychologen Kenneth Clark durchgeführt worden war und den genauesten experimentellen Nachweis für die Entscheidung des Gerichts lieferte.

Clark hatte 253 Negerkinder im Alter zwischen drei und sieben Jahren gebeten, aus einer Gruppe von vier bis auf die Haut- und Haarfarbe identischen Puppen – zwei waren weiß und hatten blondes Haar und zwei waren braun und hatten schwarzes Haar –, die »nette« Puppe, die »schlechte« Puppe, die Puppe, die sie am liebsten mochten, und so weiter auszuwählen. Die meisten Negerkinder hatten die farbigen Puppen abgelehnt. (Eine Nachfolgeuntersuchung zeigte, daß auch die meisten weißen Kinder weiße Puppen mochten und diese wählten.) Clark folgerte daraus, daß die Rassentrennung die Negerkinder, sogar in diesem frühen Alter, an einer geringen Selbstachtung und Feindseligkeit gegen sich selbst leiden ließ.[11] Der vorsitzende Richter Warren wandte diese Ergebnisse auf den aktuellen Fall an: »Wir schließen daraus, daß auf dem Gebiet der öffentlichen Bildung die Doktrin ›getrennt, aber gleichwertig‹ keinen Platz hat. Getrennte Bildungsmöglichkeiten sind von innen heraus ungleich.«

Dem Urteil im Fall *Brown versus Board of Education* zufolge mußten die Gesetze, die segregierte Schulen verlangten, abgeschafft werden. Es präzisierte aber nicht, in welchem Zeitraum und mit welchen Mitteln die Desegregation vollzogen werden sollte. Ein Jahr später befahl das Oberste Bundesgericht deshalb in einem anderen einstimmigen Urteil, die Desegregation »mit gebotener Eile« (*with all deliberate speed*)[12] umzusetzen. Dies war leider nur eine vage Aussage, die Raum für alle möglichen Hintertürchen ließ. Zuerst begannen einige Verwaltungsbezirke und ein paar Großstädte in den Grenzstaaten mit der Abschaffung der Segregation in ihren Schulen, aber dann verstärkte sich der Widerstand des Südens, und die Desegregation kam zum Stillstand. Zehn Jahre nach dem Fall *Brown* besuchten nur 1,2% der Negerschüler aller öffentlichen Schulen des ›Tiefen Südens‹ der Vereinigten Staaten und weniger als 10% im ganzen Süden, einschließlich der Grenzstaaten, gemischtrassige Schulen.[13]

Zu dieser Zeit nahm die Bürgerrechtsbewegung einen Aufschwung, und im März 1963 marschierten 250 000 Menschen – die beeindruckendste Demonstration der Vereinigten Staaten – nach Washington, um gegen die Gerichte der Südstaaten zu protestieren, die die Anwendung des verabschiedeten Gesetzes boykottierten. Als Antwort verabschiedete der Kongreß das Bürgerrechtsgesetz von 1964, das gewichtigste Gesetz seit der »Reconstruction«. Das Gesetz sah zur Bekämpfung der Rassendiskriminierung bestimmte Restriktionen vor: Im Fall der Schulsegregation ordnete es an, daß staatliche Geldmittel Distrikten verweigert werden sollten, die bewußt segregierte Schulen aufrechterhielten.

Um den Politikern bei der Ausführung dieser Anordnung zu helfen, wurde im Abschnitt 402 des Gesetzes eine Untersuchung über die Segregation angeordnet. Das ›Office of Education‹ wurde beauftragt, eine Umfrage durchzuführen und innerhalb von zwei Jahren einen Bericht über den Mangel an

Chancengleichheit im Bildungswesen aufgrund von Rasse, Hautfarbe, Religion oder nationaler Herkunft in öffentlichen Schulen und anderen Bildungsinstitutionen des ganzen Landes vorzulegen.

Eine solche Untersuchung ist darauf ausgerichtet, der Regierung bei der Durchführung ihrer politischen Maßnahmen zu helfen. Sie kann unter dem Begriff »staatliche Auftragsforschung« subsumiert werden; ein Unterfangen, das sich sehr von der grundlagenorientierten und unparteiischen Forschung unterschied, die lange Zeit das präferierte Modell in den Sozialwissenschaften gewesen und weitgehend noch immer war.

»He, schaut Euch das an!«

Trotz der Bedenken seiner Kollegen, daß die Untersuchung über die Chancengleichheit im Bildungs- und Erziehungswesen nicht in den verbliebenen sechzehn Monaten durchgeführt werden könne, nahm Coleman den Untersuchungsauftrag an mit der Absicht, ihn in dieser Zeit abzuschließen.

Er machte sich mit viel Enthusiasmus und Energie an diese Aufgabe. Coleman hatte Chemie im Hauptfach studiert und zwei Jahre lang für die ›Eastman Kodak‹ gearbeitet, aber es störte ihn, daß er nach Feierabend um fünf Uhr einfach nicht mehr über seine Arbeit nachdachte. »Ich wollte etwas tun, was mich so intensiv beschäftigen würde, daß ich an nichts anderes denken konnte,« sagt er. Später kam er darauf, daß die Soziologie das Richtige sein könnte. Er kündigte seine Stelle und nahm ein Studium an der Columbia University auf. »In gewisser Weise,« so sagt er, »begann mein Leben erst, als ich an der Columbia University anfing. Seit diesem Tag dachte ich auch nach fünf Uhr über meine Arbeit nach.«

Nachdem er zugestimmt hatte, die Untersuchung zu leiten, war es Colmans erste ›Amtshandlung‹, die zu sondierenden Themen, die zu stellenden Fragen, die statistischen Methoden, die verwendet werden sollten, die Vorgehensweisen, um eine angemessen repräsentative Stichprobe von Schulen und Schülern zu erhalten, und anderes mehr zu sammeln und auszuwählen.

Es folgten zahlreiche Planungssitzungen am ›Office of Education‹ (OE) mit Alexander Mood, mit verschiedenen der dortigen Mitarbeiter (etwa zwei Dutzend wurden seinem Projekt zugeordnet) und mit Teams von externen Vertragspartnern, einschließlich Soziologen, Juristen, Statistikern und Pädagogen. Eine seiner häufigsten Anlaufstellen war Princeton, wo er mit Forschern des ›Educational Testing Service‹ (ETS) zusammentraf, das er und

Mood als ihren Hauptvertragspartner ausgewählt hatten. ETS sollte die benutzten Materialien verschicken, erhalten und verarbeiten, eine enorme Aufgabe: Gut 500 000 Schüler würden Fragebögen und Tests (mündlich in den unteren Klassen, wobei die Lehrer die Antworten aufschrieben, und schriftlich in den oberen Klassen) beantworten, und über 70 000 Lehrer und 1 000 Schulrektoren würden langwierige Fragebögen ausfüllen.[14]

Die Entscheidung, welche Informationen gesammelt werden sollten, bereitete Coleman und den anderen Sozialwissenschaftlern des Projekts keine großen Probleme: Natürlich benötigten sie grundlegende demographische Daten über die Schüler wie Rasse, Familieneinkommen und Bildungsniveau der Eltern; darüber hinaus eine Reihe bedeutender Parameter über die besuchten Schulen (unter anderem über die finanziellen Mittel, die pro Schüler aufgewendet wurden, die Klassenstärke, die Ausbildung der Lehrer und die Größe der Bibliothek); und natürlich den Kernpunkt – den Leistungsvergleich von Schülern in Schulen mit unterschiedlichen Bedingungen.

Dieser letztgenannte Punkt warf allerdings ein verzwicktes definitorisches Problem auf. Der Kongreß hatte eine Erhebung angeordnet, um das Ausmaß der »Ungleichheit in den Bildungschancen« zu untersuchen, ohne jedoch den Begriff näher zu definieren. Es konnten damit entweder Schulen gemeint sein, die mit ungleichen Ressourcen ausgestattet waren – letzteres ist als Ungleichheit in der »pädagogischen Ausstattung« bekannt –, oder aber Schulen, die trotz offensichtlicher Ressourcengleichheit ein ungleiches Leistungsniveau hervorbrachten; dies wird als Ungleichheit des »pädagogischen Ertrags« bezeichnet.

Einige Kongreßmitglieder hatten darauf hingewiesen, daß ihrer Meinung nach die Ausstattung der wesentliche Indikator war, wohingegen andere die Verwendung des Ertrags wichtiger fanden. Coleman und seine Mitarbeiter entschieden sich deshalb dafür, beides zu untersuchen, wobei für sie der Ertrag von größerer Bedeutung war, um die zentrale Frage beantworten zu können, ob in vergleichbaren Schulen schwarze Schüler ebensosehr von ihrem Unterricht profitierten wie weiße Schüler. Falls nicht, bestand in solchen Schulen irgendwo ein systembedingter Unterschied, der eine subtilere und möglicherweise weiterreichende Form der Ungleichheit als die augenscheinlichen Unterschiede in den Schulressourcen verkörperte.

Die Auswahl der Schulen und Schüler, die eine repräsentative Stichprobe des Landes bilden würden, war eine komplexe, aber vertraute Aufgabe; Sozialwissenschaftler und Statistiker beschäftigten sich schon dreißig Jahre lang mit der Entwicklung der Erhebungsmethodologie, insbesondere mit solchen Aspekten, die mit der Stichprobenerhebung zusammenhingen. Im Juni und

Juli verschickten die OE-Mitarbeiter Tausende von Briefen an Schulbeamte und Schuldirektoren, erwähnten das Bürgerrechtsgesetz aus dem Jahre 1964 und baten um deren Mithilfe, indem sie die Tests und Fragebögen ausfüllen ließen und zurücksandten.

Viele Schulbeamte und -direktoren weigerten sich jedoch, mitzuarbeiten. (Sie waren dazu durch die Tatsache ermutigt worden, daß der Leiter des OE, Keppel, vom Kongreß nicht autorisiert worden war, jedes Schulsystem, das auf Anfrage nicht teilnehmen wollte, zu bestrafen.)

Die höchste Ablehnungsrate kam erwartungsgemäß aus dem Süden, der sich damals sogar den Bemühungen der Regierung Johnson widersetzte, die Segregation aufzuheben. Viele Städte und Schulen des Südens und der gesamte Staat Florida lehnten eine Teilnahme rigoros ab. Noch überraschender war die Weigerung mehrerer nicht zum Süden gehörender Schuldistrikte und einiger Großstädte – einschließlich Los Angeles und Chicago –, sich an der Erhebung zu beteiligen. Einige Schuldirektoren befürchteten, daß Vergleiche ihre Schulen schlecht aussehen lassen würden; einige Beamte hatten Angst, daß die gewünschten Informationen von Bürgerrechtsgruppen gerichtlich gegen sie verwendet werden könnten. In San Francisco und anderen Städten widersetzten sich Schulbehörden aus dem fadenscheinigen Grund, daß die Frage nach der Rasse der Schüler Spannungen erzeugen würde, wo keine existierten; und in Cincinnati und einigen anderen Städten erhoben Minderheitsgruppen und Liberale starke Einwände gegen solche »aufdringlichen« Fragen wie: »Wer fungiert momentan als Dein Vater?«[15]

Coleman traf sich oder telefonierte mit sehr vielen unwilligen Schulbeamten und versuchte, sie zu beruhigen und darauf hinzuweisen, wie entscheidend es wäre, daß die Erhebung auf einer Stichprobe basierte, die nicht durch eine hohe Verweigerungsrate verzerrt würde. Er erinnert sich, daß er es als »ungemein schwierig« empfand:

Es ist sehr schwer, Menschen um etwas zu bitten, das Mühe bereitet, ihnen keinen Nutzen, welcher Art auch immer, bringt – und gegen sie verwendet werden kann. Es ist der unangenehmste Teil der Durchführung einer Erhebung. Ich bin herumgegangen und habe Schuldirektoren und -beamte angefleht, und sie saßen einfach nur da, haben nein gesagt, und ich verspürte ein Ziehen in meiner Magengrube und konnte nachts nicht schlafen. Ich *haßte* es. Los Angeles war ein richtiger Flop. Ich flog dorthin und sprach mit ihnen, aber es kam nichts dabei heraus. Die Erhebung enthielt einige Fragen, die sie als zu aufdringlich empfanden, und sie würden nicht kooperieren. Auch mehrere andere Städte wollten zuerst nicht mitmachen, einige überlegten es sich jedoch dann anders. Schließlich erreichten wir eine Beteiligung an der Umfrage, die von nicht ganz zwei Dritteln des nicht-großstädtischen Südens und Südwestens bis zu vier Fünfteln des nicht-großstädtischen Nordens und Nordwestens reichte. Insgesamt nahmen über 30% der ausgewählten Schulen nicht teil und ließen uns mit einer etwas verzerrten Stichprobe zurück.

Aber wir verwendeten eine Reihe von Standardverfahren, um die Stichprobe neu zu gewichten und sie in bezug auf die Region und das Stadt-Land-Verhältnis repräsentativ zu machen. Zum Beispiel wählten wir in Kalifornien zusätzlich Schulen aus, die den fehlenden Schulen aus Los Angeles in der Zusammensetzung der Schüler und anderen Faktoren ungefähr glichen. Da wir Aussagen über Gegenden und nicht über einzelne Orte machen wollten, waren die Verweigerungen nicht so folgenschwer. Trotzdem blieb die Frage einer möglichen Verzerrung der Stichprobe offen, und unsere Ergebnisse würden für die Schulen des Landes nicht ganz repräsentativ sein.

Ende September 1965 gaben Lehrer an 4 000 Schulen des ganzen Landes die Tests und Fragebögen an über 632 000 Schüler aus (ungefähr 5% der Population an öffentlichen Schulen), die durch das Stichprobenverfahren aus der ersten, der dritten, der sechsten, der neunten und der zwölften Klassenstufe ausgewählt waren. Innerhalb kurzer Zeit kamen die ausgefüllten Tests und Fragebögen bei den ETS-Büros in Princeton an. Dort speisten Mitarbeiter sie in optische Abtastgeräte ein, die die Antworten lasen und die Daten auf Magnetbänder für die Weiterverarbeitung im Computer übertrugen. Verglichen mit den heutigen Computern waren jene von 1965 riesig und langsam und besaßen nur eine begrenzte Verarbeitungskapazität.

Während des ganzen Winters und Frühlings verbrachten Coleman und Albert Beaton, der leitende ETS-Forscher des Projekts, viele endlose Tage in dem einen oder anderen Computerraum.

Jene Tage waren dennoch denkwürdig. Wie eine archäologische Ausgrabung bestanden sie aus langen öden Stunden, die gelegentlich durch lichte Momente aufregender Entdeckung unterbrochen wurden. Manchmal war dies einfach der Beweis ihrer Hypothesen über die Auswirkung der Segregation auf die Lernfähigkeit der Negerkinder. Die Daten zeigten zum Beispiel, daß in der ersten Klassenstufe in jeder Region des Landes Negerkinder im Durchschnitt eine geringere Punktzahl für verbale Fertigkeit erzielten als weiße Kinder, der allgemeinste indikative Test der Erhebung. In Perzentilen – dem Rangplatz eines Individuums oder einer Gruppe, bezogen auf die Gesamtpopulation – ausgedrückt, lagen Negerkinder 30 Punkte unter den weißen Kindern. Aber der Unterricht trug nichts dazu bei, die Lücke zu schließen. Ganz im Gegenteil, in vielen Regionen hinkten Negerkinder während der ganzen Schulzeit Weißen weiterhin hinterher. Der Abstand war im vollständig segregierten ländlichen Süden am größten, wo bis zur 12. Klassenstufe Neger im Durchschnitt 40 Perzentilpunkte unter Weißen lagen. Im Gegensatz dazu gab es kaum ein Abrutschen in den städtischen Schulen des Nordens, des Mittelwestens oder des Westens.[16]

Viel aufregender waren jene Augenblicke im Computerraum, in denen die vom Computer produzierten Zahlen den weitverbreiteten Überzeugungen und Erwartungen widersprachen. Beaton sagte, als er kürzlich an diese Zeit zurückdachte: »Die Daten kamen heraus, und wir rissen das Papier weg und schauten darauf, und Jim Coleman oder jemand anders deutete auf etwas und rief, ›He! – He, schaut Euch das an!‹ Was für ein tolles Gefühl das war – unter solchem enormen Streß zu arbeiten und etwas zu tun, von dem wir alle fühlten, daß es so bedeutend war, und Dinge zu finden, die uns ›Heureka!‹ schreien ließen.«

Eines der Ergebnisse, das Coleman und andere zu einem solchen Aufschrei veranlaßte, widerlegte direkt eine von Colemans sicheren Voraussagen. Jeder, der irgendetwas über die Erziehung in öffentlichen Schulen wußte, war sich sicher, daß segregierte Schulen für Negerkinder solchen für weiße Schüler weit unterlegen sein mußten. Myrdal hatte dies 1944 reichlich dokumentiert.[17] Weiße Liberale und schwarze Bürgerrechtler standen nicht nur aus moralischen Prinzipien im Widerspruch zu der Schulsegregation, sondern auch aus dem Grund, daß Negerschulen, da sie nur über geringe Mittel verfügten, definitiv eine minderwertige Bildung anbieten konnten. Wie Coleman selbst gegenüber einem Reporter des *Southern Education Report* ausführte, während er auf das Eintreffen der Umfrageergebnisse wartete: »Die Untersuchung wird den Qualitätsunterschied zwischen den Schulen für das durchschnittliche Negerkind und das durchschnittliche weiße Kind aufzeigen. Sie wissen selber, daß der Unterschied frappierend sein wird.«[18]

Immer wieder jedoch überraschten ihn die Computerläufe, die zeigten, daß dies nicht der Fall war. In mancher Hinsicht waren Schulen für Neger im Süden wirklich schlechter ausgestattet als Schulen für Weiße; zum Beispiel hatten außerhalb der Städte nur 76% der Grundschulen für Schwarze, aber 94% der Grundschulen für Weiße genügend Lehrbücher, und für die zweite Klassenstufe gab es vier Bibliotheksbücher pro Schüler in Schulen für Neger gegenüber mehr als sechs in Schulen für Weiße. Aber im großen und ganzen unterschieden sich im Süden die Schulen für Neger nicht sehr von denjenigen für Weiße. Viel größere Unterschiede bestanden zwischen städtischen und nicht-städtischen Schulen oder zwischen Schulen des Südens als solchen und jenen in anderen Regionen.[19]

Dies war freilich ein Ergebnis, das im Gegensatz zu dem stand, was die Befürworter des Bürgerrechtsgesetzes von 1964 von der Erhebung erwarteten. Doch Coleman war weit davon entfernt, von diesem Ergebnis aus der Fassung gebracht zu werden; im Gegenteil, es motivierte ihn. Jede Entdeckung der Sozialforschung, die im Widerspruch zu dem als gültig anerkannten Wissen steht – wenn auch eine, die negativ und unerwünscht erscheint – inspiriert ihn, da sie die Möglichkeit einer klareren Vorstellung, eines besseren Verständnisses der Realität bietet. Aber natürlich ist ein unerwartetes Ergebnis vorerst nur ein Rätsel, solange es nicht befriedigend erklärt werden kann. Wie Coleman sagt:

Ich hatte große Unterschiede zwischen den für weiße und schwarze Kinder verfügbaren Schulressourcen in jedem Teil des Landes erwartet. Als die Daten zeigten, daß die Unterschiede klein waren, war ich verdutzt und fasziniert. Ich mußte mir die Frage stellen: »Was könnte die Unterschiede im Lernergebnis erklären? Wenn die Unterschiede in der Ausstattung der Schulen nicht die Antwort waren, was dann?« Dies schien mir eine sehr bedeutende Frage zu sein, eine, die zu einem besseren Verständnis des Problems führen könnte.

Auf der Suche nach einer Antwort verwendete Coleman eine besondere statistische Methode: die »Regressionsanalyse«; ein Verfahren, das angewandt wird, um mathematisch den Effekt eines jeden Faktors zu isolieren, wenn ein Ergebnis von einer Unmenge von Faktoren gemeinsam erzeugt wird.

Die Unterschiede zwischen den Punktwerten von Negern und weißen Kindern in der Erhebung könnten auf eine Reihe anderer Faktoren als auf die geringfügigen Variationen im Angebot der Schulen jeder Region zurückzuführen sein. Ein solcher Faktor könnte die wirtschaftliche Situation der Familie sein; ein anderer das Bildungsniveau der Eltern; wiederum ein anderer die im Elternhaus verfügbare Literatur; weitere die Anzahl der Geschwister in der Familie, die Meinung des Kindes über seine Lebensperspektiven, der Anteil von Weißen und Schwarzen in der Schule. Um herauszufinden, wieviel jeder dieser Faktoren zum Endergebnis beitrug, mußte Coleman alle anderen bedeutenden Faktoren »konstant halten«, d.h. sie mathematisch außer acht lassen.

Dem Philosophen J. S. Mill zufolge kann ein wissenschaftliches Experiment optimal mit »der Methode des alleinigen Unterschieds« durchgeführt werden. Man nimmt zwei Untersuchungsretorten, und jede enthält, sagen wir, die gleiche Menge eines identischen Materials unter identischen Bedingungen; dann fügt man einer der beiden eine bestimmte Menge eines Reagens zu. Wenn ein Unterschied auftritt, kann dieser nur auf das Reagens zurückgeführt werden.

In den von Coleman gesammelten Daten befand sich jedoch nichts, was einem solchen Experiment ähnelte: Die Erfahrung jedes Kindes war das Ergebnis einer einmaligen Mischung vielfältiger Einflüsse, über die die Forscher keine Kontrolle besaßen. Aber wenn der Fall jedes Kindes in allen Details auf einer Karte vermerkt war, könnte man die Karten sortieren und alle die herauspicken, die sich in irgendeinem Charakteristikum, wie zum Beispiel der Geschwisterzahl, glichen; dies nennt man das »Konstanthalten« der Anzahl von Geschwistern beziehungsweise die Betrachtung nur von solchen Fällen, die sich in diesem besonderen Aspekt gleichen und deshalb jegliche Unterschiede, die darauf zurückführbar sind, ausschließen.

Als nächstes könnte man aus diesem Stapel jene Karten auswählen, die auch in einem zweiten Punkt identisch sind – Kinder, die nicht nur die gleiche Anzahl von Geschwistern besitzen, sondern auch aus Familien mit dem gleichen Einkommen stammen. Möglicherweise könnte man zu einem kleinen Kartenstapel mit demselben Inhalt kommen, in dem dasselbe Faktum »konstant gehalten« ist, nämlich jeder einzelne aus Dutzenden von Faktoren mit Ausnahme des einen, der gerade untersucht wird, wie zum Beispiel des Anteils von weißen und schwarzen Kindern in der Schule. An diesem Punkt würde sich der Unterschied in der Schulleistung der Kinder auf diesen einen verbliebenen Faktor zurückführen lassen.

(Weil dieser Faktor und die Unterschiede in der Schulleistung korrelierten – einigermaßen gemeinsam variierten –, könnte man annehmen, daß der eine die Ursache des anderen wäre. Aber da es sich hierbei nicht um ein Experiment handelte, über das der Forscher vollständige Kontrolle besaß, wäre es auch möglich, daß irgendein anderer nicht erhobener und beim Sortiervorgang unberücksichtigt gebliebener Faktor in Wirklichkeit die Ursache für *beides* war. Oder daß noch andere, nicht erhobene Faktoren der wahre Grund dafür waren, daß Negerkinder in reinen Negerschulen so schlecht abschnitten: Vielleicht hatten zum Beispiel ihre sozialen Vorschulerfahrungen in Gebieten, die Segregation praktizierten, sie gehemmt, wohingegen in Gebieten, in denen integrierte Schulen existierten, Negerkinder etwas günstigere Vorschulerfahrungen besaßen. Wie wir in Kapitel 1 gesehen haben, sind Menschen und ihr Sozialverhalten so komplex, daß es beinahe zwangsläufig nicht erhobene Faktoren gibt, die für das Ergebnis bedeutend sein können. Das ist der Grund, warum die Regressionsanalyse, trotz ihrer analytischen Aussagekraft, Beweisen unterlegen ist, die man durch kontrollierte Experimente erhält.)

Das Sortieren von Karten ist keine praktische Methode, wenn man mit einer großen Menge von Daten oder numerischen Faktoren arbeitet. Die Regressionsanalyse erreicht dasselbe Ziel mathematisch, indem sie Gleichungen konstruiert, in die die verschiedenen konstant zu haltenden Faktoren nacheinander eingegeben und numerisch manipuliert werden. Aus den Rohdaten sortierten Coleman und seine Mitarbeiter etwa dreißig der potentiell wichtigsten Faktoren aus, gaben jeden einzelnen in die Gleichung ein (jedesmal, wenn sie einen unterschiedlichen Faktor untersuchten, bedeutete dies eine etwas andere Gleichung) und berechneten dann den Effekt für diesen einen nicht konstant gehaltenen Faktor.[20] Die ganze Prozedur wäre vor dem Computerzeitalter, zumindest in einem solchen Umfang wie in dieser Erhebung, unmöglich gewesen.

Diese Rechnungen fanden wiederum in tagelangen Sitzungen in Computerräumen statt. Der Computer sollte mit seinen Millionen von Informationsteilen entsprechend einer ausgewählten Regressionsgleichung herumjonglieren. Nun wurden die Sitzungen sogar öfters als zuvor durch Ausrufe der »Heschaut-Euch-das-an«-Art unterbrochen, und immer wieder produzierte der Drucker Zahlentabellen, die große Zweifel an den besonders beliebten Meinungen über das bestehende Bildungssystem hervorriefen und auf ganz unvermutete Gründe für das schlechte schulische Abschneiden von Negern im Vergleich zu weißen Schülern hinwiesen.

Ein solches Ergebnis war, daß der Abstand zwischen den Schulleistungen von Negern und Weißen nur zu einem geringen Teil auf Unterschiede in den Schuleinrichtungen zurückgeführt werden konnte. In jeder Schule bestand ein viel größerer Leistungsunterschied zwischen den Schülern als zwischen den Schülerschaften verschiedener Schulen. Die Forscher starrten sich ungläubig an. War es möglich, daß das, was jeder vernünftige Mensch wußte, nicht wirklich stimmte? Daß bessere Gebäude, bessere Bibliotheken, ein vielfältigeres Curriculum, mehr Bücher und besser bezahlte Lehrer nicht die bedeutendsten Faktoren für die Entwicklung der Leistungen von Schülern waren? Die Daten zeigten, daß diese Faktoren zwar für Unterschiede verantwortlich waren, aber weit weniger durchschlagend als gewisse andere Faktoren, die nichts mit den Schuleinrichtungen zu tun hatten.

Von diesen war einer der frappierenden Faktoren die Zusammensetzung der Schülerschaft: Die Schulkameraden eines Schülers oder einer Schülerin hatten eine größere Wirkung auf seine oder ihre Schulleistung als irgendein anderer Faktor. Die Leistung aller Kinder in der Schule – einschließlich der Neger – war umso höher, je größer der Anteil weißer Schüler in einer Schule war. Dieser Effekt trat in Schulen mit wenigen und mit vielen Ressourcen auf; somit waren es nicht die der Schule zur Verfügung stehenden Ressourcen, die den Unterschied ausmachten, sondern die auf die Schülerschaft zurückführbare Ausstattung.

Dies schien den ersten bedeutenden wissenschaftlichen Anhaltspunkt für die Vorteile der Desegregation zu liefern, aber Colemans mikroskopische Analyse zeigte, daß die Antwort nicht ganz so einfach war. Die meisten

Negerschüler kamen aus armen Familien, deren Bildungsniveau nicht besonders hoch war, während die meisten weißen Schüler aus besser situierten und gebildeten Familien stammten. Somit war eher der wirtschaftliche Status als die Rasse der bedeutendste Faktor. Wie Coleman später in dem Bericht über die Erhebung schrieb:

Die höhere Leistung aller rassischen und ethnischen Gruppen in Schulen mit einem höheren Anteil an weißen Schülern ist größtenteils, vielleicht gänzlich, auf Effekte zurückzuführen, die mit dem Bildungsniveau und den Bildungsansprüchen der Schülerschaft zusammenhängen. Die offensichtlich vorteilhafte Wirkung einer Schülerschaft mit einem hohen Anteil an weißen Schülern kann nicht per se auf die rassische Zusammensetzung zurückgeführt werden, sondern ist das Ergebnis einer solideren Bildung und höherer Bildungsansprüche, die man im Durchschnitt bei weißen Schülern findet.[21]

Doch diese im Vergleich zur Rasse stärkere Betonung sozioökonomischer Faktoren besagte nicht, daß die Rassenintegration unwichtig war. Ganz im Gegenteil, während die intellektuellen Fertigkeiten und Ansprüche der Negerschüler sehr stark vom sozioökonomischen Status ihrer Mitschüler abhingen, korrelierte dieser wieder mit der Rasse. Es war somit in der Tat die Desegregation, die diese Art Mischung bewirkte, die Negerschülern zumindest dann nützte, wenn Weiße in der Mehrzahl waren.

Da die Zeit drängte und noch viel zu tun war, beschloß Coleman, im Frühjahr in Klausur zu gehen und sich für mehr als eine Woche in ein Motelzimmer in Washington, nahe dem ›Office of Education‹ (OE), zurückzuziehen. Dort studierte er Computerausdrucke, die ihm vom OE täglich mit dem Greyhound-Bus aus New York und Paramus geschickt wurden; sie versorgten ihn mit Antworten auf Fragen, die er mehrmals am Tag telefonisch an Beaton am ETS weitergab. Coleman erinnert sich an diese Zeit:

Ich saß Tag für Tag in diesem Zimmer, arbeitete rund um die Uhr und sah überhaupt niemanden außer den Menschen, die mir die Computerausdrucke übergaben oder meine handgeschriebenen Seiten zum Abtippen ins OE mitnahmen oder mir das Essen aus der Imbißstube um die Ecke brachten. Jeden Morgen rief ich Al Beaton an, um ihm mitzuteilen, welchen Computerlauf ich wollte. Als die Zahlen dann später am Tag eintrafen, arbeitete ich sie durch und sah, welche Fragen ich als nächstes stellen mußte. Ich suchte nach den fehlenden Teilen und fand sie, einen nach dem anderen.

Es war eine sehr aufregende Zeit. Wenn ich an einem Punkt ankam, wo etwas nicht paßte, verlangte ich nach einem anderen Computerlauf, und als die Zahlen eintrafen, setzte ich die Analyse fort. Ich fühlte mich für einen Augenblick freudig beschwingt und machte dann weiter, bis wieder etwas anderes unklar war oder eine andere Verbindung fehlte und so weiter.

Es war eine Art Dialog mit mir selber, und der Computer war eine Verlängerung meines Schreibblocks und meines Bleistiftes. Obgleich es ein sehr einsames Vorgehen war, machten es die Augenblicke, in denen ich etwas entdeckte, enorm aufregend.

Es ist einleuchtend, daß Coleman auf diese Tage in dem Motelzimmer als auf einen der Höhepunkte seines wissenschaftlichen Lebens zurückblickt.

Nach der Auswertungsphase mußten die Ergebnisse schriftlich festgehalten und die vielen Tabellen und Graphiken des Berichts vorbereitet werden. Eine Arbeit, die ein oder zwei Jahre gedauert hätte, hätte Coleman versucht, sie alleine zu machen. Aber in den weniger als drei verbleibenden Monaten bedurfte es dazu einer großen kollektiven Anstrengung. Mood schrieb mit einem Berater, John Tukey, einen Teil des stark technisch-statistisch ausgerichteten Materials, während Coleman selbst einen langen Abschnitt über die Faktoren, die mit der Schülerleistung verbunden waren – die hochkontroversen politischen Ergebnisse –, verfaßte. Mehrere andere, unter seiner Leitung arbeitende Personen lieferten Kapitel, die sich mit den Erhebungsmethoden beschäftigten und umfangreiche Datenmengen ordneten. Die Ergebnisse wurden durchweg in einer eher technischen Sprache abgefaßt und die politische Tragweite blieb weitgehend ausgeklammert. Es war ein wissenschaftlicher Bericht und kein politisches Manifest. Für die Presse und den Kongreß sollte eine Zusammenfassung der bedeutendsten Ergebnisse und Schlußfolgerungen verfaßt werden. Dies würde wahrscheinlich der einzige Teil des Berichts sein, der jemals eine größere Öffentlichkeit erreichte. Als Folge entbrannte am ›Office of Education‹ darüber ein mehrere Wochen dauernder heftiger Streit.

Es bildete sich eine Interessengruppe unter der Leitung von zwei Juristen, David Seeley und Howard Nemerovsky, vom ›Department of Health, Education and Welfare‹ (HEW), die an dem Projekt von Anfang an mitgewirkt hatten. Beide waren Bürgerrechtler, und sie fühlten sich den Bemühungen der Regierung, die Desegregation durchzusetzen, tief verpflichtet. Colemans Ergebnisse, über die sie von Mood in Sitzungen des Mitarbeiterstabs unterrichtet worden waren, schienen ihnen gefährlich für das Ziel der Erhebung zu sein.[22]

Seeley wetterte gegen den Umfragebericht und erklärte auf einem Treffen des Exekutivausschusses des OE vehement, daß er wahrscheinlich »dem ›Office of Education‹ großen Kummer bereiten werde … Die Statistiken zur Segregation sind unter einer Unmenge anderer Faktoren begraben … Unterschiede zwischen Negern und Weißen sollten durchweg betont werden … Die hauptsächliche Schlußfolgerung des Berichts scheint … anstelle der bedeutendsten oben angeführten Aussagen [zu sein], daß die Ausstattung der Schulen wenig mit der Schülerleistung zu tun hat.«[23]

Als Ergebnis der Bemühungen von Seeley, Nemerovsky und anderen vernachlässigte die erste Version der Zusammenfassung, die von einem extra zu diesem Zweck eingestellten Außenstehenden geschrieben wurde, den größten Teil der Ergebnisse von Coleman. Sie konzentrierte sich auf die Auswirkungen der Segregation auf die Ausstattung der Schulen, wobei sie sich hauptsächlich auf einige kleine Untersuchungen stützte, die von Seeley vor Beginn der nationalen Umfrage durchgeführt worden waren. Coleman und Mood waren schockiert; Coleman bezeichnete die Zusammenfassung als eine Travestie der Fakten. Sie protestierten lautstark bei dem neuen Leiter des OE, Harold Howe (er hatte Keppel im Dezember abgelöst), und der erste Entwurf wurde verworfen. Mood schrieb dann selber eine Zusammenfassung, in der er einen wissenschaftlichen und statistischen Ansatz gegenüber den in der Erhebung aufgedeckten Realitäten vertrat.[24] Die Bürgerrechtler schlugen zurück und auch diese Version wurde verworfen.[24]

Eine dritte Version, die von der langjährigen Redakteurin Helen Rowan geschrieben wurde, stellte eine Art Kompromiß dar, erwähnte aber nur oberflächlich die Ergebnisse von Coleman, die die Kontroverse ausgelöst hatten, und räumte dem Ausmaß der Segregation und der geringen Leistung von Negerschülern den größten Platz ein. (Daniel P. Moynihan, Politologe an der Harvard University – und später Senator –, sagte, nachdem er den vollständigen Bericht genau studiert hatte, daß die Zusammenfassung »allen außer den Eingeweihten jeglichen Hinweis darauf vorenthalten habe, daß in der Tat ketzerische Ergebnisse zutagegetreten waren.«[25]) Aber Coleman und Mood entschieden sich für diese dritte Version der Zusammenfassung. Coleman schrieb in der Tat später, er sei froh darüber gewesen, daß die Zusammenfassung der Brennpunkt des Streites geworden war:

Ich … sah die Konzentration der politischen Aufmerksamkeit auf die Zusammenfassung als eine willkommene Ablenkung an, die die Möglichkeit einer politischen Einmischung in den Hauptteil des Berichts verringerte … Überhaupt keine politische Aufmerksamkeit wurde dem Hauptteil der Erhebung zuteil, und er blieb von der politischen Rezension unbehelligt … [Da Abschnitt] 3.2 bedeutende analytische Schlußfolgerungen beinhaltete, [war ich] ganz zufrieden, daß die Auseinandersetzung sich nicht um ihn drehte.[26]

Der Leiter des OE, Howe, wußte, daß Ärger zu erwarten war, war aber selber viel zu sehr damit beschäftigt, die Desegregationsbemühungen des OE zu organisieren, als daß er der Auseinandersetzung viel Aufmerksamkeit hätte widmen können. Er erinnert sich an diese Zeit:

Ich hörte, daß es Dinge in Colemans Bericht gab, die von dem abwichen, was erwartet worden war, und daß es einige damit verbundene Probleme geben würde. Die Regierung begann infolge Titel 1 des ›Elementary and Secondary Education Act‹, die Versorgung der Kinder von Minderheiten zu verbessern – und da gab es Coleman, der diese Strategie in Frage zu stellen schien.

Was die Desegregation der Schulen betraf, zeigten seine Ergebnisse deutlich, daß ein geringes Einkommen den Kindern ein Lernhandicap auferlegt –, aber wie diese Ergebnisse eine Basis für die Desegregation liefern sollten, war mir damals völlig unklar und ist es mir heute noch. Ich versuchte, von Coleman eine klare Antwort zu bekommen, aber in seinem Bericht gab es einige Fakten, die unsere staatlichen Erziehungsprogramme und die Desegregationsmaßnahmen festigten, und andere, die dies nicht taten und sogar einige von ihnen in Zweifel zu ziehen schienen.

Der Bericht mußte, dem Gesetz zufolge, bis zum 2. Juli vorliegen, und wir brauchten jeden Tag. Deshalb legten wir die Freigabe der Zusammenfassung und eine Pressekonferenz auf den letztmöglichen Termin fest – den Freitag vor dem Wochenende des 4. Juli. Das Resultat war, daß diese sehr schwach besucht war und der Bericht nur eine geringe Publicity bekam. Wir hatten es nicht so geplant, aber tatsächlich war ich hocherfreut, da wir dessen Tragweite nicht wirklich abschätzen konnten. Später sagte ein Reporter zu mir: »Sie schienen sich, im Vergleich zu anderen Pressekonferenzen, nicht wohl in ihrer Haut gefühlt zu haben. Warum?« Ich sagte: »Ich fühlte mich nicht wohl, weil ich zum Teufel nicht wußte, worüber ich sprach.«

Nach so vielen Monaten intensiver Arbeit, aufregender Entdeckungen, politischer versus wissenschaftlicher Querelen und anstrengender Bemühungen, den Stichtag einzuhalten, empfand Coleman die Fertigstellung des Berichts als eine Enttäuschung und einen Reinfall. Er fühlte, daß die wesentliche Aussage der Pressekonferenz darin bestand, daß »der Bericht wenig Neues enthielt und nichts Besonderes aus den Ergebnissen gemacht werden konnte.«[27]

Der 737 Seiten lange Wälzer wurde *Equality of Educational Opportunity* genannt und trug Colemans Namen als Erstautor und die Namen von sechs anderen Personen als Koautoren. Doch beinahe von Beginn an war er allgemein als der »Coleman-Bericht« bekannt und machte Colemans Namen – ebenso gelobt wie angegriffen, zitiert wie zurückgewiesen – zu etwas wie einem Schlagwort. Bei der ersten Freigabe der Zusammenfassung war jedoch nichts von dem zu spüren. Die Pressekonferenz wurde abgehalten und nichts geschah. Das Buch selbst erschien einige Wochen nach der Pressekonferenz, und noch immer blieb alles ruhig an der Front. Kurz danach ging Coleman nach London, verbrachte dort ein Jahr als Guggenheim-Stipendiat und versuchte ohne großen Erfolg, das Ganze zu vergessen; es erschien ihm so, daß die objektiven Ergebnisse, die durch die staatliche Auftragsforschung zustande gekommen waren, einfach begraben wurden, wenn sie nicht das zeigten, was die Politiker sehen wollten. Das Ganze schien kaum der Mühe wert gewesen zu sein.

Eine besondere Wissenschaftsform

Die Ergebnisse der Sozialforschung werden, besonders dann, wenn sie politische Tragweite besitzen, viel eher ignoriert, angefochten oder tendenziös interpretiert als jene der Naturwissenschaften. Der naheliegende Grund ist, daß ein solches Wissen oftmals die Position vorherrschender Gruppen bedroht. Aber es gibt noch eine subtilere und vielleicht bedeutendere Ursache: Die Sozialforschung liefert ein zwangsläufig weniger objektives und leichter anfechtbares Wissen als die Naturwissenschaften, denn sie behandelt nicht nur die beobachtbare Wirklichkeit (die tatsächlichen Ereignisse), sondern auch die subjektive Wirklichkeit (die Bedeutung jener Ereignisse für die betroffenen Personen und die Beobachter ihres Verhaltens).

Scheidung ist zum Beispiel eine objektive Tatsache, aber zu manchen Zeiten und an manchen Orten war sie ein unerhörtes und verwerfliches Verhalten und zu anderen Zeiten und Orten annehmbar und sogar lobenswert gewesen, während sie für außenstehende Beobachter, entsprechend ihrer Auffassung, ein Symptom entweder für das Scheitern der Institution Ehe oder die Anpassung an sie darstellte. In ähnlicher Weise ist die Schulsegregation objektiv tatsächlich vorhanden, aber nach Colemans Daten sind die inneren Leiden, die sie in den Negerschülern erzeugt, bedeutender als äußere Erscheinungen wie getrennte Gebäude und Ressourcen. Die Daten, die dies enthüllten, bedeuteten für Coleman jedoch etwas ganz anderes als für die Bürgerrechtler am HEW und OE.

Zu Beginn dieses Jahrhunderts argumentierten Max Weber in Deutschland und William Graham Sumner in Amerika gegen eine solche Subjektivität in der soziologischen Forschung: Wenn die Soziologie eine wirkliche Wissenschaft werden wollte, vergleichbar mit Disziplinen wie der Physik oder der Chemie, würde sie »wertfrei« sein müssen. Bis dahin war ein Großteil der Sozialforschung alles andere als das gewesen: Zum Beispiel beschrieben frühere Sozialwissenschaftler, die die Monogamie als die höchste Form der Beziehung zwischen Mann und Frau ansahen, die sexuellen Gebräuche polygamer Menschen abwertend. Weber und Sumner meinten, daß Soziologen ihre Berufpraxis rigoros von ihren eigenen Wertsystemen und Hintergründen trennen sollten. Könnten sie dies nicht, würden ihre Ergebnisse verfälscht und ihre Schlußfolgerungen entkräftet werden.[28]

Seither haben viele Sozialwissenschaftler dieser Auffassung zugestimmt. Aber vor einigen Jahren tauchte eine gegensätzliche Ansicht auf: Die Sozialwissenschaft könne und solle nicht wertfrei sein, da das Wesentliche des Sozialverhaltens die Bedeutung ist, die es für die Menschen besitzt. Der philosophisch orientierte Soziologe Alfred Schutz stellte in diesem Zusammenhang heraus:

> Es gibt einen wesentlichen Unterschied in der Struktur der Gedankenobjekte geistiger Konstrukte, die von den Sozialwissenschaften, und jenen, die von den Naturwissenschaften geformt sind … Die Welt der Natur, wie sie von den Naturwissenschaften erforscht wird, »bedeutet« nichts für die Moleküle, Atome und Elektronen, die in ihr sind. Das Beobachtungsfeld des Sozialwissenschaftlers, nämlich die soziale Wirklichkeit, hat jedoch eine besondere Bedeutung und Relevanzstruktur für die Lebewesen, die darin leben, handeln und denken.[29]

Eine wertfreie Sozialwissenschaft ist lediglich eine Wissenschaft der »äußerlichen« Ereignisse und nicht der sozialen Wirklichkeiten. Sozialwissenschaftler müssen sich mit der Bedeutung des Verhaltens für die davon betroffenen Menschen befassen.[30] Aber die Selbstinterpretationen der Menschen als die richtigen zu akzeptieren, heißt in der Tat, zu ihren Glaubenssystemen zu konvertieren. Die Aufgabe des Sozialwissenschaftlers ist es dagegen, *beides*, sowohl das Verhalten als auch seine inhärente Bedeutung, unter dem Aspekt sozialwissenschaftlicher Konzepte zu ergründen. Sogar solche Forscher, die nur statistische Daten erheben, müssen sie interpretieren: Wie John M. Johnson in seinem Buch *Doing Field Research* schreibt: »Statistische Maße des sozialen Daseins sind sehr verstümmelte Beschreibungen. Sie sprechen nicht deutlich für sich selber … sie bedürfen der Interpretation.«[31]

Folglich müssen sich Forscher bei der wissenschaftlichen Untersuchung eines sozialen Phänomens mit seinen jeweiligen Bedeutungen beschäftigen – nicht nur mit denjenigen, die es für die betroffenen Personen hat, sondern auch mit denjenigen, die es für die Sozialwissenschaftler selbst besitzt. Doch die abstrakten sozialwissenschaftlichen Konzepte sind, wie Peter Berger und Hansfried Kellner in ihrem Buch *Für eine neue Soziologie* herausstellen, nicht »wirklich‹, … sondern … für spezifische kognitive Zwecke ›künstlich‹ hergestellt.«[32] Zum Beispiel sind »Bürokratie«, »Konformität« und »Korrelation« nicht tatsächliche Entitäten, sondern abstrakte Ideen, die es dem Sozialwissenschaftler ermöglichen, existierende Realitäten zu analysieren.

Des weiteren argumentieren Berger und Kellner, daß Wissenschaft – sogar Sozialwissenschaft – ihre eigenen kulturellen Voreingenommenheiten überschreiten und die Wirklichkeit in einer objektiven Art und Weise erkennen kann: Das konsequente Objektivitätskonzept befreit Wissenschaftler von dem kulturellen Bias und ermöglicht es ihnen, ihr eigenes Denken in der gleichen Weise zu prüfen, wie Ärzte ihre eigenen Beschwerden diagnostizieren mögen.[33] Allerdings nur in bestimmten Grenzen. Wenn Sozialwissenschaftler routinemäßig und wie selbstverständlich objektiv gegenüber ihrem eigenen

Denken wären, warum kommen sie dann so oft zu gegensätzlichen Schlußfolgerungen über das gleiche Phänomen? Wie könnte es so etwas wie einen konservativen und einen radikalen Soziologen geben? Wie könnte es endlose Debatten in den Zeitschriften geben zwischen jenen, die über ihre Forschung berichten, und anderen, die die Daten reanalysieren und zu divergierenden Schlußfolgerungen kommen?

Selbst wenn die Forscher vor ihren eigenen Vorurteilen auf der Hut wären, könnten ihre Wertvorstellungen und ihre Persönlichkeitsstruktur unbewußt die Art von Fragen, die sie stellen, und somit auch die Antworten, die sie finden, beeinflussen. Wie einige Wissenschaftsphilosophen angedeutet haben, ist das, was man durch die Forschung herausfindet, zu einem beträchtlichen Teil durch die vorher aufgestellten Hypothesen bestimmt.[34] Kenneth Clark, ein schwarzer Bürgerrechtler – für den das Thema Segregation einfach und klar umrissen war –, führte eine Forschung durch, die einfache und klar umrissene Ergebnisse lieferte. Coleman, weiß und liberal – aber geübt, soziale Phänomene in komplexen, multivariaten und mathematischen Ausdrücken zu fassen –, war einem Typus Forschung verpflichtet, der komplexe und widersprüchliche Ergebnisse erbrachte.

Da die Sozialforschung immer subjektive Bedeutungen einschließt, provozieren ihre Ergebnisse oftmals Widersprüche und Kontroversen, Zweifel und nicht selten auch Feindseligkeit. Kongreßabgeordnete, die sich kaum erlauben würden, wissenschaftliche Berichte über das Wesen von Quarks oder das Alter des Universums anzufechten, werden frei heraus sozialwissenschaftliche Ergebnisse angreifen, die ihre Überzeugungen oder die ihrer Wähler in Frage stellen, und für die Streichung von Geldmitteln für die Weiterführung einer solchen Forschung plädieren.

Auf einer Konferenz über die Perspektiven der Sozialwissenschaften im Jahre 1982 legte Alex Inklas von der Stanford University dar, daß die Sozialwissenschaften in weit größerem Ausmaß als die Naturwissenschaften ernsthaft durch die Neigung einzelner Personen und staatlicher Autoritäten, auf ihre Ergebnisse ideologischen Einfluß zu nehmen, genötigt werden. »Nicht nur der Staat und die Öffentlichkeit«, sagte er, »sondern auch die Berufskollegen erklären gewissen Ideen oder Linien einer ideologisch dominierten Arbeit den Krieg, während sie mit der gleichen Intensität ein Engagement für andere Ideologien entwickeln.«[35]

Andererseits wird die Sozialforschung mitunter auch gepriesen und dazu benutzt, sozialen Wandel in einer Art und Weise zu fördern, die weit über das hinausgeht, was von ihren Urhebern erwartet oder als gerechtfertigt angesehen worden ist. Letzteres passierte im Fall des Coleman-Berichts: Colemans

Ergebnisse wurden, obwohl Bürgerrechtler am HEW der Meinung waren, daß sie sich nicht gradlinig und eindeutig genug mit den Übeln der Segregation befaßten, bald von Desegregationisten derart in Anspruch genommen – zum Beispiel in mehreren Gerichtsverhandlungen –, als würden sie genau das leisten.

Dies bedeutet nicht, daß die Sozialwissenschaften keinen höheren Anspruch an die Wahrheit stellen als traditionelle oder radikale gesellschaftliche Einstellungen oder das auf dem gesunden Menschenverstand beruhende Wissen. In dem Maß, in dem ein Denksystem eine größere erklärende oder prognostische Kraft besitzt als ein anderes, bietet es eine bessere Repräsentation der Wirklichkeit. Die Meteorologie, so fehlerhaft sie auch sein mag, sagt Regen treffender voraus als der *Farmer's Almanac*; die Wahrscheinlichkeitstheorie ist eine zuverlässigere Grundlage für das Würfelspiel als Vorahnungen oder der Glaube an Glückszahlen; und die Sozialforschung liefert, trotz aller ihr innewohnender Subjektivität, eine solidere Grundlage für politische Entscheidungen als Parteitreue oder Bemühungen um göttlichen Beistand wie bei Nixon und Carter.

Die Sozialforschung ist noch jung und oftmals mangelt es ihr an Prägnanz, aber selbst wenn sie »erwachsen« geworden ist, wird sie immer eine besondere Art Forschung bleiben, der die, in den Naturwissenschaften mögliche, Distanziertheit fehlt. Aber diejenigen, die über sie spotten oder das sozialwissenschaftliche Wissen, das ihren privaten Meinungen zuwiderläuft, angreifen, sind die modernen Gegenstücke jener, die früher die Entdeckungen von Kopernikus, Galileo, Vesalius, Darwin und Freud verhöhnten oder verurteilten, da sie ihren heiligen Überzeugungen widersprachen.

Schließlich kann das von der Sozialforschung gelieferte Wissen noch aus anderen Gründen den Zorn einiger erwecken, die politisch oder wissenschaftlich nichts daran auszusetzen haben. Viele Menschen mögen sich durch Sozialforscher bedroht fühlen, weil sie beanspruchen, mehr über die menschliche Natur und das Sozialverhalten zu wissen als sie selbst. Sie befürchten, daß sie ihnen Dinge zeigen könnten, die sie gar nicht sehen wollen. Senator Proxmire belegte diese Angst vor der Sozialforschung, als er die Verhaltensforschung, die sich mit der Liebe beschäftigt, angriff und bemerkte, daß sie ihm etwas berichten könnte, was er lieber nicht hören würde. Er äußerte dieselbe Beunruhigung, die Keats redegewandter formulierte, als er sich in *Lamia* über die »Philosophie« (wobei er die Wissenschaft meinte) beklagte: Sie

stutzt selbst der Engel schwingen, Mysterien rechnet sie in Regeln aus, Macht geisterleer die Luft, der Gnomen Haus, zerstöret jeden Reiz.

Keats Furcht vor der Physik Newtons war unbegründet; jeder versteht heutzutage, wie weißes Licht durch Wassertröpfchen gebrochen wird, um ein Farbenspektrum zu bilden – und wir können uns, obwohl wir es wissen, dennoch an Regenbogen erfreuen.

»Das ist nicht meine Angelegenheit«

Als Coleman die Untersuchung zur Chancengleichheit im Bildungswesen im Bewußtsein übernahm, staatliche Auftragsforschung abzuwickeln, ging er davon aus, nur die Forschung durchzuführen und die politischen Konsequenzen anderen zu überlassen. Er schrieb später: »Die politische Verarbeitung [der Forschungsergebnisse] ... ist nicht Aufgabe des Forschers, sondern des ganzen politischen Apparats. Die Forschung informiert diesen Apparat, mehr aber nicht.«[36] Es kam ihm nicht in den Sinn, daß er selbst in die Arena der öffentlichen Auseinandersetzungen gezogen werden könne, daß er die politische Tragweite seiner Ergebnisse zu erläutern und zu rechtfertigen hätte und daß er dabei in die Rollen eines öffentlichen Sprechers, eines Zeugen bei Kongreßverhandlungen und einer Berühmtheit in den Nachrichten würde schlüpfen müssen.

Wenn man einen Dokumentarfilm über das Leben Colemans als Sozialforscher drehen würde, könnten seine Abstecher auf fremdes Gebiet und die Folgen von Belohnungs- und Bestrafungsakten durch eine Reihe von Standfotos oder kurzen Filmausschnitten beispielsweise folgendermaßen wiedergegeben werden:

– Ein rauher Wintertag in London; Blick durch ein Fenster; Coleman, der entsprechend warm angezogen neben einem elektrischen Ofen kauert und schnupft, liest einen Brief. Sein Ausdruck ist verbissen, als er erfährt, daß sein Bericht aus dem öffentlichen Blickfeld verschwunden ist. Die absichtlich heruntergespielte Pressekonferenz des ›Office of Education‹ im Juli hat deren Mitarbeiter erfreut, da sie nur eine geringe Anzahl neutraler Zeitungsberichte und anschließendes Stillschweigen bewirkte; der Direktor der Pressestelle bemerkte später mit dem Gefühl, gute Arbeit geleistet zu haben: »Der Bericht hat keine Probleme für die Öffentlichkeitsarbeit geschaffen.« Im Oktober traf sich der Leiter des ›Office of Education‹, Howe, mit einer kleinen Gruppe von Wissenschaftlern, um sie zu fragen, was mit dem Bericht geschehen solle, aber sie stritten sich über die Tragweite der Ergebnisse, und seither haben Howe und das ›Office of Education‹ dem Coleman-Bericht keine Aufmerksamkeit mehr geschenkt.[37]

– Gleiche Szenerie; Coleman hämmert frustiert auf seinen Schreibtisch ein, als er einen anderen Brief liest, in dem ihm mitgeteilt wird, daß auch die Gesetzgeber seine Arbeit ignorieren. Der Kongreß, der Vorbereitungen zum Ausbau des ›Elementary and Secondary Education Act‹ trifft, hat den Schlußfolgerungen aus seinen Ergebnissen, daß nämlich teure spezielle Schulprogramme und eine kompensierende Bildung für unterprivilegierte Kinder von Minderheiten nicht fruchtbar sein könnten, keine Aufmerksamkeit geschenkt; nicht ein Mitglied der Bildungsausschüsse des Repräsentantenhauses und des Senats hat den Bericht zumindest gelesen – vielleicht wollen sie nichts damit zu tun haben, da ihnen seine Tragweite bewußt ist.[38]

– Bilder von rotierenden Zeitungspressen und an Kiosken und Kaffeetischen ausliegenden Zeitschriften; die Kamera nähert sich Artikeln über Colemans Bericht in der *Saturday Evening Post*, der *Saturday Review*, der *New Republic*, der *Science*, der *Fortune* und verschiedenen anderen Zeitungen. Obgleich der Kongreß und das OE nichts über Colemans Bericht zu sagen gehabt hatten, hört die Öffentlichkeit durch die Medien davon – deren Interpretationen von einem konservativen Angriff auf spezielle Bildungsprogramme für Unterprivilegierte bis hin zu einem grundlegenden Argument für eine kompromißlose Attacke gegen soziale Ungerechtigkeiten, wie segregiertes Wohnen und Diskriminierung im Beruf, die für die geringe Schulleistung verantwortlich sind, reichen.

– Ein Konferenztisch im ›Harvard Faculty Club‹ im Sommer 1967; Coleman hält ein Eliteseminar, zu dem an diesem Abend etwa zwei Dutzend Fakultätsmitglieder und Doktoranden gekommen sind. Das Seminar wurde seit letztem Herbst, als es von Moynihan und dem Sozialpsychologen Thomas Pettigrew (der Colemans Beraterausschuß angehört hatte) ins Leben gerufen worden war, wöchentlich durchgeführt. Beide Männer spürten, daß der Coleman-Bericht eine außergewöhnlich bedeutende Arbeit war und daß die Daten reanalysiert (sorgfältig nach weiteren wichtigen Schlußfolgerungen mit anspruchsvollen statistischen Methoden durchgesiebt) und seine politischen Implikationen eher von Sozialwissenschaftlern ausgesprochen als den Launen der Politiker überlassen werden sollten.[39] Coleman ist tief befriedigt, daß eine Reihe von Reanalysen, die bereits von Seminarmitgliedern gemacht worden waren, seine Schlußfolgerungen, obwohl etwas modifizierend oder erweiternd, bestätigt haben. Es ist offensichtlich, daß sich die Nachricht von seinem Bericht überall unter den Intellektuellen durch Artikel, Berichte und Bücher, die an diesem Tisch entstanden sind, ausbreitet.

- Eine Reihe von Aufnahmen von Coleman, der ungläubig, dann bestürzt, dann wütend schaut, als er einen Artikel im *Journal of Human Resources* von 1968 (oder einen späteren in der *American Sociological Review* oder noch andere) liest, die seinen Bericht aus methodologischen Gründen verreißen.[40]

Schnitt zu einer Szene, in der Coleman in der Nacht wütend mit einem Bleistift auf einem linierten gelben Block herumkritzelt. Der von Wirtschaftswissenschaftlern verfaßte kritische Artikel fiel über seine spezielle Durchführung der Regressionsanalyse her und behauptete, daß eine verfeinerte Methode die Bedeutung von Schulfaktoren für die Schülerleistung gezeigt hätte. Coleman, der normalerweise gute Manieren hat, kontert wütend: »Das wirkliche Problem ist«, so schreibt er, »daß seine Ergebnisse die vorgefaßten Lieblingsmeinungen der Ökonomen untergraben, nämlich daß Schulen wie Fabriken als ›Produktionstätten‹ zu sehen sind, bei denen die Leistung durch zusätzliche Investitionen gesteigert werden kann.« Wir hören Colemans Stimme, als er sein Schlußwort liest: »Bowles und Levin mögen offensichtlich nicht die Art, wie die Ergebnisse zustande gekommen sind, und würden gerne den statistischen Schaden an ihren Apriori-Präferenzen durch spitzfindige Gründe kompensieren … Auf keinen Fall haben sie einen positiven Beweis für die Unterstützung ihrer Überzeugungen vorgelegt.«[41]

(Viele Statistiker sehen jedoch einen gewissen Wert in den Aussagen von Colemans Kritikern. Die Regressionsgleichungen sind auf der Grundlage einer Reihe notwendiger Annahmen über die Interaktion der Variablen konstruiert; es ist möglich, Colemans Annahmen zu widersprechen und zu etwas anderen Schlußfolgerungen über den relativen Einfluß der Variablen zu gelangen.)

- Coleman im Zeugenstand eines Gerichtssaals in Washington, D.C.; er sagt in einem Prozeß aus, in dem es um das Schulsystem geht. Nachdem Richter J. Skelly Wright gehört hat, was Coleman über den pädagogischen Nutzen zu sagen hat, den schwarze Kinder aus Familien mit geringem Einkommen aus dem Besuch einer Schule ziehen, in der die meisten Schüler Weiße der Mittelschicht sind, befahl er dem Schulausschuß, die schulischen Einrichtungen zu integrieren – in dem Maße, wie es in einem System mit 90%

Schwarzen möglich war – und Busse bereitzustellen, um die Kinder von überfüllten Schulen für Schwarze zu weniger überlaufenen, vornehmlich von Weißen besuchten Schulen zu bringen (das sogenannte ›busing‹).[42] ... Aufnahmen von Gerichtssälen in Norfolk, Berkeley, Denver und anderswo in den darauffolgenden Jahren; sachkundige Zeugen zitieren immer wieder die Ergebnisse des Coleman-Berichts im Zusammenhang mit Klagen, die vom NAACP und anderen eingebracht wurden, nachdem die Wahl Nixons die Gerichte im Süden und auch im Norden als einen geeigneteren Mechanismus für die Durchsetzung der Schuldesegregation erscheinen läßt als eben die Regierung oder den Kongreß.[43]

– Rasch aufeinanderfolgende Aufnahmen von Coleman, der Schulbehörden und -rektoren berät, die, gemeinsam mit der Öffentlichkeit, anfangen, ihn »the father of busing« zu nennen. Obgleich sein Bericht niemals dieses Thema erwähnte, sagt Coleman nun öffentlich, daß ›busing‹ (und andere Maßnahmen) eingesetzt werden sollten, um sowohl das zweigeteilte Schulsystem im Süden als auch die inoffizielle Schulsegregation, die in Teilen des Nordens aufgrund segregierter Wohnmuster besteht, zu beenden.

(Das ›busing‹ wurde eigentlich nicht von Coleman ins Leben gerufen, obgleich seine Ergebnisse und Aussagen dazu beitrugen, daß es Anklang fand. Den entscheidenden Impuls erhielt das ›busing‹ jedoch durch Urteile des Obersten Bundesgerichts aus den Jahren 1968 und 1969, in denen angeordnet wurde, die offizielle Segregation im Süden angesichts der Tatsache, daß man dort seit 1954 Mittel und Wege gefunden hatte, die Anwendung des *Brown*-Urteils hinauszuzögern, sofort zu stoppen.[44] Ein weiteres Urteil aus dem Jahre 1971 befand, daß es verfassungsmäßig zulässig war, Kinder der Rasse nach Schulen zuzuordnen und sie mit dem Bus zu den entsprechenden Schulen zu befördern, um Integration zu erreichen.[45])

– Coleman wartet mit Moynihan außerhalb des ›Oval Office‹ des Weißen Hauses; Moynihan ist nun, im Jahre 1970, erster Berater Präsident Nixons für kommunale Angelegenheiten und hat ihm von dem Coleman-Bericht und seinen außergewöhnlichen Ergebnissen berichtet. Zwei Wochen vorher hatte Nixon eine bildungspolitische Stellungnahme abgegeben, in der die »Untersuchung zur Chancengleichheit im Bildungswesen« von 1966 (der Coleman-Bericht) zur Rechtfertigung einer konservativen Politik gegenüber den Schulen und einer eher liberalen in bezug auf die Segregation zitiert wurde. Allerdings sagte Nixon nichts darüber aus, wie die kürzlich gefällten Entscheidungen des Obersten Gerichts, die die sofortige Erfüllung des *Brown*-Urteils verlangten, in die Tat umzusetzen wären. Als

Antwort darauf lobte Coleman – in einem mit »School Expert Calls Integration Vital Aid« überschriebenen, für die erste Seite der *New York Times* von deren Mitarbeiter Jack Rosenthal durchgeführten Interview – Nixon dafür, seinen Bericht zur Kenntnis genommen und seine Aussagen zum pädagogischen Nutzen der Integration bestätigt zu haben, kritisierte aber, daß Nixon kein Wort darüber verloren habe, wie die angestrebte Integration funktionieren solle. Nach einigen Tagen rief Moynihan Coleman an und bat ihn um ein Gespräch mit dem Präsidenten.

Schnitt zu einer Szene, in der Coleman mit Nixon spricht; die Unterredung dauert mehrere Stunden. Nixons Stellungnahme zur Desegregation in der folgenden Woche wiederholt die Aussagen des Coleman-Berichts über den pädagogischen Nutzen einer Zusammenführung der Unterprivilegierten mit den Privilegierten. Nixon beabsichtigt, staatliche Macht und Hilfe für die Durchsetzung der Integration zur Verfügung zu stellen – aber nur im Süden, um das zweigeteilte Schulsystem zu sprengen, das durch die örtlichen Gesetze aufrechterhalten wird.[46] Coleman sagt wiederum offen seine Meinung dazu: In einem Brief an die *Times* applaudiert und widersetzt er sich den Vorschlägen Nixons in gleichem Maße und drängt ihn, die Unterstützung der Regierung für die Integrationspläne auch auf Schulen des Nordens auszudehnen.

– Man sieht Coleman, wie er wie gewöhnlich die Verwaltungsämter des Weißen Hauses betritt; er ist, trotz seiner Offenheit, von der rechten Hand des Präsidenten, Leonard Garment, eingeladen worden, Berater des neu gegründeten ›Cabinet Committee on Desegregation‹ zu werden. Er konferiert mit Garment, Moynihan, Arbeitsminister George P. Schultz und verschiedenen anderen Kabinettsmitgliedern und hilft ihnen, einen Gesetzentwurf zu erstellen, der nicht nur die Integration durch die Gerichte erzwingen, sondern solchen Schulbezirken eine wesentliche finanzielle Unterstützung gewähren wird, die sich bei der Einhaltung der knappen Zeitvorgabe des Obersten Gerichts einer schwierigen Aufgabe gegenüber sehen.[47]

Schnitt zu verschiedenen Aufnahmen von Coleman, der bei Ausschußanhörungen des Repräsentantenhauses und des Senats, die sich mit Bildung beschäftigen, über die vorgeschlagene Gesetzgebung aussagt. Die Demokraten, die dem Gesetzentwurf – und Coleman – mißtrauen, stellen ihm scharfe Fragen und sehen in ihm eher einen Verfechter des republikanischen Gesetzentwurfes als einen unparteiischen Sozialwissenschaftler. In diesem Frühling tritt er so oft bei solchen Anhörungen auf, daß er nun Thema des »Man in the News«-Sonderberichts der *New York Times* ist; der Untertitel bezeichnet ihn als »Busy Advocate of Gains for Negroes«.

(Zum Schluß entsteht ein Gesetzentwurf – der ›Emergency School Aid Act‹ von 1970 –, der 1,5 Milliarden Dollar für Schulen, vornehmlich im Süden, die sich der gerichtlich angeordneten Desegration unterziehen, und zur Unterstützung von freiwillig ausgearbeiteten Plänen zur Erhöhung der Integration im Norden vorsieht. Coleman sagt, daß man für die Kooperation des Südens sowohl Zuckerbrot als auch Peitsche brauche. Moynihan nennt es etwas bissiger »Schmiergeld«; er war es, der sich das Schmiergeld ausdachte, das tatsächlich eine rapide Desegregation im Süden bewirkte.)[48]

– Abschließende Szene: Coleman an seinem Schreibtisch an der Johns Hopkins University, wie er einen Artikel mit dem Titel »Clustering in N Dimensions by Use of a System of Forces« für das *Journal of Mathematical Sociology* entwirft. Es ist Sommer 1970. Er ist nicht mehr in den Nachrichten, keine Autorität mehr, der die Berater des Präsidenten, die Kabinettsmitglieder, die Abgeordneten, die Senatoren und der Präsident Beachtung schenken. Ein Bekannter kommt zufällig vorbei, um mit ihm zu plaudern, und fragt ihn: »Vermißt Du es nicht, das Gefühl der Macht und all das?« Coleman lächelt schwach und antwortet: »Ich mochte diese Rolle nicht wirklich; ich fühlte mich in ihr nicht wohl. Es *war* erfreulich, eine Rolle dabei spielen zu können, meinen Ergebnissen eine praktische Anwendung zu verschaffen, aber ich bin Sozialwissenschaftler, kein Politiker. Ich mag es, wenn meine *Ideen* Macht gewinnen, aber nicht, wenn *ich* sie habe. Ich erkenne, daß Ideen oftmals nur durch diese Art der persönlichen Beteiligung wirksam werden, aber es ist wirklich nicht meine Angelegenheit.« Er zeigt auf seine Bleistiftaufzeichnungen für seinen neuen Artikel und sagt: »*Aber* das.«

Der Sozialforscher als sozialer Führer

Niemand hatte jemals eine erhabenere Vision von der Rolle des Sozialwissenschaftlers als der Begründer der Soziologie, Auguste Comte. Als er vor beinahe eineinhalb Jahrhunderten zum erstenmal die Idee einer Wissenschaft von der Gesellschaft äußerte, behauptete Comte, daß sie genauso exakt und objektiv wie die Physik sein könne und ihre Praktiker die unangefochtenen Führer der Gesellschaft sein würden. Denn in einer Welt, in der die Wissenschaft die Religion als Quelle der Wahrheit ersetzte, würden Sozialwissenschaftler die neue Priesterschaft sein – Personen mit speziellem Zugang zu der Wahrheit über soziale Beziehungen, deren privilegiertes Wissen ihnen unbestrittene Autorität und Macht verleihen würde.[49]

Heutzutage sehen Dozenten der Sozialwissenschaften in dieser Prophezeiung eine Kuriosität und eine fixe Idee; Comte erlitt im Jahre 1826 als Achtundzwanzigjähriger einen geistigen Zusammenbruch und blieb seitdem ziemlich sonderbar, was sich mit zunehmendem Alter noch verstärkte. Aber obgleich moderne Sozialwissenschaftler die prophezeite Verbindung ihres Berufs mit der Funktion der Priesterschaft eher ironisieren, ist doch etwas davon bis heute hängengeblieben. Noch 1964 äußerten mehr als ein Viertel der Mitglieder der ›American Sociological Association‹, die auf einen Fragebogen von Alvin W. Gouldner und Timothy Sprehe antworteten, daß sie zu irgendeinem Zeitpunkt daran gedacht hatten, Geistliche zu werden.[50] Charles E. Lindblom und David K. Cohen von der ›Institution for Social and Policy Studies‹ an der Yale University behaupten, daß Sozialforscher oftmals so handelten, als wäre ihr Zugang zu sozialen Problemen der einzig rationale, auf Wissen begründete, und daß sie mit offensichtlicher Voreingenommenheit alle alternativen Problemansätze mißbilligten oder ignorierten.[51]

Im Gegensatz dazu geben sich andere Sozialforscher große Mühe, eine öffentliche Verfechtung der auf ihren Ergebnissen basierenden politischen Maßnahmen oder irgendwelche Hinweise, wie Probleme praktisch gelöst werden können, zu vermeiden. Es mag sein, daß sie sich bewußt von der Rolle eines ›Weisen‹ oder ›Führers‹ distanzieren und sich mit der eines ›unvoreingenommenen Wissenssuchers‹ identifizieren. In einer weltlichen Gesellschaft sind diese zwei Rollen – trotz Comte – ziemlich gegensätzlich. Wie Jerome E. Singer und David C. Glass in ihrer Abhandlung über angewandte Sozialpsychologie herausstellen, muß der Verfechter sozialwissenschaftlicher Thesen sicher und davon überzeugt erscheinen, daß er die Wahrheit besitze, während der Forscher ein Skeptiker ist, dem immer bewußt sei, daß es eine alternative Erklärung geben könne.[52]

Der Unterschied zwischen den Rollen eines Forschers und eines Verfechters fördert ein merkwürdiges Paradox zutage: Ein Sozialforscher mag ein soziales Problem besser als irgend jemand anders verstehen, aber wenn er öffentlich politische Maßnahmen, die auf diesem speziellen Wissen beruhen, verteidigt, muß er auf Angriffe sowohl von seiten der Öffentlichkeit als auch der akademischen Welt gefaßt sein. Von der Rechten werden nicht nur die politischen Argumente radikaler Soziologen, sondern auch ihre Forschung verunglimpft, während die Linken zur Anschwärzung von sozialwissenschaftlichen Untersuchungen neigen, die aus konservativer Sicht veröffentlicht werden. Und von beiden Seiten werden Angriffe auf die wissenschaftliche Kompetenz und

Integrität eines Verfechters liberaler politischer Maßnahmen, wie Coleman es war, gestartet, dessen Objektivität und Methodologie in zunehmendem Maße sowohl von Juristen als auch von Wissenschaftlern verschiedener politischer Schattierungen in Frage gestellt worden sind, nachdem er einmal damit begonnen hatte, öffentlich Partei für bestimmte politische Maßnahmen zu ergreifen.

Merkwürdigerweise scheinen es hauptsächlich *Sozial*wissenschaftler zu sein, die ihren wissenschaftlichen Ruf gefährden, wenn sie öffentlich Stellung zu sozialen Belangen beziehen. Kein Mensch setzt Noam Chomskys psycholinguistische Forschung herab, weil er ein politischer Einzelgänger ist; niemand hat an der Physik William Shockleys, trotz seiner öffentlich dargelegten Ansichten über die minderwertige Intelligenz von Schwarzen, etwas auszusetzen. Aber von Sozialwissenschaftlern wird, wenn sie sich öffentlich für irgendeine auf bestimmten Werten beruhende Sozialpolitik aussprechen, angenommen, daß sie voreingenommen oder nachlässig bei der Ausübung ihres Berufs seien.

Natürlich liegt darin ein Funke gesunder Menschenverstand: Wenn Forschung und Verfechtung dasselbe Gebiet betreffen, ist es nur recht und billig, zu fragen, ob der Wissenschaftler die kognitive Disziplin besitzt, vollständig leidenschaftslos zu sein, während er Forschung auf einem Gebiet betreibt, das ihn, außerhalb dieser Rolle, völlig gefangen hält. Letzteres ist weder alltäglich noch einfach. Wie Alex Inklas treffend bemerkt hat, »wird in der Soziologie allzuoft die einfache moralische Überzeugung ernsthaft als Test für die objektive Validität vorgeschlagen [und] vermutete Tugend mit Wahrheit verwechselt.«[53]

Der »disziplinierte Geist« kann jedoch, so argumentieren Berger und Kellner, von einer »Relevanzstruktur« zu einer anderen wechseln; der Sozialwissenschaftler kann, selbst wenn er von seiner persönlichen Überzeugung zu einer besonderen Forschungsaufgabe getrieben wird, diese Überzeugung »ausklammern«, während er Sozialwissenschaft betreibt, und bewußt bis zur Fertigstellung der Arbeit eher die Rolle eines Wissenschaftlers als die eines Verfechters spielen und erst dann zu der anderen Rolle wechseln. Diese Form der Ausklammerung geistiger Prozesse wird von vielen Menschen routinemäßig jeden Tag praktiziert – von Schach- oder Tennisspielern, die während des Spiels Gegner sind und hinterher Freunde; von Anwälten, die sich im Gerichtssaal erbittert bekämpfen, aber auf dem Korridor herzlich zueinander sind; von Ehepaaren, die vor ihren Kindern die Rollen von Gefährten spielen und ihre wechselseitige Wahrnehmung als Sexualpartner zunächst unterdrücken.

Sozialwissenschaftler sollten, weil sie dieselben Rechte besitzen wie andere Bürger, so frei sein dürfen, soziale Maßnahmen zu verteidigen, an die sie glauben, ohne daß gleich ihre berufliche Integrität und Kompetenz in Frage gestellt wird. Andererseits haben die Kollegen und die Öffentlichkeit ein Recht darauf, zu fragen, ob Sozialwissenschaftler, wenn sie sich öffentlich für sozialen Wandel einsetzen, als Wissenschaftler oder als werturteilende Bürger sprechen. Da unglücklicherweise das Feld ihrer Sachkenntnis dieselben Angelegenheiten betrifft, zu denen sie öffentlich Stellung beziehen, neigt die Kritik an diesen Stellungnahmen durch eine Art Osmose dazu, ihren wissenschaftlichen Ruf zu untergraben. Comtes Vision einer regierenden sozialwissenschaftlichen Elite ist die genaue Umkehrung der Prozesse, wie sie in einer Demokratie ablaufen: Sozialwissenschaftler begegnen einem größeren Widerstand und gehen ein höheres berufliches Risiko ein, wenn sie sozialen Wandel öffentlich verteidigen, als Bürgerrechtler oder Gesetzgeber ohne wissenschaftlichen Nimbus.

Das Stellen unpopulärer Fragen

Im Herbst 1974 bat William Gorham, Präsident des ›Urban-Institute‹, einer in Washington ansässigen Stiftung, Coleman, ein Kapitel über den Stand des kommunalen Bildungswesens für ein Buch zu schreiben, das das Institut herausgeben wollte. Coleman nahm bereitwillig an. Er kannte das Themengebiet gut; außerdem hatte er zugesagt, eine wichtige Rede auf dem Frühjahrstreffen der ›American Educational Research Association‹ zu halten, und konnte Teile daraus für diesen Zweck verwenden. Er begann die Arbeit, ohne eine Ahnung davon zu haben, daß er dabei war, auf eine überraschende Entdeckung zu stoßen, deren Bekanntgabe ihn in eine intensive berufliche und öffentliche Auseinandersetzung verstricken würde.

Coleman, der inzwischen an der University of Chicago lehrte, hatte sich in den letzten vier Jahren aus der Öffentlichkeit zurückgezogen. So als ob er verlorene Zeit hätte aufholen müssen, hatte er in dieser Zeit etwa 40 Artikel, kritische Kommentare und Buchkapitel zu einer Vielzahl soziologischer Themen verfaßt. Obgleich nur ein kleiner Teil dieser Arbeiten die Desegregation behandelte, interessierte ihn das Gebiet noch immer. Er wurde allerdings zunehmend besorgter darüber, wie sich die Desegregation außerhalb des Südens weiter fortsetzte.

Das bewußt geschaffene duale Schulsystem des Südens war zwischen 1970 und 1971 als Ergebnis der Urteile des Obersten Bundesgerichts und des durch den ›Emergency School Act‹ von 1970 geschaffenen finanziellen Anreizes für desegregierte Schulsysteme zunehmend durch integrierte Schulen ersetzt worden. Da die Schulsegregation ein unbeabsichtigtes Nebenprodukt der Wohnsituation war, standen anderswo die Schulbeamten nicht unter dem Druck eines Gerichtsurteils oder des Kongresses, ihre Systeme zu desegregieren. Bürgerrechtler suchten deshalb zunehmend Zuflucht bei den Gerichten – wo sie gemeinhin die Daten des Coleman-Berichts zitierten – und erreichten Urteile, die den Schulbeamten auferlegten, Kinder verschiedener Rassen in den Schulen zu mischen, auch wenn dies oftmals ihre Beförderung mit dem Bus erforderte.

Diese gerichtlich angeordneten Maßnahmen stellten sich nicht selten als Eigentor heraus; in manchen Gebieten schuf das ›busing‹ mehr Feindseligkeit und Spaltung denn Integration.[54] Darüber hinaus wuchsen die Anzeichen dafür, daß die auf diese Weise bewirkte Desegregation oftmals doch keinen pädagogischen Nutzen für schwarze Kinder brachte: Eine Reihe unlängst durchgeführter Untersuchungen, einschließlich einer von Nancy St. John, einer der Integration tief verpflichteten Soziologin, hatte ergeben, daß die Desegregation manchmal eine positive Wirkung auf Negerkinder hatte, manchmal keine – und manchmal eine negative.[55] Der Coleman-Bericht hatte herausgearbeitet, daß eher eine sozioökonomische Zusammenführung, nicht direkt eine rassische, helfen würde, aber die üblicherweise gerichtlich angeordnete Methode befahl eine Integration ausschließlich unter dem Gesichtspunkt der »Rasse«; manchmal wurde so eine sozioökonomische Mischung erreicht und die Sache funktionierte; manchmal eben auch nicht.

Coleman stellte weitere Überlegungen an. Zurückblickend sagt er: »Ich begann, darüber nachzudenken, daß mein Bericht von 1966 zur Unterstützung von Programmen benutzt worden war, die negative Konsequenzen hatten. Die Schulsegregation außerhalb des Südens hätte durch die Exekutive und Legislative ausgeführt werden sollen, nicht durch die Gerichte – deren Urteile weitestgehend nur symbolische Erfolge erbrachten. Das Bustransportsystem, so wie es sich entwickelt hatte, wirkte oftmals gegenläufig.«

Coleman plante, in seinem Beitrag für das Buch vier Themen zu behandeln, nicht unter Verwendung von Originalforschung, sondern mit Hilfe der Reanalyse bereits vorhandener Daten – also durch erneutes Nachdenken und Überarbeiten von Zahlen auf der Suche nach möglicherweise unentdeckt gebliebenen Beziehungen, wie es die Teilnehmer des Harvard-Seminars mit seinen eigenen Erhebungsdaten von 1966 angestellt hatten. Im Herbst und Winter sammelte er Material und schrieb das Kapitel. Allerdings war er von den Fragen, welche die Reanalyse zu einem der Themen – Segregation – aufwarf, so fasziniert, daß er diese Daten monatelang immer wieder überarbeitete.

Zu diesem Themengebiet gab es brauchbares Rohmaterial: Seit 1967 hatte das ›Office of Civil Rights‹ am HEW Statistiken über die rassische Zusammensetzung von Schülern in den Schulen des Landes erhoben. Aus den Zahlen war schnell erkennbar, daß die Segregation im ganzen Land zwischen 1967 und 1973 abgenommen hatte. Aber als Coleman die Zahlen auf unterschiedliche Weise klassifizierte, wurde deutlich, daß es kein einheitlicher Trend war. Die Segregation hatte in den kleineren und mittleren Schuldistrikten (solchen in kleinen Orten, Städten und vorstädtischen Gebieten) stark, in den größeren Schuldistrikten (solchen in den Zentren der Großstädte) aber nur geringfügig nachgelassen.

Er hätte es dabei belassen können, aber das Ziel der Reanalyse ist es, tieferliegende Wahrheiten zu finden. Dies ist ein ziemlich esoterisches Verfahren, das die Verwendung einer Vielzahl statistischer Datenmanipulationen aus rationalen, aber manchmal auch aus irrationalen Gründen mit sich bringt – Vermutungen, Ahnungen und ein unspezifischer Drang, einfach Dinge *auszuprobieren*. Die Reanalyse ist mit der Art kognitiver Erforschung verwandt, die Erfindern und Entdeckern vertraut ist und am besten durch das Umgangswort »Herumprobieren« beschrieben werden kann.

Coleman fragte sich zum Beispiel, wieviel zusätzlichen Kontakt schwarze Kinder mit ihren weißen Mitschülern als Ergebnis des Rückgangs der Segregation bekamen. Um dies herauszufinden, konstruierte er eine Gleichung mit dem Ziel, diese Information aus den Daten herauszufiltern, und entdeckte ein Paradox: Während der Prozentsatz weitgehend weißer oder weitgehend schwarzer Schulen in den meisten Hauptstädten zurückgegangen war und den Weg für gemischtrassische Schulen freigemacht hatte, hatte in über einem Drittel dieser Städte die Desegregation den durchschnittlichen Kontakt des schwarzen Kindes mit seinen weißen Mitschülern keineswegs erhöht. Tatsächlich trat in einem Viertel dieser Städte sogar ein *Rückgang* im Kontakt auf.[56]

An diesem Punkt begann Coleman, so aufgeregt zu werden wie etwa ein Astronom, wenn er eine vorher unerwähnte Nova erkennt. Coleman wollte seine Ergebnisse auf der in nur wenigen Wochen stattfindenden Tagung der AERA präsentieren. Damit er völlig konzentriert arbeiten konnte, zog er sich zu Frühjahrsbeginn auf seine Farm in West Virginia zurück; dort, fern von jeder Ablenkung (es gab nicht einmal Telefon), saß er am Küchentisch mit liniertem gelbem Papier, Bleistift und Taschenrechner und suchte nach einer Erklärung für das Paradox.

Eine seltsame Beziehung zeichnete sich ab: Als die Desegregation in den Schuldistrikten der Hauptstädte voranschritt, wurde sie durch eine neue Form der Segregation ersetzt. Obgleich das ›busing‹ und die Schulzuordnungspläne die rassische Ungleichheit in den innerstädtischen Schulen minderten, nahm der Anteil an Schwarzen in solchen Distrikten durchweg zu, während Schuldistrikte außerhalb der großen Städte vorwiegend weiß-segregiert blieben. Es stieg also das rassische Ungleichgewicht zwischen den innerstädtischen und den vorstädtischen Bezirken an.[57] Der entscheidende Punkt war, ob es irgendeine Verbindung zwischen diesen Faktoren gab: Konnte es sein, daß die in den Großstädten wirksam gewordenen Desegregationspläne tatsächlich einen Teil des Rückgangs an weißen Schülern *verursachten*?

»Als ich bestimmte Variablen kontrollierte und die Daten entsprechend eingab,« so erinnert sich Coleman,

fand ich einen beachtlichen Effekt – ein Anstieg der Desegregation war verbunden mit einem steilen Rückgang des Anteils Weißer im Distrikt. Es war unmißverständlich. Ich wußte, daß ich einer wichtigen Sache auf der Spur war. Ich war am Anfang nicht auf der Suche danach gewesen – zu dieser Zeit hätte kein vernünftiger Mensch den Wert der Schulsegregation angezweifelt. Aber die Daten führten mich dazu, Fragen zu stellen, die, so vermutete ich, die meisten Sozialwissenschaftler eher nicht stellen würden, und eine Antwort zu suchen – »Weißenflucht« –, die sie lieber nicht finden wollten.

Viele Konservative, die gegen die Zwangsdesegregation in den Städten opponierten, hatten behauptet, daß diese viele in den Städten lebende Weiße dazu veranlassen würde, in die Vororte zu ziehen. Coleman schien nun einen gewissen Beweis dafür gefunden zu haben – eine bittere Erkenntnis für jemanden, der wirklich gute Gründe gehabt hatte, an die Integration zu glauben. Und der dies immer noch tat, auch wenn es nun so aussah, als ob die durch offizielle Planungen eingeleitete Integration, zumindest in den Großstädten, oftmals auf breiterer Basis das Gegenteil hervorbrachte. Myrdal hatte gehofft, daß die Amerikaner ihr internes Dilemma bald lösen würden, aber offensichtlich zogen sie zur gleichen Zeit, in der sie den Meinungsumfragen ihre Präferenz für die Schulintegration mitteilten, aus der City in die Vorstädte hinaus, sobald ihre Kinder gezwungen waren, mit einer großen Zahl Schwarzer in die Schule zu gehen.

Um diese »Weißenflucht-Hypothese« zu überprüfen, führte Coleman nun eine umfangreiche Serie von Regressionsanalysen durch, die eine Reihe von Variablen einbezogen, die mit dem Rückgang der weißen Schülerpopulation in Verbindung standen, nämlich die Stadtgröße, die Anzahl der Kinder im Distrikt, der Prozentsatz an Schwarzen, die schon in den Schulen waren, der Segregationsgrad, die lokalen Besonderheiten und so weiter. Indem er verschiedene Kombinationen dieser Variablen konstant hielt, konnte er, basierend auf den seit einigen Jahren anhaltenden Wanderungen von Schwarzen in die großen Städte und von Weißen aus ihnen heraus, den »erwarteten« Verlust an weißen Schülern in jeder Großstadt zwischen 1968 und 1973 berechnen.

Er prüfte dann die Zahlen für jede Stadt, um zu sehen, ob es in einem Jahr, in dem die Segregation stark zurückging (ein Anzeichen für offizielle oder gerichtlich angeordnete Maßnahmen), einen *höheren* »Verlust« an Weißen als erwartet gab.[58] In vielen Fällen traf dies zu. Er empfand die Ergebnisse seiner, wenngleich noch vorläufigen, Analyse in der Tat als so frappierend, daß er folgende Schlußfolgerungen in einem Entwurf für seine Rede auf der Tagung der AERA niederschrieb:

Es zeigt sich, daß in diesen Großstädten der Einfluß der Desegregation auf die Abwanderung der Weißen aus den Innenstädten enorm ist. Die staatlichen Maßnahmen, die die Segregation innerhalb der Distrikte verringern, provozieren individuelle Handlungen, die teilweise diesen Effekt wettmachen … Insoweit man als Konsequenz der Integration eine Leistungsverbesserung bei schwarzen Kindern beabsichtigte, wird dieses Ziel weitestgehend zunichte gemacht.[59]

Am 2. April trug Coleman seine Rede vor einem großen Auditorium der AERA vor. Dies war eine ebenso unorthodoxe wie unkluge Vorgehensweise: Seine Ergebnisse waren nur vorläufig, und es ist in der Wissenschaft üblich, solche Ergebnisse zunächst den Kollegen vorzustellen, um ihre kritischen Einschätzungen zu hören, die Arbeit gegebenenfalls zu verbessern und besser zu fundieren, und sie erst dann der Öffentlichkeit vorzustellen. Coleman, der den Status der Berühmtheit erlebt hatte, schien dem Wunsch nachgegeben zu haben, Neuigkeiten zu verbreiten – und bezahlte teuer dafür.

Zunächst jedoch zog seine Rede nur eine geringe öffentliche Aufmerksamkeit auf sich. Dann aber wurden, aufgrund eines kurzen Berichts in der Washington *Post*, andere Journalisten darauf aufmerksam. Einer von ihnen, Journalist des *National Observer*, interviewte Coleman später und schrieb einen Artikel, der am 7. Juli unter der Überschrift »A Scholar Who Inspired It Says … Busing Backfired« erschien.

An diesem Artikel entzündete sich eine Auseinandersetzung, die eineinhalb Jahre lang anhielt. Sie wäre wahrscheinlich auf jeden Fall aufgekommen, als das ›Urban Institute‹ eine überarbeitete und detailliertere Fassung der Untersuchung von Coleman und zwei weiteren Institutsmitarbeitern veröffentlichte. Aber das, was die Auseinandersetzung hitziger werden ließ, als sie hätte sein müssen, war Colemans frühzeitige Ankündigung seiner Befunde. Unter dem Druck seiner Kritiker überarbeitete er sie in einer späteren Veröffentlichung, der Schaden aber war zu diesem Zeitpunkt schon angerichtet. Die Dokumentation des ›Urban Institute‹ mit dem Titel »Trends in School Segregation, 1968-1973,« führte zwar drei Koautoren auf, aber sie wurde sogleich und gemeinhin als »der zweite Coleman-Bericht« oder »Coleman II« bezeichnet, und Coleman wurde unmittelbar dafür verantwortlich gemacht.

Eine vollständige Wiedergabe der Auseinandersetzung würde ein Buch füllen; ein paar verstreute Diskussionspunkte müssen hier genügen, um die Reaktionen aus Fachkreisen und der Öffentlichkeit auf den zweiten Coleman-Bericht zu verdeutlichen.

– Im Juni 1975 wurden zwei Pressekonferenzen in New York veranstaltet, um die Ergebnisse des Coleman-Berichts und die von ihm gezogenen Schlußfolgerungen zu widerlegen. In einer der beiden Konferenzen spielten Aussagen von den Leitern des NAACP, Roy Wilkins und Nathaniel Jones, sowie von verschiedenen weißen Sozialwissenschaftlern, einschließlich, zu Colemans Bedauern, Thomas Pettigrew, der mit Daniel Moynihan das Harvard-Seminar organisiert hatte, eine dominante Rolle. In der anderen, die von einer Gruppe liberaler Wissenschaftler einberufen wurde, behauptete Kenneth Clark, daß Coleman »Teil eines extrem raffinierten Versuchs [war] …, sich den Auswirkungen des Urteils im Fall Brown aus dem Jahre 1954 geschickt zu entziehen.«[60]
– Ein Artikel in der *New York Times* vom 11. Juli von dem Redakteur für Erziehungs- und Bildungsfragen, Robert Reinhold, befand, daß Coleman in einer Reihe von technischen Punkten im Unrecht sei, und stellte seinen angeblichen Treuebruch an der Bürgerrechtsbewegung groß heraus.
– Die Detroiter *Free Press* brachte am 19. August einen Leitartikel mit der Überschrift »Sociologist's Busing Switch Based on Questionable Data«. Darin bezeichnete deren Redakteur für Erziehungs- und Bildungsfragen, William Grant, Colemans Methoden als fehlerhaft und beschuldigte ihn, weit über seine tatsächlichen Forschungsergebnisse hinausgegangen zu sein, um »folgenschwere Aussagen über die Schulintegration und die Gerichte zu machen«.
– 15. August: An der ›Brookings Institution‹ wurde ein vom ›National Institute of Education‹ finanziertes Symposium über die Desegregation und die Weißenflucht abgehalten. Coleman war eingeladen und nahm teil, stand aber allein auf weiter Flur. Sämtliche der zahlreich vorgelegten Papiere wiesen seine Arbeit zurück.[61]
– Angriffe gegen Colemans Daten und seinen methodologischen Ansatz erschienen im *Educational Researcher, Phi Delta Kappa, Political Science*

Quarterly und später in der *Harvard Educational Review*. Diese enthielt eine 53 Seiten lange Kritik von Pettigrew und einem weiteren Kollegen. Für sie war Colemans neuer Bericht durchsetzt von »ernsthaften methodologischen und konzeptionellen Problemen«. Sie kritisierten Coleman wegen seines »politischen Widerstands« gegen das ›Busing‹ und wegen seiner häufigen öffentlichen Stellungnahmen.[62]

– Über einen Zeitraum von einigen Monaten sagte Coleman als Zeuge vor Gericht sowie vor Ausschüssen und Unterausschüssen des Weißen Hauses und des Senats aus und stellte seine Befunde auf Universitätstagungen, der gesetzgebenden Körperschaft von Massachussetts und Fachgruppen vor. Daraufhin griff der Senator von Delaware, Joseph Biden, ihn an. Biden wurde in den *TV News* und dem *Congressional Report* mit den Worten zitiert: »Professor Coleman, ein Pädagoge, suggerierte in einem Bericht aus dem Jahre 1966 zunächst den möglichen Nutzen des ›busing‹. Nun, 1975, sagt Coleman: ›Wißt Ihr was? Ich hatte Unrecht, das ›busing‹ erreicht sein Ziel nicht‹.«[63]

– Im Dezember 1975 startete der Präsident der ›American Sociological Association‹, Alfred McClung Lee, eine Kampagne mit dem Ziel, das ›ASA Committee on Professional Ethics‹ und das ›ASA Council‹ dahin zu bringen, Coleman unethisches Verhalten zu bescheinigen und die Revisionen seiner Desegregationsanalyse und der öffentlich vorgetragenen Schlußfolgerungen zu fordern. Wie Lee in einer Mitteilung an alle Betroffenen schrieb: »Ich bin davon überzeugt, daß Professor Coleman seinen öffentlichen Status und sein Prestige als einer der meist publizierten amerikanischen Sozialwissenschaftler absichtlich dazu benutzte, die amerikanische Öffentlichkeit dahingehend irrezuführen, daß seine persönlichen Vorurteile durch einen makellosen Beweis unterstützt würden.« Zwischen den Mitgliedern der ASA, Coleman, Lee und ihren verschiedenen Anhängern und Gegnern flogen Briefe, Anklagen und Bekundungen des Bedauerns hin und her. Nach Monaten der Diskussion stimmten das ›Ethics Committee‹ und das ›Council‹ dagegen, Anklage gegen Coleman zu erheben. Stattdessen entschied sich das ›Council‹ dafür, eine spezielle Plenumssitzung über die ›busing‹-Kontroverse auf seiner Herbsttagung in New York mit Coleman als Hauptredner abzuhalten. Bis dahin aber bestätigten weitere Forschungsberichte Colemans ungeliebte Thesen. Dennoch hingen bei seinem Vortrag hinter ihm Poster, die von einer Gruppe von Studenten aus der Bürgerrechtsbewegung aufgehängt worden waren und Colemans Namen mit Hakenkreuzen verunzierten. Er ignorierte sie und hielt einen gut vorbereiteten Vortrag, der von der großen Zuhörerschaft und dem Podium in ruhiger akademischer Art und Weise aufgenommen wurde.

Damit begann der öffentliche Tumult abzuflauen. Rückblickend ist festzuhalten, daß die Intensität der Debatte nicht durch die wissenschaftlichen Meinungsverschiedenheiten erklärt werden kann. Colemans Kritiker waren mit seiner Auswahl von Großstädten, seinen Regressionsgleichungen und ähnlichem nicht einverstanden, und einige dieser Kritiken wurden weithin als richtig akzeptiert. Aber Sozialforscher widersprechen ihren Kollegen in solchen Angelegenheiten oftmals, ohne jedoch zu versuchen, deren Ruf als Forscher zu zerstören. Coleman aber hatte gegen ein ungeschriebenes Gesetz verstoßen, als er seine Forschungsergebnisse einem öffentlichen Forum vorstellte, bevor er sie seinen Kollegen zur Kenntnisnahme und Kritik vorgelegt hatte. Aber auch das hätte noch nicht die Wellen so hoch schlagen lassen müssen, wenn er nicht eine unter Sozialwissenschaftlern beliebte und einige ihrer geheimsten Werte ausdrückende Ansicht herausgefordert hätte. Sie sahen in ihm – und er war es – einen Verfechter, nicht nur einen Forscher. Die Relationen gerieten einfach in Unordnung, und es war leicht für sie, nicht nur seine sozialen Ansichten als falsch zu bezeichnen, sondern auch seine Arbeit als Forscher zu diskreditieren.

Seitdem ist der zweite Coleman-Bericht jedoch, obgleich in einigen Details durchaus fehlerhaft, durch spätere Untersuchungen über die Auswirkungen der Desegregationspläne in Großstädten im wesentlichen bestätigt worden. Wie manch andere Arbeit der Sozialforschung ist er ein zwar nicht vollkommener, aber bedeutender Beitrag zum Verständnis eines komplexen sozialen Phänomens.[64]

Coleman selbst empfindet keine Reue. Er sagte, als er kürzlich die Ereignisse des zweiten Coleman-Berichts rechtfertigte:

Es hat mich aus der Fassung gebracht und bestürzt. Ich war besonders bekümmert, als Tom Pettigrew meine Forschungsbefähigung und meine Werte bestritt und als Lee versuchte, mich durch die ASA tadeln zu lassen. Ich fühlte mich von der Soziologengemeinschaft isoliert. Meine Freunde dachten: »Mein Gott, mit Coleman ist etwas schief gelaufen; er ist ein bißchen verrückt geworden.«

Es ist wahr, daß ich mich schuldig fühle, die Befunde nicht immer so durchgegangen zu sein, wie ich es hätte können, aber ich habe meine Analyse viele Monate lang überarbeitet, bis sie mir wirklich hieb- und stichfest erschien. Aber es half alles nichts; die meisten an der Desegregation der Schulen beteiligten Personen wollten diesen Prozeß fördern, und so sahen sie in mir einen Abtrünnigen, als ich mit meinen Ergebnissen auftauchte.

Aber ich *hatte* nun mal diese Ergebnisse, und ich *mußte* sie vorstellen. Es lag ein wirklicher wissenschaftlicher Wert darin, geläufige politische Maßnahmen in Frage zu stellen, auch wenn es den Anschein hatte, gegen etwas vorzugehen, was jeder vernünftige Mensch guthieß.

Es war nicht so, daß Coleman sich gegen die Integration gewandt hatte; bis zum heutigen Tag hat er nicht aufgehört, sich öffentlich für eine distriktübergreifende Integration auf freiwilliger Basis einzusetzen mit speziellen Anreizen für Eltern beider Rassen und unterschiedlicher sozialer Klassen. Eher hätte er noch einmal dem Der-Kaiser-hat-keine-Kleider-Impuls des Stellens unbeliebter Fragen gehorcht und gemäß seiner Überzeugung gehandelt.

Unvorhersehbare Ergebnisse

Das Drama des zweiten Coleman-Berichts lag darin, daß er von Coleman selber geschrieben worden war. Hätte ein anderer Sozialwissenschaftler ihn verfaßt, wäre er nur ein weiterer Beweis dafür gewesen, daß das gut ausgedachte menschliche Verhalten – einschließlich des von Sozialwissenschaftlern vorgeschlagenen – oftmals unbeabsichtigte Wirkungen liefert, ein Phänomen, das von Robert K. Merton einige Jahre vorher treffend als »die unerwarteten Konsequenzen des zweckgerichteten sozialen Handelns«[65] bezeichnet worden war.

Das paradoxe Ergebnis menschlicher Absichten ist ein immer wiederkehrendes Thema in der Geschichte. »Brot und Spiele« für das Volk waren zum Beispiel für die römischen Kaiser ein Mittel, sozialen Unruhen vorzubeugen. Sie ahnten nicht, daß dieses »Geschenk« möglicherweise zu innerstaatlicher Instabilität führen könnte. Die Gründer der Weltreiche des 17. und 18. Jahrhunderts ließen unter ihrer Herrschaft einigen der Eingeborenen Bildung zuteil werden, ohne auch nur zu ahnen, daß später die so gebildete Klasse die Aufstände anführen würde, die ihre Reiche auseinanderbrechen ließen. Wir Amerikaner bauten vor kurzem ein großes innerstaatliches Straßensystem, um den Verkehr zwischen unseren Städten zu verbessern, mit dem Erfolg, daß es diese Städte aushöhlte, indem der Mittelklasse die Möglichkeit gegeben wurde, bequem außerhalb der City zu leben.

Aber man sollte von Sozialwissenschaftlern erwarten können, daß sie die Folgen ihres Tuns klarer voraussehen als andere, besonders dann, wenn es um die Auswirkungen ihrer eigenen Arbeit geht. Sie bilden sich schon manchmal ein, eine größere Einsicht zu besitzen: Berger und Kellner beanspruchen zum Beispiel, daß » ... die Soziologie einem das ständige Bewußtsein für die Macht von Konsequenzen vermittelt, einschließlich und vor allem für die Macht (wahrscheinlicher) nicht beabsichtigter Konsequenzen ... Die Soziologie versteht, wie vorläufig auch immer, diese ironische Beziehung zwischen Motiven und Konsequenzen und kann sie voraussagen.«[66]

Vielleicht gilt diese Aussage für andere, aber es kann wohl nicht bedeuten, daß Soziologen die unbeabsichtigten Konsequenzen ihres Verhaltens vorhersagen können müßten; wie könnten Ergebnisse, von denen sie wüßten, daß sie einträfen, »unbeabsichtigt« sein? Außerdem gibt es reichlich Beweise dafür, daß die Sozialforschung oftmals die Phänomene, die sie behandelt, beeinflußt und so zumindest teilweise ihre eigenen Befunde entwertet. Panelerhebungen sind ein gutes Beispiel dafür: Wenn dieselben Personen in regelmäßigen Abständen über das gleiche Thema befragt werden, um Veränderungen in ihrer Gesundheit, ihrem Einkommen oder anderen Dingen zu beobachten, tendieren sie das zweite Mal und die folgenden Male zu etwas unterschiedlichen Antworten – sogar dann, wenn die objektiven Aufzeichnungen zeigen, daß sich nichts geändert hat – entweder, weil sie wissen, was sie erwartet, oder die Sache überdacht haben oder durch das Interview in irgendeiner anderen Weise beeinflußt worden sind.[67] Sozialwissenschaftler mögen sich mehr als andere Menschen bewußt sein, daß ihre Arbeit nicht geplante Ergebnisse haben kann, aber das einzige, was sie vorhersagen können, ist, daß ihre zweckgerichteten sozialen Handlungen die Fakten verändern, mit denen sie es zu tun hatten, und sie so in gewisser Weise von ihren Zielen abgelenkt werden.

Der Optimist könnte hoffen, daß, wenn Wissen an die Stelle von Unkenntnis tritt, unbeabsichtigte Schlußfolgerungen der Sozialforschung und sozialer Programme minimiert, wenn nicht eliminiert werden können. Aber es wird immer wieder eine neue Menge nicht geplanter Folgen als Konsequenz neuer Erkenntnisse geben. Neues Wissen erlaubt die Erweiterung des menschlichen Handelns, ermöglicht den Menschen, über das hinauszugehen, was sie bisher erfahren haben, und läßt sie in Gebiete vordringen, die ihnen noch völlig unbekannt sind. Sozialwissenschaftler, obwohl sie besonders kompetent in der Vorhersage der Ergebnisse von sozialen Prozessen sein mögen, können deshalb nicht vollständig die Konsequenzen ihrer eigenen Forschung prognostizieren. Einige Beispiele aus der jüngsten Vergangenheit sind:

– Latentes Verhalten, unsichtbar und der Berechnung nicht zugänglich, kann sich nur zeigen, wenn die Sozialforschung ein Programm schafft, das das soziale Milieu verändert. Der Sozialpsychologe Gordon Allport lieferte 1953 einen Beweis dafür, daß intensive Kontakte zwischen Weißen und Schwarzen die Vorurteile von Weißen vermindern und den Schwarzen psychisch nützen; die »Kontakttheorie«, wie letzteres genannt wurde, war die Voraussetzung für einen Großteil der Argumentation des Urteils im Fall *Brown versus Board of Education* und des Bürgerrechtsgesetzes von 1964.

Doch als die Integrationsmaßnahmen durchgeführt wurden, veränderte sich das Milieu, auf dessen Basis Allport seine Vorhersagen getroffen hatte. Schwarze entwickelten einen gewissen Stolz und Eigensinn und sahen bald die Integration nicht mehr als ihr Ziel an. Stattdessen begannen sie, auf gleiche Rechte innerhalb eines separatistischen Bezugsrahmens zu pochen. In vielen Schulen und Universitäten gingen Schwarze und Weiße in dieselben Klassen, aber die Vorurteile oder die wechselseitigen Antipathien wurden nicht abgebaut. Die Kontakttheorie, einst ein gültiger Prädiktor des Verhaltens, war dieses nun nicht mehr.[68]

– Wenn die Ziele eines sozialen Programms nicht die der Personen sind, auf die es abzielt, werden sie Wege finden, um dieses Programm zu umgehen. Das Ergebnis kann dann sogar das Gegenteil des beabsichtigten Ziels sein. Die Weißenflucht aus den Großstädten, die die Schulen resegregierte, war gerade eine solche paradoxe Folge politischer Maßnahmen, die dazu gedacht waren, die Schulsegregation zu verringern.

– Wenn die Ergebnisse der Sozialforschung einmal bekannt werden, verlieren die Forscher die Kontrolle über sie; sie werden zu Waffen in der politischen Auseinandersetzung, offen für parteipolitischen und sonstigen Mißbrauch. Moynihans Untersuchung von 1965, *The Negro Family*, führte die mangelhafte Entwicklung vieler Negerkinder auf die oftmals schlecht funktionierenden familiären Beziehungen zurück. Der Zweck dieser Untersuchung war, so nahmen ihn Liberale wahr, Programme aufzustellen, um jenen Kindern zu helfen. Militante Schwarze bezeichneten sie jedoch als eine rassistische Aktivität, um Schwarzen die Schuld für ihre eigenen Mißerfolge zu geben und die Gemeinschaft der Weißen von ihrer Verantwortung freizusprechen. Ihre radikale Kritik mag der Herausbildung eines schwarzen Selbstbewußtsein gedient haben, aber tatsächlich untergrub sie die Nützlichkeit der Untersuchung.[69]

– Manchmal bietet die Sozialforschung vorläufige, auf Labor- oder speziellen Stichproben beruhende Prognosen über ein Programm an, ist aber nicht in der Lage, das »tatsächliche« Phänomen zu untersuchen, weil es nicht existiert, bis es vom Programm selbst erzeugt worden ist. Doch allein der bloße Umstand, daß ein Phänomen von einem Programm hervorgebracht worden ist, kann es von den untersuchten realen Erscheinungen unterscheiden. In Kapitel 6 werden wir sehen, daß die meisten Armen in Seattle und Denver, denen experimentell ein jährliches Einkommen garantiert worden war, beinahe genauso viel weiterarbeiteten wie zuvor. Die Methodologen Robert Ferber und Werner Z. Hirsch warnen allerdings davor, daß örtliche Bedingungen sich nicht durchsetzen könnten, wenn ein Programm landesweit eingeführt wird.[70] Die Seattle- und Denver-Effekte mögen sich teilweise auf die amerikanische Arbeitsethik zurückführen lassen; die vorherrschenden Arbeitseinstellungen könnten sich aber möglicherweise verändern, wenn ein solches Programm landesweit angewendet würde, und mehr Arme könnten gewillt sein, das angebotene Geld zu nehmen und ihre Arbeit zu kündigen.

Jede solche unbeabsichtigte Konsequenz wird zu einem neuen Faktum, das es zu verstehen gilt. Wie Karl Popper sagte, wächst unsere Unwissenheit mit unserem Wissen.[71] Diese Bemerkung mag pessimistisch klingen; Lindblom und Cohen empfinden es jedenfalls so, wenn sie dem Popperschen Diktum folgendes hinzufügen: »Wir vermuten, daß der übliche Effekt von PSI [professional social inquiry] das Aufkommen neuer Streitfragen, die Anregung neuer Debatten und die Multiplikation der Komplexität des gegenwärtigen sozialen Problems ist.«[72]

Man kann jedoch Poppers Anmerkung auch als Ermutigung auffassen: Nur wenn Wissenschaftler genau wissen, was sie nicht wissen, können sie das Unbekannte erforschen. Wenn dem so ist, dann werden die unbekannten Konsequenzen der Sozialforschung und der Politik die Forscher kontinuierlich zu einem umfassenderen Verständnis ihrer Ursachen führen. Sie werden nicht nochmals den Fehler machen, diese möglichen Konsequenzen zu übersehen. Andererseits werden sie zweifellos die Grenzen ihres Wissens überschreiten und neue unvorhergesehene Konsequenzen erzeugen, die sie wiederum zu analysieren und zu verstehen versuchen werden.

Das Leitmotiv

Colemans Leben als Sozialforscher hat sich seit dem Abebben der Auseinandersetzungen um seinen Bericht über die Weißenflucht kaum verändert; er wird noch immer in gegensätzliche Richtungen gezerrt.

Einerseits hat er eine Menge Arbeit in die akademische Soziologie investiert und in den vergangenen sechs Jahren über 40 Artikel veröffentlicht, darunter theoretische Aufsätze wie »A Theory of Revolt Within an Authority Structure« und methodologische Studien wie »Problems of Conceptualization and Measurement in Studying Policy Impacts«.

Andererseits betrieb er weiterhin angewandte bildungspolitische Forschung, wodurch er in harte Auseinandersetzungen verstrickt wurde. Vor ein paar Jahren vervollständigten er und zwei seiner Mitarbeiter (Thomas Hoffer und Sally Kilgore, beide von der University of Chicago) eine Untersuchung für das ›National Center for Educational Statistics‹ (NCES), die in pädagogischen Kreisen für Furore sorgte. Das NCES hatte eine Erhebung an beinahe 59 000 Schülern in über 1 000 Schulen durchgeführt und wollte eine Auswertung der Daten haben. Coleman und seine Mitarbeiter führten sie durch und erstellten einen Bericht mit dem Titel *Public and Private Schools* (später veröffentlich von Basic Books unter dem Titel *High School Achievement: Public, Catholic, and Other Private Schools Compared*), der mehrere provokative Ergebnisse enthielt. Ein Befund war, daß Schüler an katholischen und anderen Privatschulen höhere Punktwerte in Leistungstests erzielten als Schüler an öffentlichen Schulen, teilweise aufgrund unterschiedlicher Herkunft, aber auch zum Teil deshalb, weil die Privatschulen höhere Maßstäbe setzen und Disziplin, Hausarbeit, regelmäßige Anwesenheit und so weiter stärker betonen. Ein anderes Ergebnis war, daß, obwohl es in Privatschulen im Vergleich zu öffentlichen Schulen einen viel geringeren Anteil Schwarzer gibt, die Segregation im Sinne hauptsächlich weißer oder schwarzer Schulen weniger verbreitet ist als in den öffentlichen Schulen.[73]

Die darauf entbrannte Debatte zwischen Pädagogen und Soziologen war so hitzig, viele von ihnen waren so aufgeschreckt durch diesen, wie sie meinten, Angriff auf die öffentliche Erziehung, daß die *Harvard Educational Review* in ihrer Ausgabe vom November 1981 sieben Kritiken des Berichts abdruckte und Coleman und seinen Kollegen eine Antwort von 64 Seiten einräumte. Auch die *Sociology of Education* nahm diese Kontroverse auf und widmete ihr 119 Seiten ihrer April/Juni-Ausgabe von 1982. Wie vorauszusehen, griffen die meisten Kritiken die Methodologie der Untersuchung an, reanalysierten die Daten und kamen zu anderen Schlußfolgerungen. Einige wiesen Colemans Arbeit sogar als Forschungsarbeit zurück und sahen in ihr nur einen politischen Artikel, in dem einseitig für die Ausgabe von Gutscheinen oder die Einräumung von Schulgeldsteuerkrediten für Familien plädiert wurde, damit diese ihre Kinder auf Privatschulen schicken könnten.

Coleman antwortete wie ein Boxer, der er auf dem College tatsächlich gewesen war, indem er, angeschlagen, heftig zurückschlug. Nach der Widerlegung der in einer Kritik genannten Punkte charakterisierte er diese Kritik als »übertrieben, fehlerhaft und mit Falschaussagen behaftet« und resümierte: »Alles in allem ist sie ein Exkurs, der von einer Panne zur nächsten schlingert.« Um noch einen daraufzugeben, versetzte er den Motiven des Autors einen Rundumschlag: »Die prinzipielle Frage ist, warum sich so viel Emotion auf so wenig Inhalt stützt.«[74]

Darüber hinaus verteidigt er weiterhin öffentlich gewisse Alternativen zu dem gerichtlich angeordneten ›Busing‹, die den Zielen der Desegregation besser dienen würden. Diese Alternativen beinhalten die Einrichtung von »Magnetschulen« (Schulen, die spezielle Anreize bieten, um weiße Kinder in weitgehend schwarze Gebiete zu ziehen und umgekehrt), die Schulauswahl der Eltern ohne Rücksicht auf die Zoneneinteilung und das ›Busing‹ – nur für diejenigen, die es wollen – über die Distriktgrenzen hinaus, um die Stadt-Vorstadt-Segregation zu mildern. Viele Bürgerrechtsführer aber sehen in diesen Vorschlägen nicht bessere Methoden der Integration, sondern einen spärlich verkleideten Rassismus. Kenneth Clark hat in der *New York Times* diejenigen, die auf solche Maßnahmen drängen, angeklagt, in Wirklichkeit Gegner der Desegregation zu sein, die »direkt zur Verzögerung einer besseren Bildung für schwarze Kinder beitragen«.[75]

Doch wenn man Coleman in seinem Büro sieht oder ihn auf einem Fachseminar reden hört, kommt eine andere Seite von ihm zum Vorschein. Wenn er nach seiner letzten Auseinandersetzung gefragt wird, mag er seufzen und, scheinbar müde geworden, von der »motivierten Blindheit« seiner Kritiker sprechen, aber wenn das Gespräch auf sein gegenwärtiges Arbeitsgebiet kommt – eine ehrgeizige theoretische Abhandlung, von der er schon lange geträumt hat und die er nun tatsächlich schreibt –, hellt sich sein Gesicht auf, und er erzählt davon voller Stolz.

Ich hoffe, ich bleibe durch diese Arbeit, nicht durch die pädagogischen Untersuchungen in Erinnerung. Die Sache, die mich intellektuell über zwanzig Jahre am meisten interessiert hat, ist die Frage: »Wie kann man eine Sozialtheorie entwickeln, wenn man mit dem Verhalten eines rationalen Menschen beginnt? Wie werden die Motivationen und Entscheidungen von Individuen zu Massenphänomenen wie Normen, sozialen Strukturen oder politischen Entscheidungen?« Ich arbeite an einer Theorie des »sozialen Verhaltens«, in der ich versuche, mit individuellen Voraussetzungen anzufangen, aber mit makrosoziologischen Auswirkungen zu enden.

Was er unternommen hat, ist eine Aufgabe, vergleichbar mit der Ausarbeitung einer Theorie, die die vier Kräfte der Physik vereinigt. Ihr Ziel ist es, eine integrative, soziale Theorie zu entwickeln, die die divergierenden sozialen Kräfte und Faktoren miteinander verbindet. Wenn Coleman Erfolg haben sollte, würde sein Wunsch sicherlich in Erfüllung gehen: Er würde wegen einer solchen Leistung in Erinnerung bleiben, lange nachdem seine politischen Untersuchungen bloße Fußnoten in Geschichtsbüchern geworden sind.

Kapitel 3

Eine Stichprobenuntersuchung der sozialen Wirklichkeit

Eine neue vielschichtige Befragung mißt den Einfluß staatlicher Sozialprogramme auf die amerikanische Familie

»Die aufregendste Sache, die in den Sozialwissenschaften während der 80er Jahre passiert«

Am Montag, den 3. Oktober 1983, packten in 175 über ganz Amerika verstreuten Orten 240 Interviewer, vorwiegend Frauen mittleren Alters, Berge von Papier und machten sich in ihren Autos auf den Weg, um 25 000 Haushalte aufzusuchen.

Für sich genommen war dies nicht so ungewöhnlich; in unserem forschungsorientierten Zeitalter sind in Amerika immer Hunderte von regionalen oder landesweiten Erhebungen und Meinungsumfragen im Gange. Kürzlich ließ allein der Staat an einem bestimmten Tag 228 Erhebungen durchführen, und mindestens viermal so viele wurden zur gleichen Zeit von oder für universitäre und Wirtschaftsgruppen durchgeführt.[1]

Die Befragung jedoch, die an diesem Montag stattfand und vom ›Bureau of the Census‹ der Vereinigten Staaten organisiert wurde, nämlich die ›Survey of Income and Program Participation (SIPP)‹, war etwas Besonderes. In ihr sollte ein neues, in sieben Jahren entwickeltes Forschungsinstrument verwendet werden – ein komplizierter Fragebogen und eine Reihe statistischer Verfahren zur Analyse der Antworten. SIPP war konzipiert worden, um bestimmte, für viele staatliche Maßnahmen außerordentlich wichtige Informationen zu beschaffen, über die Amerikaner aber (insbesondere gegenüber staatlichen Vertretern) offenkundig nur widerwillig sprechen, nämlich wie hoch ihr Verdienst sei, wieviel Ersparnisse und andere Vermögenswerte sie besäßen und wieviel sie aus Sozial- und Wohlfahrtsprogrammen bar oder beispielsweise in Form von Essensmarken erhielten.

Über 300 Milliarden Dollar – ein Drittel des nationalen Etats – wurden jedes Jahr in diese Sozial- und Wohlfahrtsprogramme gesteckt, aber niemand hatte eine genaue Vorstellung darüber, welche Bevölkerungsteile welchen Betrag an Bargeld oder anderen finanziellen Unterstützungen erhielten, wieviele Personen mehrere Beihilfen bezogen, wieviele derer, die besondere Leistungen benötigten, sie nicht bekamen oder welchen Einfluß vorgeschlagene Änderungen in den staatlichen Bestimmungen haben würden. Denn obgleich jedes staatliche Programm Statistiken über seine Empfänger führte, bestand keine Möglichkeit, die einzelnen Tabellen zu einem ganzheitlichen sozialökonomischen Bild zusammenzustellen.

SIPP war eigens für die Beantwortung dieser Fragen geschaffen worden. Und noch mehr: Da jede einzelne Person, jede Familie und jeder Haushalt der Stichprobe über einen Zeitraum von zweieinhalb Jahren beobachtet werden würde, würde sie den ersten Längsschnittbericht darüber liefern, wie Veränderungen im Einkommen und/oder den finanziellen Programmbeihilfen die Familiengründung und -stabilität − eine der wichtigsten Fragen unserer Zeit − beeinflussen.

Der kleine Kreis von Forschern, der an der Konzeption von SIPP arbeitete, bestand und besteht aus ausgesprochenen Enthusiasten. Einer von ihnen, der Wirtschaftswissenschaftler Charles Lininger, der drei Jahre lang die Entwicklungsarbeit von SIPP am ›Department of Health, Education, and Welfare‹ (HEW) leitete, nennt es »die aufregendste Sache, die in den Sozialwissenschaften während der 80er Jahre passiert«. Viele sozialwissenschaftlich interessierte Beobachter sind sowohl von der Leistungsfähigkeit von SIPP als einem Forschungsinstrument für die Untersuchung gegenwärtiger sozialer Probleme als auch von den Wirkungen der zu ihrer Beseitigung eingesetzten Programme angeregt. Joseph Duncan von ›Dun and Bradstreet‹, ein ehemaliger Top-Statistiker am ›Office of Management and Budget‹, hat SIPP als die bedeutendste statistische Erhebung der letzten 40 Jahre bezeichnet. Der Wirtschaftswissenschaftler Guy Orcutt von der Yale University meint, daß seine Daten die wichtigsten sind, die für die Forschung über amerikanische Familien und einzelne Personen in den 80er Jahren verfügbar sein werden.[2]

Piloten stellen die Daten, die sie auf der Flugstrecke benötigen werden, vor dem Start zusammen: Den Kurs und die Flugzeiten für jede Etappe der Reise, Wettervorhersagen, die Funkfrequenzen, die entlang des Weges mitgehört oder über die Kontakte aufgenommen werden sollen, und so weiter. Im Gegensatz dazu beschließt der Kongreß oftmals ein bedeutendes neues Programm, um später dann erkennen zu müssen, daß er dies ohne vorheriges Einholen von relevanten Informationen getan hat.

Dies war bei vielen der ›Great Society‹-Programme der Fall, die Mitte der 60er Jahre während der Regierung Johnson ins Leben gerufen worden waren, um verarmte, kranke, alte, arbeitslose und schlecht ausgebildete Erwachsene und Kinder aus Familien mit niedrigem Einkommen zu unterstützen. Der Ökonom Martin H. David von der University of Wisconsin, ein Berater von SIPP, hat dazu angemerkt: »Erst als wir eine regelrechte Wucherung von Hilfsprogrammen hatten, erkannten wir, daß wir nicht wußten, wieviel berechtigte Personen es wirklich gab, wieviele gleichzeitig Beihilfen aus verschiedenen Programmen bezogen beziehungsweise wieviele nicht das erhielten, was für sie vorgesehen war.« Überdies fehlte eine geeignete Technologie, um solche Daten liefern zu können. Orcutt bemerkte bereits vor ein paar Jahren: »Bis in die 60er Jahre hinein bestanden die analytischen Hilfsmittel zur Abschätzung der potentiellen Kosten und Auswirkungen von Wohlfahrtsprogrammen und der meisten anderen Sozialprogramme nur aus wenigen Datenfetzen, dem Rücken eines Briefumschlags, einem scharfen Bleistift und einem einfallsreichen oder verwegenen Analytiker.«[3]

Ende der 60er und zu Beginn der 70er Jahre kam einer Reihe von Ökonomen, Demographen, Programmleitern und -planern, einige vom HEW, das viele der neuen Programme organisierte, andere vom ›Bureau of the Census‹, das um bessere Informationen ersucht wurde, und wiederum andere vom ›Office of Management and Budget‹ (OMB), das die Verwendung der Programmgelder prüfte, der Gedanke, eine Erhebung durchzuführen, die diesen vielschichtigen Fragen und Problemen beikommen könnte.

Roger Herriot, der damals in der ›Income Branch‹ der ›Population Division‹ des ›Bureau of the Census‹ beschäftigt war und jetzt diese Abteilung leitet, erinnert sich: »Wir saßen beim Mittagessen und sagten: ›Verdammt, sie sind wieder hinter uns her, um Daten über das Monatseinkommen zu erhalten und um zu erfahren, wer Beihilfen aus mehreren Programmen bekommt. Wie *können* wir das in den Griff kriegen? Können wir die monatlichen Zahlen aus den jährlichen Einkommensdaten der CPS* herausziehen? Können wir Daten über die Programmbeihilfen erhalten, wenn wir CPS vergrößern? Oder benötigen wir vielleicht eine gänzlich neuartige Einkommenserhebung?‹«

Joseph Duncan denkt an vergleichbare Diskussionen am OMB zurück; insbesondere erinnert er sich an die Ökonomin Bette Mahoney, eine Beraterin dieses Ministeriums, die darlegte, daß durch die neuen Sozialprogramme Mil-

---

* CPS oder ›Current Population Survey‹ ist eine vielseitige monatliche Stichprobenerhebung an 66 000 Haushalten. Der einmal im Jahr herausgegebene ›Annual Demographic Supplement‹ behandelt Fragen zum Einkommen.

lionen von Menschen sogenannte unbare Unterstützungen erhalten würden – also Nahrung, Wohnung und medizinische Versorgung –, die nachhaltig die Lebenssituation der Armen veränderten, aber über die in CPS oder anderswo immer noch nicht berichtet werden würde. Zwar legte ein internes, vom OMB eingerichtetes Komitee einen Bericht vor, der auf den Bedarf einer neuen Einkommenserhebung hinwies, aber wie viele solcher Komiteeberichte wurde er gelesen, abgelegt und vergessen.

Was tatsächlich zu der Entwicklung einer neuen, umfassenden Erhebung führte, so meinen viele der daran beteiligten Personen, war eine Reihe inoffizieller Gespräche vor allem zwischen Mitarbeitern des ASPE, des ›Office of the Assistant Secretary for Planning and Evaluation‹, am HEW. (Frau Mahoney hatte dort 1974 zu arbeiten begonnen und sich aktiv für eine solche Erhebung eingesetzt.) Diesen Mitarbeitern zufolge wurde SIPP in Gemeinschaftsarbeit in den Korridoren, Kantinen und Waschräumen des HEW, des ›Census‹ und des OMB ausgeheckt, etwa wie folgt:

»Wir *müssen* einfach umfassendere und spezifischere Einkommensdaten als die, die CPS liefert, erheben.«
»Und öfter als einmal im Jahr. Die Leute vergessen im Laufe eines Jahres die Einzelheiten, insbesondere diejenigen, die unregelmäßig oder teilzeitarbeiten.«
»Und wir *müssen* versuchen, das unbare Einkommen zu messen. Wir wissen nicht, wer es bekommt oder wie es deren Leben beeinflußt.«

»Eine Person oder eine Familie kann Beihilfen aus drei oder vier Programmen beziehen, ohne daß wir eine Möglichkeit haben, davon zu erfahren.«
»Oder von Personen, die Unterstützung verdienen, aber sie aus irgendeinem Grund nicht erhalten.«
»Die einzige Antwort ist, jeden aus einer nationalen Stichprobe zu bitten, alle Programme anzugeben, aus denen er irgendetwas bekommt und wieviel.«

»Viele Personen mit geringem Einkommen benötigen zu bestimmten Zeiten im Jahr Hilfe, aber gerade diese erscheinen nicht in den jährlichen CPS-Zahlen.«
»Wir könnten ein paar Fragen hinzufügen und nach ihrem Einkommen Monat für Monat fragen, und ob sie jemals arbeitslos waren.«
»Aber viele besitzen keine Unterlagen. Sie würden es nicht wissen. Wir brauchen eine neue Erhebung, die alle paar Monate durchgeführt wird.«
»Deren Entwicklung würde Jahre benötigen und Millionen von Dollar kosten. Das Geld würden wir niemals bekommen.«
»Aber wir könnten. Sie betteln um die Daten.«

»Wir sollten nach kurzfristigen Veränderungen suchen, indem wir die Erhebung alle paar Monate wiederholen.«
»Ja, aber es sollte keine Serie von Querschnitterhebungen sein. Es müßte eine wirkliche Längsschnittstudie sein, die ein Panel benützt. Wenn wir wirklich sehen wollen, wie Veränderungen im Einkommen und in den Programmbeihilfen die Menschen beeinflussen,

sollten wir an denselben Personen über einen Zeitraum von mehreren Jahren dranbleiben.«

»Wer sollte die neue Erhebung entwickeln – ›Census‹?«

»Keinesfalls; die sind zu schwerfällig, zu unflexibel. Wir wären besser dran, wenn wir es selbst am HEW tun würden – wir haben gute Forscher und können uns die Einstellung weiterer leisten.«

»Okay, entwickeln wir sie – aber dann, wer führt sie durch? Am Ende doch noch ›Census‹?«

»Sie sind gut auf diesem Gebiet, aber sie lieben es, Dinge nach ihrem eigenen Kopf zu tun. Es wäre besser, wenn wir Aufträge vergeben würden.«

So oder so ähnlich lief es in den Jahren 1973 und 1974 ab. Schließlich gewannen die Diskussionen eine offizielle Dimension und fanden innerhalb planmäßiger Komiteesitzungen am ASPE statt. Aber um die Pläne des Komitees zu verwirklichen, bedurfte es einer Menge diplomatischen Geschicks und Überzeugungskunst. Die extravertierte und begeisterungsfähige Frau Mahoney war die ideale Besetzung für diese Aufgabe.

»Ihr gebt die Idee nicht einfach so an den Minister des HEW weiter,« sagte sie über die notwendigen taktischen Manöver. »Sie könnte sich mit den Forschungsbemühungen anderer HEW-Ämter bei der Vorentscheidung über die Vergabe von Forschungsmitteln überschneiden. Sie würden Nutzen aus den neuen Daten ziehen, aber sie könnten es möglicherweise nicht leiden, wenn ihre eigenen Programme dadurch behindert würden. Deshalb müßt ihr viel Zeit mit Politisieren verbringen. Ihr geht zu jedem Amt und redet mit dem Leiter für Forschung und Statistik oder wem auch immer. Ihr müßt sichergehen, daß keiner dagegen ist. Und erst dann stellt ihr einen Antrag.«

Bis Januar 1975 hatte Frau Mahoney das Projekt so weit vorangetrieben, daß ein 1 500 Worte langer Antrag an den stellvertretenden Minister, William A. Morrill (Leiter des ASPE), vorbereitet werden konnte. Dieser unterzeichnete ihn und schickte ihn mit einem Bündel von Befürwortungsschreiben an den Gesundheitsminister Caspar Weinberger. Der Antrag lautete in Auszügen:

Der Zweck dieses Memorandums ist, um Ihre Genehmigung für die Entwicklung einer neuen Erhebung zu bitten, die verbesserte Informationen über das Einkommen, die Charakteristika der Bevölkerung und ihre Teilnahme an Regierungsprogrammen liefern soll ...

Programme, die Bargeld, Gutscheine oder Dienstleistungen an Personen auf der Basis ihres Einkommens vergeben, machen bei weitem den größten Teil des Etats des Ministeriums aus. Beide, die Exekutive und die Legislative, fordern sowohl zuverlässigere Schätzungen der zukünftigen Geldausgaben bei verschiedenen Programmalternativen als auch verfeinerte Analysen der Wirkungen von bestimmten Programmen. Adäquate Daten sind die wichtigste Voraussetzung, um solche Schätzungen und Analysen zu liefern.[4]

Das Memorandum erklärte, warum sogar eine erweiterte CPS die Aufgabe nicht würde erfüllen können, und schätzte, daß für die Konzeption der »New Income Survey« drei bis vier Millionen Dollar und die Arbeitsleistung von 15 Mannjahren über einen Zeitraum von zwei Jahren benötigt würden (die Zahlen erwiesen sich als zu optimistisch). Es schloß mit der Feststellung: »Die Verbesserung von Forschung, Bewertung und Planung, die man aus der Datenerhebung erzielen wird, sehe ich als einen sehr beträchtlichen Nutzen an, der die Investition rechtfertigt.«

Minister Weinberger setzte seine Initialien neben das Wort »Genehmigt«, fügte jedoch am Rand eine gekritzelte Warnung hinzu, die die Politik der Regierung Ford reflektierte: »Aber ich glaube nicht, daß wir um mehr Geld bitten können (›keine neuen Programme‹). Laßt uns so viel tun, wie ohne neue Mittel möglich ist.« Seine Genehmigung war so knapp und beiläufig, als ob das Memorandum eher eine Forderung nach neuem Büromaterial als nach der Entwicklung eines wichtigen neuen Hilfsmittels für die Sozialforschung gewesen wäre. Natürlich, wenn jemand ein Multi-Milliarden-Dollar-Ministerium leitet, verliert er nicht viel Worte über ein Projekt, das drei bis vier Millionen Dollar kostet.

Zum Regieren braucht man Daten

Die Entwicklung von SIPP ist das jüngste Beispiel eines Vorgehens, das sich auf den Beginn der Menschheitsgeschichte zurückdatieren läßt. Als die Gesellschaften über das Stadium kleiner, eng verwobener Stämme hinauswuchsen, konnten sich ihre Führer nicht mehr auf die persönliche Beobachtung oder das Hörensagen verlassen, um Informationen für ihre Entscheidungen über Krieg oder finanzielle Belange zu erhalten. Vor Tausenden von Jahren begannen sie damit, Zählungen durchzuführen, um herauszufinden, wieviele Männer sie zu den Waffen rufen konnten und welche Steuersätze zur Deckung ihrer Ausgaben gebraucht wurden.

Die bekannteste dieser frühen »Bestandsaufnahmen« wurde im 13. Jahrhundert v. Chr. durchgeführt, als Moses, der die Juden nach dem Auszug aus Ägypten durch gefährliches und unbekanntes Gebiet führte, es als notwendig erachtete, die Größe des Heeres zu kennen, das er gegen einen Feind aufstellen konnte:

Und der Herr redete mit Mose in der Wüste Sinai ... und sprach:
Nehmet die Summe der ganzen Gemeinde der Kinder Israel nach ihren Geschlechtern und Vaterhäusern und Namen, alles, was männlich ist, von Haupt zu Haupt,

von zwanzig Jahren an und darüber, was ins Heer zu ziehen taugt in Israel; ihr sollt sie zählen nach ihren Heeren, du und Aaron.

Und die Summe der Kinder Israel ... war sechsmal hunderttausend und dreitausend fünfhundertundfünfzig.

(4. Buch Mose, 1:1-3, 45-46)

Jahre später erfuhr Moses, der einen Krieg gegen die Midianiter erwog, durch eine zweite Zählung, daß er ein Heer von 1 000 Männern aus jedem Stamm oder insgesamt 12 000 mobilisieren konnte – genug, so scheint er gewußt zu haben, um den Feind zu überwältigen, wie es dann tatsächlich auch geschah. Nach diesem Sieg verlangte Moses sofort eine Zählung der in Besitz genommenen Gefangenen, Rinder, Esel und Schafe, um die Beute angemessen zwischen den Kriegern, dem Volk und der Priesteroligarchie aufzuteilen (4. Buch Mose, 26:1-65; 31:3-5, 26-47).*

Beinahe genauso bekannt wie die Zählung Moses ist das Reichsgrundbuch Englands, eine Zählung der wehrdienstpflichtigen Männer und des steuerpflichtigen Eigentums, die von William dem Eroberer 1085-86 angeordnet wurde. William, der in den Jahren nach der Eroberung für die Schaffung einer starken Zentralregierung kämpfte, erkannte, daß er dafür verschiedene Informationen benötigte. Er schickte Gruppen königlicher Beamter durch ganz England, um Zahlen über die verfügbaren Arbeitskräfte in jedem Ort zu sammeln und die Pflüger, die Wiesen, das Weideland, die Fischgründe und andere Quellen steuerpflichtiger Einkünfte jeden Ritterguts aufzuzeichnen. Mit diesen Daten war es dem König möglich, die Größe der Truppe, die er ins Feld schicken konnte, und die Steuersätze, die er erheben mußte, genau zu berechnen, nicht nur zu schätzen.

In den darauffolgenden Jahrhunderten wurden anderswo von Zeit zu Zeit Zählungen als Reaktion auf Krisensituationen durchgeführt. Die erste regelmäßig wiederholte Zählung einer ganzen Nation wurde durch die Verfassung der Vereinigten Staaten konstituiert, deren besondere bundesstaatliche Struktur eine periodisch durchzuführende nationale Zählung zur Berechnung und regelmäßigen Anpassung der jedem Staat zugeteilten Anzahl von Kongreßabgeordneten erforderte. Darüber hinaus wurde durch die Volkszählung festgesetzt, wieviel jeder Staat zur gemeinsamen Verteidigung und der allgemeinen Wohlfahrt beizutragen hatte.

Die erste derartige Zählung, durchgeführt im Jahre 1790, war auf jeden

---

* Einige Geisteswissenschaftler behaupten, daß die Statistiken in den Büchern Moses, die erst Jahrhunderte nach den Vorfällen niedergeschrieben wurden, weit übertrieben sind. Trotzdem erscheint es wahrscheinlich, daß von den wandernden Israeliten Zählungen durchgeführt worden sind, die von großem Wert für sie waren.[5]

Haushaltsvorstand und die Anzahl der im Haushalt lebenden Personen beschränkt, wobei die Anzahl der Männer, die 16 Jahre und älter waren und Wehrdienst leisten konnten, zusätzlich registriert wurde.[6] Andere Daten wurden nicht erhoben – nicht einmal über Berufe, da einige Mitglieder des ersten Kongresses dies als eine Einmischung in die Privatsphäre des einzelnen betrachteten und andere eine solche Frage als einen unnötigen Aufwand erachteten. Volkszähler, die zu Pferde oder zu Fuß reisten und handgeschriebene Listen und Tabellen zusammenstellten, benötigten über ein Jahr, um das zu zählen, was sich als eine Bevölkerung von 3 929 326 Personen herausstellte – eine Zahl, die viele Patrioten, einschließlich Thomas Jefferson, enttäuschte, der von einer viel größeren Zahl ausgegangen war.[7]

Von diesen noch beschränkten Anfängen weitete sich der Umfang der Zählungen in den USA als Reaktion auf das Wachstum der neuen Nation und den zunehmenden Informationsbedarf seiner politischen Repräsentanten aus. Oftmals sahen sich die Gesetzgeber wegen des Fehlens relevanter Informationen nicht in der Lage, vernünftig oder manchmal überhaupt zu handeln. Deshalb erweiterte der Kongreß immer wieder den Umfang der Zählungen.

Im Jahre 1850 schließlich erhoben die Volkszähler Informationen über Beruf, Schulbesuch, Erwerbsunfähigkeit, Armut, den Wert von Grundeigentum und eine Vielzahl von wirtschaftlichen und sozialen Daten über produzierende und andere Unternehmen, Erziehungseinrichtungen, Ernteerträge, Verbrechen, Steuern und so weiter. »Die Zählung von 1850,« schreibt der Soziologe Philip M. Hauser, »mag dementsprechend als die erste Zählung der Vereinigten Staaten angesehen werden, die in bedeutender Weise auf die statistischen Bedürfnisse der heranwachsenden Massengesellschaft abgestimmt war und zumindest für eine primitive Form der ›sozialen Zählung‹ Informationen bereitstellte.«[8]

Danach blieb, obgleich den veränderten Bedingungen angepaßt, das Grundmuster beinahe ein Jahrhundert lang ziemlich gleich. Aber im Jahre 1940, nachdem die schlimmste Krise in der Geschichte der USA soziale und wirtschaftliche Probleme in noch nie dagewesenem Ausmaß verursacht hatte, erweiterte der Kongreß den Bereich der Zählung erheblich, um genauere, grundlegende Informationen zu deren Bewältigung zu erhalten.

Die Zeit drängte jedoch, so daß die Einholung der notwendigen Informationen nicht abgewartet werden konnte. Zum Beispiel wurden die Arbeitslosenunterstützungsprogramme ohne Statistiken über das tatsächliche Ausmaß der Arbeitslosigkeit begonnen; es existierten nur Schätzungen, die aber um viele Millionen differierten.[9] Der Kongreß agierte dennoch, aber einige Abgeordnete waren über die Bitte beunruhigt, drastische Maßnahmen auf der Basis reiner Vermutungen ergreifen zu müßen. Der damalige Kongreßabgeordnete von Texas, William R. Poage, führte während einer Diskussion im Jahre 1939 über Sozialwohnungen für Personen mit niedrigem Einkommen und Arme aus: »Wir wissen nichts über die Wohnsituation in den Vereinigten Staaten … Wir verbrauchen die staatlichen Gelder in totaler Blindheit.«[10]

Ab 1940 enthielt die alle zehn Jahre stattfindende Volkszählung deshalb Fragen über Wohnsituation, Beschäftigung und Arbeitslosigkeit, interne Migration, Einkommen, Ausbildungsjahre und sogar das Vorhandensein oder Fehlen privater Toiletten und Bäder in den Wohneinheiten. Dies alles, um dem Kongreß eine klarere Vorstellung von dem Bedarf an weiteren Maßnahmen zur Bewältigung der neuen sozialen und wirtschaftlichen Probleme in den USA zu vermitteln. Natürlich waren nicht alle Abgeordneten von der Erhebung solcher Informationen begeistert. Typisch für das Mißtrauen war der Protest eines Mitglieds des Repräsentantenhauses aus dem Süden gegenüber Fragen zum Einkommen und zu den Schuljahren, die als »sozialistische New-Deal-Nachfragen« angesehen wurden, »die dazu dienten, die Schwarzen unzufrieden zu machen«.[11]

Obgleich die meisten Kongreßabgeordneten solche Daten für wichtig hielten, konnten Volkszählungen, die diese nur einmal alle zehn Jahre ermittelten, kaum dem dringenden Bedürfnis der Gesetzgeber und der für die Hilfsprogramme Verantwortlichen nach kontinuierlichen, aktuellen Informationen entsprechen. Wie durch göttliche Fügung entwickelten Sozialforscher genau zu dieser Zeit einen radikal neuen Ansatz, um nationale Daten zu sammeln – die Stichprobenerhebung –, die Daten vergleichbar mit jenen der Zählungen liefern konnte, und dies zu einem Bruchteil des Aufwandes an Zeit und Kosten.

Tatsächlich war die Stichprobenerhebung überhaupt kein neuer Ansatz, sondern, dem Erhebungsforscher Howard Schuman zufolge, eine tief verwurzelte und schon lange existierende intellektuelle Neigung, Stichproben als Repräsentationen des Ganzen zu betrachten.[12]

Unsere noch nicht zivilisierten Vorfahren nahmen zweifellos erst ein Schlückchen aus einem unbekannten Teich, bevor sie gründlich tranken. In Basaren haben Kornkäufer seit undenklichen Zeiten erst eine Handvoll Korn aus dem Sack genommen, es genau untersucht und dann entschieden, ob sie es kauften oder nicht. Die heutigen Käufer sind nicht anders: Sie nehmen an, daß die einzelne Weinbeere, die sie kosten, erkennen läßt, von welcher Art die Traube ist.

Natürlich ist nicht jede Stichprobe repräsentativ: Wie Käufer wissen, ist die oberste Schicht Erdbeeren oftmals ein schlechter Indikator für den Rest des

Kisteninhalts. Aber seit Mitte der 30er Jahre dieses Jahrhunderts waren Sozialwissenschaftler, Meinungsforscher und Techniker am ›Bureau of the Census‹ damit beschäftigt, eine Methodologie der Stichprobenerhebung zu entwickeln. (Die angewandten Techniken enthalten allerdings Probleme, auf die wir später in diesem Kapitel zu sprechen kommen.)

Auf der Grundlage der Wahrscheinlichkeitstheorie und empirischer Tests konnte Ende der 30er Jahre gezeigt werden, daß eine Stichprobe von 1 000 oder 1 500 Personen, adäquat aus der Gesamtbevölkerung gezogen, ziemlich genaue nationale Hochrechnungen der Präsidentschaftspräferenzen, der Einstellungen zu Angelegenheiten wie nationaler Krankenversicherung oder ob Ehefrauen arbeiten sollten oder der Bedeutung der Jungfräulichkeit bei der Heirat und ähnlichen Themen erbringen konnte. Für differenzierte Untersuchungen und für tiefgehendere Analysen, bei denen die Ergebnisse nach zahlreichen Kriterien getrennt werden (Gruppierungen des Alters in Fünf-Jahres-Klassen, Jahre der Schulbildung, Einkommensklassen, Rasse und so weiter), waren größere Stichproben notwendig. Trotzdem könnte eine Stichprobe von 50 000 oder 60 000 Personen – ungefähr 1/2 000 der damaligen Bevölkerung, 1/4 000 der heutigen – sehr präzise, reliable und detaillierte Daten über Arbeitslosigkeit, Familienangelegenheiten, Arbeitsbedingungen und andere vielschichtige Themen liefern.[13]

Der Kongreß und viele Behörden wurden bald bei zahlreichen gesetzgebenden und administrativen Entscheidungen von Daten aus Stichprobenerhebungen abhängig. Zwei frühe Beispiele: (1) Eine Gruppe von Soziologen unter der Leitung von Samuel Stouffer, die vom ›Department of Defence‹ unterstützt worden war, benutzte Stichprobenerhebungen, um die Moral der Soldaten während des Zweiten Weltkriegs zu untersuchen und um herauszufinden, welche Demobilisierungsverordnung bei Kriegsende den wenigsten Groll und die geringste soziale Spaltung hervorrufen würde (das Ergebnis war ein sogenanntes Punktesystem, das dazu führte, daß zunächst jene mit dem längsten und anstrengendsten Dienst entlassen wurden). (2) Eine Stichprobenerhebung, die in den 50er Jahren von dem Soziologen William Sewell und anderen durchgeführt wurde, genannt *Farmer's Plans for Security in Old Age*, legitimierte den Kongreß, den ›Social Security Act‹ auszuweiten, um Bauern einzubeziehen.

Seit 1942 stützte sich das ›Bureau of the Census‹ zunehmend auf Stichprobenerhebungen, um den Kongreß, die Behörden und die Unternehmerverbände mit aktuellen Statistiken zu einer Reihe von Themen zu versorgen. Als die Rolle des Staates in den Nachkriegsjahren immer bedeutender wurde, erweiterte das ›Bureau of the Census‹ seine Erhebungsaktivitäten. Heute führt es in einem typischen Jahr mehr als 250 Erhebungen durch, von denen einige regelmäßig wiederholt werden und andere einmalige Erhebungen sind. Diese decken eine riesige Palette von Themen ab – alles von Geburtenraten bis zu Verbrechensstatistiken, von der Anzahl der Haushaltsgründungen bis zur Verbreitung von besonderen Krankheiten und von der Höhe des Benzinabsatzes bis zur Häufigkeit der Verwendung von künstlichen Gliedmaßen.[14] Die Zählung von 1980 selbst war weitgehend eine Stichprobenerhebung: Sie enthielt nur zwanzig Fragen für jeden im Land, aber mehr als vierzig andere für eine von fünf Personen.

Das Aufkommen der Forschung zur Stichprobenerhebung hatte zwei andere bedeutende soziale Effekte – einen kommerziellen und einen wissenschaftlichen.

Seit den späten 30er Jahren nahmen Meinungsumfragen und die Marktforschung, die beide auf Stichprobenerhebungen beruhen, enorm zu. Heute ist das eine Multi-Milliarden-Dollar-Industrie, und eine beträchtliche Anzahl von Unternehmen sowie eine Mehrheit der Amtsinhaber und -bewerber sind von Stichprobenerhebungen und Umfragen bei der Bewältigung ihrer alltäglichen Arbeit abhängig. Ob dies der Gesellschaft wirklich nützt oder nicht, ist fraglich. Nicht in Frage gestellt werden kann aber, daß eine fortwährende Untersuchung der Meinungen und Präferenzen ein bedeutender Faktor bei den Entscheidungsprozessen des amerikanischen Volkes, der politischen Führer und sozialer und wirtschaftlicher Machtgruppen geworden ist.

Auf der wissenschaftlichen Seite begannen in den 40er Jahren einige Universitäten angeschlossene Forschungsgruppen – das ›Bureau of Applied Social Research‹ an der Columbia University, das ›Survey Research Center‹ an der University of Michigan und das ›National Opinion Research Center‹ an der University of Chicago – damit, die Methodologie der Stichprobenerhebung weiterzuentwickeln und zu vervollkommnen. Sie begannen auch damit, Erhebungen durchzuführen, einige im Auftrag von kommerziellen Interessenten, andere, von Stiftungen oder dem Staat finanziert, die sowohl der Grundlagenforschung dienten als auch einer breiten Palette von sozialen Themen gewidmet waren.

Die Bandbreite ist tatsächlich so groß, daß eine Liste praktisch das ganze Feld der Sozialforschung abdecken würde. Da viele soziale Phänomene nicht sehr oder überhaupt nicht für das Experimentieren geeignet sind und da Feldbeobachtungen immer das Risiko subjektiver Voreingenommenheit beinhalten, wurde die Stichprobenerhebung zu einem der wichtigsten Instrumente der Sozialforschung. Eine kürzlich durchgeführte Studie zeigte, daß zwischen einem Viertel und der Hälfte der Artikel, die in den bedeutendsten soziologischen, politologischen und wirtschaftswissenschaftlichen Zeitschriften in jüngster Zeit veröffentlicht wurden, Erhebungsdaten verwendeten; eine andere zeigte, daß allein für die Soziologie der Anteil 80% beträgt.[15] Professor Herbert Hyman von der Wesleyan University, ein langjähriger Erhebungsforscher, unterstrich, daß die Erhebung »ohne Zweifel das meist verbreitete, meist verwendete Werkzeug der heutigen Sozialforschung« sei. »Die Erhebungsforschung ist die ›Königin der Methoden‹.«

Obwohl Stichprobenerhebungen eine hauptsächliche Datenquelle der Grundlagenforschung sind, üben sie ihren direktesten und stärksten Einfluß auf das tägliche Leben durch die sozialen Programme aus, für die die empirisch ermittelten Daten häufig die Grundlage darstellen. Es ist an dieser Stelle nicht möglich, die zahlreichen Anwendungsbereiche aufzulisten. Philip Hausers *Social Statistics in Use* hat es auf beinahe 400 Seiten versucht und mußte dennoch viele Anwendungsbereiche summarisch zusammenfassen oder gar nur erwähnen. Im folgenden seien zur Illustration einige Beispiele dafür angeführt, was bundesstaatliche und staatliche Regierungen von Erhebungen erwarten:

- Daten, die gebraucht werden, um den Verbraucherpreisindex zu errechnen, der neben anderen Effekten die Angleichung der Lebenshaltungskosten bei der Sozialversicherung und anderen Programmbeihilfen ermöglicht.
- Wirtschaftliche Indikatoren, die eine Reihe von staatlichen Maßnahmen beeinflussen, einschließlich der Maßnahmen des ›Federal Reserve Board‹ zur Kontrolle des Geldumlaufs und der festen Zinssätze.
- Krankheitsziffern und Daten über die Altersstruktur der Bevölkerung, die es dem Kongreß und den Behörden ermöglichen, für die zukünftigen Bedürfnisse der Gesundheitsdienste, Ruhestandsprogramme, Privatkliniken und anderer Einrichtungen zu planen.
- Daten über Armut und Arbeitslosigkeit, die bestimmte staatliche Maßnahmen bewirken, einschließlich der bedarfsgerechten Ausweitung von Beschäftigungsförderungsprogrammen und der Verteilung von Zuschüssen für die wirtschaftliche Sanierung von Gebieten mit chronischer Arbeitslosigkeit.

Hauser, dessen Einfluß sich sowohl auf den Dienst im ›Bureau of the Census‹ (wo er amtierender Direktor wurde) als auch auf die akademische Soziologie (er ist ehemaliger Präsident der ›American Sociological Association‹) erstreckte, hat den Wert der Erhebungsforschung für die gegenwärtige amerikanische Gesellschaft so zusammengefaßt:

Vor vielen Jahren erkundigte sich auf einem Treffen des ›Census Committee‹ des Repräsentantenhauses in Washington ein Kongreßabgeordneter bei [mir] ...: »Wenn die amerikanischen Unternehmen fähig waren, 150 Jahre lang ohne Statistiken auszukommen, warum brauchen sie sie jetzt?« Der Kongreßabgeordnete hätte gut – zusätzlich zu den Unternehmen – noch den Staat, die Gewerkschaften, die Erziehungsstellen, die kirchlichen Wohlfahrtsstellen, die Kommunalbehörden, die Freizeitunternehmen, die freien Wohlfahrtsverbände und die allgemeine Öffentlichkeit einschließen können ...

Im Jahre 1789, als sich diese Nation unter ihrer neuen Verfassung konstituierte und bevor die erste Volkszählung stattfand, war der Staatsbürger nicht der gegenwärtigen Flut von Fragebögen ausgesetzt. Aber genausowenig wurde er von Ampeln auf Straßenkreuzungen eingeengt; er war nicht gezwungen, in die Schule zu gehen; er war nicht aufgefordert, einen Beitrag zur Sozialversicherung zu leisten; er brauchte keine Lizenz, um ein Gewerbe auszuüben ...

Die starke Ausweitung der Volkszählungsfragen und der Erhebungen und die Umwandlung ihrer Ergebnisse in Statistiken ist nur eine der vielen Veränderungen, welche den Übergang Amerikas von der »kleinen Gemeinschaft« zur »Massengesellschaft« begleitet haben ... Als neue Probleme auftauchten, wurden die staatlichen Funktionen erweitert. Als die Funktionen wuchsen, wurde der Bedarf an harten Informationen als Grundlage für die politische Entscheidungsfindung, Planung, Verwaltung und Bewertung von Programmen offensichtlich. Als Folge wurden Zählungen, Erhebungen und administrative Aufzeichnungen in zunehmendem Maße dazu benützt, die benötigten Statistiken zusammenzustellen.[16]

Genauso wie die moderne Gesellschaft eine umfassende Rückkehr zu vorindustrieller oder feudaler Einfachheit nicht ohne eine vernichtende Hungersnot oder andere apokalyptische Folgeerscheinungen bewerkstelligen könnte, würde eine erhebliche Verringerung der Erhebungsforschung ein Schwanken, Beben und Sich-Auflösen des Gefüges der modernen Gesellschaft bewirken. Mit Papst Gregor, der den Untergang Roms im 6. Jahrhundert mit ansah, könnten wir ausrufen: »Überall sehen wir Trauer und hören Seufzen. Städte sind zerstört, mächtige Festungen sind niedergeworfen, die Felder sind verlassen und das Land wurde zur Wüste.«

»*Es funktioniert!*«

In der allgemeinen Vorstellung ist die Entwicklung einer neuen wissenschaftlichen Methodologie mit Forschern in weißen Kitteln verbunden, die angespannt auf Skalenreihen oder flackernde Videobildschirme starren und von Zeit zu Zeit zu einer Konsole springen, um gerade rechtzeitig einen Knopf zu drehen oder einen Schalter umzulegen.

Nichts dergleichen war jedoch in den verschiedenen Büros des HEW-Nord-gebäudes an der ›Independence Avenue‹, in dem die Entwicklung von SIPP im Jahre 1976 in die Wege geleitet wurde, zu beobachten. Zunächst waren sechs und dann zwölf Erhebungsforscher und Sozialwissenschaftler mit nichts anderem beschäftigt, als an Schreibtischen zu sitzen und über Papieren zum Entwurf der Erhebung zu brüten. Manchmal hielten sie inne, um sich einige Notizen zu machen, ein paar Zeilen auf der Schreibmaschine zu tip-pen, nachdenklich auf die Wand zu starren oder in das Büro von jemand anderem zu gehen, um eine improvisierte Konferenz abzuhalten.

Und doch fanden sie ihre Arbeit aufregend, nicht nur, weil sie sowohl für den Staat als auch für die Etablierung der Sozialwissenschaft bedeutend war, sondern weil sie eine Reihe spielerischer und intellektuell herausfordernder Handlungen enthielt. Zum Beispiel:

– Die Feinabstimmung des Wortlautes jeder einzelnen der Hunderte von Fragen der Erhebung, die Festlegung ihrer Reihenfolge und die Auswahl der Antwortalternativen, die den Befragten angeboten werden, erfordern so subtile psychologische Taktiken wie beispielsweise die eines Familien-beraters oder Vernehmungsbeamten.
– Die Ausarbeitung des »Auslaßmusters« – der Anweisung an die Intervie-wer, jene Fragen zu vermeiden, die durch frühere Antworten irrelevant geworden sind – ähnelt ein wenig der Lösung von Logikproblemen, die beim Schreiben eines Computerprogramms anfallen.
– Das Zusammenstellen einer Stichprobe, die groß genug ist, um reliable Daten für jede Region des Landes und jede wirtschaftliche Gruppe zu lie-fern, und die Organisation einer Gruppe von Interviewern, um all jene Personen ausfindig zu machen und mit ihnen zu sprechen, sind Aufgaben, die beinahe so komplex sind wie die Planung und Leitung einer militäri-schen Landung an einer unbekannten Küste.

Aus diesen Gründen fühlten sich die Wissenschaftler, die am ISDP – dem ›Income Survey Development Program (ISDP)‹, wie das SIPP-Projekt genannt wurde – arbeiteten, wie Pioniere, die durch ein gemeinsames großes Abenteuer und das Engagement für ein wichtiges und lohnendes Ziel anein-ander gebunden waren. Dawn Nelson, der drei Jahre am ISDP verbrachte, meint: »Wir hatten ein sehr enges Verhältnis, ein wirkliches Bündnis, das aus der intensiven gemeinsamen Arbeit erwuchs. Wir fühlten uns der Sache – nun ja – *geweiht*.«

Diese Gefühle wurden durch die kollektive Natur ihrer Problemlöseaufgabe intensiviert. Die Entwicklung einer neuen Erhebung erfordert so viele spezialisierte Fertigkeiten, daß keine einzelne Person am HEW (oder dem ›Bureau of the Census‹, das später dem Projekt beitrat) als der Architekt von SIPP bezeichnet werden konnte. Obwohl der Direktor von ISDP, Paul Planchon, ein noch junger Soziologe, sich über die Projektaktivitäten auf dem laufenden hielt, funktionierte das Projekt im großen und ganzen wie eine Hydra, die Massen von Zellen organisierte, deren besondere Teile ohne Befehle eines zentralen Kortex einem gemeinsamen Ziel zustrebten. Planchon erinnert sich:

Wir dachten alle über das Gesamterhebungsdesign nach, aber jeder tat, was er oder sie am besten konnte. Denny Vaughan und Bruce Klein verbrachten die meiste Zeit damit, unterschiedliche Teile des Hauptfragebogens zu konzipieren. Dawn Nelson unterzog diese einer Revision, um sie kohärent zu machen. Andere Personen arbeiteten an speziellen Fragen für die späteren Erhebungswellen, da wir darin Übereinstimmung erzielt hatten, daß die Befragten alle paar Monate erneut, insgesamt fünf- oder sechsmal, interviewt werden sollten. Wieder andere stellten Pläne für die Feldtests und die dafür benötigten Stichproben auf, und einige dachten darüber nach, wie die Daten verarbeitet und welche statistischen Methoden gebraucht würden, um aus den ermittelten Daten vernünftige Ergebnisse herauszuarbeiten.

Seine eigene Arbeit, so fügt er hinzu, bestand hauptsächlich in der Verknüpfung – er sagt nicht »Kontrolle« – dessen, was die anderen lieferten.

Bette Mahoney, die ISDP in Gang gebracht hatte, war die Projektverwalterin. Sie verrichtete zwar nur kleine Handlangerdienste, aber sie und der stellvertretende Minister Morrill trafen für das Projekt essentielle Entscheidungen. Eine davon war, Aufträge für Untersuchungen zu bestimmten technischen Problemen zu vergeben. Einen Großteil der Längsschnitterhebungstechnologie, die in universitären Forschungszentren verfügbar war, kannten die Mitarbeiter des ISDP nicht. Über vieles wußte auch das ›Bureau of the Census‹ nicht Bescheid, aber es hatte anderes zu bieten, das die Arbeitsgruppe des ISDP benötigte, und Planchon begann, sich mit mehreren Abteilungsleitern des ›Bureau of the Census‹ zu beraten, um Bedingungen für eine Zusammenarbeit im Projekt auszuarbeiten.

»Ein paar von uns am HEW hielten eine Zeitlang an der Idee fest, daß wir es vielleicht alleine machen könnten,« erinnert er sich, »aber die meisten von uns spürten, daß wir auf kurz oder lang mit dem ›Bureau of the Census‹ zusammenarbeiten mußten. Sie waren die größte existierende Organisation für Umfragen, arbeiteten sehr professionell, hatten reichlich Erfahrung, und wir konnten für ihre Arbeit bezahlen – wir hatten eine Million im ersten und bis zum vierten Jahr drei Millionen zur Verfügung.«

Kleine Gruppen leitender Angestellter in den ›Population and Demographic Surveys‹-Abteilungen des ›Bureau of the Census‹ begannen bald, für ISDP zu arbeiten, aber die Zusammenarbeit verlief oft nicht ohne Streit. »Als wir mit ihnen zu arbeiten begannen«, sagt Planchon, »stellten wir fest, daß sie der Meinung waren, einige unserer neueren Ideen, wie beispielsweise die Längsschnittbeobachtung von Personen, seien unkonventionell – schwierig und unpraktisch –, und viele unserer neuen Fragen, wie die über den finanziellen Wert unbarer Programmbeihilfen, würden zu keinen brauchbaren Ergebnissen führen.« Mehr als das, der Konflikt drückte zwei unterschiedliche Interessen aus: Die HEW-Gruppe wollte eine Erhebung, die sich auf einen großen Bereich der Sozialprogramme des HEW konzentrierte, während das ›Bureau of the Census‹, das viele andere Kunden im Staatsapparat versorgte, eine Mehrzweck-Einkommenserhebung präferierte.

Die Kritik der ›Census‹-Gruppe mag teilweise durch ihre Verärgerung darüber, daß die Entwicklung der Erhebung nicht in ihre Hände gelegt worden war, verschärft worden sein. Sie betrachteten sich als realistische und erfahrene Erhebungsforscher und die HEW-Gruppe – mit ihren vielen Promovierten – als Neulinge und Elfenbeinturm-Typen, »die«, so sagt ein Forscher des ›Census‹ bissig, »das Rad neu erfinden wollten, das wir bereits ins Rollen gebracht hatten; beziehungsweise neue Räder erfinden wollten, die nicht laufen konnten. Sie traten wie Nobelpreisträger auf, und die Hälfte von dem, was sie ausheckten, war blauer Dunst. Wir sagten ihnen dies, aber es war zwecklos. So sagten wir uns schließlich: ›Gut, es ist nur ein Versuch. Wir werden es nach ihrem Kopf machen müssen, und wenn wir die richtige Erhebung durchführen, werden wir diesen Mist herausnehmen.‹«

Nachdem sie ein spezielles Einführungstraining zum SIPP-Fragebogen erhalten hatten, machten sich im Oktober 1977 41 Teilzeitbeschäftigte des ›Bureau of the Census‹ in San Antonio, Dallas, Houston, Peoria und Milwaukee auf den Weg, um ungefähr 2 400 Haushalte aufzusuchen und Interviews durchzuführen. Die Stichprobe war nicht nur klein, sondern auch national nicht repräsentativ: Sie betraf nur diese fünf Städte und bestand weitgehend aus Namen, die aus einer Liste von Personen gezogen waren, die AFDC- (›Aid to Families with Dependent Children‹) oder SSI-Empfänger (›Supplemental Security Income‹ – eine Beihilfe, die an alte, arbeitsunfähige oder blinde Personen gezahlt wird, die trotz anderer Unterstützung unterhalb der Armutsgrenze bleiben) waren. Da das, was diese Personen erhielten, bereits dokumentiert war, konnte das ISDP-Team die vorhandenen Zahlen verwenden, um festzustellen, ob der Fragebogen auch zutreffende Informationen ans Licht brachte.[17]

Dies war nur einer von mehreren wichtigen Punkten, die mit dem ›Site Research Test‹, wie er genannt wurde, geklärt werden sollten. Planchons Team und die ›Census‹-Gruppe unter Leitung von Roger Herriot (der den »Blauen-Dunst-Ideen« nicht so skeptisch gegenüberstand wie viele seiner Untergebenen) hatten sich schließlich auf ein Forschungsprogramm geeinigt, das zwei Fassungen des Fragebogens und zwei Interviewzeitpunkte vorsah, um die Beantwortung der folgenden weiteren Fragen zu gewährleisten:

– Um wieviel ungenauer wären die Angaben von Personen über ihr Einkommen und die Programmbeihilfen, wenn diese sechs Monate statt drei Monate zurücklägen?
– Würde die »Kurzfassung« der Einkommensfragen genauso ertragreich sein wie die »Langfassung«? Die Kurzfassung, die nach dem Muster der ›Annual Demographic Supplement‹ des CPS verfaßt worden war, fragte einzeln nach jeder Art von Einkommen und dessen Höhe. Die Langfassung stellte zunächst eine Reihe von Fragen, die ein allgemeines Bild der individuellen Einkommensquellen lieferten, und fragte erst dann, wieviel aus jeder Quelle bezogen worden war.
– Würden die Personen in der Lage sein, die spezifischen Programme, aus denen sie Geld erhielten, zu identifizieren, oder würden viele von ihnen, besonders diejenigen mit geringer Bildung, sowohl SSI als auch die ›Old Age‹-Beihilfen als »Sozialhilfen« bezeichnen oder gar nicht in der Lage sein, Wohlfahrtsprogramme voneinander zu unterscheiden?
– Würden zu viele Personen die Antwort verweigern oder vorgeben, nicht zu wissen, wieviel Geld sie aus den verschiedenen Quellen bekämen?
– Wann würde es günstig sein, nach den Sozialversicherungsnummern zu fragen? Das ›Bureau of the Census‹ vertrat die Ansicht, daß viele Personen glaubten, ihre Sozialversicherungsnummer sei Privatsache. Im CPS fragten die Zähler erst mitten im Interview danach, um nicht das Risiko eines Abbruchs durch die Befragten einzugehen, und selbst dann bekamen sie von nur 70% der Personen die Sozialversicherungsnummern genannt. Dies war für CPS kein großer Schaden, aber im ISDP-Test, bei dem die Sozialversicherungsnummern das einzige Mittel waren, um die Interviewdaten mit den bekannten Zahlen zu vergleichen, hätte es bedeuten können, daß über ein Viertel der Interviews nutzlos gewesen wäre. Sollten die SIPP-Interviewer das Risiko eingehen, früh nach den Sozialversicherungsnummern zu fragen, oder würde die Abbruchrate zu hoch werden?

Während der über fünf Monate dauernden Umfrage begleiteten Mitglieder der HEW- und ›Census‹-Gruppe die Interviewer als Beobachter. Sie merkten bald, daß die ausführliche Befragung von Personen über Einkommen und Programmbeihilfen eine schwierige und heikle Sache war, insbesondere dann, wenn die Personen älter waren oder, wie viele der Armen, in städtischen Slums oder ländlichen Barackensiedlungen lebten. Einige Auszüge aus den Berichten der Beobachter:[18]

Dieser Haushalt bestand aus einem 75-jährigen Mann und seiner 68-jährigen Ehefrau. Der Mann war ein bißchen beunruhigt über die sich wiederholende Art der Fragen. Die Interviewerin ging schnell den Fragebogen durch und bekannte später, daß sie ein paar ihr unangebracht erschienene Fragen ausgelassen hatte, um den Befragten bei Laune zu halten.

Der Haushalt bestand aus einer 72 Jahre alten Witwe, die kein Englisch sprach. Ein Nachbar fungierte als Übersetzer. Das Interview wurde über einen Zaun hinweg, inmitten des größten Stechmückenschwarms, in dem ich jemals gewesen bin, geführt.

Praktisch keiner der Befragten kannte den Unterschied zwischen ›Medicaid‹ (gemeinsames Gesundheitsfürsorgeprogramm der Staaten und der Bundesregierung für Bedürftige) und ›Medicare‹ (Gesundheitsfürsorgeprogramm der Regierung, besonders für Bürger über 65 Jahre). Die Interviewer neigten dazu, zu unterstellen, daß die Personen höchstwahrscheinlich Medicaid bezogen. Es war aber *stets* Medicaid. Wenn die Interviewer der Linie ihrer Schulung gefolgt wären, wäre eine Menge falscher Antworten eingereicht worden.

Die Wohnung lag am Ende einer steilen, dunklen Treppe mit einem sehr beißenden Geruch. Am Giebel war nicht nur das Treppenhausfenster, sondern auch der Rahmen herausgeschlagen. Dadurch konnte man gut genug sehen, und dies war nötig, um die zahlreichen Haufen von Hundekot umkurven zu können. Eine Stimme sagte uns durch die Tür, daß wir die Mieter nach 20.30 Uhr antreffen könnten. Die Interviewerin erzählte mir, daß sie während des Tages überallhin ginge, aber nicht verrückt genug sei, nach Einbruch der Dunkelheit nochmals dorthin zurückzugehen.

Trotz solcher Schwierigkeiten und den vielen Anzeichen dafür, daß einige Fragen entweder schlecht oder gar nicht funktionierten, machte sich eine zunehmende Erregung unter den Beobachtern in den fünf Städten und auf den Mitarbeitertreffen in Washington breit. »Wir kamen von den Interviews zurück und tauschten unsere Erfahrungen aus«, so erinnert sich John Coder, ein Mitglied der ›Census Bureau‹-Gruppe, »und wir waren wirklich verwundert darüber, daß mit einem so langen Fragebogen, der sich hauptsächlich ums Geld drehte, alles insgesamt doch so gut lief.«

Natürlich waren dies nur erste Eindrücke und möglicherweise Wunschdenken unterworfen. Aber als die Interviewer ihre Fragebögen einreichten, ein EDV-Zentrum des ›Bureau of the Census‹ sie auf Datenbänder übertrug, die von den ›Census‹-Computern gelesen werden konnten, und die ersten Tabellen herauskamen, sah die Angelegenheit schon ermutigend aus. An dem Tag, als ein paar Exemplare des ersten ›Census‹-Computerausdrucks am ISDP-Hauptquartier eintrafen, versammelten sich Planchon und seine Mitarbeiter, um sie zu studieren. Planchon erinnert sich: »Selbst wenn sie nur zeigten, wieviele Personen der Stichprobe in der Lage waren, jede Frage zu beantworten, wieviele es nicht konnten und wieviele die Antwort verweigerten, war dies aufregend. Wir konnten sagen, daß die Erhebung durchführbar war.«

In Wirklichkeit konnten sie zu diesem Zeitpunkt nur sagen, daß die Interviewer Antworten auf Fragen bekommen hatten. Aber wie gut diese Antworten waren, würden sie erst wissen, nachdem sie und ihre externen Vertragspartner die Daten detailliert analysiert hatten, ein Vorgang, der viele Monate in Anspruch nehmen würde.

Ein zweiter Feldtest war jedoch für April vorgesehen, nur zwei Monate nach der Fertigstellung der ›Site Research‹-Befragung. Tatsächlich begannen Planchon, Herriot und die entsprechenden Teams kurz, nachdem der Test in Gang gekommen war, damit, die zweite und ausgereiftere Überprüfung zu starten. Forscher führen gewöhnlich kein Nachfolgeexperiment durch, bevor sie nicht die Ergebnisse des ersten Experiments ausgewertet haben. Aber in einem experimentellen Programm, das jedes Jahr aufs neue der Unterstützung durch den Kongreß bedurfte, konnte man nicht so methodisch sauber vorgehen; zur Rechtfertigung des jährlichen Budgets mußte man den Mitarbeitern des Haushaltsausschusses einen Beweis für seine Aktivitäten liefern. Die HEW-Gruppe und ihr ›Census‹-Pendant entschlossen sich deshalb dazu, auf der Basis der gewonnenen Eindrücke zügig weiterzumachen und nicht auf die Auswertungsergebnisse zu warten.[19]

Das ›1978-Research-Panel‹, wie der zweite Test genannt wurde, würde der Endfassung von SIPP näherkommen als der Test von 1977. Zwar würde ein kleiner Teil der Stichprobe den Sozialversicherungsakten entstammen, der größere Teil aber landesweit sein und Personen jeder wirtschaftlichen Stufe und Altersgruppe einbeziehen. Die ›Census‹-Gruppe, die Volkszählungsdaten benutzte, würde nach dem Zufallsprinzip mehrere Tausend Haushalte aus ihren sechzig »Primary Sampling Units« oder PSUs herauspicken. (Für seine vielen Stichprobenerhebungen unterhielt das ›Bureau of the Census‹ eine Dokumentation von 1 924 Gebieten, die jeweils aus einem Landkreis oder einer Gruppe von Landkreisen bestehen und zusammen eine Stichprobe aus jedem Teil des Landes und dessen Bevölkerung bilden.) Natürlich würde eine Teilstichprobe dieser Stichprobe, die aus nur 60 PSUs gezogen und – durch eine Etatbeschränkung in diesem Jahr – auf 2 358 Haushalte begrenzt war, nicht wirklich national repräsentativ sein oder genaue und detaillierte Analysen erlauben; sie würde jedoch einen brauchbaren Testlauf der neuen Erhebung sicherstellen.[20]

Der Test von 1978 würde auch eine Erprobung eines entscheidenden Elements von SIPP sein, nämlich die Benützung der Stichprobe als ein Panel – einer festgelegten Gruppe von Personen, die in regelmäßigen Abständen immer wieder befragt werden würde, um zu erfahren, was aus den einzelnen Personen und ihren Haushalten als Ergebnis von Veränderungen in ihren Einkommens- und Beihilfeeinnahmen werden würde. Bevor SIPP als durchführbar angesehen werden konnte, mußte noch eine Reihe von Fragen zum Paneldesign geklärt werden, so zum Beispiel:

– Verweigerungen: Würde ein wesentlicher Prozentsatz der Personen in den ausgewählten Haushalten die Teilnahme ablehnen, sobald sie erführen, daß sie fünf oder sechs Befragungen in eineinhalb Jahren zu erwarten hätten?
– Ausfälle: Falls sie zustimmten, würden sie während des zweiten und der späteren Besuche ungeduldig werden und aussteigen? Wenn ein beträchtlicher Prozentsatz des Panels zwischen dem ersten und letzten Interview verloren ginge, wie könnte dann die Vollständigkeit der Stichprobe gewahrt bleiben?
– Fehlende Daten: Wenn ein Panelteilnehmer für ein oder zwei Interviews nicht zu erreichen war oder bei einigen Besuchen die Antwort auf bestimmte Fragen verweigerte, die er oder sie vorher beantwortet hatte, was sollte mit der unvollständigen Aufzeichnung geschehen? Solche Interviews mit kompletten Befragungen zusammenzufügen, würde zu einem verzerrten Gesamtbild führen, aber diese unvollständigen Interviews auszusortieren, würde eine verstümmelte Stichprobe ergeben, die für die Gesamtheit der Bevölkerung nicht repräsentativ sein könnte.
– Verknüpfung: Wie könnten Individuen, Familien und Haushalte über einen so langen Zeitraum verfolgt werden, in Zeiten, in denen es so viel Fluktuation in der Lebensgestaltung gab? Wenn Haushaltsmitglieder ausschieden und andere hinzukamen, ab wann war es nicht mehr der gleiche Haushalt – und welchen Platz nahm er dann in der Erhebung ein? Wenn die Erhebung die Ereignisse in den Haushalten verfolgte, wie könnte sie sich gleichzeitig Individuen zuwenden, die von dem einen zu einem anderen Haushalt wechselten – wenn sich, sagen wir, Herr AB und Frau CB trennten, jeder ein Kind behielt und mit einem neuen Partner einen neuen Haushalt gründete, welcher Haushalt war dann der B-Haushalt? Wie könnten all diese Probleme in der Erhebung gelöst werden, ohne daß das Daten-

schutzgesetz verletzt wurde, das verbot, Namen oder Sozialversicherungsnummern in den veröffentlichten Akten oder Forschungsbändern zu speichern oder zu verwenden?

Im April 1978 machten sich die Interviewer an den zweiten Feldtest. Viele
waren über die Tatsache, jeden Haushalt fünf oder sechsmal besuchen zu
müssen, über den langatmigen Fragebogen, der dieses Mal zu benutzen war,
und über die unterschiedlichen Fassungen, die gemeistert werden mußten,
durchaus etwas beunruhigt. (Nach dem ersten Besuch würden, um Wiederholungen zu vermeiden, viele Fragen umformuliert und bestimmte neue Themen zusätzlich aufgenommen werden müssen.) Aber wie die Beobachter bald
erkannten, fanden die meisten Interviewer, obgleich sie die Aufgabe als
schwierig und mit Problemen behaftet einstuften, sie doch auch herausfor-
dernd und durchführbar.

Die Erfahrungen Patricia Valles, die fünfzig Haushalte in verschiedenen
Städten auf Long Island und in Teilen von New York City aufsuchte, verdeutlichen, wie es bei vielen Interviewern ablief. Frau Valle, eine Weiße und ehemalige Büroangestellte, war zum Zeitpunkt des zweiten Tests 34 Jahre alt,
Heimarbeiterin und Mutter von zwei Kindern. Mehrere Jahre lang hatte sie
halbtags als Interviewerin bei CPS und der ›Annual Housing Survey‹ gearbeitet. Ihre Erinnerungen an ihr Jahr bei den ISDP-Umfragen drückt sie so aus:

Der Fragebogen war sehr lang und kompliziert, aber die Anweisungen waren ziemlich
klar. Ich führte die vorgeschriebenen Übungen zu Hause durch und besuchte dann für
mehrere Tage Seminare in New York. Das Training war ausgezeichnet, insbesondere die
Übungsinterviews.

Ich war über die Länge des Fragebogens beunruhigt, aber sobald ich die Befragung
durchführte, stellte ich fest, daß die Länge wirklich nichts ausmachte, sofern die Personen
überhaupt kooperierten. Wirklich von Bedeutung war, daß ich sie unaufhörlich besuchen und die Befragung immer und immer wieder durchführen mußte. Sie waren
zunächst kooperativ, aber später wurden sie oft ärgerlich. »Schau,« sagten sie, »ich habe
viele von diesen Fragen immer wieder beantwortet, und nun habe ich es satt.« Oder es
kostete mich viel Mühe, sie auf einen Tag und eine Zeit, zu der ich kommen konnte, festzulegen. Oder wenn sie umgezogen waren und ich sie aufspürte, fühlten sie sich manchmal von mir »verfolgt« und benahmen sich geradezu feindselig. Aber schließlich machten
wohl beinahe alle mit.

Das größte Problem war, ihnen das Gefühl zu vermitteln, daß die Erhebung bedeutend
war. Es ist einfach, Personen den Wert von CPS zu verdeutlichen – sie hat mit Beschäftigung und Arbeitslosigkeit zu tun –, aber die ISDP war so breit und umfassend, daß sie
nicht begreifen konnten, wieso alle diese Informationen notwendig waren. Ich mußte
unaufhörlich die vielen Zwecke, denen sie dienen würde, erklären.

Seltsamerweise waren es arme Schwarze, die am ehesten gewillt waren, Auskunft zu
geben, und Weiße der Mittelklasse, die am häufigsten argwöhnisch waren oder Schwierig-

keiten machten. Einmal war ich an irgendeinem schrecklichen Ort in der ›South Bronx‹. Ich parkte mein Auto in einer dunklen, wie ausgebombt erscheinenden Straße mit Schutthaufen; Männer lungerten dort in Gruppen herum. Ich mußte im Dunkeln einen wackligen Treppenaufgang hinaufsteigen. Ich hatte wirklich Angst. Oben war eine schwarze Frau in einer Wohnung ohne Heizung und Möbel, nichts außer einer Matratze auf dem Boden und Mäusen, die umherliefen – aber sie hieß mich willkommen, war sehr freundlich und bereit, alle meine Fragen zu beantworten, und an der Erhebung interessiert.

Es war angenehmer, in Wohnungen der Mittelschicht zu gehen, aber mit vielen Leuten, die die grundlegenden Fragen zwar billigten, hatte ich Schwierigkeiten, wenn ich sie um die Benennung von Beträgen bat. Sie sagten: »Ich sage es lieber nicht«, ich fragte, »gut, war es mehr als 30 000?« Lange Pause. »Gut, ja.« »Mehr als 40 000?« Eine längere Pause. »Ja.« Man mußte ihnen die Informationen wie Würmer aus der Nase ziehen.

Aber einige Personen, arme, aber auch der Mittelschicht zugehörige, schienen tatsächlich froh darüber, mich zu sehen, wenn ich das vierte oder fünfte Mal kam. Wir hatten uns im Verlauf eines Jahres richtiggehend kennengelernt. Vielleicht war die Frau schwanger gewesen, als ich sie das erstemal traf, und nun hatten sie ein Baby. Oder vielleicht sind sie in eine neue Wohnung umgezogen, und ich sagte etwas Nettes darüber, und sie mochten das. Es war eine wirkliche Beziehung.

Der Fragebogen war sehr gut. Ich hatte zum Beispiel Illustrationskarten, die die Farben von Schecks zeigten, um den Personen zu helfen, die Herkunft ihrer Beihilfen zu identifizieren. Und für die späteren Besuche war der Fragebogen so geschrieben, daß ich sie nicht jedesmal nach all den Informationen aushorchen mußte; ich las in etwa folgendes ab: »Das letztemal sagten Sie, daß Sie X Dollar von dieser und jener Quelle in den vorangegangenen drei Monaten erhalten hatten. Gilt dies auch für die vergangenen drei Monate?«

Nach der ersten Erhebungswelle warteten die Mitarbeiter beider Forschungsgruppen wieder gespannt auf das Eintreffen der Ergebnisse. Evan Davey, ein kleiner, eleganter Mann, der viele Arbeiten der ›Census‹-Gruppe beaufsichtigt hatte und heute, als ›Assistant Division Chief of Special Survey‹, weiterhin aktiv an SIPP beteiligt ist, spricht von dieser Zeit in nur schwer unterdrückter Erregung:

Das Zentrum des ›Bureau of the Census‹ in Jeffersonville verarbeitete die Fragebögen und übertrug die Rohdaten auf Disketten, die sie uns nach Washington schickten. Dann lungerten wir vor den Türen unserer Programmierer herum und warteten darauf, was sie aus den Daten herausfiltern konnten. Manchmal dachten wir: »Niemand wird *diese* Frage beantworten; sie wird niemals funktionieren« – und dann sahen wir auf dem Bildschirm, daß die Personen zu einer Antwort bereit gewesen waren. Da wurde es richtig spannend. Aber andere Male sahen wir, daß etwas bodenlos danebengegangen war – in einem Satz von Fragebögen beantworteten vielleicht hundert Personen eine gewisse Frage, aber nur achtzehn von ihnen beantworteten die nächste. Warum? Was lief schief?

Im großen und ganzen *erhielten* wir jedoch Antworten. Und obgleich unsere Stichprobe klein war, konnten wir, als wir diese ersten Zahlen mit der März-CPS verglichen, sehen, daß wir sehr nahe dran waren und wir sagten: »Wir haben etwas zustande gebracht! Es *funktioniert*!«

Später, als die HEW-Gruppe, die ›Census‹-Gruppe und ihre externen Vertragspartner die Daten der Feldtests von 1977 und 1978 im Detail auswerteten, zeigten sich allmählich einige besonders interessante Ergebnisse, unter anderem die folgenden:

– Nur 6,6% der Haushalte des Panels von 1978 waren »keine Interviews«, die meisten davon waren Verweigerungen. Das war ein geringer Prozentsatz für eine neuartige Erhebung, wenn auch nicht klein genug, um Verzerrungen in den Ergebnissen ausschließen zu können. Aber die Quote könnte durch eine hartnäckigere Vorgehensweise der Interviewer gesenkt werden.[21]
– Als die Summen der erhaltenen Beihilfen, über die die Personen berichteten, mit den Daten der Sozialversicherung und anderer Unterlagen verglichen wurden, zeigte sich, daß es besser war, nach den letzten drei Monaten als nach den letzten sechs Monaten zu fragen; die Interviewten konnten mehr Fragen beantworten, und ihre Antworten waren genauer.[22]
– Die Langfassung war, obgleich sie mehr Zeit benötigte als die Kurzfassung, weniger unangenehm für die Befragten und führte zu einer geringeren Anzahl von Fehlern und zu vollständigeren Antworten. Darüber hinaus war sie von taktischem Wert: Die Personen nannten offen ihre Einkommensquellen, wenn sie nicht nach den Beträgen gefragt wurden, und gingen dann in die »Falle«, als der Interviewer schließlich danach fragte, wieviel sie tatsächlich erhielten. Die Kurzfassung, die von Beginn an nach den Beträgen fragte, warnte auf diese Weise die Befragten vor; viele antworteten nach der ersten dieser Fragen auf die anderen ausweichend, daß sie es nicht wüßten oder sich nicht erinnern könnten, ob sie eine Beihilfe aus dieser Kategorie bezogen hatten.[23]
– In den Interviews von 1977 identifizierten bis zu 14% der Personen, die in den Genuß von Programmbeihilfen kamen, das Programm falsch, aus denen die Beihilfen stammten. In dem Panel von 1978 verringerte der Einsatz von Illustrationskarten für die verschiedenen Programme die Fehlerquote wesentlich.[24]
– Weniger als 1% der Befragten verweigerten die Antwort oder wußten nicht, ob sie irgendwelche Einkünfte hatten, und weniger als 10% konnten oder wollten keine Summen nennen. Eine gravierende Ausnahme war das Zinseinkommen: Ungefähr die Hälfte derer, die behaupteten, Zinsen zu erhalten, verweigerten die Antwort über deren Höhe.[25]
– Obgleich in dem Test von 1977 die Frage nach der Sozialversicherungsnummer der Befragten ganz zum Schluß gestellt wurde, wurde ihr aus irgendeinem Grund weniger Widerstand entgegengebracht als derselben

Frage im CPS. Vielleicht fühlten sich die Befragten bei SIPP stärker zur Kooperation motiviert. In dem Panel von 1978 wurde die Frage deshalb frühzeitig, schon im ersten Interview gestellt; 87% der Befragten gaben ihre Nummer an, und nur 2,5% verweigerten. (Der Rest bestand aus »Ich weiß nicht-Antworten« oder Fehlern der Interviewer.)[26]

Diese ersten Ergebnisse lieferten noch keine Antworten auf eine Reihe von komplizierten Problemen, die dem Längsschnittdesign der Erhebung anhafteten, zum Beispiel, wie man mit Ausfällen, fehlenden Werten und Verknüpfungen umgehen sollte. Die Lösung dieser methodologischen Probleme konnte Jahre dauern – und wiederum mußten die Forscher ohne eine Antwort darauf weitermachen. Im Februar 1979, zwei Monate, bevor die letzte Erhebungswelle des Panels von 1978 begann, starteten sie einen dritten und viel umfassenderen Test von SIPP mit einer landesweiten Stichprobe von über 11 000 Haushalten. Wenn sie sich auch darüber freuten, daß der Fragebogen zufriedenstellend eingesetzt werden konnte, waren sie doch tief beunruhigt darüber, daß dieser dritte und ehrgeizigste Test nun anlief, SIPP 1981 starten sollte und sie noch immer keine perfekte Methodologie besaßen, um aus den Rohdaten die wertvollste Datenbasis seit Jahrzehnten zu generieren.

Die Erhebungstechnik: Von der Intuition zur Wissenschaft

Wie der bereits erwähnte Käufer, der einen Sack Korn bewertet, indem er eine Handvoll Körner begutachtet, hat mancher Herrscher die Dinge in seinem Land aufgrund dessen beurteilt, was seine Geheimagenten beim heimlichen Belauschen auf öffentlichen Plätzen erfahren konnten. Einige Staatsführer nahmen diese Stichprobenerhebung sogar persönlich vor: Haroun al Raschid, Kalif von Baghdad im 8. Jahrhundert, und Akbar dem Großen, Mogulkaiser von Indien im 16. Jahrhundert, wird nachgesagt, daß sie nachts verkleidet durch die Straßen wanderten und einige ihrer Staatsentscheidungen auf das gestützt haben, was sie sahen und hörten.

Der Fehler dieser einfachen Methode ist für uns heutzutage offensichtlich: Anders als die Körner in einem Sack unterscheiden sich Personen in ihrer Bildung, ihrem wirtschaftlichen Status, ihrem Alter, ihrem Geschlecht und anderen Faktoren stark voneinander, und jene, die sich zu einer bestimmten Zeit auf den Straßen befinden, bilden eine Gelegenheitsstichprobe, die ganz untypisch für die Gesamtbevölkerung sein kann.

Das intuitive Gefühl, daß man die nationalen Verhältnisse aufgrund einer Gelegenheitsstichprobe abschätzen kann, hielt sich noch bis vor nicht allzu langer Zeit. In den USA führten seit Beginn des letzten Jahrhunderts bis weit in das unsere hinein viele Zeitungen Probeabstimmungen vor den Wahlen durch. Einige Zeitungen druckten auf ihren Seiten Stimmzettel ab und kamen so zu Strichlisten, die ausschließlich auf dem Votum von Personen beruhten, die sich die Mühe machten, ihre »Stimme« zur Post zu bringen. Andere Zeitungen schickten Reporter los, um jeden, den sie an irgendeiner Straßenecke trafen, nach seiner Wahlabsicht zu befragen. Hunderte solcher Stichprobenerhebungen wurden jahrzehntelang veranstaltet und waren sehr populär, obgleich sie kaum genauer waren als die Vorhersagen der Kandidaten selbst.[27]

Allerdings machten zwischen 1916 und 1932 umfassende Meinungsumfragen des *Literary Digest* regelmäßig die späteren Sieger der Präsidentschaftswahlen ausfindig. Die Stichprobe war zwar groß, aber bestechend einfach im Design: Die Zeitschrift verschickte Stimmzettel auf Postkarten an ungefähr zehn Millionen wahlberechtigter Fernsprechteilnehmer (in späteren Jahren auch an Autobesitzer), von denen einige Millionen die Postkarten mit ihrem Votum zurückschickten. Der Erfolg der Meinungsumfrage wurde mit der Größe der Stichprobe erklärt, die »unheimlich«, »erstaunlich genau« und »unfehlbar« genannt wurde. Im Jahre 1936 jedoch fand diese Art der Meinungsumfrage ein abruptes Ende, als ihre 2 376 523 »Stimmzettel« anzeigten, daß Franklin D. Roosevelt nur 41% der Stimmen erhalten würde (tatsächlich bekam er 61%) und Alfred Landon 32 der 48 Staaten gewinnen würde (er gewann nur zwei).[28]

Was war schiefgegangen? In diesem Jahr der Wirtschaftskrise gehörten die Personen, die Telefon oder einen Wagen besaßen, vorwiegend der Mittel- und Oberschicht an, und somit wurde die Stichprobe des *Literary Digest* aus einer untypischen Minderheit der Bevölkerung gezogen. Die Größe allein macht noch keine gute Stichprobenerhebung aus; mehr als zwei Millionen Stimmzettel von einer verzerrten Stichprobe können ein sehr ungenaues Bild der nationalen Stimmung wiedergeben – doch könnte eine wirklich repräsentative Stichprobe von nur 900 abgegebenen Stimmen Schätzungen liefern, die sehr eng am wahren Wert liegen, bei Abweichungen von plus/minus drei bis vier Prozent.[29]

In der Tat kamen bei derselben Wahl drei Erhebungen, die mit genau einer solch geringen Anzahl arbeiteten – die Crossley-Umfrage, die *Fortune*-Erhebung und die Gallup-Umfrage –, alle dem tatsächlichen Endergebnis nahe. Sie hatten sich um genaue Stichproben bemüht, die das richtige Verhältnis von Personen jedes wirtschaftlichen Status, aller bedeutenden Alterskategorien und jeden Gebietes beinhalteten. Darüber hinaus hatten alle drei Umfragen nur geringe Nichtantwortraten, da die Personen der Stichprobe interviewt worden waren. In der postalischen Umfrage des *Literary Digest* war nur ein Viertel der angeschriebenen Personen bereit gewesen zu wählen, und selbst wenn die Stimmzettel an eine repräsentative Stichprobe gegangen wären, wären sie eben nur von einer hochmotivierten und nicht repräsentativen Minderheit zurückgekommen.

Obgleich die drei kleinen Umfragen keine echte Zufallsstichprobenerhebung durchführten, zogen sie Stichproben, die der Zusammensetzung der Bevölkerung in etwa entsprachen. Dies war ein bedeutender Schritt weg von einer intuitiven oder auf dem gesunden Menschenverstand beruhenden hin zu einer wissenschaftlichen Stichprobenerhebung. Mitte der 30er Jahre wurden einige Grundprinzipien der wissenschaftlichen Stichprobenerhebung von Mathematikern ausgearbeitet, und avantgardistische Meinungsforscher, Marktforscher und Sozialwissenschaftler begannen, sie anzuwenden.

Ein wesentlicher Grundsatz der wissenschaftlichen Stichprobenerhebung ist, daß eine Straßenecken- oder andere Gelegenheitsstichprobe, anscheinend zufällig gezogen, nicht notwendigerweise repräsentativ ist. Eine wahre Randomisierung erfordert strenge Techniken. Eine Stichprobe von 100 Namen, die aus einem großen städtischen Telefonbuch herausgesucht werden, indem es geöffnet irgendwo fallengelassen und ein Zeiger gedreht wird, um eine der acht Spalten auszuwählen, ist nicht randomisiert, allenfalls versehentlich und wahrscheinlich nicht repräsentativ. Wenn die Spalte aus Namen besteht, die mit Sz- anfangen, wird die Stichprobe unproportional viele Polen und Ungarn enthalten. Besteht sie aus Smiths, wird die Stichprobe keinen angemessenen Anteil an Juden aufweisen. Aber eine Stichprobe, bei der die Namen zufällig einer nach dem anderen aus dem gesamten Telefonbuch ausgewählt worden sind, wird für die Gesamtheit der enthaltenen Namen repräsentativ sein.

Um eine zufällige Auswahl ohne Beeinflussung durch unterschwellige Gewohnheiten oder Präferenzen zu treffen, würde man eine Tabelle von Zufallszahlen zur Bestimmung der aufzuschlagenden Seiten und auszuwählenden Namen benutzen. Durch diese Methode erhält jeder Name im Buch die gleiche Chance; das Ergebnis, nämlich eine »Wahrscheinlichkeitsstichprobe«, ist wirklich repräsentativ und weist weder die versehentlichen noch die absichtlichen Verzerrungen der Straßenecken-Stichprobe, der postalischen Freiwilligenstichprobe oder der »Bequemlichkeitsstichprobe« (die eigenen Freunde, die Mitglieder eines Klubs und so weiter) auf. Aus gutem Grund hat

William Kruskal, Dekan der ›Division of Social Science‹ an der University of Chicago, die Randomisierung als »eine der größten Ideen des Jahrhunderts« bezeichnet.[30]

Wahrscheinlichkeit heißt jedoch nicht Sicherheit. Es gibt immer die Möglichkeit, daß irgendeine Wahrscheinlichkeitsstichprobe der Population, aus der sie gezogen wurde, aufgrund der Launen der Zufallsverteilung nicht gänzlich ähnelt. Deshalb mag eine korrekt gezogene Wahrscheinlichkeitsstichprobe aus purem Zufall etwas mehr oder etwas weniger Personen einer gewissen Altersgruppe, eines wirtschaftlichen Status oder einer anderen Kategorie enthalten, als sie haben dürfte.

Diese Fehler sind berechenbar und kontrollierbar. Nach der Wahrscheinlichkeitstheorie besteht bei einer Wahrscheinlichkeitsstichprobe von 1 500 Personen eine Sicherheit von 95% bei einfachen Analysen wie beispielsweise Wahlpräferenzen, Prozentsätze zu erhalten, die in jeder Richtung nicht mehr als drei Punkte von dem entfernt liegen, was eine vollständige Zählung der ganzen Bevölkerung ergeben hätte. Jedoch muß die Stichprobe größer sein, um eine höhere Reliabilität zu erbringen (eine Chance, die größer als 95% ist, daß die Ergebnisse um nicht mehr als drei Punkte in jeder Richtung abweichen) oder eine höhere Genauigkeit zu besitzen (eine mögliche Fehlerquote, die geringer als drei Punkte für die eine oder andere Richtung ist). Schließlich muß, wie bereits früher erwähnt, die Stichprobe größer sein, um eine detaillierte Aufspaltung der Ergebnisse nach multiplen Kriterien zu erlauben.[31] Um hohe Reliabilität und Genauigkeit zu erzielen und um feine Analysen erstellen zu können, benutzt das ›Bureau of the Census‹ bei vielen Erhebungen Stichproben von 25 000 bis 66 000 Einheiten. Und selbst dann bestehen sie nur aus einer Person oder einem Haushalt von jeweils mehreren Tausenden der Nation.

Die Wahrscheinlichkeitsstichprobe ist somit ein ökonomisches und darüber hinaus wirkungsvolles Instrument zur Untersuchung der sozialen Wirklichkeit; ein Mikroskop, durch das man die Welt in einem Sandkorn sehen kann. Die einfachste Methode, eine solche Stichprobe zu ziehen, ist, wie in dem Telefonbuchbeispiel, die Verwendung irgendeiner Regel, die jeder Person in der zu befragenden Gruppe die gleiche Chance gibt, ausgewählt zu werden. Für einige Gruppen – zum Beispiel zugelassene Ärzte – ist dies eine relativ einfache Angelegenheit. Aber für Erhebungen der Gesamtbevölkerung oder eines Bevölkerungsteils gibt es keine einfache Methode, eine repräsentative Stichprobe zu ziehen, da kein einziges Verzeichnis existiert, das die Namen aller Personen enthält. Aber selbst wenn es ein solches Verzeichnis gäbe, würde sich daraus noch keine durchführbare Vorgehensweise für solche

Wahrscheinlichkeitsstichproben ergeben; viele Personen sind aufgrund ihres Berufs oder ihrer Lebensweise schwer zu erreichen – Trapper, Handelsmatrosen und Landstreicher zum Beispiel. Über die Jahre haben Erhebungsforscher deshalb anspruchsvolle Verfahren der mühelosen Konstruktion von Wahrscheinlichkeitsstichproben entwickelt.[32] Dazu gehören:

– »Stichprobenerhebungsraster«; sie können anstelle des nicht existierenden universalen Verzeichnisses verwendet werden. Ein Raster besteht aus einer Liste von Personen oder Institutionen, die bestimmte bekannte Merkmale besitzen – ein Index der Stimmberechtigten, ein Verzeichnis der eingeschriebenen Studenten und so weiter –, aus der eine Wahrscheinlichkeitsstichprobe leicht gezogen werden kann. Solche Raster können für Erhebungen in und über spezielle Gruppen oder mehrere kombiniert für ausgedehnte Erhebungen eingesetzt werden. Raster, die geographische Gebiete belegen, können für eine Stichprobe aus der ganzen Nation eingesetzt werden. Der Forscher gebraucht zufallsgesteuerte Methoden und wählt einige kleine Teilregionen innerhalb jeden Gebietes, einige kleinere innerhalb dieser und schließlich ein paar Haushalte innerhalb der kleinsten von ihnen aus und bekommt somit eine repräsentative Stichprobe.
– Das »Clustern« homogener kleiner Gebiete spart Zeit und Geld bei nur unbedeutend geringerer Reliabilität der Stichprobe (einer Zunahme des wahrscheinlichen Fehlers). In einer Wohnsiedlung beispielsweise könnte ein Interviewer vier Familien auf einer Etage anstelle von vier Familien im ganzen Komplex aufsuchen.
– Wenn die grundlegenden Merkmale einer speziellen Bevölkerung, auf der die Erhebung beruhen soll, bereits durch Aufzeichnungen des ›Bureau of the Census‹ oder anderer Stellen bekannt sind, kann diese nach Einkommensgruppen, dem Wohnsitz oder anderen Dimensionen »geschichtet« oder sortiert werden. Einige Schichten können relativ wenige Personen umfassen. Um genügend Vertreter dieser Schicht für eine zuverlässige Analyse zu erhalten, müßte die Gesamtstichprobe sehr groß und kostenaufwendig angelegt werden. Stattdessen begrenzen die Erhebungsforscher die Größe der Gesamtstichprobe, aber »überziehen« die kleine Schicht (wählen dort mehr Mitglieder aus als anderswo). Dadurch erhalten sie genügend Vertreter einer solchen Schicht und können getrennte reliable Analysen über sie durchführen. Zur Untersuchung der Gesamtstichprobe gewichten sie dann diese in der Stichprobe »überzogenen« Schichten nach ihrem wirklichen Anteil in der Bevölkerung neu.

Die Konstruktion der Stichprobe ist nur eine der vielen möglichen Fehlerquellen bei der Erhebungsforschung. Seit den 30er Jahren haben Erhebungsforscher sowohl im universitären Bereich als auch in kommerziellen Meinungsumfrageinstituten auch andere Fehlerquellen untersucht und gewisse Methoden entwickelt, um sie in den Griff zu bekommen. Einige der hauptsächlichen Fehlerquellen sind:

- Interviewer können, da sie sich im Auftreten und in der Art unterscheiden, eine unterschiedliche Wirkung auf die Befragten ausüben. Der Interviewereffekt tritt besonders bei Meinungsumfragen auf; ein bemerkenswertes Beispiel ist die Neigung vieler Schwarzer, bei rassenthematischen Befragungen weißen Interviewern andere Antworten als schwarzen zu geben.[33]
- Ungeachtet ihrer Hautfarbe können Interviewer, trotz sorgfältigen Trainings, die Antworten, die sie erhalten, durch unbeabsichtigte Veränderungen im Tonfall, der Sprachmodulation, des Gesichtsausdrucks, der Körpersprache oder der Art, wie sie die Antworten interpretieren, verfälschen. Ein klassisches Beispiel dazu: Im Jahre 1940 wurde von Interviewern des Gallup-Instituts eine Umfrage darüber durchgeführt, was wichtiger sei – England zu helfen, selbst unter dem Risiko, in den Krieg hineingezogen zu werden, oder sich herauszuhalten. Interviewer, die für eine Unterstützung Englands eintraten, berichteten, daß 60% der von ihnen Befragten das ebenfalls täten – gegenüber einem Prozentsatz von nur 44% bei Interviewern, die das Gefühl hatten, daß man sich heraushalten sollte.[34]
- Einige Interviewereffekte sind sogar noch subtiler und können daher leicht übersehen werden: Eine kürzlich durchgeführte Studie fand heraus, daß Interviewer, die mit Schwierigkeiten bei der Beantwortung bestimmter Fragen rechneten, tatsächlich eine etwas höhere Nichtbeantwortungsrate auf diese Fragen meldeten als Interviewer, die keinen Ärger erwartet hatten.[35]
- Die reine Anwesenheit selbst des geübtesten und »völlig neutralen« Interviewers kann manches Erhebungsmaterial verfälschen: Viele Befragte beantworten Fragen zu rassistischen Anschauungen oder ungewöhnlichen sexuellen Praktiken ehrlicher, wenn sie die Fragebögen privat denn im Gespräch mit einem Interviewer ausfüllen. Dasselbe gilt sogar für sogenannte objektive Fragen: Das ›Bureau of the Census‹ fand in einer kürzlich vorgenommenen Untersuchung heraus, daß ein höherer Prozentsatz der Befragten bei einem telefonischen im Vergleich zu einem persönlichen Interview angab, arbeitslos zu sein.[36]

Abgesehen vom Interviewereffekt können Befragte möglicherweise aus anderen Gründen falsche beziehungsweise verfälschende Antworten geben, nämlich unter anderem auf Grund von Mißverständnissen, Sprachschwierigkeiten, Vergeßlichkeit oder psychologischen Verteidigungsmechanismen.[37] Beispielsweise geben in Umfragen zum Geschlechtsleben Ehemänner und Ehefrauen unterschiedliche Koitushäufigkeiten an; die Erinnerung kann durch Abneigung, Wunschdenken oder Männlichkeitswahn getrübt sein.[38]

Trotz alledem stimmen Erhebungsforscher weitgehend darin überein, daß die meisten Befragten kooperativ seien und versuchten, die Wahrheit zu sagen. Doch abgesehen von den Interviewereffekten können die Antworten der Befragten entscheidend von der Fragestellung oder der Breite der Antwortmöglichkeiten beeinflußt werden:

– Dieselbe Frage, auf zwei verschiedene Arten formuliert, kann große Unterschiede im Ergebnis liefern. Im Jahre 1974 replizierten Howard Schuman und Stanley Presser vom ›Survey Research Center‹ an der University of Michigan ein Experiment von Roper aus dem Jahre 1940 mit folgenden Ergebnissen:[39]

»Sind Sie der Meinung, daß die Vereinigten Staaten öffentliche Stellungnahmen gegen die Demokratie verbieten sollten?« *Verbieten*: 28%; Nicht verbieten: 72%
»Sind Sie der Meinung, daß die Vereinigten Staaten öffentliche Stellungnahmen gegen die Demokratie erlauben sollten?« *Nicht erlauben*: 44%; Erlauben: 56%

Das Wort »verbieten« empört offensichtlich eine große Zahl von Personen und bewirkt, daß sie sich für die liberale Richtung entscheiden, im Gegensatz dazu, wenn dieselbe Ansicht mit »nicht erlaubt« ausgedrückt wird.
– Wenn den Befragten mehrere Wahlmöglichkeiten angeboten werden, die von einem Extrem zum anderen reichen, wählt eine beträchtliche Anzahl die mittlere Alternative, sofern vorhanden. Falls keine angeboten wird, werden die meisten eher eine Alternative rechts oder links von der Mitte wählen als keine Antwort abgeben oder »Weiß ich nicht« ankreuzen. Somit beeinflußt der Forscher durch seine Entscheidung, ob er eine mittlere Alternative oder eine »erzwungene Wahl« anbietet, wesentlich die Ergebnisse.[40]
– Das alleinige Zufügen der Worte »oder nicht« am Ende einer Frage erhöht die Anzahl von Personen, die diese Frage negativ beantworten.[41]
– Geringer gebildete Befragte scheinen durch emotional gefärbte Worte oder durch die Reihenfolge der vorgegebenen Alternativen leichter zu beeinflussen zu sein als höher gebildete. Schuman und Presser fanden jedoch vor kurzem heraus, daß bei manchen Arten von Fragen auch höher Gebildete durch die Frageformulierung beeinflußbar sind.[42]

Diese und andere Schwierigkeiten haben einige Sozialwissenschaftler dazu veranlaßt, das Interview als eine strukturell unzulängliche Erhebungsmethode anzusehen. Sie kritisieren, daß die Interaktion zwischen Interviewer und Befragten unnatürlich sei, da ja die Art der Fragen und auch die Antworten festliegen. Eine erzwungene Wahl schließt zum Beispiel eine »Ich weiß nicht«-Antwort aus, selbst wenn der Befragte es wirklich nicht weiß.[43] Aber andererseits enthüllt die erzwungene Wahl oftmals eine zugrundeliegende Präferenz, die der Befragte lieber verdeckt gehalten hätte. Daher wird oft versucht, die Möglichkeit für neutrale oder keine Antworten zu verringern.

Fehlende Antworten sind besonders problematisch: ab einer bestimmten Anzahl können sie die Ergebnisse einer Frage oder sogar der ganzen Erhebung entwerten. Denn diejenigen Personen, die eine der gestellten Fragen nicht beantworten oder das ganze Interview verweigern, können vom Rest in unbekannter Weise abweichen, mit dem Ergebnis, daß diejenigen, die antworten, nun nicht mehr eine repräsentative Stichprobe bilden.

Fehlende Antworten können in der Tat das ernsthafteste Problem sein, mit dem sich Erhebungsforscher heutzutage konfrontiert sehen. Die Bundesgesetzgebung fordert von jedem Bürger, die Fragen der alle zehn Jahre stattfindenden Volkszählung zu beantworten, aber bei den meisten anderen Umfragen ist die Teilnahme freiwillig. In früheren Jahren gelang es den Forschern fast mühelos, beinahe alle Personen ihrer Stichprobe zum Mitmachen zu bewegen. Aber in jüngster Zeit häufen sich Ablehnungen (die die meisten fehlenden Antworten ausmachen, der Rest sind solche Personen, die nicht gefunden werden konnten) besonders in Großstädten teilweise in einem alarmierenden Ausmaß. Dies wird der außerordentlichen Zunahme von Marktforschungsumfragen, der wachsenden Furcht vor einem Eindringen in die Privatsphäre und dem sich wandelnden Wertesystem der städtischen Bevölkerung zugeschrieben.[44]

Daten des ›Survey Research Center‹ illustrieren das Ausmaß dieses Problems: Zwei seiner wichtigsten laufenden Umfragen hatten Verweigerungsraten von 4% oder 5% in den frühen 50er Jahren, aber dreimal so hohe in den späten 70ern.[45] Der Gesamtanteil fehlender Antworten, eingeschlossen Personen, die nicht erreicht oder gefunden werden konnten, liegt noch höher. Schuman bemerkte 1982 im *American Sociologist*, daß »heute viele Erhebungen ungefähr ein Drittel ihrer Stichprobe durch fehlende Antworten verlieren und somit der wesentliche Charakter von Wahrscheinlichkeitsstichproben gefährdet ist … Es kann kaum angenommen werden, daß sich der Verlust zufällig verteilt, und besonders in bezug auf die rasch ansteigende Praxis der telefonischen Umfrage gibt es Anzeichen dafür, daß bei Personen mit einem geringen ›SES‹ [sozioökonomischen Status] die Wahrscheinlichkeit besonders hoch ist, daß sie übergangen werden.«[46]

Erhebungsforscher verfügen jedoch über gewisse Mittel, um das Auftreten fehlender Antworten zu minimieren. Nochmalige Telefonanrufe und Besuche stellen eine Möglichkeit dar. Einige Organisationen für Erhebungsforschung rufen fünf- bis zehnmal bei einem zu Befragenden an, bis er endlich angetroffen wird beziehungsweise seine Einwilligung für ein Interview gibt. Andere setzen bestimmte Überredungstechniken ein (»für die allgemeine Wohlfahrt«, »für den wissenschaftlichen Fortschritt«); wiederum andere locken mit Belohnungen; und einige vermeiden telefonische Umfragen ganz, um nicht Gefahr zu laufen, Personen mit niedrigem sozioökonomischen Status auszulassen.

Schließlich werden ausgeklügelte mathematische Techniken als Korrektiv für fehlende Interviews eingesetzt. Die Gewichtung ist der hauptsächliche Trick: Wenn bedeutende Merkmale oder Eigenschaften der Nichtantwortenden bekannt sind, können diese dazu benutzt werden, die Daten von jenen, die kooperierten, anzugleichen beziehungsweise zu korrigieren. Eine landesweite Gesundheitserhebung, die für das ›Public Health Service‹ in den frühen 70er Jahren durchgeführt wurde, bestand sowohl aus einer ärztlichen Untersuchung als auch aus einem Interview. Da nur 75% der Personen der Stichprobe ihre Einwilligung zur Untersuchung gaben, drohte eine erhebliche Verfälschung der Einschätzung des Gesundheitszustandes der Bevölkerung. Aber 98% hatten der Befragung zugestimmt. Die Forscher verglichen deshalb die Interviewdaten der untersuchten und nicht untersuchten Personen und fanden heraus, daß sie sehr ähnlich waren. Das bedeutete, daß nur ein kleiner Unterschied zwischen den beiden Gruppen bestand und daß die Untersuchungsergebnisse wahrscheinlich für die gesamte Stichprobe gelten konnten. Aus diesem Ergebnis wurde die Schlußfolgerung gezogen, daß die Gewichtung der Untersuchungsdaten zur Erreichung der Normalverteilung ein treffendes Bild des Gesundheitszustandes der Gesamtbevölkerung würde liefern können.[47]

Obgleich die Erhebungstechniken im Laufe der Zeit immer mehr verfeinert wurden, blieb die Stichprobenerhebung im wesentlichen doch eine Momentaufnahme – eine Querschnittbefragung der Meinungen, des Einkommens, des Gesundheitszustandes und anderer gesellschaftlicher Charakteristika der Bevölkerung zu einer bestimmten Zeit. Durch verschiedenartige Gruppierungen der Daten könnte die Erhebung sogar Korrelationen, die Ursache-Wirkungsbeziehungen vermuten lassen, aufzeigen. Viele dieser Korrelationen beschreiben jedoch keine Kausalzusammenhänge, sondern sind gemeinsame Nebenprodukte anderer Ursachen. Jugendkriminalität tritt zum Beispiel in Familien mit alleinerziehenden Müttern stärker auf als in intakten Familien. Dies könnte bedeuten, daß Trennung oder Scheidung ein Hauptgrund für Kriminalität wäre. Aber eine Gruppierung der Daten nach dem sozioökonomischen Status verdeutlicht, daß die höchste Kriminalitätsrate in Schichten mit niedrigem sozioökonomischen Status auftritt, wo gleichzeitig die Scheidungsrate hoch ist. Die Kriminalitätsrate ist in diesen Schichten jedoch unabhängig davon, ob die Familie intakt ist oder nicht, hoch; deshalb sind augenscheinlich die miserablen sozioökonomischen Bedingungen und nicht die Abwesenheit des Vaters hauptsächlich für eine hohe Kriminalitätsrate verantwortlich.[48]

Viel überzeugender als derartige Analysen sind Beobachtungen über einen mehr oder weniger langen Zeitraum. Wenn eine Gruppe sozial schwacher Familien infolge irgendwelcher Ereignisse sozial aufsteigt und sich die Kriminalitätsrate in diesen Familien verringerte, würde man einen Beweis erhalten, der eher dem eines tatsächlichen Experiments ähnelte. Dementsprechend erkannten Erhebungsforscher schon vor langem, daß Längsschnittstudien – Erhebungen, die in festen Abständen über eine bestimmte Zeitspanne wiederholt werden – viel eher die Ursache-Wirkungsbeziehung enthüllen könnten als einmalige Querschnitterhebungen.

Meinungsforscher wandten diese Technik bereits frühzeitig, aber noch eingeschränkt, an und stellten von Zeit zu Zeit erneut die ursprünglichen Fragen, mit dem Ziel, Veränderungen in den Einstellungen der Bevölkerung zu Themen wie zum Beispiel Berufstätigkeit von Frauen, Bürgerrechte und soziale Programme aufzuzeigen und solche Veränderungen mit realen Ereignissen oder sozialem Wandel zu verbinden.

Eine anspruchsvollere, aber auch kostspieligere Methode ist die »Trenduntersuchung« oder Querschnitt-Zeitreihenuntersuchung, bei der dieselbe Erhebung von Zeit zu Zeit wiederholt wird und ähnliche Stichproben aus derselben Population gezogen werden. Wenngleich auch die Personen bei jeder Erhebungswelle verschieden sind, so werden die Stichproben doch auf dieselbe Art und Weise gezogen und zeigen genauer Veränderungen an, die sich innerhalb dieser Population vollzogen haben. Die amerikanische Volkszählung liefert eine solche Aufzeichnung von bestimmten Veränderungen (die meisten Daten basieren auf einem Fünftel der nationalen Bevölkerung). Insbesondere seit den 60er Jahren sind vom Staat sowie von universitären und kommerziellen Instituten und Forschern viele andere Zeitreihenuntersuchungen durchgeführt worden. Diese haben vom Wahlverhalten bis zur Kirchenmitgliedschaft, vom beruflichen Werdegang bis zum Gesundheitszustand der Bevölkerung so ziemlich alles erforscht. Die Bedeutung der Datenbasen, die auf diesen laufenden Erhebungen aufgebaut worden sind, ist von Richard C. Rockwell vom ›Social Science Research Council‹ so zusammengefaßt worden:

Wiederholte Messungen sind für den Staat und den demokratischen Prozeß aus zwei hauptsächlichen Gründen von Bedeutung. Erstens erzeugt sozialer Wandel, zu dem wiederholte Messungen eine Reihe von Anhaltspunkten liefern können, oftmals ein Problembewußtsein über staatliche Maßnahmen und Programme ... Zweitens liefern Zeitreihen partielle Meßergebnisse zur Wirkung von staatlichen Handlungen ...
Sozialwissenschaftler [haben] einen dritten Grund für ihr Interesse an wiederholten Messungen. Vieles von dem, was die Sozialwissenschaft untersucht, geschieht im großen Stil, über lange Zeitperioden hinweg und betrifft vielschichtige Interaktionen von Individuen, Organisationen und Regierungen. Diese Prozesse können nicht ins Labor verlegt und nach dem Willen des Untersuchers manipuliert werden, sondern müssen geduldig beobachtet werden.[49]

So nützlich Zeitreihen sind, so war doch von Anfang an klar, daß die aufschlußreichste Art von Zeitreihen eine »wirkliche Längsschnittuntersuchung« sein mußte – eine, die einer gegebenen Stichprobe derselben Personen oder einem Panel über eine bestimmte Zeitperiode folgt. Die Verwendung von Panels über eine kurze Zeitspanne (etwa ein Jahr) begann mit einer Untersuchung des Wahlverhaltens in den 40er Jahren. Bis in die 60er Jahre hinein wurden in ungefähr zwei Dutzend landesweit angelegten Panelstudien verschiedener Zeitdauer andere soziale Phänomene untersucht.[50]
Eine Panelstudie kann ein differenzierteres Bild von zeitlichen Veränderungen als eine Zeitreihenuntersuchung liefern. Eine einzige Querschnittstudie im Jahre 1975 hätte gezeigt, daß 9% der amerikanischen Bevölkerung unterhalb der Armutsgrenze lebten, und andere derartige Erhebungen in den vorausgehenden acht Jahren hätten in etwa die gleichen Zahlen geliefert und vermuten lassen, daß Amerika eine stattliche Subkultur chronisch Armer hatte. Aber die Panelstudie über ›Income Dynamics‹, die von einem universitätsübergreifenden Gremium durchgeführt wurde und einer einzigen Stichprobe über jene Jahre folgte, fand heraus, daß nur 1% der Befragten die ganze Zeit von 1967 bis 1975 in Armut lebte. Augenscheinlich sind die meisten Armen dies eher nur zeitweilig und nicht dauernd.[51]
Solche Erhebungen werfen jedoch ernsthafte technische Probleme auf.[52] Zum Beispiel das Problem, wie man all die Dinge, die irgendeiner Person passieren, verfolgt und gleichzeitig eine brauchbare Aufzeichnung ihrer Arbeitsplätze, der Haushalte, in der sie lebte, und so weiter führt. Methoden zur »Verknüpfung« der Daten entlang multipler Parameter werden zur Zeit ent-

wickelt, aber die effektivsten von ihnen sind extrem kompliziert und benötigen immense Computerkapazitäten.

Ein anderes Problem ist der »Panel-Bias«, d.h. die Tendenz von Panelteilnehmern, Fragen beim zweiten Mal anders zu beantworten, sogar wenn sich seit der ersten Umfrage nichts verändert hat. Eine drastische Möglichkeit der Abhilfe besteht darin, das erste Interview einfach wegzuwerfen; weniger kostspielig ist es, externe Informationen, sofern vorhanden, zu verwenden, um zu sehen, welches Interview genauere Antworten geliefert hat, und dann die anderen Daten mit mathematischen Methoden zu korrigieren.

Das dritte Problem betrifft Ausfälle – der Verlust von Personen, die sterben oder wegziehen, ohne Spuren zu hinterlassen, oder anfangen, ablehnend auf die erneute Befragung zu reagieren. Ein damit zusammenhängendes Problem besteht in den lückenhaften Informationen: Ein Panelteilnehmer kann für ein Interview nicht erreichbar sein oder es manchmal vorziehen, nicht alle Fragen zu beantworten. Die Verwendung von unvollständigen Interviews führt die daraus gefolgerten Trends ad absurdum, aber solche Fälle vollständig wegzulassen, wäre noch schlimmer.

Um solche Datenlücken zu schließen, setzen Statistiker die sogenannte »Imputation« ein. Diese besteht aus einer Reihe von mathematischen Techniken, um fehlende Antworten unter Zugrundelegung anderer verfügbarer Informationen zu ersetzen. Zum Beispiel erzählt die Befragte J. S. dem Interviewer in drei Interviews alles über ihr Einkommen, ihre Heirat und ihren Beruf, lehnt es aber beim vierten Interview plötzlich ab, ihr Einkommen preiszugeben: Sofern alles andere, einschließlich ihrer Berufstätigkeit, in ihrem Leben gleichgeblieben ist, kann man berechtigterweise annehmen, daß sich ihr Einkommen nicht verändert hat. Oder wenn sie vor dem letzten Interview aus der Stichprobe verschwindet, kann man solche Panelteilnehmer betrachten, die ihr im Alter, in der Schulbildung, im Einkommen und so weiter am ehesten gleichen, und dann feststellen, wie sich deren durchschnittliches Einkommen zwischen dem dritten und vierten Interview verändert hat, und die so gewonnenen Informationen der ursprünglich Befragten zuordnen.

Von der Imputation wird manchmal behauptet, daß sie Daten »herstellt«, aber ihre Daten sind nicht mehr erfunden als jene, die Physiker erzeugen, wenn sie Scatterdiagramme auf Millimeterpapier plotten und dann eine glatte Kurve zeichnen, die diese am besten beschreibt. Beinahe alle Punkte auf einer solchen Kurve sind Artefakte des Anpassungsprozesses, keine tatsächlichen experimentellen Daten. Solche Kurven sind Verallgemeinerungen, die das Wirken von Gesetzen aufzeigen, und die Punkte auf diesen Kurven, obgleich künstlich, können die Gültigkeit dieses Gesetzes repräsentieren. Auf eine ähnliche Weise fügt die Imputation durchschnittliche Werte aus existierenden Datenpunkten ein, um bestimmte soziale Gesetze erkennen zu können.

Die Imputation ist nur eine der Methoden, über die die Sozialwissenschaft eine fundamentale Verwandtschaft mit den Naturwissenschaften insinuiert. Dennoch bezweifeln Nicht-Sozialwissenschaftler – unter anderem eben Naturwissenschaftler – manchmal, ob erstere eine »wirkliche« Wissenschaft ist, auch wenn sie sich oftmals im unklaren über ihre Gründe sind. In diesem Zusammenhang führte etwa Richard Feynman, ein bedeutender Physiker und Nobelpreisträger, während der ›Nova‹-Fernsehsendung im Januar 1983 aus:

Aufgrund des Erfolgs der Wissenschaft gibt es eine Art von, ich denke eine Art von Pseudowissenschaft … Die Sozialwissenschaft ist ein Beispiel für eine Wissenschaft, die keine Wissenschaft ist. Sie arbeitet nicht wissenschaftlich exakt … sie folgt Schablonen … oder man sammelt Daten, man macht dies und das, aber sie kommen zu keinen Gesetzen, sie haben nichts herausgefunden.[53]*

Diese Auffassung mag dem Umstand geschuldet sein, daß für einen Physiker ein »Gesetz« eine unveränderliche Regelmäßigkeit bedeutet (die Geschwindigkeit des Lichts, die Beziehung zwischen Masse und Energie), während in den Sozialwissenschaften Gesetze oder Regelmäßigkeiten oft stark von der Zeit und dem Ort abhängig sind (Liebe ist ein weitverbreitetes Phänomen, aber ihre Formen und ihre Bedeutung variierten beträchtlich über die Jahrhunderte und zwischen den Kulturen). Feynman und andere scheinen nicht zu erkennen, daß innerhalb einer gegebenen Gesellschaft oder einer Gruppe verwandter Gesellschaften die Sozialwissenschaften Sinn und Ordnung in verwirrende Komplexität bringen und Gesetzmäßigkeiten von großem intellektuellen und praktischen Wert für die heutige Menschheit entdecken.

Versuchsdurchlauf

Der Start des ersten umfassenden Tests von SIPP im Februar 1979 war äußerlich eine undramatische Angelegenheit – ohne Menschenansammlungen, Kameras, Scheinwerfer oder Countdowns. In der Tat fand nichts irgendwie Aufsehenerregendes statt; alles, was passierte, war, daß sich hier und dort über das ganze Land verteilt Männer und Frauen (insgesamt 193) auf den Weg

---

* Die Auslassungspunkte markieren Sprechpausen, nicht Weglassungen.

machten, um Adressen zu suchen, an Türen zu klingeln, mit Leuten zu sprechen und Bündel von Fragebögen mit kleinen Markierungen zu versehen.

Es gab auch nichts Auffallendes bei den monatelangen Vorbereitungsarbeiten. Der Mitarbeiterstab war auf 15 im HEW und 25 im ›Bureau of the Census‹ angewachsen, aber wie zuvor verbrachten diese Personen die meiste Zeit mit Lesen, der Ausarbeitung von Plänen und endlosen Beratungen untereinander, mit Universitätsangehörigen, die für sie arbeiteten, mit Beratern des OMB und verschiedenen Kongreßkomitees und Beamten aus elf Bundesvertretungen und Ministerien. Viele der letztgenannten wollten eigene Fragen in SIPP aufgenommen wissen, die den Fragebogen überluden und seine Konturen verwuschen, dafür aber SIPP eine nachhaltige Unterstützung für zukünftige Etatanhörungen gaben.

Die einzigen dramatischen Augenblicke bei den Vorbereitungsarbeiten bestanden in den vielen hitzigen Diskussionen über rein methodische Fragen zwischen Mitarbeitern des HEW und des ›Census‹. Diese Besprechungen gerieten oftmals in eine Sackgasse. »Der hauptsächliche Streitpunkt«, so Dawn Nelson, der für beide Seiten gearbeitet hat, »betraf die Ehrgeizigkeit des Projekts, so wie es von den HEW-Mitarbeitern gesehen wurde, versus dem Wunsch des ›Bureaus‹ nach seiner praktischen Realisierbarkeit.« Ein anderer Mitarbeiter des HEW erinnert sich: »Unsere Seite beharrte darauf, daß ›wir sollten‹ und ›wir müßten‹, während sie darauf beharrten, ›aber wir haben niemals‹ und ›es ist nicht zweckmäßig, weil‹.«

Die HEW-Mitarbeiter wollten zum Beispiel über die Genauigkeit der Stellvertreterantworten (Informationen, die von jemandem im Haushalt für ein nicht anwesendes Mitglied gegeben wurden) Experimente durchführen. Die Mitglieder des ›Census‹ meinten dagegen, daß das nicht notwendig sei – sie hatten in früheren Untersuchungen einen relativ hohen Anteil an direkten Interviews erzielt – und es nur Zeit- und Geldverschwendung wäre.

HEW wollte SIPP viel mehr Fragen hinzufügen und es zu einer »mehrzweckwissenschaftlichen« Erhebung machen; Census führte dagegen an, daß auf einen zu langen Fragebogen die Befragten nur unwillig reagierten und die Antwortverweigerungen und Ausfallraten erhöht würden.

HEW wollte jede Erhebungswelle innerhalb eines Monats abgeschlossen und in Abständen von drei Monaten wiederholt haben, um die statistischen Vergleiche so klar wie möglich zu halten; Census wollte die Interviews gestaffelt und über jede Periode von drei Monaten verteilt wissen, um die Interviewer ständig zu beschäftigen.

Wray Smith, der für ISDP verantwortliche HEW-Verwalter (Frau Mahoney hatte inzwischen eine andere Stelle angenommen), spürte, daß seine Seite möglicherweise weniger von diesen Kämpfen verlieren würde, wenn ihr Direktor älter wäre und mehr Macht besäße. Er ersetzte Paul Planchon daher durch Charles Lininger, einen Experten auf dem Gebiet der Erhebungsforschung, der eine größere akademische Reputanz vorzuweisen hatte und einen hartnäckigeren Verhandlungsstil an den Konferenztisch brachte. Lininger war im methodologischen Hauen und Stechen um etliches besser als Planchon, aber ›Census‹ war wie ein massiver Sumo-Ringer kaum zu bewegen. Roger Herriot von ›Census‹ erinnert sich an den Konflikt über die gestaffelten Interviewzeitpläne: »Es ging hin und her, und wir konnten uns einfach nicht einigen. Letzten Endes mußten wir vor ein Schlichtungskomitee gehen, das aus drei Spitzenleuten beider Ämter zusammengesetzt war. Es stand ungefähr zwei Stunden lang Spitz auf Knopf. Schließlich entschied man sich für unseren Weg.« Aber Lininger, der eine Reihe anderer Auseinandersetzungen gewann, sagt: »SIPP wäre ohne unser Beharren darauf, daß ›Census‹ die Dinge anspruchsvoller als gewöhnlich angeht, niemals so gut geworden, wie es ist.

Auf mühsame Weise wurden unter ständigem unerbittlichen Termindruck Kompromisse ausgearbeitet, bis das Design des Feldtests von 1979 vollständig stand. Die hauptsächlichen Bestandteile waren:[54]

Die Stichprobe. Die ›Census‹-Mitglieder begannen mit einer Stichprobe, die schon vorher für eine andere landesweite Erhebung gezogen worden war, und wählten 130 ›Primary Sampling Units‹ aus ihrer nationalen Liste von 1 924 PSUs. Aus jedem der 130 nahmen sie kleinere Gebiete, und aus den ›Census‹-Listen der »Haushaltseinheiten« (örtliche Wohnsitze) dieser Gebiete von 1970 ließen sie per Computer zufällig insgesamt 9 300 Haushalte heraussuchen. Dies erbrachte eine nationale Wahrscheinlichkeitsstichprobe, aber eine, bei der sie durch die Auswahl der Gebiete absichtlich das obere und untere Ende der Einkommensskala übergewichtet hatten, um genügend solcher Fälle zu erheben und eine detaillierte statistische Analyse zu ermöglichen. Später, bevor die Erhebungsergebnisse für die Durchführung landesweiter Schätzungen verwendet werden würden, wollten die ›Census‹-Statistiker die Stichprobe neu gewichten, um sie der der Gesamtbevölkerung anzugleichen.

Weitere 2 000 Haushalte in jenen Gebieten wurden aus Listen von Personen, die SSI-Beihilfen oder ›Basic Educational Opportunity Grants‹ erhielten, hinzugefügt, um zusätzliche Vergleiche der Fragebogendaten mit bereits aufgezeichneten Informationen zu ermöglichen. Das Gesamtpanel bestand somit aus 11 300 Haushalten oder ungefähr 21 000 Personen, aber die ›Census‹-Analytiker benutzten ausschließlich die Wahrscheinlichkeitsstichprobe, wenn sie nationale Armutsraten, das Einkommen und andere Kernergebnisse schätzten.

Der Interviewzeitplan. Das Gesamtpanel wurde in drei Gruppen eingeteilt; jede Gruppe würde sechsmal, nach je drei Monaten, befragt werden, aber die Interviews würden gestaffelt sein, so wie ›Census‹ es wollte. Die erste Befragung der ersten Gruppe sollte im Februar 1979 durchgeführt werden, die der zweiten Gruppe im März und die der dritten Gruppe im April; die erste Gruppe sollte im Mai ein zweites Mal befragt werden und so weiter.

Bei jeder Erhebungswelle würde ein unterschiedlicher Fragebogen benützt werden. Einige Themen, wie zum Beispiel das Einkommen, würden jedesmal angesprochen werden, andere würde man aber bei den späteren Wellen auslassen und neue hinzufügen. Im ersten Interview würden die zentralen Themen die Zusammensetzung des Haushalts, die Beteiligung am Arbeitsprozeß und das Einkommen sein. (Allein bezogen auf das Einkommen würden die Interviewer der Reihe nach ungefähr fünfzehn unterschiedliche Quellen abzufragen haben.) Während der nächsten fünf Interviews würden sie eine große Zahl anderer Themen untersuchen, welche von der Miete über den Eheverlauf, die Ausgaben für die Kinderbetreuung, die pädagogischen Kenntnisse bis zu den Vermögenswerten und dem Nettoverdienst reichten.

Die Länge des Fragebogens. Für das erste Interview glich der Fragebogen einem dicken großformatigen Wälzer. Auf sechzig Seiten enthielt er Hunderte von Fragen, einige mit zahlreichen Zusatzfragen, und bot Platz für über 1 650 mögliche Antworten, von denen viele mehrere Antwortalternativen enthielten. Für einige spätere Wellen waren die Fragebögen sogar noch umfangreicher. Glücklicherweise würde nicht jede einzelne Person nach jedem Detail gefragt werden. Die Spannbreite reichte von einfachen Tatsachenfragen wie:

Waren Sie [oder die Person, für die Sie antworten] während der kalendarisch angegebenen Zeitperiode berufstätig?

über komplizierte Tatsachenfragen wie:

Ich würde Sie nun gerne bitten, über alle Haushaltsgegenstände nachzudenken, die sich im Besitz der im Haushalt lebenden Personen befinden – Dinge wie Möbel, Fernseher, Stereoanlagen und elektrische Haushaltsgeräte. Wenn alle diese Gegenstände verkauft würden, könnten Sie mir eine grobe Schätzung der Summe geben, die Sie für sie bekommen könnten?

bis hin zu sehr subjektiven und diffizilen Fragen wie:

Soweit Sie es sagen können, was glauben Sie, denken die Leute in dieser Gemeinde über Personen, die Unterstützung bekommen? Scheinen sie weniger Respekt für eine Person zu empfinden, weil sie diese Art der Hilfe braucht und in Anspruch nimmt?

Tests und Experimente. Eine Reihe methodisch wichtiger Experimente und mehrere Tests der neuen Techniken wurden in die Fragebögen beziehungsweise den Zeitplan eingebaut.

Die beiden wichtigsten Experimente betrafen die Frage, wer um die Einkommensauskünfte gebeten wurde. In einigen Haushalten konnte eine Person diese Fragen für den ganzen Haushalt beantworten, während in anderen die Antworten von allen Einkommensbeziehern einzeln kommen müßten. Die Absicht war, herauszufinden, ob die schnellere erste Methode gleich gute Daten liefern würde wie die langsamere zweite. In einem ähnlichen Experiment sollten die Selbstantworten nach ihrer Genauigkeit und Vollständigkeit mit Stellvertreterantworten verglichen werden (bei denen jeder Erwachsene eines Haushalts für einen Abwesenden antworten konnte). Zwei andere Experimente würden messen, wie genau sich Personen an die Details ihres Einkommens des letzten Monats im Vergleich zu denjenigen früherer Monate erinnern könnten.

Die wesentlichen neuen Techniken, die geprüft wurden, betrafen den gestaffelten Interviewplan, einen Versuch, Einkommensdaten aus selbständiger Arbeit mittels eines postalischen Fragebogens, der in Abwesenheit des Interviewers ausgefüllt wurde, zu erheben, und die Verwendung von Sozialversicherungsnummern zur Verbindung der Erhebungsdaten mit den Informationen aus den ›Social Security Administration files‹. (Dies war keine einfache Aufgabe: Wenn die Namen, Geburtstage oder andere Einzelheiten nicht übereinstimmten, könnte das einfach an Schreibfehlern oder Namensverwechslungen liegen – aber es könnte auch sein, daß die Fälle nicht identisch waren. Die mögliche Lösung dieses Problems bestand in einem computergesteuerten Sechzehn-Schritte-Programm, das alle Unterschiede notieren, Ähnlichkeiten abwägen und dann eine Gesamtentscheidung hinsichtlich der Validität der Übereinstimmungen treffen sollte.)

Es gab jedoch besonders wichtige Probleme, für deren Bearbeitung kein Mitarbeiter Zeit hatte. Zum Beispiel das Problem, wie die Personen und die Haushalte jeder Welle mit den nachfolgenden Wellen verknüpft werden sollten und was man mit fehlenden Werten und Ausfällen tun sollte. Ideal wäre gewesen, wenn diese Angelegenheiten bereits vor Beginn der Interviews bereinigt worden wären, aber der Februar 1979 stand schon lange Zeit als der Starttermin des dritten Tests von SIPP fest, und die Planung war jetzt nicht mehr zu stoppen.

In früheren Versuchen war der Prozentsatz der Haushalte, die nicht gefunden werden konnten oder nicht mitmachen wollten, kleiner als befürchtet gewesen, aber größer als normalerweise bei Erhebungen des ›Census Bureau‹.

Dieses Mal versuchten die Supervisoren des ›Census‹, die Rate der Nichtant-worten durch ein ausgeweitetes Problemtraining zu verringern. Sie schulten die Interviewer darin, ihre Arbeit mit Straßenkarten planmäßig zu organisie-ren, die schwierigen Fälle zu den vorteilhaftesten Zeiten anzugehen und ange-messene Zeiten für Rückrufe und Abendbesuche festzulegen. Die Interviewer wurden darüber belehrt, was sie sagen und wie sie es sagen sollten, wenn sich die Tür das erste Mal öffnete, und wie sie die Kontaktaufnahme mit den Befragten freundlich gestalten könnten. Ihnen wurden Tips gegeben, wie lange sie versuchen sollten, Verweigerer zu »bekehren« oder Personen, die ver-zogen waren, aufzuspüren, und wie sie Befragte, die einige Fragen zu persön-lich fanden, davon überzeugen könnten, daß Informationen des ›Census‹ nie-mals in einer Form weitergegeben werden würden, die die Identifizierung irgendeiner Person ermöglichte.

Die Umfrage lief wie die vorherigen ab, nur daß sie in viel größerem Stil durchgeführt wurde und auf mehr Sorten von Interviewverweigerern stieß, einschließlich einer gewissen Reihe von »dummen, lügenden und verrückten Personen«, wie Martin David es schonungslos ausdrückte[55]. Wie zuvor hatten viele Leute, obgleich sie normal intelligent, ehrlich und vernünftig erschie-nen, Probleme damit, die Programme zu identifizieren, aus denen sie Unter-stützung bezogen, während zahlreiche der besser situierten Personen vielen Einkommensfragen auswichen oder die Antwort verweigerten, besonders bei Fragen zu Zinseinkünften.

Ziemlich bald gelang es den meisten Interviewern, mit solchen Schwierig-keiten fertig zu werden. Supervisoren, die stichprobenartig bestimmte Haus-halte nochmals interviewten, um die Arbeit der Interviewer zu überprüfen, ermittelten, daß die Fehlerrate nach der ersten Welle schon stark zurückging und ab dem zweiten Durchgang nur zwei Prozent der überprüften Interviews überhaupt Fehler aufwiesen. Die Befürchtung der Forscher, daß viele Befragte eher ausfallen würden als über Einkommen und Vermögenswerte zu berich-ten, erwies sich als übertrieben. Die Interviewer waren in der Lage, im Durch-schnitt von mehr als sechs von sieben Haushalten ausreichend Daten wäh-rend der sechs Befragungen zu sammeln – ein bedeutend besserer Durch-schnitt als in dem Test von 1978 –, und die Quote der Nichtantworten nahm nach der dritten Welle tatsächlich noch ab.[56]

Anderthalb Jahre lang kamen beinahe jede Woche tausend Fragebögen aus dem ganzen Land in Jeffersonville, Indiana, dem EDV-Zentrum des ›Bureau of the Census‹, an. Die Umwandlung der Fragebogenmarkierungen in eine für

Sozialforscher nützliche Datenbasis benötigt viele Verarbeitungsschritte: Einige sind einfach (Dinge überprüfen oder »redigieren«), andere sind komplizierter (»Kodieren« – d.h. die Antworten in eine Form zu bringen, die vom Computer gelesen werden kann; und das Einfügen von »Identifizierungen« – Codezahlen – für jedes Individuum, so daß Namen und Sozialversicherungsnummern entfernt werden können), und wiederum andere sind auf einem ganz hohen Niveau angesiedelt (Daten aus verschiedenen Fragebögen miteinander zu verbinden, zu gewichten und zuzuordnen). Die Rohdaten wurden auf Magnetbänder beim Hauptquartier des ›Bureau of the Census‹ in Suitland, Maryland, überspielt und dort ausgewertet.

Monatelang flatterten die Ergebnisse auf die Schreibtische der HEW- und ›Census‹-Forscher. Sobald neue Stapel eintrafen, improvisierten die Mitarbeiter Treffen, um die Befunde zu diskutieren. Die Liste der entstandenen Schriften, Berichte und Analysen beläuft sich auf mehrere hundert Titel. Einige der darin enthaltenen Kernpunkte sind:[57]

– Wenn eine Person der Sprecher für den ganzen Haushalt war, waren die erhobenen Daten beinahe so vollständig und zuverlässig, als wenn man jede Person direkt befragt hätte. Die Zeitersparnis hielt sich allerdings in Grenzen: nur eine Minute pro zu interviewender Person. Wenn irgend jemand im Haushalt für irgendein anderes Mitglied stellvertretend Auskunft geben konnte, waren die Antworten zu einigen Fragenkomplexen weniger vollständig als jene von Personen, die für sich selbst antworteten. Auf der anderen Seite tendierten Stellvertreter weniger dazu, Antworten auf Fragen über die Vermögensverhältnisse zu verweigern. Die Mitarbeiter schlossen daraus, daß das beste ein gemischter Ansatz sein könnte, je nach Situation.
– Obgleich das gestaffelte Erhebungsdesign das Zusammenfügen der Daten komplizierte, erwies es sich als durchführbar und effektivierte durchaus den Einsatz des Interviewerstabs. Es erlaubte auch, die Genauigkeit der Kurzzeit- und Langzeiterinnerung an das Einkommen zu bestimmen: Indem das von der dritten Gruppe für die zurückliegenden drei Monate angegebene Einkommen mit dem verglichen wurde, was die erste Gruppe für dieselbe Zeitspanne angab – wenn es für diese der vergangene Monat war –, konnten der Grad der Verfälschung und des Vergessens gemessen werden. Somit konnten Korrekturen vorgenommen und die monatlichen und jährlichen Einkommensdaten genauer gefaßt werden, als es die Daten der ›CPS Annual Demographic Supplement‹ ermöglichten.
– Der postalische Einkommensbericht Selbständiger war ein Mißerfolg; die Hälfte der Befragten reagierte nicht.

- Das Computerverfahren zur Abstimmung der Interviews mit den Aufzeichnungen der ›Social Security Administration‹ erklärte 92,6% der von den Interviewern eingeholten Sozialversicherungsnummern für gültig; eine manuelle Abstimmung erklärte weitere 3% für gültig.
- In den späteren Erhebungswellen berichteten die Befragten von einem geringeren Einkommen als zuvor, aber da die wirtschaftlichen Indikatoren des Landes keinen solchen Rückgang in derselben Zeitspanne anzeigten, scheint es klar, daß einige Befragte der langwierigen Befragung überdrüssig wurden und ihre Antworten einfach verkürzten. Neben anderen Effekten vergrößerte dies die Armutsrate um mehrere Prozentpunkte, die wichtige Sozialprogramme beeinflussen würden. Aber die meßbare Verfälschung konnte mathematisch korrigiert werden; nur wie das am besten gemacht werden sollte, war noch nicht klar.
- Ein alarmierender Befund waren die dürftigen Ergebnisse der Fragen über Vermögenswerte und Besitz. Verweigerungen und »Weiß ich nicht«-Antworten beliefen sich zu 20% auf Fragen über Sparkonten, zu 30% bis 40% auf Eigentum und zu zwei Dritteln oder mehr auf Wertpapiere und Aktien. Die fehlenden Werte wurden durch Imputation gewonnen, aber den Analytikern war nicht ganz wohl dabei, einen abgeleiteten Faktor dieser Größenordnung zu haben. Das Problem war, daß die Interviewer bei den Fragen über Vermögenswerte nicht genug insistiert hatten, da diese nach vielen anderen Fragen zu wesentlicheren Angelegenheiten gestellt wurden – Beschäftigung, Einkommen und Teilnahme an sozialen Programmen. Die Lösung könnte sein, den Fragebogen zu kürzen oder Interviewer spezifisch vor ihrer Neigung zum Aufgeben zu warnen.
- Die Anzahl der von Frauen geführten Haushalte war, sogar nach der Neugewichtung, geringer als angenommen. Bezogen auf die Gesamtbevölkerung wies das Ergebnis gegenüber den AFDC-Aufzeichnungen eine Million weniger solcher Familien nach. Das Überziehen der Stichprobe an den oberen und unteren Enden der Einkommensskala und die spätere Wiederausgleichung hatten nicht optimal funktioniert. Glücklicherweise konnte bei SIPP ein einfacheres, genaueres Verfahren der Stichprobenerhebung verwendet werden, da die Stichprobe, fünfmal so groß, genügend arme und gut situierte Personen für feine Einteilungen enthalten würde.

Trotz seiner Mängel lieferte das Panel von 1979 eine ansehnliche Menge von Informationen, insbesondere Einkommensdaten, die vollständiger und zuverlässiger waren als vergleichbare Daten des jährlichen CPS-Supplements.[58]

Die ISDP-Daten zeigten, daß CPS den Grad und die Verbreitung der Armut um mehr als 9% überschätzt hatte, da seine einmal im Jahr durchgeführte Erhebung zu grob und nicht genügend gefeit gegen Gedächtnisfehler der Befragten war. Umgekehrt zeigten die ISDP-Daten ein um durchschnittlich etwa 5% geringeres monatliches Einkommen und beinahe 20% mehr Personen auf, die Arbeitslosenunterstützung erhielten, als CPS.

Zum erstenmal seit der Verabschiedung der Sozialprogramme der 60er Jahre konnte die Anzahl der Haushalte, die Beihilfen aus mehr als einem Programm bezogen, geschätzt werden. Die Ergebnisse:

- Während eines Zeitraums von drei Monaten im Jahre 1979 erhielten ungefähr 30 000 000 Haushalte – mehr als jeder dritte in den USA – Beihilfen aus einem oder mehreren von fünf größeren – für die Untersuchung ausgewählten – Programmen.
- Über 21% (6 383 000 Haushalte) erhielten zwei oder mehr Arten von Beihilfen.
- 5,65% (1 657 000 Haushalte) bezogen drei oder mehr Arten von Beihilfen.

Auch das Essensmarkenprogramm wurde in Augenschein genommen. Etwa 5 100 000 Haushalte, die wegen ihres geringen Einkommens berechtigt waren, Essensmarken zu erhalten, wurden aus dem Programm aufgrund höherer Vermögenswerte als erlaubt ausgeschlossen. Würde die Begrenzung der Vermögenswerte aufgehoben werden, erhöhte sich die Zahl der Essensmarkenbezieher um ungefähr 8 000 000 Personen, was zusätzliche Kosten von beinahe drei Milliarden Dollar verursachen würde. Genau diese Informationen benötigte der Gesetzgeber.

Jedoch waren bei SIPP viele Veränderungen und Korrekturen notwendig, um die Stichprobenerhebung, das Fragebogendesign, die Gewichtung der Daten und die Imputationsmethoden zu verbessern. Vier unter Vertrag genommene Forschungszentren – das ›Survey Research Center‹ an der University of Michigan, das ›Survey Research Laboratory‹ an der University of Illinois sowie das ›Urban Institute‹ und die ›Mathematica Policy Research‹, beide in Washington D.C. – führten wichtige Arbeiten zu einer Reihe von unerledigten Problemen, insbesondere zum Fehlen eines Systems zur Verknüpfung der Längsschnittdaten durch. Die Lösung dieses technischen Problems war für die Mitarbeiter von HEW einfach zu schwierig gewesen, und der ›Census‹-Stab, der sich die Ausarbeitung zutraute, hatte keine Zeit dafür. Ohne diese Fremdarbeiten wären staatliche und universitäre Forscher und Wissenschaftler, die mit den Datenbändern des Tests von 1979 arbeiteten, nicht in der Lage, einzelne Personen oder Familien sowie Haushalte über einen längeren Zeitraum zu beobachten, um feststellen zu können, was passierte, wenn Familienmitglieder ausschieden beziehungsweise neu eintraten oder wenn sich ihre wirtschaftliche Situation während der Erhebungswellen veränderte.

Dennoch begann das OMB während des Tests von 1979 die Mitarbeiterstäbe von HEW und ›Census‹ zu drängen, SIPP so bald wie möglich »einsatzbereit« zu machen, um eine geregelte Finanzierungsbasis sicherzustellen. Beide Mitarbeiterstäbe stimmten nur widerwillig zu, SIPP im Januar 1981 beginnen zu lassen. Viele schwierige technische Probleme mußten noch gelöst werden.

Ein weiteres, ganz anderes Problem wurde bald noch gravierender. Da ASPE ziemlich klein und spezialisiert war, konnte es für das stark erweiterte ISDP beziehungsweise das weit größere SIPP kein geeigneter Ort sein. Die HEW-Verwalter hegten bereits lange Zeit die Absicht, die Erhebung möglicherweise an das viel größere ›Office of Research and Statistics of the Social Security Administration (SSA)‹ zu verlagern, eine Behörde, die viele Programme, mit denen sich SIPP befaßte, steuerte. Sie drängten nun auf eine solche Verlegung. Aber die Spitzenfunktionäre und die Forschungsbehörde des SSA waren überhaupt nicht darüber erfreut, die Erhebung aufgedrängt zu bekommen und für sie aus ihrem Etat bezahlen zu müssen (sie kostete 1979 vier Millionen Dollar und würde zigmal soviel verschlingen, wenn sie im Einsatz war). SIPP war nicht ihre Kreation gewesen, und sie wollten sie lieber woanders beherbergt sehen.

Dennoch schlossen sie pflichtbewußt einen gewissen Betrag für den Beginn von SIPP in ihren Etat für 1981 ein, den sie im Frühjahr 1980 bei den Haushaltsunterausschüssen des Repräsentantenhauses und des Senats einreichten. Sie führten ihn aber deutlich sichtbar getrennt von den anderen Posten auf und setzten ihn so – es war Präsidentschaftswahlkampfjahr, eine für Ausgabenpolitik sensible Zeit – Anfechtungen aus. Der Unterausschuß des Repräsentantenhauses strich prompt den Zusatzetat. SIPP würde 1981 also nicht beginnen können.[59]

Viele Mitglieder des HEW- und des ›Census‹-Stabs gerieten in Panik, aber die älteren Mitarbeiter beruhigten sie und sagten: »So wird das Spiel nun mal gespielt«, »Nächstes Jahr wird SIPP wieder auf dem Haushaltsplan von SSA stehen und durchgehen« und »Wir haben immer noch Geldmittel, um die Entwicklung fortzuführen, und ein zusätzliches Jahr kann nur gut sein.« Man beruhigte sich wieder, der Start von SIPP wurde auf Februar 1982 neu festgesetzt, und die Arbeit ging weiter.

Im Frühjahr 1981 jedoch war die Reagan-Regierung an der Macht, und damit waren Kürzungen an der Tagesordnung. John Svahn, der bald Leiter von SSA werden sollte, war damals persönlicher Berater des von Reagan zum Minister für ›Health and Human Services‹ (Nachfolger des HEW) berufenen Richard Schweiker und wollte keinen Teil von SIPP übernehmen. In der Zeit der Etatbeantragung tauchte das Gerücht auf, daß bei der Beratung des Etats in den Unterausschüssen die SSA-Vertretung SIPP nicht den Rücken stärken würde. Roger Herriot wurde von Charles Lininger angerufen: »Roger, sie werden es nicht unterstützen.« Herriot war wie vom Donner gerührt. Jeder der beiden Mitarbeiterstäbe hatte gewußt, daß SIPP in Gefahr war, aber keiner hatte wirklich geglaubt, daß sechs Jahre Arbeit umsonst gewesen sein sollten und zwanzig Millionen Dollar zum Fenster hinaus geworfen waren, daß die bedeutendste Erhebung seit Jahrzehnten aufgegeben werden würde, nur um 1% des SSA-Etats einzusparen.

Der Haushaltsunterausschuß des Repräsentantenhauses strich SIPP, ohne zu zögern. Das ISDP war nun eine zeitlich begrenzte Angelegenheit geworden und würde am Ende des Jahres mit dem Auslaufen der Geldmittel eingestellt werden. Damit war auch das Schicksal von SIPP besiegelt.

Am HHS und am ›Census‹ schauten die Mitarbeiter drein, als wenn sie gerade von einem Todesfall in der Familie erfahren hätten. Sie suchten sich gegenseitig auf und fragten sich wieder und wieder, was sie hätten tun können, um diese Katastrophe zu verhindern.

Die wissenschaftliche Welt war entsetzt (in diesem Jahr gab es vieles, über das sie entsetzt war). Das ›Social Science Research Council‹ rief eine Krisensitzung ein, um zu überlegen, wie die Sozialforschung den Verlust an Daten, die sie von SIPP erwartet hatte, am besten wettmachen könnte. Das Komitee für ›National Statistics of the National Academy of Sciences‹, eine nichtstaatliche Behörde, die den Staat in wissenschaftlichen Angelegenheiten berät, schrieb an Minister Schweiker, daß SIPP unbedingt gebraucht würde. Schweikers Amt bestätigte den Eingang des Schreibens, gab aber keinen Kommentar ab.

Lininger und sein Mitarbeiterstab gaben ihre Entwicklungsarbeit auf und widmeten sich halbherzig den Analysen der Daten von 1979, um während der verbliebenen Monate wenigstens etwas zu retten. Gegen Ende des Jahres, als das Geld ausging, räumte einer nach dem anderen seinen Schreibtisch aus und verschwand auf einen anderen Arbeitsplatz im HHS oder anderswo. Das ISDP hörte auf zu existieren, und die SIPP-Fragebögen, Testergebnisse und Einsatzpläne wurden zur sicheren Verwahrung dem ›Bureau of the Census‹ anvertraut.

Erhebungsforschung und Sozialwissenschaft

SIPPs vorzeitiges Ende ist nur eine Form, in der die wissenschaftliche Forschung durch den Staat und die Regierung blockiert werden kann. Im äußersten Fall können die staatlichen Instanzen diktieren, was untersucht wird und was nicht: Stalins Verbot der Genforschung und die Verdammung der physikalischen Forschung, die auf der Relativitätstheorie beruhte, durch die Nazis sind einschlägige Beispiele. Verglichen damit erscheint es nicht so spektakulär, wenn die Leiter von Behörden und der Gesetzgeber öffentliche Geldmittel für ein Projekt sperren, das sowohl gesellschaftlich als auch wissenschaftlich von großer Bedeutung zu sein schien. Die Beendigung der finanziellen Unterstützung verbietet den Sozialwissenschaftlern jedoch nicht, so zu denken und zu arbeiten, wie sie möchten, und die sie interessierenden Fragen weiter zu erforschen.

Aber woher bekommen sie die Daten dafür? Preiswerte Methoden der Sozialforschung eignen sich zur Untersuchung von eng umrissenen Phänomenen oder für eingeschränkte Analyseebenen, aber viele Prozesse sind so komplex und schließen so viele interagierende Kräfte ein, daß nur kostspielige Forschungsmethoden erfolgreich sein können. Die Erforschung umfassender und diffiziler sozialer Probleme oder Phänomene erfordert die Verwendung von anspruchsvollen Fragebögen, raffiniert ausgearbeiteten Stichproben, einen großen Stab von Außendienstmitarbeitern und kostenintensive Datenverarbeitungsverfahren. Nur diese können die großen und komplexen Datenbasen liefern, die die Statistiker in die Lage versetzen, die Kovariationen zu finden, die auf Ursache-Wirkungsbeziehungen hinweisen. Ohne solche Vorgehensweisen, die der staatlichen Unterstützung bedürfen, wird die Freiheit der Forschung bedeutungslos. Die Streichung von SIPP war gleichbedeutend mit der Aussage, daß die Sozialwissenschaft nicht mehr länger diese Forschungsrichtung verfolgen soll.

Obgleich universitäre Forscher die Art von Daten, die große Erhebungen liefern, für ihre statistischen und theoretischen Arbeiten brauchen, ist diese Beziehung reziprok; ohne die Aufstellung von bestimmten Hypothesen können die Planer von Erhebungen nur Überprüfungen von alten Daten leisten, nicht aber von neuen, die neue Erkenntnisse erbringen. Konzepte oder Ordnungsprinzipien entstehen nicht von selber durch wahllose Beobachtungen, sondern als Antwort auf Hypothesen und Vermutungen, die unser Vorstellungsvermögen leiten. Um Anzeichen für irgendeine Regelmäßigkeit erkennen zu können, müssen wir vermuten, daß sie existiert, und nach ihr suchen. Wie Einstein es prägnant ausdrückte: »Erst die Theorie entscheidet darüber, was man beobachten kann.«[60]

Es gibt somit eine symbiotische Beziehung zwischen jenen, die die Erhebungsforschung oder die Datenerhebung durchführen, und jenen, die die Daten statistisch auswerten, um Hypothesen über Ursache-Wirkungsbeziehungen zwischen den Variablen zu überprüfen. Trotz dieser Symbiose stehen sich die zwei Gruppen oftmals kritisch, mitunter sogar beinahe feindselig gegenüber.

In jeder Wissenschaft besteht eine Dichotomie zwischen den Empirikern und den Analytikern, zwischen den Experimentalisten und den Theoretikern. Aber in der Physik und der Biologie hat sich diese Art von Spaltung verringert; zum Beispiel sind in der Elementarteilchenphysik, der Astronomie und der Biogenetik, bei denen die Theorien ziemlich genau und eng an die empirischen Details gebunden sind, die besten Theoretiker oftmals die besten Methodiker und vice versa.

In den Sozialwissenschaften klafft jedoch eine große Lücke, und es existiert ein bedeutender Statusunterschied zwischen den beiden Polen. Dies läßt sich teilweise auf die relative Unreife dieser Wissenschaften zurückführen, aber andererseits ist es auch ein Vermächtnis der Wissenschaftsgeschichte, da die Philosophen, die Mutmaßungen über zeitlose Prinzipien anstellten, ein wesentlich höheres Prestige besaßen als Ärzte oder Astronomen, die sich mit Tatsachen beschäftigten. Aristoteles, der auf die Theorie vertraute, daß Frauen von Natur aus minderwertig seien, behauptete, daß sie weniger Zähne als Männer hätten; er ließ sich jedoch nie dazu herab, einmal nachzusehen.

Die Betrachtung sozialer Phänomene durch die Erhebung von Daten wird von einigen Sozialwissenschaftlern immer noch mit einer Spur Herablassung angesehen. Sie sagen: »Erhebungen sind deskriptiv; sie sind nicht wirklich Sozialwissenschaft.« Dieser Ton durchzieht gewisse Artikel in der *International Encyclopedia of the Social Sciences*, die die Erhebungsforschung als bloßes Datensammeln und die Erhebungsanalyse als die wissenschaftliche Suche nach ursächlichen Beziehungen in diesen Daten charakterisiert. Charles E. Lindblom und David K. Cohen von der ›Institution of Social Policy Studies‹ an der Yale University äußern sich in ihrer Studie *Usable Knowledge* sogar noch abfälliger über die Erhebungsforschung:

Wir wissen nun wie niemals zuvor ganz genau, wer die Armen sind, wo sie sind und was ihnen fehlt. Mehr als je zuvor wissen wir, welche Bevölkerungsgruppen wachsen und welche nicht; welche Teile unserer Städte mehr oder weniger von Straßenkriminalität oder Verfall betroffen sind; welche Kinder des Landes lesen lernen oder nicht. Ohne diese große Errungenschaft mißbilligen zu wollen, nehmen wir zur Kenntnis, daß sie mehr wie eine Berichterstattung denn wie Wissenschaft aussieht.[61]

Aber wenn diese Berichterstattung von wissenschaftlichen Hypothesen geleitet und nach wissenschaftlichen Verfahren durchgeführt wird, verdient sie den Namen Wissenschaft. Ohne die empirische Grundlage sind Kausalerklärungen kaum mehr als kluge Intuitionen beziehungsweise fruchtbare, aber unbewiesene Hypothesen. Auf der anderen Seite ist eine theoretisch nicht angemessen geleitete Erhebungsforschung oftmals schlechte oder sogar überhaupt keine Wissenschaft. Dies ist zum Beispiel der Fall bei der früher diskutierten informellen Straßeneckenstichprobe und bei den vielen kleinen Erhebungen von vermeintlich wissenschaftlicher Art, die falsche Fragen stellen. Das Faktensammeln und -analysieren sind somit keine getrennten Tätigkeiten, sondern Teile eines planvollen Zusammenhangs; trotz der Statusunterschiede, die zwischen ihnen nach wie vor bestehen, sind beide Aspekte der Sozialwissenschaften. Eine in *Science* veröffentlichte Liste der maßgebenden sozialwissenschaftlichen Errungenschaften der ersten zwei Drittel dieses Jahrhunderts stufte methodologische und theoretische Fortschritte gleich hoch ein.[62]

Ein Großteil der wesentlichen sozialwissenschaftlichen Entdeckungen und Abhandlungen des letzten halben Jahrhunderts basierte auf größeren und kleineren Erhebungen. Ohne diese Erhebungsdaten wäre unser Wissen über viele soziale Phänomene, wie zum Beispiel Rassenbeziehungen, Wahlverhalten und Kriminalität, stark impressionistisch und spekulativ und damit weniger nachweisbar und nützlich.

Da Umfragen und Zählungen, die imstande sind, solche Erkenntnisse zu liefern, Hunderttausende oder sogar Millionen Dollar für eine große Querschnittstudie und noch mehr für eine Längsschnittstudie kosten, sind die meisten größeren Erhebungen von der Regierung finanziell unterstützt beziehungsweise direkt in ihrem Auftrag durchgeführt worden. Das Ziel der Regierung ist, die Informationen zu erhalten, die sie braucht, um effektiv mit praktischen Problemen umgehen zu können, aber einige Regierungsbeamte haben darüber hinaus den langfristigen und weitreichenden Nutzen wissenschaftlicher Analysen erkannt.

Diese Einsicht kam Regierungsstellen zum ersten Mal im Dezember 1929, als Präsident Herbert Hoover angesichts der zusammenbrechenden Wirtschaft Sozialwissenschaftler bat, »die sozialen Veränderungen in seinem Land zu inspizieren, um die auftretenden Probleme erkennen zu können, denen die Bevölkerung der Vereinigten Staaten nun gegenübersteht oder durch die man eine Konfrontation erwarten könnte.« Zu diesem Zweck berief er ein ›Research Committee on Social Trends‹ ein. Es erhielt finanzielle Unterstüt zung von der ›Rockefeller Foundation‹, erreichte die Zustimmung des ›Bureau of the Census‹, seine Daten von 1930 den Wissenschaftlern vor der Veröffentlichung zur Verfügung zu stellen, und es unterstützte eine Gruppe von ausgezeichneten Wissenschaftlern bei der Abfassung von dreizehn zentralen, auf den ›Census‹-Daten basierenden Monographien zu solchen Themen wie Land- und Stadtleben, Erziehungsproblemen, Bevölkerungstrends und den Rassenverhältnissen (diese waren in einem Band mit dem Titel *Recent Social Trends* zusammengefaßt).[63]

Die Daten der Volkszählung von 1940 wurden aufgrund des Drucks der historischen Ereignisse nicht zu Monographien verdichtet, aber vor der Zählung von 1950 erreichte ein neues anderes Komitee, das auf Anregung des ›Social Science Research Council‹ gebildet und von der ›Russell Sage Foundation‹ unterstützt wurde, die Zusammenarbeit mit dem ›Bureau of the Census‹ und förderte elf analytische Monographien. Diese, verfaßt von solchen Experten wie Paul Glick, Otis Dudley Duncan, Albert J. Reiss, Jr., und Eleanor H. Bernert (Eleanor Sheldon), behandelten unter anderem Themen wie die Situation der Familie, der Kinder, die Wohnsituation und das Immigrantenschicksal in den USA. Viele werden noch heute zu den bedeutendsten Beiträgen der sozialwissenschaftlichen Forschung der Nachkriegszeit gerechnet.[64]

Nochmals wurden im Jahre 1960, jedoch nicht mehr 1970, monographische Abhandlungen über die Volkszählungsdaten ermöglicht. Gegenwärtig fördert das weitgehend von der ›Russell Sage Foundation‹ und der ›Alfred P. Sloan Foundation‹ finanziell unterstützte ›National Committee for Research‹ für die Daten der Volkszählung von 1980 monographische Abhandlungen von Reynolds Farley, Glen Cain, Mark Rosenzweig und zwei Dutzend anderen über Familie, Alter, Wohnsituation, Unterschiede zwischen Schwarzen und Weißen und vierzehn andere Themen.[65]

Unter anderen Vorzeichen stützten und stützen sich Hunderte von weiteren Untersuchungen in vielen Bereichen der Sozialwissenschaften auf die zahlreichen vom ›Bureau of the Census‹ durchgeführten Erhebungen sowie auf von der Regierung geförderte Umfragen durch Forschungszentren.

Bis zur Liquidierung von SIPP 1981 war es deshalb lange Zeit Usus der Regierung gewesen, für die Volkszählung und für eine große Anzahl von Erhebungen Mittel zur Verfügung zu stellen, die sowohl ihren eigenen Zwecken als auch denen der amerikanischen Wirtschaft dienten, aber auch den Sozialwissenschaftlern, die die Daten als Rohmaterial für die Grundlagenforschung benutzen konnten.

Niemand kann dafür garantieren, daß tatsächlich ein größerer sozialer Nutzen aus dieser Grundlagenforschung gezogen werden kann. Die bisherigen Erfahrungen legen jedoch nahe, daß dies so sein wird. Newton suchte in seiner Arbeit über die Bewegungsgesetze nach Generalisierungen, die zu dem paßten, was er beobachtet hatte; er dachte nicht an die praktischen Anwendungen dieser Gesetze durch Ingenieure und Techniker in den folgenden Jahrhunderten. Einstein, der versuchte, die Beziehung zwischen Masse und Energie zu verstehen, strebte nur danach, dem Universum einen Sinn zu geben; er sah die Entwicklung von Atomwaffen oder die Herausbildung atomarer Mächte nicht voraus. Kongreßabgeordnete, die nach Wegen suchen, Etats zu kürzen, mögen keinen Sinn darin erkennen, für eine Erhebung zu zahlen, von der sie erwarten, daß nur Wissenschaftler Schlußfolgerungen aus ihr ziehen werden (oder, wie einige Parlamentarier befürchten, daß gefährlichen Sozialreformen der Weg geebnet wird). Die Wissenschaftsgeschichte lehrt jedoch, daß einige dieser Schlußfolgerungen sehr wahrscheinlich die Grundlage für praktische staatliche Entscheidungen in der Zukunft sein können.

All das schien auf SIPP zuzutreffen und seine Kosten zu rechtfertigen. Es hätte eine Reihe bundesstaatlicher Abteilungen und Behörden in die Lage versetzt, klüger, gerechter und vielleicht wirtschaftlicher zu handeln als bisher. Zugleich hätte es mit geringen beziehungsweise überhaupt keinen zusätzlichen öffentlichen Ausgaben Sozialwissenschaftlern zu einer großen Menge von Daten verholfen, mit der sie, viel effektiver als jemals zuvor, nach dem grundlegenden Verständnis der Beziehungen zwischen Einkommen und Programmbeihilfen, Gesundheit, Kinderbetreuung, Wohnraumplanung, Heirat und Scheidung hätten suchen können. Aber nichts von dem war für die Etatkürzer im Frühjahr 1981 von Bedeutung.

»Gute Entscheidungen erfordern gute Daten«

Bruce Chapman, Unterstützer Reagans und Politiker aus dem Staat Washington State, wurde Anfang 1981 vom Präsidenten zum Direktor des ›Bureau of the Census‹ berufen. Es war eine Zeit der drastischen Etatkürzungen durch die neue Regierung, und die erste Amtshandlung von Chapman war, zu entscheiden, welches ›Census‹-Programm gefahrlos fallengelassen werden konnte und welches nicht. Da er drei Jahre Mitglied des ›Seattle City Council‹ und sechs Jahre lang Staatssekretär im Staat Washington gewesen war, war er sich der Bedeutung einer guten Datenbasis für die Regierungstätigkeit sehr wohl bewußt. Dies machte ihn nicht nur vorsichtig gegenüber Streichungen, sondern ließ ihn sogar um eine hohe Summe Geldes für ein Lieblingsprojekt – die Wiederbelebung des SIPP – kämpfen. »Es lenkte meine Aufmerksamkeit auf sich«, erinnert sich Chapman,

denn meine professionellen Mitarbeiter knirschten bei der Streichung von SIPP mehr mit den Zähnen als bei der Kürzung oder Beendigung der meisten anderen Programme. Deshalb bat ich, darüber informiert zu werden. Als ich erfahren hatte, worum es bei SIPP ging, spürte ich, daß etwas, das wir im ›Bureau of the Census‹ *niemals* gestrichen hätten – eine »Allgemeinzweckerhebung«, die eine bedeutende Lücke schließen würde und vielen Behörden von Nutzen wäre –, eliminiert worden war, da HHS sie nicht unterstützen wollte. Dies waren wilde Jahre, was die Etatverhandlungen betraf; Programme wurden zusammengestrichen, ohne daß irgend jemand den Gesamtüberblick hatte.

Deshalb ging ich Anfang 1982 zu meinen Vorgesetzten am ›Department of Commerce‹ und sagte: »Wir müssen SIPP vom politischen Standpunkt aus betrachten. Wir erleben in diesem Land enorme Veränderungen – wirtschaftlich und auch bei staatlichen Förderungen –, und wir brauchen ein besseres Verständnis dieses Wandels, das wir von irgendeiner existierenden Datenbasis nicht erhalten können.« Es dauerte eine Weile, bis ich sie dazu überredet hatte, daß ich OMB bitten sollte, SIPP wieder einzusetzen, und ihnen sagen sollte: »Gebt *uns* das Geld, nicht HHS – dies ist eine Allgemeinzweckerhebung, die einer großen Anzahl Behörden Nutzen bringen wird.«

Nach all dem Tumult um den Etat für SIPP mag es frevelhaft erschienen sein, daß jemand erneut um die Bewilligung von Mitteln bittet – besonders von Geld, das nicht einmal sein eigenes gewesen war. Aber ich nahm mit dem OMB den Standpunkt ein, daß gute politische Maßnahmen gute Daten erfordern und daß sie am OMB die SIPP-Daten bräuchten und genauso der Kongreß und das amerikanische Volk. Ich berichtete über die Mängel unseres gegenwärtigen Informationssystems – wie wenig wir, zum Beispiel, über Armut wissen – und daß man, wenn man seine Programme feinabstimmen und dabei noch gerecht bleiben will, stimmige Informationen haben muß. [Nicht alles war mühseliger Kampf; eine Reihe von »Etatprüfern« am OMB und Leute aus dem Weißen Haus und Kabinettsmitglieder waren sich der Notwendigkeit von SIPP bewußt und traten für seine Wiederbelebung ein. Und zur gleichen Zeit drängte ein Bericht vom ›Joint Economic Committee‹ des Kongresses darauf, daß die Qualität der nationalen statistischen Daten beibehalten werden sollte.][66]

Schließlich empfahl das OMB, daß SIPP wiederbelebt und die Mittel dafür dem ›Census‹-Etat zugerechnet werden sollten. Im Sommer 1982 bewilligte der Kongreß 2,7 Millionen Dollar, die uns den Start von SIPP im Herbst 1983 ermöglichten, und im Jahre 1985, wenn SIPP voll im Gange sein würde, beliefe sich sein Etat auf über 18 Millionen Dollar.

Zu einer Zeit, als die Geldmittel der ›National Science Foundation‹ für die sozialwissenschaftliche Forschung um 38% gekürzt worden waren[67] – die Regierung scheiterte mit noch höheren Kürzungen am Kongreß –, war die Wiederbelebung von SIPP ein Triumph des gesunden Menschenverstands über die Politik.

Der Starttermin im Jahre 1983 mag jedoch mehr der Politik als dem gesunden Menschenverstand zuzuschreiben sein: Die Aussicht auf schnell greifbare

Ergebnisse machte es einfacher, das nötige Geld zu bekommen, und Chapman versprach sogar, daß die ersten auf SIPP basierenden Veröffentlichungen im Herbst 1984 erscheinen würden (auf dem Höhepunkt des nächsten Präsidentschaftswahlkampfes). Einige Sozialwissenschaftler aber waren beunruhigt. Auf einer Konferenz des ›Social Science Research Council‹ über SIPP im Dezember 1982 wies eine Reihe von Teilnehmern auf die nach wie vor vorhandenen Mängel der Erhebung hin und betonte die Notwendigkeit weiterer Entwicklungsarbeit. Der Statistiker Stephen Fienberg von der Carnegie-Mellon University, der den Vorsitz der Konferenz führte, meinte damals und auch noch heute, daß es sich bei der Wiederbelebung von SIPP einfach nicht um das ursprünglich geplante Projekt handelte und daß »die Festlegung des Starts der neuen Erhebung politisch motiviert war und dem Ratschlag der meisten kenntnisreichen Experten zuwiderlief.«[68]

Am ›Bureau of the Census‹ waren die Personen, die an SIPP gearbeitet hatten, entzückt darüber, daß das Projekt weitergeführt werden konnte und nun ganz ihrem Bereich zugeordnet war. Sie ließen sich durch den Starttermin 1983 nicht aus der Ruhe bringen. Gewöhnt daran, Ultimaten aus politischen Gründen auferlegt zu bekommen, betrachteten sie die Unvollkommenheit von SIPP und die kurze, noch verbliebene Zeit, um Korrekturen vorzunehmen, eher aus einem geschäftsmäßigen Blickwinkel. William Butz, Kodirektor der ›Demographic Fields‹-Sektion, erklärt: »Der Hauptzweck von SIPP ist die Beantwortung von Fragen über das, was Personen tun, wenn man ihnen etwas anbietet. Die anderen Forschungsergebnisse sind Nebenprodukte. Wenn man auf all die Personen mit speziellen Interessen hört, wird das Programm niemals fertig und einsatzbereit sein. Wir wollen von den Eingaben der Akademiker Gebrauch machen, aber wir können ihnen nicht alles geben, was sie wollen.«

Das ›Social Science Research Council (SSRC)‹ erkannte jedoch, daß SIPP eine solch bedeutende wissenschaftliche Quelle sein würde, daß es ihre Pflicht wäre, den Versuch zu unternehmen, das Design und den Inhalt der neuen Erhebung sowie seine »Datenprodukte« (die Berichte und Bänder, durch die die Daten den Nutzern zur Verfügung stehen) zu beeinflussen. Also benannte das SSRC im November 1982 eine Arbeitsgruppe für SIPP, die aus einem halben Dutzend angesehener Sozialwissenschaftler bestand, die die Entwicklungen in SIPP überwachen und die Ansichten der wissenschaftlichen Welt darüber an das OMB und das ›Bureau of the Census‹ weiterleiten würden.*

* Die Arbeitsgruppe wird von Martin H. David geleitet. Weitere Mitglieder sind Philip E. Converse, University of Michigan, Harvey Galper, ›Brookings Institution‹, Daniel G. Horvitz, ›Research Triangle Institute‹, Graham Kalton, University of Michigan, und Seymour Spilerman und Harold W. Watts, beide von der Columbia University.

Sofort, nachdem der Kongreß gehandelt hatte, gingen mehrere Dutzend ›Census‹-Mitarbeiter, von denen die meisten schon vorher an SIPP beteiligt gewesen waren, an die Arbeit. Einzeln, in kleinen Gruppen und in großen Mitarbeiterbesprechungen begannen sie, wichtige Entscheidungen zu treffen und Details für die Durchführung darzulegen.

Die erste wichtige Entscheidung betraf die Zeitabstände und die Frage, wie oft jedes Panel befragt werden sollte. Um die Geldmittel zu strecken, entschied sich der Mitarbeiterstab dafür, die Interviews alle vier und nicht alle drei Monate stattfinden zu lassen, aber um alle Themen in dem Gesamtplan abzudecken, würde jedes Panel sieben Mal interviewt werden und in einigen Fällen sogar acht Mal. (Ab 1985 würden alle Haushalte acht Mal befragt werden.) Jedes Panel würde über zweieinhalb Jahre verfolgt werden, und jedes Jahr sollte ein neues Panel – eine frische Stichprobe – begonnen werden, während die älteren weiterliefen. Somit würden nach dem ersten Jahr immer mindestens zwei Panel laufen und zeitweise sogar drei. Jedes von ihnen war eine komplexe landesweite Wahrscheinlichkeitsstichprobe von 40 000 Haushalten.

Auf der Basis dieser Entscheidungen gingen mehrere Mitarbeiter an die Bearbeitung der Fragebögen, von denen es nun acht Fassungen gab. Aber da vieles in den vorangegangenen Jahren erarbeitet worden war, hatten sie es vor allem mit Kürzungen und Überarbeitungen zu tun. Evan Davey schätzt, daß »zumindest ein Drittel des ursprünglichen Fragebogens herausfiel«. »Das meiste von diesem Material war unpraktisch und schwer zu handhaben, und wenn wir nicht länger dazu gezwungen wären, würden wir es *nicht weiter* tun.« Und dennoch blieben alle die vorher abgedeckten wichtigen Themen erhalten, einschließlich des Einkommens und der Programmbeihilfen, der Vermögenswerte, der Erziehung, des beruflichen Werdegangs, des Eheverlaufs, der Geburtenzahl, der Invalidität, der Migration und der Kinderfürsorge.

Zur Unterstützung der Interviewer arbeiteten andere Mitarbeiter eine Reihe von Hilfen aus, einschließlich Erinnerungskarten, die die Einkommens- und Beihilfedaten, die in früheren Interviews erhoben wurden, zusammenfaßten, einer Karte, die das Alter von Personen, die in einem bestimmten Jahr geboren wurden, anzeigt, um den Interviewern zu ermöglichen, die Richtigkeit der Antworten zum Alter und auf Fragen zum Geburtsdatum zu verifizieren, Illustrationstafeln, die eine ›Medicare‹-Karte und die Farben von Sozialversicherungsscheinen zeigen, und eines detaillierten, umfangreichen Frage-für-Frage-Instruktionshandbuches.

Nur ein halbes Jahr nach der Wiederbelebung von SIPP war die SIPP-Planungsgruppe – ungefähr fünfzehn der Personen, die an dem Projekt arbeiteten – in der Lage, einen kleinen Vortest der überarbeiteten Fragebögen der ersten und zweiten Welle laufen zu lassen. Zwei Tage lang wurde ein Dutzend Interviewer intensiv in einem Hotel in Atlanta trainiert; dann brachten sie, begleitet von Beobachtern, den Fragebogen der ersten Welle in 200 Haushalte in dieser Stadt, und einen Monat später kamen sie mit dem Fragebogen für die zweite Welle wieder. Danach schrieben die Mitarbeiter John Coder und Angela Feldman ein amtsinternes Memorandum, in dem sie die Probleme, auf die man achten mußte, zusammenstellten. Diese erstreckten sich vom Trivialen wie:

– Mehr Platz wird für die Einsetzung der Namen in Frage 18a benötigt.
– Die Codes 20-21 für die [ethnische] Herkunft passen nicht auf die Illustrationskarte D.

bis zum Wesentlichen:

– Viele Befragte mit hohem Einkommen wollen nicht über die Höhe ihres Einkommens aus Vermögenswerten berichten.
– Die Nichtbeantwortungsrate von 21% für den Stundenverdienst ist viel höher, als wir es für SIPP für gut halten.

Die meisten der »Haken«, auf die man im Vortest stieß, gehörten zu der ersten Sorte und waren einfach zu beheben. Das Memorandum schloß optimistisch, daß »es keine ›generellen‹ Probleme mit der Ausführung des Fragebogens gab« und daß, wie ein Interviewer meinte, »die Fragebögen zweifelsohne in den nächsten Monaten perfekt sein werden«.

Jedoch waren bestimmte alte Probleme, die nicht von den Vortests erfaßt wurden, weiterhin ernstzunehmen und nur langsam zu lösen. In zwei Fällen – den Verfahren für die Gewichtung und Imputation – wurde an wichtigen Details immer noch gearbeitet, als SIPP schon in der Anwendung war und die ersten Daten für die für Ende 1984 versprochenen Berichte zusammengestellt wurden.

Das schwerwiegendste Problem blieb jedoch die Verknüpfung, der Schlüssel für die Längsschnittanalyse. Als die Interviewer im Herbst 1983 anfingen, ausgefüllte Fragebögen einzusenden, hatten die ›Census‹-Mitarbeiter, mit Rückgriff sowohl auf ihre eigenen Kenntnisse als auch auf Arbeiten, die bereits vorher von HHS und seinen Vertragspartnern durchgeführt worden waren, eine Methode für die Herstellung eines »Verknüpfungsindex« für jede Welle entwickelt. Dieser bestand aus einem Satz von Regeln, um für jede Person eine Codenummer zu konstruieren, die nicht nur den »File« dieser Person (alle Daten, die über sie erhoben waren) identifizieren, sondern sie durch mehrere Ziffern von 0 bis 9 mit einem besonderen Haushalt und einer spezifischen Familie verknüpfen könnte.[69] Der Verknüpfungsindex würde die Statistiker befähigen, die Daten, die sie innerhalb einer Welle benötigten, zusammenzuziehen. Wenn sie die Einkommensquellen aller verheirateten Männer in einem bestimmten Alter und die wirtschaftlichen Hintergründe wissen wollten, konnten sie dem Computer auftragen, solche Fälle herauszuziehen und die Antworten zu berechnen. Wenn sie dann wissen wollten, welche von ihnen Stiefväter waren, die ihre Stiefkinder unterstützten, konnten sie den Computer nach solchen Informationen fragen.

Dieses System ermöglicht den Forschern jedoch nicht, Haushalten oder Familien von Welle zu Welle zu folgen, um zu sehen, wie wirtschaftliche oder andere Veränderungen sie oder ihre Mitglieder beeinflußten. Angesichts der vielen Veränderungen in der Zugehörigkeit zu den Haushalten und Familien über zweieinhalb Jahre aufgrund von Trennung, Scheidung, Tod, Heirat, Geburt, Adoption, Umzug, Auszug von erwachsenen Kindern und so weiter ist es außerordentlich schwierig, eine Methode zu finden, um Individuen auf der Spur zu bleiben und gleichzeitig den Haushalten und Familien, denen sie angehören, über bestimmte Zeitabstände folgen zu können.

Wenn zum Beispiel die schon früher erwähnte Familie B aus vier Personen besteht – nennen wir sie AB, BB, CB und DB –, und AB stirbt oder zieht weg, ist es dann immer noch dieselbe Familie? Wenn der Platz von AB durch EF (ein neuer Ehemann) eingenommen wird oder wenn irgend jemand anders, wie vielleicht ein adoptiertes Kind, sich zu der Familie gesellt, ist es noch dieselbe Familie? Wenn die Familie nach zweieinhalb Jahren aus EF und drei anderen Personen, aber aus niemandem der ursprünglichen Besetzung bestehen wird, ist es dieselbe Familie?

Diese Fragen erinnern an die alte Klassenzimmerübung, das Problem mit den Socken des Philosophen. Der arme Philosoph stopfte die Löcher in seinem Paar Socken immer wieder, bis nichts von dem ursprünglichen Material übrigblieb und die Socken gänzlich aus Gestopftem bestanden. War es dasselbe Paar wie zu Beginn oder ein anderes Paar? An welchem Punkt, wenn es denn einen gab, begannen sie unterschiedlich zu werden? Irgendwann könnte der Philosoph gesagt haben: »Ich weiß, welches Paar Socken dieses ist«, stillschweigend einbeziehend, daß es eine fortdauernde Identität hätte – doch wie könnte es dasselbe sein, wenn möglicherweise keine seiner Fasern in dem ursprünglichen Paar waren?

Das Verknüpfungsproblem ist sogar noch komplizierter als das des Philosophen: Die Forscher möchten nicht nur die Socken verfolgen, sondern auch die ausrangierten Fasern, die Gestopftes in anderen Sockenpaaren wurden. Bei anderen Erhebungen hatten Forscher bereits Methoden zur Längs-schnittbeobachtung von Individuen ausgearbeitet, und vor der Absetzung von SIPP 1981 hatten externe Vertragspartner ziemlich viel Arbeit in ein Längsschnittverknüpfungssystem für SIPP investiert. Dies aber war noch weit davon entfernt, funktionstüchtig zu sein, als das wiederbelebte SIPP 1983 zur Anwendung kam. Die ›Census‹-Mitglieder fühlten sich jedoch sicher, daß die Verknüpfungsindexziffern, die es Personen, Familien und Haushalten zuord-net, später in einen Längsschnittverknüpfungsindex umgewandelt werden könnten. »Zu der Zeit, wenn wir das erste Panel Mitte 1986 fertig haben,« sagt Evan Davey voller Zuversicht, »werden wir imstande sein, die Files im Längs-schnitt zu verbinden. Wir sind darüber nicht beunruhigt.«

Wenn dem so ist, wird SIPP nicht nur sein Ziel der Bereitstellung von benötigten Daten für die Politiker und die Direktoren der staatlichen Pro-gramme – zweiundzwanzig staatliche Behörden können direkten Nutzen daraus ziehen – erreichen, sondern es wird, so glaubt das ›Social Science Research Council‹, »eine besonders bedeutende Informationsquelle für die Forschung über die sozialen Bedingungen und Trends in Amerika werden.«[70]

Ein Beispiel soll verdeutlichen, was Sozialwissenschaftler sich von SIPP erhoffen. Arthur Norton von der ›Population Division‹ des ›Bureau of the Census‹ ist sowohl Demograph am ›Census‹ als auch Familiensoziologe; mehr als solcher begeistert er sich für SIPP. »Das bisherige Fehlen von Längs-schnittdaten«, führt er aus,

hat bedeutet, daß wir nicht wußten, welche Faktoren an Veränderungen in der Zusam-mensetzung von Familien und Haushalten beteiligt sind. Wir gehen normalerweise mit Querschnitterhebungsdaten um, die die Anzahl von Haushalts- und Familienarten zu verschiedenen Zeiten zeigen und die Veränderungen in dieser Menge. Auf der Basis von statistischen Verbindungen haben wir Hypothesen darüber aufgestellt, warum Verände-rungen in der Anzahl stattfanden. Wenn ein Einkommenszuwachs mit einer verringerten Auflösung von Ehen korrelierte, so haben wir vermutet, daß beides miteinander in Ver-bindung stand. Aber es war nur eine Spekulation, da wir keine Ahnung hatten, ob *diesel-ben* Personen oder Familien beteiligt waren.

Mit SIPP werden wir jedoch in der Lage sein, die Veränderungen direkt zu betrachten und sie mit Ereignissen im Leben spezifischer Individuen und ihrer Familien zu verknüp-fen. Zum ersten Mal werden wir Ursache-Wirkungsbeziehungen erhalten. Wir werden in der Lage sein, die zukünftige Anzahl von Haushalten und Familien aufzuzeigen, Verän-derungen in der Geburtenrate vorherzusagen und zu sehen, wie Faktoren wie beruflicher Werdegang, Migration, Bildung, ehelicher Status und so weiter miteinander in Verbin-dung stehen. Schließlich werden wir in der Lage sein, die Gültigkeit unserer Hypothesen zu bestätigen oder sie zu verwerfen. Kurz gesagt bietet SIPP hervorragende Möglichkei-ten, um unser Verständnis der Prozesse, die das gegenwärtige Familienleben in den USA mitbestimmen, zu erweitern.

SIPP wird Forschern auch auf vielen anderen Gebieten dienlich sein, aber sein eigentlicher Zweck wird wahrscheinlich größer sein als die Summe seiner offensichtlichen und vorhersagbaren Anwendungen. William Butz sagt darum: »Es gibt keinen Weg, um all die Arten vorauszusagen, in denen die Daten SIPPs Verwendung finden werden. Der Marktplatz der Ideen wird die Daten ergreifen in Weisen, die wir nicht vorhersehen können.« Was auch immer diese Anwendungen von SIPP sein werden, sie scheinen uns klüger über die realen Lebensbedingungen im heutigen Amerika machen zu können.

Nachtrag: Ein halbes Jahr, nachdem die ersten SIPP-Interviewer im Oktober 1983 mit den Befragungen begannen, zeigten die am ›Bureau of the Census‹ zusammengestellten Daten, daß die Beantwortungsraten zufriedenstellend hoch waren (über 95%) und die Erhebung funktionierte.[71] Der erste greifbare Bericht, »Economic Characteristics of Households in the United States: Third Quarter 1983«, wurde Ende 1984 veröffentlicht.[72]

Kapitel 4

Eines nach dem anderen

In Laborexperimenten wird die Neigung des Menschen, sich in der Gruppe vor Arbeit zu drücken, untersucht

Ein erforschenswertes Problem

An einem Herbstmorgen des Jahres 1975 wurde an der Ohio State University in Columbus die Ruhe in den Katakomben des Footballstadions durch ungewöhnlichen Lärm gestört; irgendwo schrien mehrere Studenten aus vollem Halse. Im Sekretariat für Sozialpsychologie rappelte sich eine erschreckte Sekretärin auf, aber der Tumult brach plötzlich ab. Sie setzte sich wieder hin, als das Schreien – die Stimmen schienen »LEEE-ON!« zu rufen – erneut einsetzte, um wieder aufzuhören und erneut loszulegen.

Schließlich lief sie in die Halle hinaus, um den Dingen auf den Grund zu gehen. Der Lärm kam aus einem Seminarraum, in dem Bibb Latané gerade ein Doktorandenseminar in Sozialpsychologie abhielt. Während einer Pause öffnete die Sekretärin vorsichtig die Tür; alles schien in Ordnung, aber angesichts ihres verwirrten Gesichtsausdrucks brachen die Studenten in Lachen aus. Latané, ein großer, hagerer Mann von 38 Jahren, grinste und sagte ihr, daß alles in Ordnung wäre; die Studenten würden ihm nur dabei helfen, eine bestimmte Technik auszuprobieren, die in einem Experiment benutzt werden solle. Beruhigt kehrte sie in ihr Büro zurück; hinter ihr brach das Schreien erneut aus – die Studenten brüllten jetzt »RAAAH!«.

Sie halfen Latané bei einer experimentellen Aufgabe, von der er hoffte, sie bei der Untersuchung des sogenannten »social loafing« einsetzen zu können. Seiner Meinung nach war dies ein Phänomen von beträchtlicher wissenschaftlicher und praktischer Bedeutung. Wenn er Doktoranden bei der Suche nach einem Forschungsprojekt berät, sagt Latané oft in etwa folgendes: »Es gibt hundert Millionen Dinge, die ihr tun könnt, aber die meisten davon sind trivial. Ihr wollt etwas, das es aus verschiedenen Gründen wert ist, untersucht zu werden. Wenn es eine interessante theoretische Frage aufwirft *und* einen methodologischen Fortschritt mit sich bringt *und* selber zu einem eleganten Experiment führt – *und* soziale Relevanz besitzt –, dann ist es ein erforschenswertes Problem.«

Als er ›social loafing‹ als Forschungsgebiet wählte, folgte Latané seinen eigenen Prinzipien: Es entsprach all diesen Kriterien, besonders dem der sozialen Relevanz. Eine Prämisse sozialen Lebens besteht darin, daß wir unsere persönlichen Ziele durch die Kooperation mit anderen effizienter als allein erreichen können. Wir schließen uns deshalb beispielsweise in Gruppen, Ausschüssen, Armeen, Parteien, Genossenschaften zusammen. Darüber hinaus erfordern einige Aktivitäten unbedingt Gruppenarbeit: das Segeln, das Leiten einer Universität oder das Entfernen einer Gallenblase.

Das Problem bestand darin, daß sowohl nach der gängigen Meinung als auch der soziopsychologischen Theorie der Teamgeist, der durch das Arbeiten in Gruppen erzeugt wird, dazu führen solle, daß Individuen sich in der Gruppe mehr anstrengen, als sie es allein tun würden. In der täglichen Praxis aber scheint oftmals das Gegenteil der Fall zu sein.[1] Bei vielen Gruppen wird man den Verdacht nicht los, daß die meisten ihrer Mitglieder den Eindruck machten, daß sie sich anstrengen würden, aber tatsächlich arbeiteten sie weniger, als wenn sie allein auf sich selbst gestellt wären. Daß wir das oft so empfinden, verdeutlicht eine Reihe von Begriffen, die wir auf ein solches Verhalten anwenden, etwa: *etwas abschieben, trödeln, bummeln, auf seinem Posten schlafen, sich drücken* und *mit halber Kraft arbeiten.* Ein typischer Sozialpsychologe, der versucht, solche wertenden Begriffe zu vermeiden, mag in diesem Zusammenhang von »einer sozialen Leistungshemmung« sprechen; Latané, ein Nonkonformist, der in seinen Fachartikeln gerne blumige und scherzhafte Ausdrücke verwendet, bevorzugt seine eigene freimütig abschätzige Bezeichnung.

›Social loafing‹ ist aber durchaus nicht spaßig. Es kann eine kostspielige Angelegenheit für die Gesellschaft darstellen. In Rußland beispielsweise produziert eine durchschnittliche *Kolchose* nur zwei Drittel bis drei Viertel an Obst und Gemüse und nur halb so viel Schweine- und Rindfleisch, Milch und Eier pro Morgen wie die Kleinbauern, die als private Unternehmer »Ein-Morgen-Grundstücke« bearbeiten.[2] Kapitalistische Institutionen können in gleicher Weise von ›social loafing‹ betroffen sein: Man geht davon aus, daß zumindest ein Grund für die vergleichbar geringe Produktivität vieler amerikanischer Fabriken die fehlende Motivation der Arbeiter sei. Es gibt jedoch mit der Kolchose und der amerikanischen Fabrik vergleichbare Institutionen, den sozialistischen *Kibbuz* in Israel und die kapitalistische Fabrik in Japan, deren Mitarbeiter, weit entfernt vom ›Faulenzen‹, mit großem Einsatz zu arbeiten scheinen.

Da kollektiver Einsatz, besonders in einer komplexen Gesellschaft, für das soziale Leben wesentlich ist, ist die Neigung von Mitgliedern vieler Gruppen, weit weniger zu tun, als sie könnten, ein ernsthaftes Problem. Möglicherweise spürte Latané, daß der Lebensstandard einer Gesellschaft genauso sehr durch ›social loafing‹ wie durch zu geringe Investitionen, zu großes Bevölkerungswachstum oder einen Mangel an fähigen Forschern und Technikern beeinträchtigt werden kann.

Deswegen erschien es ihm offenkundig zu sein, daß experimentelle Forschung auf dem Gebiet des ›social loafing‹ sowohl eine bedeutende theoretische Frage berühren als auch beträchtliche soziale Relevanz besitzen würde. Er wußte zwar nicht, ob sie auch einen methodologischen Fortschritt mit sich brächte, vermutete aber, daß dies der Fall sein könnte.

Das erste methodische Problem, das gelöst werden mußte, war, welche Art von Gruppenaktivität in dem Experiment verwendet werden sollte. Offensichtlich würden solche komplexen Aufgaben wie Fließbandfertigungen oder Gemüseanbau in einem sozialpsychologischen Labor nicht nachgestellt werden können, wo jeder Durchlauf eines Experiments üblicherweise nicht länger als eine Stunde dauert. Latané hatte deshalb einfachere Gruppentätigkeiten in Betracht gezogen wie eben kollektives Lärmmachen, Jubeln oder Applaudieren. Er hatte darüber an diesem Morgen mit seinen Studenten gesprochen.

Würden Personen gewillt sein, fragten die Studenten, laut zu rufen oder zu klatschen, wenn es nichts zu jubeln oder zu applaudieren gäbe? Würde es bei einer derart zwecklosen Tätigkeit gelingen, die Teilnehmer zu motivieren, sich wirklich anzustrengen, beziehungsweise würden die Versuchspersonen, da sie wußten, daß sie zu einer wissenschaftlichen Untersuchung beitrugen, ihr Bestes tun? Auf der praktischen Seite: Wären die Teilnehmer in der Lage, einen stetigen Klang lange genug aufrechtzuerhalten, um eine gute Messung zu ermöglichen, und wie schwierig würde das wiederholte Brüllen oder Klatschen für sie sein?

»Gut«, sagte Latané schließlich, nachdem der Fisch im Netz zappelte, »laßt es uns ausprobieren. Wer will?« Keiner meldete sich freiwillig. »Na, kommt schon«, sagte er, »ich gebe jedem, der mitmacht, einen Vierteldollar.« Mehrere Studenten meldeten sich.

»Aber was sollen wir rufen?« fragte jemand. Ein Witzbold schlug vor, daß sie zu Ehren von Leon Festingers historischen Experimenten zur kognitiven Dissonanz, die sie kürzlich diskutiert hatten, seinen Vornamen benutzen sollten. Aber sie entdeckten, daß »LEEE-ON!« keinen gleichförmig anhaltenden Ton bewirkte, so daß sie zu einem »RAAAH!« überwechselten, um diese Bedingung zu erfüllen. Nach einer zehnminütigen Probe war jeder davon überzeugt, daß Schreien eine durchaus zu bewältigende Gruppenaktivität sein würde. Latané hatte natürlich keine Ahnung, ob es zu ›social loafing‹ kommen würde oder nicht. Dies konnte schließlich nur durch ein entsprechendes Experiment geklärt werden.

Latané hätte kaum ein klassischeres Forschungsproblem wählen können. Das erste bekannte sozialpsychologische Experiment, das von einem amerikanischen Psychologen namens Norman Triplett im Jahre 1898 durchgeführt worden war, versuchte herauszufinden, wie das normale Leistungsniveau eines Individuums durch die Anwesenheit anderer Personen beeinflußt wird. Nachdem er bemerkt hatte, daß Radrennfahrer höhere Spitzengeschwindigkeiten erzielen, wenn sie einem Schrittmacher folgen, entwarf Triplett ein analoges Experiment: Er ließ Kinder allein und in Paaren Angelspulen aufwickeln und fand heraus, daß viele bei Anwesenheit eines anderen Kindes besser waren.[3]

Der Einfluß von Beobachtern oder Mitstreitern auf die Leistung eines Individuums blieb lange Zeit das zentrale Problem in der Sozialpsychologie. Der Psychologe Gordon Allport behauptete sogar, daß es »das einzige Problem war, das in den ersten drei Jahrzehnten der experimentellen Forschung untersucht wurde«.[4] Aber die zahlreichen Experimente erbrachten gegensätzliche Ergebnisse. Viele Forscher fanden eindeutige Belege für die »soziale Förderung« (die Erhöhung der individuellen Bemühungen durch die Gegenwart anderer), während andere das genaue Gegenteil ermittelten.[5]

Zweifellos hätten die meisten Sozialpsychologen lieber das Phänomen der sozialen Förderung bestätigt gesehen, da sie eine optimistische Auffassung von der Menschheit und der Gesellschaft stützt. Aber Belege für einen weniger altruistischen, stärker individualistischen Charakter der menschlichen Natur konnten nicht einfach verdrängt werden.

Ein bemerkenswertes Experiment, das solche Daten lieferte, wurde in den frühen 20er Jahren von einem deutschen Psychologen namens Ringelmann* durchgeführt. Er konnte seine Arbeit nie veröffentlichen, auch sein Vorname wurde nie genannt, aber seine Ergebnisse wurden von einem deutschen Psy-

---

* Wie David A. Kravitz und Barbara Martin in ihrem 1986 erschienenen Artikel ›Ringelmann Rediscovered: The Original Article‹ klarstellen, war Ringelmann gebürtiger Franzose und − obgleich der Psychologie sehr zugetan − ausgebildeter Agraringenieur (Anm. d. Übs.).

chologen zusammengefaßt und gaben den Anstoß für weitere Forschungen. Ringelmann bat in seinem Experiment Freiwillige, allein und in Gruppen von zwei, drei und acht Personen so fest wie möglich an einem Seil zu ziehen. Seine Versuchspersonen, die kräftige Arbeiter gewesen sein müssen, waren in der Lage, eine Kraftanstrengung von durchschnittlich 63 Kilogramm aufzubringen, wenn sie alleine zogen. Wenn sie in Gruppen zogen, war nicht nur keine Steigerung, sondern ein merklicher Abfall zu beobachten – klein bei Paaren, größer bei Triaden und am größten bei den Achtergruppen. Die letzteren brachten es im Durchschnitt nur auf 248 Kilogramm beziehungsweise weniger als die Hälfte ihrer individuellen Leistung.[6] Offensichtlich hielt etwas, das mit dem gemeinsamen Ziehen zu tun hatte, sie davon ab, ihr Bestes zu geben.

Latanés Interesse an diesem Problem erwuchs aus seinen früheren Forschungsarbeiten, für die er und ein Kollege, John Darley, bei Fachkollegen in den späten 60er Jahren große Anerkennung fanden. Sie hatten über eine Entdeckung berichtet, von der Latané nun annahm, daß sie auf das Phänomen des ›social loafing‹ angewandt, ja dafür verantwortlich gemacht werden könne.

Im Jahre 1964 wurde eine junge Frau namens Kitty Genovese auf einem Bürgersteig in Kew Gardens, New York, von einem Mann ermordet, der sie eine halbe Stunde lang wiederholt gewürgt und schließlich auf sie eingestochen hatte. 38 Anwohner nahegelegener Wohnungen hatten dies beobachtet, aber nichts unternommen. Berichterstatter sprachen von einer Brutalisierung New Yorks, von der Entfremdung im heutigen Amerika. Aber Latané und Darley, beides damals junge Assistenzprofessoren für Sozialpsychologie an der Columbia University beziehungsweise der New York University, waren anderer Auffassung und entschlossen sich, dieses Phänomen experimentell zu erforschen.

Während der nächsten vier Jahre führten sie eine Reihe von Untersuchungen durch, bei denen sie »naive«, das heißt nicht eingeweihte studentische Versuchspersonen in dem Glauben ließen, daß sich ein Fremder in einer Notsituation befände. In einer Fernsehübertragung konnten die Versuchspersonen sehen, wie offensichtlich jemand einen starken elektrischen Schlag erhielt, oder sie bekamen über eine Sprechanlage mit, wie jemand im Nebenraum einen epileptischen Anfall erlitt.[7] Latané und Darley fanden heraus, daß naive Teilnehmer, wenn sie allein waren, Hilfe leisteten, daß sie dazu aber weit weniger Bereitschaft zeigten, wenn andere Personen, insbesondere Fremde, anwesend waren. Die anschließende Befragung der Studenten ergab, daß die Anwesenheit anderer scheinbar den Impuls zu helfen schwächte, indem offenbar eine »Diffusion« des individuellen Verantwortlichkeitsgefühls einsetzte. Sie schlossen daraus, daß die unterlassene Hilfe für Kitty Genovese nicht auf die Gefühllosigkeit der Zeugen zurückzuführen sei, sondern auf eine hemmende Wirkung infolge dieses beherrschenden Aspekts des Großstadtlebens, nämlich der Anwesenheit von Fremden.[8]

Jahre später schien es Latané, daß die Verantwortlichkeitsdiffusion auch ›social loafing‹ erklären könnte. Er lud zwei junge Sozialpsychologen, die an die Ohio State University gekommen waren, um bei ihm zu studieren, den promovierten Mitarbeiter Stephen G. Harkins und den Doktoranden Kiplin Williams, ein, mit ihm an einem experimentellen Forschungsprogramm zu diesem Thema zu arbeiten. Da Latané, obgleich erst achtunddreißig, schon einen hervorragenden Ruf hatte, originelle und bedeutende Arbeit zu leisten, nahmen sie diese Gelegenheit dankbar an.

Mehrere Wochen lang trafen sich Williams und Latané Tag für Tag in Latanés Büro, um die Experimente zu planen. Harkins, der noch in einem anderen Projekt arbeitete, schloß sich ihnen zeitweise an. Das Team beschloß, mehrere Laborexperimente durchzuführen, bei denen freiwillige Versuchspersonen irgendeine Aufgabe sowohl allein als auch in verschieden großen Gruppen durchführen sollten, um zunächst überhaupt ›social loafing‹ unter Laborbedingungen herzustellen und um dann die Umstände, die es förderten beziehungsweise hemmten, herauszufinden.

Als erstes mußte entschieden werden, welche experimentelle Aufgabe den gesetzten Zielen am besten dienen könnte. Eine Zeitlang zogen sie eine modifizierte Form des Ringelmann-Seil-Zieh-Verfahrens in Betracht und planten, eine große Apparatur zu bauen, mit der sie die Versuchspersonen in der Annahme belassen konnten, daß ihre Hinterleute mitzögen, wenn diese tatsächlich nur stöhnten. Dieser Trick würde an den Tag bringen, um wieviel geringer der Einsatz jeden Teilnehmers in der Gruppe wäre, verglichen damit, wenn er auf sich selbst gestellt wäre. (Ringelmann hatte wohl das durchschnittliche Ausmaß des »Kräfteschonens« bei Gruppenarbeit berechnen können, verfügte aber über keine Methode, die individuelle Anstrengung vom Gruppenergebnis zu trennen.)

Kurz bevor Latané und seine Mitarbeiter begannen, eine derartige Seil-Zieh-Maschine zu entwickeln, entdeckten sie im *Journal of Experimental Social Psychology*, daß ein anderes Forschungsteam unlängst eine sehr ähnliche Apparatur benutzt hatte. Mit einiger Erleichterung verwarfen sie die Idee, die doch eine langsame und beschwerliche Art der Datenerhebung zu werden drohte. Sie dachten dann über andere Aufgaben nach, wie das Drehen von Kurbeln, um Strom zu erzeugen, das Aufblasen von Ballons oder das Sortieren von Lochkarten. Jede Aufgabe hatte ihre Macken: eine benötigte eine zu komplizierte Apparatur, die andere erforderte übertriebene Anstrengung oder zu viel Zeit.

Eines Tages kam dann Harkins mit einem Lärmmeßinstrument an und fragte seine Kollegen, ob vielleicht Geräusche oder irgendein von den Versuchspersonen fabrizierten Lärm nicht ein leicht meßbares Erzeugnis gemeinsamer Anstrengung sein könnte. Latané und Williams waren von dieser Idee begeistert und fabrizierten in wenigen Minuten ein halbes Dutzend Vorschläge für lärmproduzierende Aktivitäten. Zwei mögliche – Klatschen und Schreien – schienen leicht zu manipulieren und zu messen zu sein. Außerdem konnten beide Äußerungsformen gegenüber Versuchspersonen als durchaus relevant begründet werden, da Jubel und Applaus Teil gängiger kultureller, insbesondere studentischer Tradition sind. Am nächsten Tag probierte Latané Schreien in Gruppen in seinem Seminar aus; danach gingen er und seine Mitarbeiter, zufrieden mit den Ergebnissen, ernsthaft an die Ausarbeitung der Details ihres ersten Experiments.

Sie wollten versuchen, Ringelmanns Basisergebnisse zum ›social loafing‹ erneut zu bestätigen. Jeweils sechs studentische Versuchspersonen sollten gleichzeitig ins Labor kommen und dort entweder klatschen oder so laut wie möglich einzeln oder in verschieden großen Gruppen schreien. Die Ergebnisse würden mit dem Lärmmeßinstrument gemessen werden; die Dezibel-Anzeigen, umgewandelt in dynes/cm², würden die tatsächlichen Anstrengungen der Studenten abbilden.

Wenn dieser erste Versuch ›social loafing‹ ergab, könnten Latané und seine Kollegen zu ausgeklügelteren, schwierigeren und aufwendigeren Experimenten übergehen. Denn in diesem ersten Experiment könnten die sechs Teilnehmer, die einander sahen und hörten, sich weniger ›soziales Faulenzen‹ leisten, als wenn ihr individueller Beitrag zu der Gruppenanstrengung nicht beobachtet werden würde. In späteren Experimenten müßten die Forscher deshalb Verfahren und Versuchsanordnungen entwickeln, die die Teilnehmer von der gegenseitigen Beobachtung ausschließen und ihnen doch erlauben würden, in verschieden großen Gruppen zu fungieren.

Noch eine andere Vorbereitung war für den ersten Versuch notwendig: Das Team mußte sich eine ›Cover-Story‹ ausdenken – eine plausible Rechtfertigung ihrer Aktion –, um zu verhindern, daß die Versuchspersonen den eigentlichen Zweck des Experiments erkannten. Denn wenn die Versuchspersonen wüßten, daß die Forscher ihre unsozialen Tendenzen entdecken könnten, wäre es durchaus möglich, daß sie versuchten, diese zu verbergen – oder daß sie vielleicht auch in der Annahme, dem Versuchsleiter zu nutzen, übertrieben. Wie sich in vielen anderen sozialpsychologischen Experimenten gezeigt hat, wäre das einzige, was sie wahrscheinlich nicht täten, das, sich so zu verhalten, wie sie es würden, wenn sie die Wahrheit *nicht* wüßten.

Latané, Harkins und Williams entschieden sich für eine sehr einfache ›Cover-Story‹: Auf den Ankündigungszetteln, die sie aushängten, suchten sie nach Studenten, die sich einen Teilschein in Psychologie verdienen wollten, indem sie sich verpflichteten, an einer »Untersuchung zur Einschätzung dessen, wieviel Lärm Personen in sozialen Situationen durch Jubel und Applaus machen und wie laut dies jenen erscheint, die ihnen zuhören«, teilzunehmen. (Solche Beschreibungen von Experimenten werden zweckmäßigerweise immer ein wenig vage gehalten.) Dann bereiteten sie ein kleines »Drehbuch« vor, das eine vorgefaßte Anleitung beziehungsweise eine Erklärung zusammen mit zweckdienlichen Versuchsanweisungen enthielt und verteilt wurde. Das Drehbuch und die Ankündigung, mit der freiwillige studentische Versuchspersonen gesucht wurden, besagten, daß das Experiment ermitteln wolle, wie gut Personen die Stärke von Lärm, welcher durch gemeinsames Klatschen und Jubeln erzeugt würde, einschätzen könnten.

Schließlich war alles fertig: Latané hatte einen großen Laborraum im Stadiongebäude der Universität besorgt; ein Mikrophon und ein Lärmmeßinstrument waren bereitgestellt. Harkins und Williams waren ein paar Mal ihr Drehbuch durchgegangen; die Ankündigung war ausgehängt worden; und Dutzende von Studenten hatten sich gemeldet, die in acht Gruppen zu je sechs Versuchspersonen, alles männliche Studenten und zumeist im zweiten Studienjahr, eingeteilt und über ihre Aufgabe informiert worden waren. An einem frühen Winterabend des Jahres 1976 stieg das Experiment.

Ein eindeutiger Nachweis

Die Untersuchung des menschlichen Sozialverhaltens mit Laborexperimenten, wie sie von Latanés Gruppe in Angriff genommen wurden, fand ausschließlich erst in den letzten vier Jahrzehnten - vornehmlich von Sozialpsychologen – statt.

Um die Jahrhundertwende ähnelte die Sozialpsychologie, damals noch in den Kinderschuhen steckend, mehr einer Art Philosophie als einer Sozialwissenschaft. Ihre Praktiker hatten außer dem Versuch, mit mehr oder weniger plausiblen Theorien das um sie herum beobachtbare Sozialverhalten zu erklären, wenig anzubieten. Aber als sich die Psychologie experimentell und methodologisch immer mehr entwickelte, gewann auch die Sozialpsychologie zunehmend an Bedeutung. Seit den 40er Jahren dieses Jahrhunderts ist ihre charakteristische Forschungsmethode und hauptsächliche Wissensquelle das Laborexperiment.[9]

Die Sozialpsychologie ist innerhalb der Sozialwissenschaften in dieser Hinsicht einzigartig. Die meisten anderen Sozialwissenschaften untersuchen natürliche Phänomene in der Absicht, sich nicht in die komplexe Einheit von Ereignissen einzumischen. Die Sozialpsychologie hingegen simuliert bewußt die Natur im Labor, um einzelne Bedingungen experimentell variieren zu können. Dieser Ansatz ist in der Sozialpsychologie hauptsächlich deshalb durchführbar, weil ihr Wirkungskreis weitgehend in einer Zone zwischen Psychologie und Soziologie angesiedelt ist, in der viele Phänomene übersichtlich und leicht in gut kontrollierbaren Versuchen nachzustellen sind. Die andere Sozialforschung befaßt sich zum Großteil mit Masseneffekten oder mit Phänomenen wie Kontrollsystemen, wirtschaftlichem Verhalten und sozialer Schichtung, die schwerlich im wirklichen Leben manipuliert oder im Labor simuliert werden können. Genauso wie bei astronomischen Ereignissen ist der Versuch, sie zu verstehen, weitgehend auf Schlußfolgerungen beschränkt, die auf Beobachtungen beruhen. Man kann keine Experimente über die Machtstruktur der amerikanischen Gesellschaft durchführen, auch nicht, wenn man sechs Studenten an einen Labortisch setzt und irgendeine Tätigkeit ausführen läßt.

Im Gegensatz dazu besteht der Untersuchungsgegenstand der Sozialpsychologie in der Interaktion zwischen dem Individuum und anderen Personen, ihren spezifischen Wahrnehmungen und Reaktionen und ihrem gegenseitigen Einfluß in sozialen Situationen.* Die Phänomene dieses Forschungsbereichs, die in der Mehrzahl der Fälle der experimentellen Untersuchung zugänglich sind, umfassen die alltägliche Neigung, andere auf der Grundlage von Andeutungen oder Etikettierungen über- oder unterzubewerten; die Methoden, mit denen wir die Handlungen anderer auf verschiedene Ursachen zurückführen; die Tendenz, unsere Ansichten zu modifizieren, damit sie mit jenen der Gruppe, der wir angehören, übereinstimmen; die Fähigkeit, in kooperativen Gruppen mehr zu leisten als in kompetitiven; und Dutzende vergleichbarer Sachverhalte, einschließlich der Herausbildung von Einstellungen und Einstellungswandel, der Effekte der kognitiven Dissonanz (Konflikte zwischen unseren Überzeugungen), des Hilfeverhaltens, der Aggression, der Gruppendynamik, der Überredung und der interpersonalen Attraktion.[10]

---

* Dies ist die klassische Lehrbuchdefinition des Forschungsgebietes. Einige Sozialpsychologen behaupten jedoch, daß ihre Disziplin viel breitere Phänomene einschließt.

Diese Untersuchungsgegenstände können und werden auch manchmal mit nichtexperimentellen Methoden analysiert, ähnlich denen, die von den anderen Sozialwissenschaften eingesetzt werden: Umfragen, Felduntersuchungen, Archivforschung und so weiter. Aber den Aussagen, zu denen man durch diese Methoden gelangt, mangelt es an Klarheit und dem »Vorher-und-Nachher-Charakter« des experimentellen Beweises. Wenn wir irgendeine Form des Sozialverhaltens in einer wirklichen Lebenssituation beobachten, finden wir viele Faktoren, die damit korrelieren; orale Sexualpraktiken sind zum Beispiel unter jungen Amerikanern weiter verbreitet als unter älteren, unter besser gebildeten mehr als unter weniger gebildeten und unter Angestellten mehr als unter Arbeitern und so weiter. Aber da wir Alter, Erziehung oder sozioökonomischen Status nicht einzeln herausnehmen oder hinzufügen können, um zu sehen, was passiert, ist es für uns schwierig zu erkennen, ob irgendetwas davon die Verhaltensursache oder eine zu diesem Verhalten beitragende Ursache ist oder ob es sich hierbei um sich ergänzende Effekte von irgendetwas anderem handelt.

Zum Beispiel: Die amerikanische Scheidungsrate hat sich während des letzten halben Jahrhunderts verdreifacht, in einer Zeit also, in der die Zahl der arbeitenden Frauen stieg, die organisierte Religiosität abnahm, der Großteil der Landbevölkerung in die Städte zog, das durchschnittliche Einkommen wuchs, die Ergebnisse von Sexualforschern umfassend veröffentlicht und die Scheidungsgesetze liberalisiert wurden. Hat irgendeiner dieser Faktoren oder eine Kombination mehrerer Faktoren die Scheidungsrate erhöht? Oder hat die Zunahme von Scheidungen das eine oder andere verursacht? (Je mehr geschiedene Frauen es gibt, desto mehr Frauen sind gezwungen zu arbeiten.) Oder waren Scheidung und die auftretenden sozialen Veränderungen Nebeneffekte irgendeiner anderen Ursache, wie zum Beispiel des Wachstums der Industrieproduktion und des Einzelhandels, welche die hauptsächliche Funktion der Ehe von der wirtschaftlichen Zweckgemeinschaft zum Ort der emotionalen Befriedigung verlagerte?

Korrelationen weisen folglich auf einen Zusammenhang hin – wenn A existiert, tritt B wahrscheinlich gleichzeitig auf (oder ist umgekehrt wahrscheinlich nicht vorhanden) –, aber was Korrelationen über die Ursächlichkeit besagen, ist höchst zweideutig.[11] Wenn wir jedoch soziales Verhalten verstehen wollen, insbesondere um zur Lösung sozialer Probleme beizutragen, müssen wir wissen, was die Ursache und was die Wirkung ist.*

---

* Einige Sozialwissenschaftler sträuben sich dagegen, von Ursache und Wirkung zu sprechen, da wir nur wissen, daß das Auftreten eines Ereignisses immer dem Auftreten eines anderen folgt. Sie gebrauchen solche Ausdrücke wie »Wenn A sich erhöht, dann kann man erwarten, daß sich B ebenfalls erhöht.« Aber da auch sie so leben, als wenn sie an Kausalität glaubten, wollen wir eine Ursache eine Ursache und eine Wirkung eine Wirkung nennen.

Es gibt natürlich nichtexperimentelle Methoden, einige davon werden an anderer Stelle in diesem Buch diskutiert, mittels derer mit einer hohen Wahrscheinlichkeit gefolgert werden kann, ob Faktoren, die mit einem bestimmten Sozialverhalten korrelieren, dieses verursachen oder bei seiner Verursachung eine Rolle gespielt haben. Wenn eine gegebene Korrelation einmal eine Ursache-Wirkungsbeziehung vermuten läßt, können uns andere Informationen, einschließlich Überlegungen des gesunden Menschenverstands, darauf hinweisen, welcher der Faktoren wahrscheinlich die Ursache und welcher die Wirkung ist.

Ein Beispiel hierfür: Wenn der Notendurchschnitt von Studenten mit ihrem Konsum an Marihuana korreliert – das heißt, wenn die Durchschnittsleistung um so geringer ist, je mehr geraucht wird –, ist es wahrscheinlich, daß ein Zusammenhang zwischen beiden besteht. In technischen Begriffen ausgedrückt, ist der Marihuanakonsum die »unabhängige Variable« und die durchschnittliche Studienleistung die »abhängige Variable« (ihre Größe variiert mit dem Zustand der unabhängigen Variablen). Aber Forscher sind vorsichtig mit der Behauptung, daß es sich hierbei um eine Ursache-Wirkungsbeziehung handelt. Sie ziehen die Aussage vor, daß die Korrelation eine Ursache-Wirkungsbeziehung »nahelegt«. Wenn dies der Fall ist, dann zeigt uns die Lebenserfahrung die wahrscheinliche Richtung auf: Es ist zwar denkbar, daß Studenten, die schlechte Noten erhalten, als Folge Trost im Rauchen von Marihuana suchen könnten, aber das erscheint, verglichen mit der Möglichkeit, daß der Konsum von Marihuana zu schlechten Noten führt, weithergeholt.

Dennoch legt die Korrelation Kausalität nur in dem Maße nahe, in dem andere Faktoren, die beides, schlechte Noten und Marihuanakonsum, verursachen könnten, ausgeschlossen werden können – zum Beispiel persönliche Probleme, Druck von Peergruppen, der Einfluß der Umwelt und der Erziehung. Um solche anderen Möglichkeiten auszuschließen, könnten die Forscher multiple Regressionsanalysen verwenden, um den relativen Zusammenhang jeden Faktors mit der durchschnittlichen Studienleistung zu bestimmen. Wie wir in Kapitel 2 gesehen haben, ist das eine statistische Manipulation, die zwei oder mehr Gruppen von Individuen bis auf eine Beziehung angleicht und somit enthüllen kann, in welchem Ausmaß eine Variation dieses einen Faktors mit einer Variation des entsprechenden Verhaltens einhergeht. Je stärker der Zusammenhang ist, desto wahrscheinlicher ist es, daß zwischen beiden eine Kausalbeziehung besteht.

Ein dritter, bereits in Kapitel 1 diskutierter Ansatz besteht in der Untersuchung natürlicher Experimente – Veränderungen im Sozialverhalten, die nach klar definierten Ereignissen wie etwa einem Unglück auftreten. Zusätzlich zu Vorfällen dieser Art sind historische Ereignisse, einschließlich der Verabschiedung neuer Gesetze, natürliche Experimente, obgleich es schwer ist, die Effekte irgendeines solchen Ereignisses von gleichzeitig auftretenden Vorgängen zu trennen. Ein Beispiel könnte die in den USA unlängst eingeführte Änderung in der Sozialversicherungsgesetzgebung sein, die es Witwen ermöglicht, ihre Witwenrente zu behalten, wenn sie sich wieder verheiraten. Vor dieser Änderung soll eine ansteigende Zahl von Witwen unverheiratet geblieben sein, auch wenn sie mit Partnern zusammenlebten, um ihre Rente nicht zu verlieren. Wenn zukünftige, von der in Kapitel 3 besprochenen Umfrage SIPP gelieferte, Daten eine Zunahme der Wiederverheiratungsrate solcher Witwen zeigen, würde dies anscheinend ein Ergebnis des neuen Gesetzes sein, besonders dann, wenn die Wiederverheiratungsrate von Witwen, die keine solche Unterstützung erhalten, nicht auch anstieg.

Im Gegensatz zu diesen verschiedenen Ansätzen erzeugen Forscher, die die experimentelle Methode benützen, eine erwünschte Situation und stellen zwei (oder mehr) Varianten davon her, indem sie einen einzelnen Faktor, die unabhängige Variable X, verändern. Die Forscher bringen Teilnehmer in jede Variante der Situation, wobei sie zufällig entscheiden, wer welcher zugeordnet wird, um alle anderen Unterschiede zwischen den Teilnehmern auszubalancieren. Wenn sich die Personen einer Variante irgendwie anders verhalten als die Personen der anderen – dieses Verhalten ist die abhängige Variable Y –, kann mit ziemlicher Sicherheit behauptet werden, daß, da alles außer X in beiden Fällen gleich war, X Y verursacht, zumindest unter diesen experimentellen Bedingungen.[12]

Die große Anziehungskraft der experimentellen Sozialpsychologie liegt darin, daß sie Verhaltensprinzipien mit einer Einfachheit und Deutlichkeit aufdeckt, die einem Experiment in der Chemie entsprechen. Elliot Aronson und J. Merrill Carsmith legten dazu im *Handbook of Social Psychology* dar: »Der hauptsächliche Vorzug des Laborexperiments ist seine Fähigkeit, uns einen eindeutigen Beweis der Ursächlichkeit zu liefern.«[13]

Der Psychologe Kurt Lewin, dessen Arbeiten richtungweisend für die Sozialpsychologie in den letzten vier Jahrzehnten waren, ging sogar noch weiter und behauptete, daß »in der Psychologie Gesetze nur durch ein experimentelles Vorgehen begründet werden können«.[14] Obgleich neuere Entwicklungen in der Erhebungsanalyse und anderen nichtexperimentellen Methoden diese Maxime als zweifelhaft erscheinen lassen, ist es dennoch wahr, daß der experimentelle Nachweis im Falle der Kausalität bei weitem mehr Gültigkeit beanspruchen kann als irgendeine andere Methode. Es ist daher keineswegs verwunderlich, daß der experimentelle Nachweis die charakteristische Forschungsmethode der Sozialpsychologen war und noch ist.

Aber diese Akzentuierung birgt gewisse Nachteile. Nach der Meinung einiger Sozialwissenschaftler hat die Hinwendung der meisten Sozialpsychologen zu kleinen Experimenten, die spezifische Hypothesen testen, sie davon abgehalten, der Entwicklung einer Theorie auf höherer Ebene, die eine generalisierende Erklärung des sozialen Einflusses anbieten könnte, viel Aufmerksamkeit zu schenken. Mehrere solcher Theorien existieren – unter anderem die Gestalttheorie, die psychoanalytische Theorie, die Feldtheorie, die Austauschtheorie und die Attributionstheorie –, aber Sozialpsychologen haben zumeist ihre kreative Arbeit in Experimente gesteckt, die auf eng umschriebene Phänomene anwendbare Mikrotheorien überprüften.[15]

Doch selbst winzige und scheinbar triviale Forschung kann eine große Tragweite erlangen. Vor einigen Jahren ließ eine Forschergruppe an der Kent State University Studenten eine Serie von sinnlosen Silben lernen. Daran anschließend sollten sie versuchen, Symbole zu lesen, die auf einem Bildschirm 1/1000 Sekunde lang tachistoskopisch dargeboten wurden. Wenn andere Personen die Studenten beobachteten, verwechselten diese oft die bedeutungslosen Muster mit Silben, die sie gelernt hatten, allerdings nicht, wenn den Anwesenden die Augen verbunden waren. Das Experiment warf eine Verallgemeinerung von scheinbar winziger Bedeutung ab: »Dominante Reaktionsmuster« (bereits gelernte) werden durch die Anwesenheit anderer Personen wahrscheinlicher.[16] Aber dieser scheinbar unbedeutende Befund impliziert weiterreichende Schlußfolgerungen: Obgleich dominante Reaktionsmuster oftmals die richtigen sind, können wir, wenn wir in einer bestimmten sozialen Situation ängstlich sind, auf Reize in einer zwar gewohnten, aber unpassenden Art reagieren. Dies gibt vielen anderenfalls irritierenden Verhaltensarten, die von Geschwätz und Zungenausrutschern bis zur chronischen Unnachgiebigkeit und dem gegenseitigen Unverständnis von Waffenkontrollunterhändlern reichen, einen Sinn.

Was viele Sozialpsychologen motiviert, ist somit die Überzeugung, daß sie durch kleine Laborexperimente Prinzipien entdecken könnten, die bedeutenden sozialen Problemen zugrunde liegen, und daß dieses Wissen zu sozialem Wandel führen kann. Wie Morton Deutsch, eine führende Persönlichkeit der gegenwärtigen Sozialpsychologie, es in einer kürzlich gehaltenen Ansprache vorsichtig ausdrückte: »Die Spiele, die Versuchspersonen in unseren Laborexperimenten mitmachen, könnten irgendeine Relevanz für solche Angelegenheiten wie Krieg, Frieden und soziale Gerechtigkeit besitzen.«[17] Das ist das Versprechen und der Reiz der experimentellen Sozialpsychologie.

Ein wirklich sauber durchgeführtes Experiment

Die männlichen Studenten, die einer nach dem anderen an diesem Winterabend eintrafen, um an dem Experiment teilzunehmen, hatten keine Ahnung, was sie erwartete, als sie durch die düsteren Korridore und Treppenaufgänge des Stadiongebäudes zu den oberen Etagen unter den Tribünen gingen. Aber das Labor wirkte, als sie es gefunden hatten, auf sie beruhigend. Es war ein großer, hell erleuchteter Raum mit schallgedämpften Wänden und Türen; der Boden war mit Teppich ausgelegt, und mehrere Einwegspiegel an den Wänden waren mit Vorhängen umrahmt. Mehrere Stühle und ein paar Tische waren für den Versuch arrangiert; andere waren in den Ecken gestapelt. Die einzige Ausrüstung auf einem der Tische war ein einfaches Mikrophon und ein flaschenähnliches Objekt aus schwarzem Plastik mit einer Skala auf seiner Stirnseite. Das, so erfuhren die Studenten, war ein Lärmmeßgerät.

Jede eintreffende Versuchsperson wurde von den beiden jungen Forschern Harkins und Williams begrüßt, die sich vorstellten und mit den Ankömmlingen plauderten, während sie auf die anderen warteten. Unterdessen befand sich Latané außer Sichtweite in einem angrenzenden Beobachtungsraum, von dem er, durch Einwegspiegel, das Geschehen beobachten konnte, ohne selbst gesehen zu werden.

Nachdem alle Studenten eingetroffen waren, bat Harkins sie, auf den sechs Stühlen, die ungefähr einen Meter entfernt an einem Ende des Raums im Halbrund standen, Platz zu nehmen. Er stand neben dem Tisch mit dem Lärmmeßgerät, zirka dreieinhalb Meter von den Studenten entfernt. Williams saß dahinter, bereit, den jeweiligen Geräuschpegel auf einem vorbereiteten Blatt Papier zu notieren.[18]

»Wie Sie wissen«, sagte Harkins, »sind wir an Urteilen darüber interessiert, wieviel Lärm Menschen in einer sozialen Situation durch Jubeln und Applaudieren verursachen und wie laut sie jenen erscheinen, die ihnen zuhören. Wir möchten, daß jeder von Euch zwei Dinge tut – zum einen Lärm machen und zum anderen Geräusche beurteilen. Es wird eine Reihe von Durchgängen geben, bei einigen davon wird nur einer von Euch, bei anderen werden zwei, vier und sechs zur gleichen Zeit gebraucht. Bei jedem Durchgang sage ich Euch, wer teilnimmt und ob Ihr jubeln« – er demonstrierte es mit einem gegrölten »raaah!«, und die Studenten lachten belustigt – »oder klatschen sollt. Wenn Ihr beginnen sollt, zähle ich von drei rückwärts und hebe die Hand. Macht solange weiter, bis ich sie wieder fallen lasse. Wir möchten, daß Ihr fünf Sekunden lang jubelt oder klatscht, so laut ihr könnt.« Um ihnen bei der Einschätzung der Lautstärke der Geräusche zu helfen, nannte er die Dezibelwerte einiger bekannter Geräusche.

»Okay, laßt es uns ein- oder zweimal mit ›rah‹ probieren«, sagte Harkins. »Drei … zwei … eins«, und er hob die Hand. Die Studenten schrien ziemlich kraftlos. »Oh, kommt schon!«, sagte er, »ist das alles, was Ihr bringt?« Er drehte sich zu Williams um, der wie verabredet ein saures Gesicht machte und den Kopf schüttelte. Nach ein paar Runden des Schreiens und Klatschens erklärte sich Harkins zufrieden und startbereit.

Von da an ließ er die Dinge wie nach Plan zügig ablaufen: Er kündigte an, wer rufen oder klatschen sollte, gab das Startkommando, hob seine Hand und nahm sie nach fünf Sekunden wieder herunter. Jeder Student schrie und klatschte zweimal alleine, viermal in Zweier- und Vierergruppen und sechsmal in Gruppen zu sechst. Nach den ersten paar Runden ging alles glatt und rasch vonstatten; für sechsunddreißig Schrei- und sechsunddreißig Klatschphasen wurde nur etwas mehr als eine halbe Stunde benötigt, obgleich die Studenten bis dahin erschöpft waren und rauhe Kehlen und wunde Handflächen hatten.

Am Ende der Sitzung verbrachte Harkins ungefähr fünfzehn Minuten damit, die Gruppe aufzuklären. (Bei solchen Experimenten klären die Forscher die Teilnehmer zur Belohnung über die wirklichen Ziele und den wissenschaftlichen Wert des Experiments auf. Wenn dieses psychischen Streß ausgelöst hat – auf das Schrei- und Klatschexperiment traf das nicht zu –, geben die Forscher eine vollständige und beruhigende Erklärung ab, um den Versuchspersonen die Leidensgefühle, die sie eventuell hatten, zu nehmen.) Nachdem er den Studenten für ihre Mitarbeit gedankt hatte, bekannte Harkins, daß die Experimentatoren nach etwas anderem als vorgegeben gesucht hatten, und erklärte das Phänomen des ›social loafing‹; er bat sie auch, anderen Studenten nichts davon zu erzählen, um zukünftige Versuche nicht zu gefährden. Um die Studenten nicht mit irgendwelchen unangenehmen Wahrheiten über sich selbst zu konfrontieren, sagte er, daß er und Williams bis zur Auswertung der Ergebnisse nicht wüßten, ob das Experiment an diesem Abend irgendein ›social loafing‹ enthüllt hätte. Tatsächlich hielt er es für möglich, daß Williams schon von den Aufzeichnungen des Lärmmeßgerätes her wußte, ob dies der Fall war oder nicht.

Die Studenten waren neugierig gemacht worden, aber sie waren nicht verwirrt. Es war für sie klar, daß, selbst wenn irgendeiner von ihnen »gefaulenzt« hatte, sein Anteil am Gruppenergebnis nicht identifiziert werden konnte. Aber nach ihren Fragen und Kommentaren zu urteilen, dachte niemand, daß er selbst »gefaulenzt« hatte, obgleich jeder bereit war zu glauben, daß seine

Kommilitonen »gefaulenzt« haben könnten. Zufrieden mit dem, was ihnen mitgeteilt worden war, gingen die Studenten hinaus.

Harkins war froh, daß sie gingen; weder er noch Latané, der nun aus dem Beobachtungsraum kam, ahnte, was der sich sorgfältig neutral verhaltende Williams auf dem Lärmmeßgerät gesehen hatte. Williams strahlte sie an. Sogar ohne daß er die Gelegenheit gehabt hatte, die Dezibelanzeigen in die physikalische Krafteinheit dynes/cm² umzurechnen, war es für ihn, als er die Höchstwerte auf der Skala notierte, offenkundig gewesen, daß zwei, vier oder sechs Studenten, die zusammen lärmten, bedeutend weniger als das Zwei-, Vier- oder Sechsfache der einzelnen Personen an Lärm produzierten.

Die Ergebnisse einer Sitzung waren natürlich noch nicht beweiskräftig. Die Versuchsleiter führten im ganzen acht solcher Sitzungen durch, zwei pro Abend. Harkins und Williams lösten sich in der Rolle des Gruppen- und des Protokollführers ab, bis sie einen Datenpool hatten, der groß genug war, um sicherzugehen, daß das, was sie gerade sahen, keine Zufallsvariationen waren. Dann fütterten Harkins und Williams auf Anweisung von Latané einen Zentralcomputer, um ihre 576 Lärmpegelstände in dynes/cm² umzurechnen und um für die ganze Serie von Sitzungen Durchschnittszahlen zu berechnen. Zusätzlich führten sie eine Varianzanalyse durch, um sicherzustellen, daß der Rückgang im durchschnittlichen Lärmergebnis stärker mit dem Anstieg der Gruppengröße als mit anderen Faktoren korrelierte. Schließlich machten sie eine »Vertrauensniveau«-Berechnung und fanden heraus, daß die Wahrscheinlichkeit dafür, daß der beobachtete Trend aus purem Zufall aufgetreten war, kleiner als eins zu tausend war.

Sie stürmten dann in Latanés Zimmer. »Wir haben es«, jubelten sie und überreichten ihm ein Stück Papier, das Zahlentabellen enthielt. Latané studierte die Daten kurz, zog dann Millimeterpapier aus der Schublade und fertigte aus den Zahlen rasch eine Abbildung an. In ihrer späteren Form sah sie, wie auf Seite 188 abgebildet, aus.[19]
Latané lächelte. »Das ist es«, sagte er, »das ist der Ringelmann-Effekt. Nun können wir weitermachen.«

Der nächste Schritt bestand darin, das Experiment zu präzisieren: Die Ergebnisse waren zwar beeindruckend, konnten jedoch durch die Tatsache verzerrt worden sein, daß das Schreien und Klatschen der Studenten in Anwesenheit anderer ausgeführt wurde und somit möglicherweise durch Verlegenheit und ähnliches beeinflußt worden war. Noch wichtiger war zu bedenken, daß der von zwei oder mehr Personen produzierte Lärm sich vielleicht nicht auf einfache Art und Weise aufsummieren lassen könnte. Latané, der sich an etwas

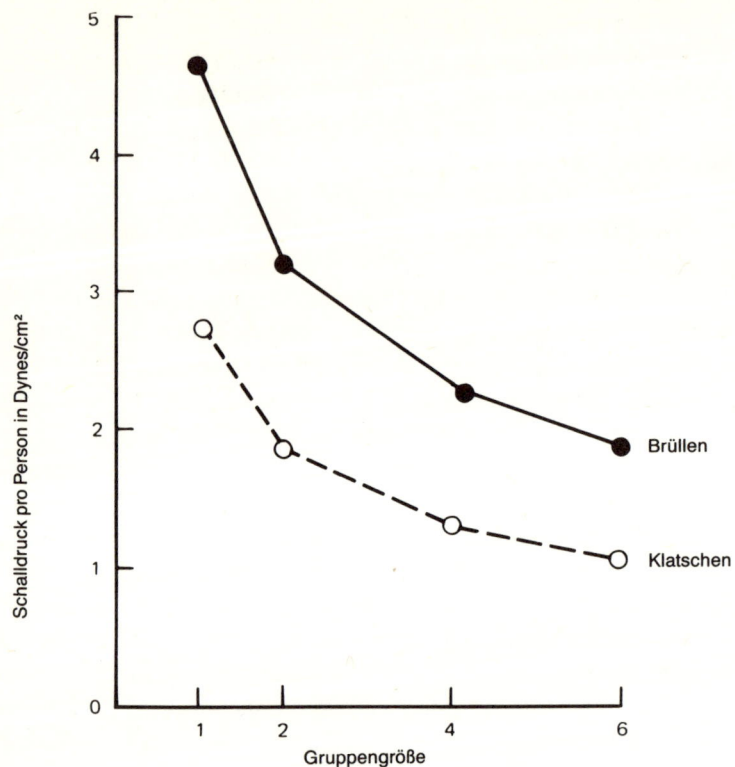

erinnerte, das er lange vorher im Physikunterricht auf dem Gymnasium gelernt hatte, sagte, daß es möglich wäre, daß ein Teil des fehlenden Lärms nicht auf ›social loafing‹ zurückzuführen sei, sondern auf Schallreduzierung: Schallwellen aus mehreren nicht synchronen Quellen können sich überlagern und teilweise gegenseitig aufheben. Wenn dem so war, konnte nicht der ganze Lärmverlust auf ›social loafing‹ zurückgeführt werden. Ihr nächstes Ziel bestand deshalb darin, diese äußeren Variablen zu eliminieren oder zumindest unter Kontrolle zu bringen.

Um die Frage der Schallreduzierung zu überprüfen, nahmen Harkins und Williams das Lärmmeßgerät mit in das Studentenwohnheim, in dem Williams lebte, und führten einen kleinen Test durch: Jedes von zwei Fernsehgeräten, auf volle Lautstärke gestellt, produzierte 90 Dezibel, aber zusammen erbrachten beide eindeutig weniger als 180 Dezibel. Harkins ging dann zum Physikalischen Institut, wo er erfuhr, daß Lärm, der von klatschenden Händen und noch stärker von vielen Stimmen erzeugt wird, tatsächlich Verluste erleiden würde, nicht nur wegen der gegenseitigen Störung der Schallwellen, sondern auch aufgrund anderer »Koordinationsverluste« – wie zeitlicher Variationen in der individuellen Leistung und winziger Unterschiede in der Richtung der produzierten Geräusche.

Harkins und Williams überlegten dann in einer Reihe von Brainstorming-Sitzungen zusammen mit Latané, was mit den verschiedenen Störvariablen zu tun wäre. Weder er noch sie können heute sagen, wer die Lösung fand. Latané meint: »Ich denke wohl, daß ich für das Klima der Diskussionen verantwortlich war, aber viele Ideen entstanden einfach aus dem Austausch der Ideen. Ich würde mir schwer dabei tun, den Ausgangspunkt der Ideen zu benennen, da die Tatsache, eine Idee als gut zu erkennen, nicht weniger bedeutend ist als die Tatsache, sie sich auszudenken.«

Hier eine Zusammenfassung der Erinnerungen der drei Forscher daran, wie ihr kollektives Problemlösen voranschritt:

– Problem: Zunächst würden sie feststellen müssen, in welcher Größenordnung der Rückgang des Geräuschpegels durch Koordinationsverluste verursacht worden war; dann konnten sie letzteres abziehen, und der Rest würde sich auf ›social loafing‹ zurückführen lassen. Aber wie konnten sie den Koordinationsverlust messen?
– Lösung: Umgehe das Problem des Koordinationsverlustes durch die Verwendung individueller Mikrophone, um das Geräusch an seinem Ausgangspunkt zu messen, bevor Koordinationsverluste auftreten.
– Realisation: Das ist wirklich besser. Das individuelle Mikrophon würde es ihnen ermöglichen, die Leistung jedes einzelnen, wenn er allein schreit, mit dem zu vergleichen, was er in der Gruppe bringt – der Unterschied ist dann ein direktes Maß für ›social loafing‹.
– Problem: Aber das Mikrophon jeder Person würde das Schreien der anderen mitaufnehmen; die Messungen würden ungenau sein.
– Lösung: Setze die Personen in getrennte Kabinen.
– Problem: Das würde sie daran hindern, als Gruppe zu agieren.
– Lösung: Gib ihnen Kopfhörer, so daß sie sich gegenseitig hören können.
– Realisation: Die Studenten bräuchten sich gar nicht wirklich gegenseitig zu hören. Da das Experiment versucht, Zuhörereffekte und Gruppennormen auszusondern, könnten die Forscher vorher aufgenommenes Schreien der Gruppe über die Kopfhörer übertragen, um das wirkliche Geschehen zu übertönen, ihnen aber das Gefühl der Gruppenleistung zu vermitteln.
– Ausarbeitung: Warum läßt man in diesem Fall nicht nur *eine* Person zu

einer bestimmten Zeit schreien, während sie annimmt, daß sie in Gruppen schreit? Sie würde den Unterschied nicht bemerken, und das Forscherteam wäre in der Lage, die Leistung jeder Person unverfälscht durch den Lärm anderer zu messen.

– Genaue Festlegung des experimentellen Designs: Obgleich die Versuchspersonen alleine schreien würden, würden sie *annehmen*, daß sie in Gruppen schrien – und deshalb würden sie sich so verhalten, als ob eben dies der Fall wäre. Wie Gordon Allport sagte, ist Sozialpsychologie die Untersuchung des Einflusses nicht nur der realen Anwesenheit anderer, sondern auch der imaginierten oder implizierten.[20]

– Schlußfolgerung: Dieses Design würde ein wirklich *sauberes* Experiment liefern. Und ein einfaches – da getrennte Mikrophone oder getrennte Kabinen gar nicht nötig wären; den Studenten könnten die Augen verbunden werden, und sie könnten sich alle in einem Raum befinden, aber da sie einzeln schreien würden, gäbe es keine Schallwelleninterferenz, und ein einzelnes Mikrophon würde ausreichen.

– Ausarbeitung: Und doch wäre es ein noch besseres Experiment, wenn die Studenten in tatsächlichen Gruppen schrien, so daß man den Geräuschpegel jeder tatsächlichen Gruppe mit dem Gesamtlärm, der von den gleichen Personen durch das Schreien in Pseudogruppen erzeugt würde, vergleichen könnte. Der Geräuschpegel wäre in der tatsächlichen Gruppe aufgrund des Koordinationsverlustes geringer, und man würde somit ein direktes Maß für den Koordinationsverlust erhalten, der dann als Korrekturfaktor in zukünftigen Experimenten verwendet werden könnte.

Latané dazu: »Wir wußten, daß das Design des ersten Experiments vorläufig war, aber als wir das Design für die zweite Untersuchung entwickelt hatten – Pseudogruppen, tarnender Lärm und all das – , hatten wir das wunderbare Gefühl, daß das ein *sauberes* Design war, daß es einfach *stimmte*.«

Voller Aufregung arbeiteten sie Tag und Nacht, um das nächste Experiment auf die Beine zu stellen. Williams gewann die Unterstützung von fünf Mitbewohnern seines Wohnheims, um den Lärm von Gruppen aufzuzeichnen; er und Harkins kopierten diesen Lärm dann immer wieder, fügten die Einleitungs- und Schlußworte für jede tatsächliche Gruppe und Pseudogruppe hinzu und setzten sie auf zwei Spuren eines Tonbandgerätes zusammen.

Zeitweise befanden sich – für die echten Gruppen – auf beiden Spuren dieselben Anweisungen. Aber für die Pseudogruppen unterschieden sie sich: Zum Beispiel kündigte für einen Zwei-Personen-Pseudogruppenversuch eine Spur an: »Dieses Mal schreien A und D«, während die andere Spur sagte: »A schreit alleine.« Beide Spuren gaben dann einen Drei … Zwei … Eins-Count-down, und es ertönte fünf Sekunden lang Gruppenschreien und schließlich eine laute Glocke, die signalisierte, aufzuhören.

Im Labor errichteten Harkins und Williams einen Schaltkasten, mit dem sie jede der sechs Versuchspersonen in die eine oder andere Spur stöpseln konnten. Sie konnten somit der Reihe nach jeden Studenten glauben machen, daß er Teil einer Gruppe wäre, wenn er tatsächlich alleine schrie, während alle sechs jedesmal das 90 Dezibel laute Brüllen von Williams und seinen Mit-bewohnern hören würden, um zu verhindern, daß die Studenten die Sache durchschauten.

Als alles fertig war, setzten sie wieder Abendsitzungen mit freiwilligen Ver-suchspersonen an. Dieses Mal gebrauchten sie eine etwas andere ›Cover-Story‹, um die hemmende Wirkung zu vermeiden, die die erste aufgrund ihrer Betonung der Einschätzung des Lärms, den Personen in sozialen Situa-tionen machen, gehabt haben könnte.[21] »In unserem heutigen Experiment«, erzählte Harkins den Studenten, »sind wir an der Wirkung des sensorischen Feedbacks auf die Lärmerzeugung sozialer Gruppen interessiert.« Aber da das sensorische Feedback das entscheidende Element ist, sagte er, wollen die Ver-suchsleiter nicht, daß sie sich selbst oder gegenseitig hören oder sehen; demge-mäß würden ihnen die Augen verbunden und sie bekämen Kopfhörer aufge-setzt, über die ihnen mitgeteilt würde, was zu tun wäre, und durch die sie vor-her aufgenommenes Schreien hören würden. Da ihre Kommilitonen sie nicht sehen und hören würden, könnten sie sich frei fühlen, so laut wie möglich zu brüllen. »Ihr habt also keinen Grund, nicht Euer Bestes zu geben«, sagte er. »Wirklich, versucht es!«

Harkins und in späteren Sitzungen Williams standen die Sache ziemlich leicht durch. Beide mochten den Einsatz irreführender Methoden nicht, die Studenten stressigen Erfahrungen aussetzten – lange Zeit eine Standardpraxis in der Sozialpsychologie –, aber bei diesem Experiment fühlten sie sich wohl, da die Geheimhaltung des Pseudogruppendesigns für ihre Versuchspersonen keine Belastung bedeutete. Darüber hinaus behauptete Latané, daß das Pseu-dogruppendesign nicht mehr als »Eindrucksmanipulation« darstelle – ähn-lich der alltäglich geübten Praxis, bestimmtes Verhalten bloß zu demonstrie-ren, um als besonders charmant, zuvorkommend, entschlossen oder klug zu erscheinen. Tatsächlich, so fügte er hinzu, wäre die Eindrucksmanipulation durch den Forscher notwendig, um die Versuchspersonen daran zu hindern, sich irgendwie gezielt zu verhalten, denn wenn sie die ganze Wahrheit über das Experiment wüßten, würden sie sich zweifelsohne von ihrer besten (aber nicht ihrer üblichen) Seite zeigen.

Latané drängte seine Kollegen auch, bei dem nachfolgenden Gespräch die Studenten über das Ziel des Experiments, aber nicht über die Details des Pseudogruppendesigns aufzuklären. Latanés Grundprinzip: »Wenn ihr die Studenten auf eine Art informiert, durch die sie sich klar werden, wie sie ausgetrickst und zum Narren gehalten worden sind und wie schlecht sie sich selbst verhalten haben, seid ihr gemein und zerstört grundlos ihr Selbstwertgefühl. Ich denke, daß eine solche Aufklärung unmoralischer ist als die harmlose Täuschung, die mit der Durchführung eines Experiments zusammenhängt.«

Harkins rief den Versuchspersonen diesmal keine Hinweise zu; stattdessen stöpselten er und Williams für jeden Durchgang Steckkabel ein und aus, die wiederum jeden Studenten entweder mit der ersten oder der zweiten Tonspur verbanden. Es war eine spannungsgeladene und schwierige Aufgabe: Sie mußten genau und dennoch schnell arbeiten, damit ihre Studenten nicht durch die Knackgeräusche, die in den Kopfhörern durch das Umstecken der Kontakte entstanden, Verdacht schöpften. Beide Forscher entschuldigten sich fortwährend über das Mikrophon bei den Studenten und machten sich Sorgen, daß ihre Tarnung aufflog. (Später baute Williams ein Schaltbrett mit leisen Schaltern, das es möglich machte, alle Kopfhörer mit jeder Spur augenblicklich und geräuschlos zu verbinden.)

Trotz ihrer Befürchtungen lief alles bemerkenswert gut. Als die echten Gruppen schreien sollten, hörte jeder Student über seinen Kopfhörer die Identifikationsnummern jener, die schrien – einer, zwei oder alle sechs Studenten (um das Experiment zu vereinfachen, hatte das Forscherteam die Vier-Personen-Gruppen weggelassen); jedesmal schrie die richtige Anzahl. Mit diesen Durchgängen wechselten sich die Pseudogruppendurchgänge ab, in denen ein Student hörte, daß er entweder allein, mit einem anderen oder mit fünf anderen agieren sollte, während die anderen alle hörten, daß er allein schreien würde. Auch dies funktionierte.

Es funktionierte so gut, daß Harkins, Williams und Latané (der ins Labor kam, sobald den Studenten die Augen verbunden waren) sofort wußten, daß das Experiment ein Erfolg war. »Wir konnten es auf dem Meßgerät sofort erkennen«, erinnert sich Harkins. »Wir sahen zum Beispiel, daß Versuchsperson A mit einer Lautstärke von 95 Dezibel brüllte, wenn sie dachte, daß sie allein schrie, aber nur mit 85 Dezibel, wenn sie in einer Gruppe war. Es war auch einer dabei, der allein kräftig schrie, aber wenn er vermeintlich mit anderen zusammen brüllte, verzog er genauso sein Gesicht, gab aber nur schwer wahrnehmbare Laute von sich, die vom Meßgerät kaum registriert wurden. Er machte uns ganz fertig.«

Obwohl sie sich darüber amüsierten, war es beiden bewußt, wie wenig spa-

ßig und sogar peinlich es für diesen Studenten gewesen wäre, hätten die Forscher bei der Aufklärung die volle Wahrheit gesagt. »Aber wir erzählten
ihnen niemals etwas von den Pseudogruppen«, sagte Harkins, als er das Experiment kürzlich vorstellte. »Ziel der Aufklärung ist es, die Studenten hinsichtlich ihres Selbstwertgefühls dorthin zurückzubringen, wo sie waren, als sie
kamen. Wenn man ihnen keinen Schaden durch die Täuschung zugefügt hat,
ist es nicht notwendig, ihnen zu sagen, man hätte es getan. In diesem Fall war
es nur angebracht, ihnen den Zweck des Experimentes mitzuteilen, aber es
konnte ihnen nicht helfen, zu wissen, daß wir sie einzeln aufgezeichnet hatten, wenn sie dachten, daß sie in Gruppen wären, und es hätte ihnen sogar
schaden können – und uns, wenn es sich herumgesprochen und jeder über
unseren Versuch Bescheid gewußt hätte.«

(Einige Sozialpsychologen widersprechen diesem Ansatz und argumentieren: Wenn Versuchspersonen nicht vollständig aufgeklärt werden und somit
nicht motiviert sind, sich als Teil eines verabredeten Stillschweigens zu begreifen, wird sich wahrscheinlich ihre eigene irrige Version des Experiments her-
umsprechen und den späteren Versuchen sogar mehr Schaden zufügen.)

Nachdem sie sechs Gruppen zu je sechs männlichen Studenten durch das
Experiment geschleust hatten, gaben Harkins und Williams die Daten erneut
in den Computer ein. Dieser meldete, daß jeder Student beim Brüllen in einer
Zweier-Pseudogruppe im Durchschnitt nur 82% des Lärms gemacht hatte,
den er allein erzeugt hatte, und in Pseudogruppen von sechs nur etwa 74%.
Sie überreichten Latané stolz ein anderes Blatt mit Zahlen, die er erneut
sofort in eine Abbildung übertrug. In ihrer späteren Darstellung sah diese wie
auf Seite 194 abgebildet aus.[22]

Sie zeigte, daß im Durchschnitt umso weniger Lärm von jeder Person
erzeugt wurde, je größer die Gruppe war – und daß die Kurve für die Pseudogruppen, wo der Abfall nicht auf den Koordinationsverlust zurückgeführt
werden konnte, exakt ›social loafing‹ demonstrierte. Da das zweite Experiment sich in der ›Cover-Story‹ und anderen Einzelheiten stark von dem
ersten unterschieden hatte, erschien dieses Phänomen darüber hinaus als
»robust« – das heißt nicht idiosynkratisch oder auf eine besondere experimentelle Situation beschränkt.

Latané gratulierte seinen Kollegen hoch erfreut. »Ich war wirklich zufrieden«, erinnert er sich, »aber es war nicht so sehr Aufregung als vielmehr das
angenehme Gefühl ›das hat sich ausgezahlt – wir haben etwas Solides in den
Händen, das für weitere Arbeiten verwendet werden kann – es ist wie Geld
auf der Bank.‹« Später beschrieben Latané, Williams und Harkins dieses
Gefühl in einem Artikel über das Experiment:

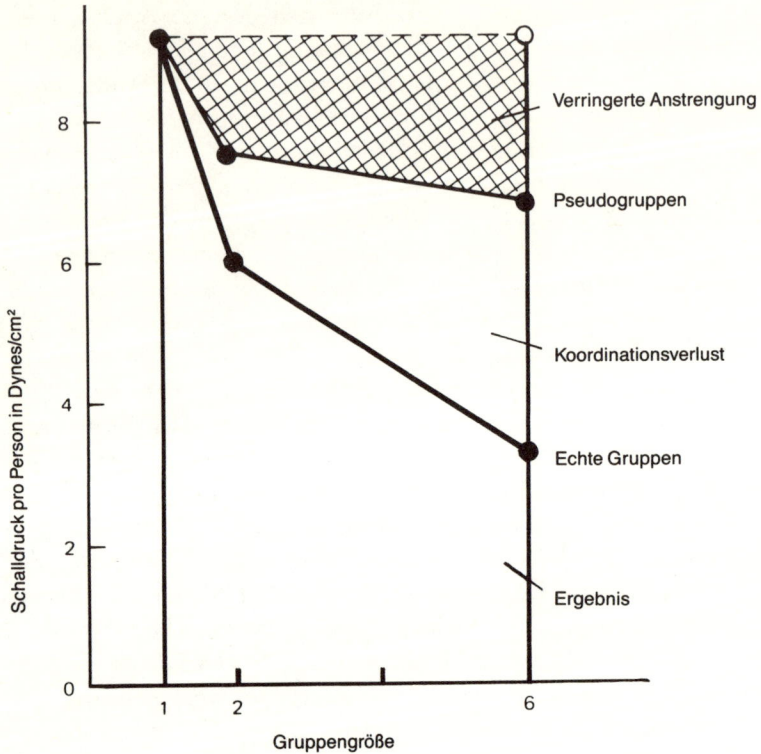

Diese [und andere] experimentelle Befunde haben demonstriert, daß in der menschlichen Natur ein deutliches Potential für ›social loafing‹ angelegt ist. Wir vermuten, daß diese ›social loafing‹-Effekte weitreichende und tiefgründige Konsequenzen sowohl in unserer als auch in anderen Kulturen haben ... Obgleich etliche Leute denken, Wissenschaft sollte wertfrei sein, müssen wir eingestehen, daß wir glauben, daß ›social loafing‹ als eine Art soziale Krankheit angesehen werden kann ... [mit] negativen Konsequenzen für Individuen, soziale Institutionen und Gesellschaften ... Wir denken, daß die Therapie aus der Entwicklung von Methoden zur Kanalisierung sozialer Kräfte kommen wird, so daß die Gruppe eher als Mittel der Intensivierung der individuellen Verantwortlichkeit als ihrer Diffusion dienen kann.[23]

Ein doppeltes Paradox: Ein bedeutendes soziales Prinzip, das mit bewundernswerter Schärfe durch eine Methode ähnlich einem Zaubertrick demonstriert wurde; ein ethisch hochgestecktes Ziel, gefördert durch Geheimhaltung und Vortäuschung.

Forschung durch Täuschung: Ein ethisches Dilemma

Latané, Williams und Harkins unternahmen für Sozialpsychologen nichts Ungewöhnliches, als sie ihre Studenten über das wahre Geschehen irreführten. Die Täuschung von Versuchspersonen ist lange Zeit ein integraler Bestandteil der meisten experimentellen Forschung auf diesem Gebiet gewesen.

Vor beinahe einem halben Jahrhundert, als die Sozialpsychologen versuchten, ihre Disziplin mit Hilfe des Laborexperiments zu einer exakten Wissenschaft zu machen, stießen sie auf ein ernsthaftes Problem: Menschliche Versuchsobjekte können, anders als Ratten oder Tauben, begreifen, was vorgeht, und ihre Einsicht wird wahrscheinlich ihre Reaktion auf die experimentelle Situation beeinflussen und deren Zwecke zunichte machen. Wenn sie wissen, daß Forscher beobachten wollen, wie sie sich verhalten, wenn sie gebeten werden, Mannschaftskameraden aus einer Gruppe von Schwarzen und Weißen auszuwählen oder einen notleidenden Fremden zu belauschen oder jemandem beim Stehlen eines geringfügigen Betrags zuzusehen, werden sie sich mit ziemlicher Sicherheit anders verhalten, als sie es normalerweise täten.[24] Eine Analogie: Bei den militärischen Übungen, die unter dem Namen »Kriegsspiele« laufen, ist es einfach, tapfer zu sein; jeder weiß, daß der »Feind« nicht wirklich aufs Töten aus ist.

Sozialpsychologen erkannten bald, daß sie oft das wirkliche Ziel eines Experiments vor dessen Teilnehmern verbergen müßten. Wie man das am besten macht, wurde zu einem der vorherrschenden Themen bei ihrem Versuch, die Methodologie ihrer sich entfaltenden Disziplin zu entwickeln.[25] Denn eine Verfeinerung ihrer Beobachtungstechniken und der statistischen Datenanalyse erbrachte nur einen geringen Nutzen, wenn das, was sie beobachteten, weitestgehend das Ergebnis des Wissens der Versuchspersonen über die Absichten der Forscher war.

Ein einschlägiges Beispiel dafür, so berichten Aronson und Carlsmith in *The Handbook of Social Psychology*, ist Solomon Aschs 1951 veröffentlichte originelle und inzwischen schon klassische Untersuchung zur Konformität. Asch bat Studenten, an einem, so gab er vor, »Experiment zum Wahrnehmungsurteil« teilzunehmen. Im Labor wurden seine Versuchspersonen gebeten, anzugeben, welche von drei geraden Strecken, die auf Karten vor ihnen auslagen, dieselbe Länge wie eine Standardstrecke auf einer anderen Karte aufwies. Bei jedem Durchgang hörte eine naive (unwissende) Versuchsperson, wie mehrere andere, die alle Mitarbeiter des Versuchsleiters (Strohmänner) waren, eine Strecke als deutlich länger oder kürzer als die Standardstrecke einstuften. Die naive Versuchsperson kam, mit der Einmütigkeit ihrer Mitstreiter konfrontiert, ins Schwitzen, wurde zapplig und schloß sich ungefähr ein Drittel der Zeit dem Urteil der Majorität an. Die Untersuchung von Asch und zahlreiche andere gleicher Art haben viel zu unserem Verständnis von Konformität beigetragen, wären aber ohne die angewandte Täuschung nicht durchführbar gewesen. Hätten die Versuchspersonen die Wahrheit gekannt, hätten sie nicht unter dem sozialen Druck gestanden, den Eindruck ihrer eigenen Sinne zu leugnen.[26]

Nachdem sich die Täuschungsmethode einmal etabliert hatte, zeigte sich bald ihr wissenschaftlicher Wert. Durch ihre Benutzung konnten verschiedene Forscher zeigen, daß die Neigung zu konformem Verhalten mit spezifischen Persönlichkeitsmerkmalen und der Zusammensetzung der Gruppe in Beziehung stand, daß Gewalt in den Medien die Wahrscheinlichkeit dafür erhöht, daß die Zuschauer nach dem Anschauen solcher Filme auf Provokationen gewalttätig reagieren, daß Lehrer, die (fälschlicherweise) glauben gemacht wurden, daß gewisse Schüler ungewöhnliche versteckte Fähigkeiten besäßen, diese begünstigten und somit das von ihnen erwartete Unterrichtsergebnis erzielten, daß Personen, die sich widersprüchlichen Gefühlen gegenübersehen, ihre kognitive Dissonanz durch Rationalisieren verringern (nachdem sie beispielsweise zwischen zwei gleich begehrten Alternativen gewählt haben, neigen sie dazu, die gewählte noch positiver zu beurteilen und die nichtgewählte abzuwerten). Die Forscher waren dadurch in der Lage, viele andere vergleichbar wichtige Entdeckungen innerhalb des ganzen Spektrums der Sozialpsychologie zu machen.[27]

Die Täuschung wurde bald zu *der* Methode, wann immer die Versuchspersonen durch ihr Erkennen der Zwecke das Experiment hätten verderben können. In den späten 60er Jahren ist sie nach einigen Schätzungen in 40% der sozialpsychologischen Forschung verwendet worden, und von den Untersuchungen, die für eine Veröffentlichung in der renommiertesten Zeitschrift dieses Gebietes, dem *Journal of Personality and Social Psychology*, ausgewählt worden waren, arbeiteten volle 75% mit Täuschungsmethoden.[28]

Auf speziellen Forschungsgebieten war die Täuschung sogar noch weiter verbreitet. Vier Fünftel aller Laboruntersuchungen zur Konformität folgten der Methode von Asch und setzten Mitarbeiter des Versuchsleiters ein, um naive Versuchspersonen unter sozialen Druck zu setzen.[29] Im Jahre 1963 veröffentlichte Stanley Milgram, damals an der Yale University, einen Artikel über eine Untersuchung zur Bereitschaft, Gehorsam gegenüber Autoritäten zu zeigen. Er hatte naiven Versuchspersonen befohlen, schmerzhafte und sogar augenscheinlich lebensbedrohende Elektroschocks anderen Versuchspersonen zu verabreichen, die sie (unsichtbar) vor Schmerz brüllen und um Gnade winseln hörten (die Geräusche stammten von einem Tonband). Der Bericht war eine Sensation und zog innerhalb der nächsten etwa zehn Jahre ungefähr 130 andere veröffentlichte und unveröffentlichte Untersuchungen zum Gehorsam nach sich, die dieselbe Technik verwendeten.[30]

Dem Sozialpsychologen Joel Cooper von der Princeton University zufolge hat sich, wenn man die bloße Vorenthaltung eines bedeutenden Teils der Wahrheit als Täuschung klassifiziert – eine Ansicht, die von einigen Ethikern vertreten wird –, wahrscheinlich 90% der Forschung, über die in den sozialpsychologischen Zeitschriften im Laufe der letzten Jahrzehnte berichtet wurde, der Täuschung bedient.

Obwohl die Sozialpsychologen das Recht haben, mit dieser Methode nach der Wahrheit zu suchen – und verpflichtet sind, dies in einer streng wissenschaftlichen Art und Weise zu tun –, beraubt die Täuschungsmethode andererseits die Versuchspersonen *ihres* Rechts, der Benutzung ihres Körpers oder ihres Geistes durch andere zuzustimmen oder diese zu verweigern. Jedes demütigende, in Verlegenheit bringende oder stressige Erlebnis, das sie ohne wissentliche Zustimmung, vielmehr irregeleitet oder falsch informiert, durchmachen, verletzt klar dieses Recht.

Sogar eine harmlose Täuschung tut dies. Ein junger Mann, mit dem eine attraktive Frau flirtet und der dann einen Fragebogen zur Messung des Selbstwertgefühls ausfüllt, hat – selbst wenn er von der erniedrigenden Erfahrung verschont geblieben ist, daß das Flirten nur Verstellung und die Meinung, die er von sich hatte, ungerechtfertigt war – seine Zeit, Energie und Persönlichkeit in einer Art und Weise eingesetzt, wie er es vielleicht nicht getan hätte, wenn er die Wahl gehabt hätte. Insofern ist dadurch sein Recht auf Selbstbestimmung tangiert. Freilich haben die meisten Versuchspersonen solcher Experimente der Teilnahme zugestimmt, aber wenn dieses Einverständnis auf Unwissenheit beruht, bestimmen nicht die Teilnehmer am Experiment, sondern die Forscher über ihr Tun.

Sowohl das Recht auf Forschungsfreiheit als auch das Recht auf Selbstbestimmung sind in unserer Kultur fest verankert, aber erst vor wenigen Jahrzehnten wurde der Konflikt zwischen beiden offenkundig und kam unter offizielle Kontrolle. Im Jahre 1914 befand das Oberste Bundesgericht das New York Hospital für schuldig, einen Patienten einer Behandlung ohne seine Einwilligung unterzogen zu haben. Der maßgebende Grundsatz war, so schrieb der Richter Benjamin Cardazo, daß »jeder erwachsene und geistig gesunde Mensch ein Recht darauf hat, zu bestimmen, was mit seinem Körper geschehen soll.«[31]

Diese gerichtliche Entscheidung wurde nur auf medizinische Behandlungen angewandt; die Forschung blieb dagegen unkontrolliert. Aber nach den grauenhaften Experimenten, die von Ärzten im Nationalsozialismus an den Insassen von Konzentrationslagern durchgeführt worden waren und die während der Nürnberger Prozesse von 1947 ans Licht kamen, war es klar, daß auch die Forschung die Rechte einzelner Personen zu respektieren hat. Der Nürnberger Kodex legte dar: »Das freiwillige Einverständnis der Person ist absolut wesentlich ... [Sie] sollte genügend Wissen von und Einsicht in die Elemente des beteiligten Gegenstandes besitzen, um eine verständnisvolle und aufgeklärte Entscheidung treffen zu können.«[32] Dieses Prinzip wurde gemeinhin als die Doktrin vom »Einverständnis nach vorausgegangener Information« bekannt.

In den Vereinigten Staaten hatte der Druck der öffentlichen Meinung und die Besorgnis der Kongreßmitglieder zu einer ersten formalen Forderung nach dem ›Einverständnis nach vorausgegangener Information‹ geführt: In den 60er Jahren erließ der ›Public Health Service‹ Vorschriften, die die biomedizinische Forschung regelten. Eine davon verpflichtete Personen und Institutionen, die Subventionen erhielten, das ›Einverständnis nach vorausgegangener Information‹ ihrer Patienten zu jeglicher experimentellen medizinischen Vorgehensweise einzuholen. Obgleich dies eher eine Behördenregelung als ein Gesetz war, versagte sie jenen bundesstaatliche Zuschüsse, die sich nicht nach ihr richteten, und übte daher eine effektive Kontrolle über einen Großteil dieses Forschungsbereichs aus.[33]

Zur selben Zeit begann eine Reihe von Juristen, Ethikern, Bürgerrechtlern und anderen Personen mit unterschiedlichen politischen Standpunkten – einschließlich einiger Sozialpsychologen –, gegen die stressigen, Angst produzierenden und demütigenden Erfahrungen, denen Versuchspersonen manchmal von Forschern ausgesetzt werden, zu opponieren, und argumentierte, daß in der verhaltenswissenschaftlichen Forschung das ›Einverständnis nach vorausgegangener Information‹ obligatorisch sein solle.[34] Eines ihrer Lieblingsbeispiele dafür, was sie als unrechtmäßige Behandlung naiver Versuchspersonen betrachteten, war Milgrams Experiment zum Gehorsam, und sie zitierten oftmals Milgrams eigene Worte aus dem ersten Zeitschriftartikel über seine Arbeit. In ihm hat er den in den Versuchspersonen erzeugten Konflikt beschrieben, als er ihnen befahl, der nicht sichtbaren und anscheinend gequälten anderen Versuchsperson des vermeintlichen Lernexperiments zunehmend stärkere Elektroschocks zu verabreichen, wenn sie einen Fehler machte:

In vielen Fällen erreichte die Spannung Extremwerte, wie sie selten in sozialpsychologischen Laborexperimenten gefunden werden. Es konnte beobachtet werden, daß die Versuchspersonen schwitzten, zitterten, stotterten, sich auf die Lippen bissen, stöhnten und

sich die Fingernägel ins Fleisch bohrten ... Ein unerwartetes Spannungszeichen – wenngleich erklärbar – war das regelmäßige Auftreten von nervösem Lachen, das bei einigen
Versuchspersonen in unkontrollierte Anfälle überging.[35]

Solche Experimente und das Risiko eines dauerhaften psychischen Schadens
der Versuchspersonen, die sich als Folge des Experiments in einem unbarm-
herzigen neuen Licht sahen, erschienen den Kritikern äußerst unmoralisch
und durch keine wissenschaftliche Erkenntnis, zu der die Erfahrungen führen
könnten, gerechtfertigt.[36]

Zum Teil als Folge dieser Debatte unter den Fachleuten und andererseits als
Ergebnis der Neigung von Regierungsbehörden, ihre eigenen Gesetze zu
erweitern, dehnte das ›Department of Health, Education and Welfare‹ (HEW)
die PHS-Vorschriften für biomedizinische Forschung 1971 auf die Verhaltensforschung aus, verschärfte sie und befahl ihre Einhaltung in allen Zweigen des
HEW. Dies brachte den Großteil der soziopsychologischen Forschung unter
die Kontrolle des HEW (da sie überwiegend von der HEW-Unterstützung
abhängig war) und schränkte die Anwendung von Täuschungsmethoden dra-
stisch ein. Im Jahre 1974 wurden die Vorschriften sogar noch strenger; die
Regelung des ›Einverständnisses nach vorausgegangener Information‹ war nun
so strikt, daß sogar geringfügige Täuschungen untersagt wurden, wenn sie ein
›Institutional Review Board‹ (IRB) innerhalb der Institution des Forschers als
nicht akzeptabel erachtete.[37]

Mitte der 70er Jahre meinte mehr als die Hälfte einer großen Stichprobe
von Verhaltenswissenschaftlern, die vom ›Survey Research Center‹ der University of Michigan befragt worden waren, daß diese Vorschriften die Forschung behinderten.[38] Gleichwohl reichten einige Forscher, die entweder
besonders dreist, schlau oder überzeugend waren oder die eine Machtposition
innehatten, weiterhin erfolgreich Anträge ein und führten bedeutsame Forschung unter Rückgriff auf Täuschungstechniken durch, wenngleich diese
auch nicht besonders stressig für die Versuchspersonen waren; Latané gehörte
zu ihnen.

Viele andere stellten sich jedoch auf Experimente um, die nur eine geringe
oder gar keine Täuschung erforderten, und mußten so die Bandbreite des Verhaltens, das sie untersuchen konnten, stark einschränken. Wiederum andere
hörten mit dem Experimentieren gänzlich auf und wechselten zu anderen
Forschungsformen, wie der Beobachtung des Verhaltens von Personen in der
Öffentlichkeit, dem Einsatz von Fragebögen, in denen Personen befragt wurden, wie sie sich in hypothetischen Situationen fühlen würden, und so weiter
– Methoden, die auf bestimmte Arten des Verhaltens beschränkt sind und
nur eine begrenzte Anzahl von Fragen beantworten können.

Viele Gegner der Täuschungsmethodologie argumentieren, daß die Einschränkung ihres Gebrauchs die wissenschaftliche Forschung nicht zu behindern bräuchte, da Alternativen und moralisch annehmbare Methoden zur Verfügung stünden. Eine davon ist das Rollenspiel: Die Teilnehmer werden gebeten, sich vorzustellen, wie sie sich in einer experimentellen Situation verhalten würden, oder sogar aufgefordert zu schauspielern. Obgleich die Befunde manchmal den Ergebnissen, die durch das gleiche Experiment unter Einsatz von Täuschungsmethoden gewonnen wurden, nahekommen, weichen sie doch häufiger davon ab.[39] Latané und Darley führten eine Paper-and-Pencil-Simulation eines ihrer Experimente zum Hilfeverhalten durch. Alle Befragten gaben an, daß sie höchstwahrscheinlich helfen würden, unabhängig davon, ob andere Personen anwesend wären oder nicht – ein weit besseres Selbstbild, als es in der Wirklichkeit anzutreffen war, wenn naive Teilnehmer der Situation tatsächlich ausgesetzt wurden.[40] Joel Goldstein, Leiter der ›Research Review Branch‹ des ›Department of Health and Human Services‹ (Nachfolger von HEW), hat beobachtet: »Was Personen in Rollenspiel-Experimenten sagen oder machen, unterscheidet sich qualitativ von dem, was sie in Wirklichkeit tun.«

Eine andere Alternative, die »generelle Vorab-Einverständniserklärung«, bezieht sich darauf, daß Personen um ihre Zustimmung gebeten werden, irgendeiner von in einer Liste genannten Reizsituationen ausgesetzt zu werden, ohne daß sie gesagt bekommen, welche sie tatsächlich erleben werden. Dies führt nur dazu, daß sie typische Mutmaßungen anstellen, die, wie ein führender Forscher sauer bemerkte, »einfach das Experiment vermasseln«. Ähnliches gilt auch für weitere Alternativen.

Die Klagen der Wissenschaftler, die sich während der 70er Jahre häuften, beunruhigten einige Kongreßmitglieder, und zwei spezielle Kommissionen zum Schutz von menschlichen Forschungsobjekten begannen, darüber nachzudenken, ob die Forschung vor übermäßigen Vorschriften geschützt werden müsse. Wenn vorher die Ausübung des Rechts auf freie Forschung das Recht auf Selbstbestimmung beeinträchtigt hatte, störte nun das letztere das erstere. Die Gesellschaft, der die Wahrung beider Rechte nutzen würde, sah sich mit einem Dilemma konfrontiert.

Eine Lösung oder zumindest ein Kompromiß liegt in den HEW-Vorschriften selber, in Gestalt des Prinzips vom »Risiko/Nutzen-Verhältnis«. In den Statuten ist festgelegt, daß in jeder Forschung mit Versuchspersonen »das Risiko für die Versuchspersonen in einem angemessenen Verhältnis zu dem erwarteten Nutzen für sie, sofern einer besteht, und der Bedeutung der zu erwartenden Erkenntnisse stehen muß.«[41]

Auf der Grundlage dieser Überlegungen lockerte das ›Department of Health and Human Services‹ seine Vorschriften im Juli 1981. Neben anderen Veränderungen wurde vor allem die Norm des ›Einverständnisses nach vorausgegangener Information‹ weniger streng ausgelegt. Eine geringfügige Täuschung oder die Vorenthaltung einiger Informationen wurden nun als annehmbar erachtet, wenn dabei »ein nur minimales Risiko für die Versuchsperson bestand« und wenn die Forschung anderweitig »nicht durchgeführt werden konnte«.[42]

Wie alle Kompromisse hat auch dieser beiden Seiten gedient und keine befriedigt. Die Gegner der Täuschungsmethodologie wandten sich weiterhin gegen den Versuch, wissenschaftlichen Nutzen gegen »menschliche Kosten« in die Waagschale zu werfen. Einerseits, so argumentieren sie, sind die Maßeinheiten nicht miteinander vergleichbar; es gibt kein quantitatives Maß für Risiko, das dem Maß für Nutzen gleichzusetzen ist, und die »Berechnungen« bleiben deshalb rein abstrakt. Andererseits weisen solche Berechnungen auf eine fragwürdige Moral hin. Diana Baumrind, eine Entwicklungspsychologin an der University of California, Berkeley, der Philosoph Alasdair McIntyre von der Boston University und der Sozialpsychologe Thomas Murray, früher am ›Hastings Center‹, einem Institut für die Untersuchung von ethischen Problemen der Humanwissenschaften, gehören zu denen, für die die Logik des Risiko/Nutzen-Verhältnisses utilitaristisches Denken bedeutet, da es die Moralität einer Handlung nach ihren Zielen und nicht nach ihren Mitteln beurteilt. Noch gravierender ist ihrer Meinung nach, daß beide Werte – wissenschaftliche Erkenntnis und menschliche Privatsphäre – gleichgesetzt werden, obwohl sie unterschiedliches Gewicht haben. Baumrind behauptet zum Beispiel, daß die Rücksicht auf die Person moralisch höherwertig als die Freiheit des Strebens nach wissenschaftlicher Erkenntnis sei und Vorrang vor ihr haben solle; dies macht für sie jede Risiko/Nutzen-Berechnung hinfällig.[43]

Andererseits empfinden die meisten Sozialpsychologen, daß legitime und wichtige Forschung immer noch unangemessen stark durch Vorschriften und behindernde IRB-Überprüfungen beschränkt wird. Stanley Schachter von der Columbia University, dreißig Jahre lang einer der einfallsreichsten Versuchsleiter der Sozialpsychologie, gehört zu denen, die das Experimentieren aufgegeben haben. »Ich möchte das einfach nicht mehr alles durchmachen«, sagt er. »Es ist eine verdammt stumpfsinnige Sache und eine schreckliche Zeitverschwendung.« Andere, auch wenn sie immer noch einige Experimente mit Täuschungsmanövern durchführen, reagieren verärgert und sind pessimistisch. Edward E. Jones von der Princeton University sagt: »Die Vorschriften und IRBs haben nicht nur das Leben als Forscher viel schwieriger gemacht, sondern auch unser Denken gründlich beeinflußt. Experimente, die auf Widerstand stoßen würden, werden nicht einmal mehr in Erwägung gezogen – es kommt einem gar nicht erst in den Sinn, ein Problem in Angriff zu nehmen, das eine Art Täuschung erfordern würde, die Ärger mit dem IRB heraufbeschwört. Ganze Forschungsrichtungen sind im Keim erstickt worden.«

Leon (»LEEE-ON!«) Festinger selbst schreibt, wenn er die Sozialpsychologie, wie sie in der Zeit seiner historischen Untersuchungen zur Kognitiven Dissonanz bestand, mit der jetzigen vergleicht, in der Forscher Angst haben, Ärger zu bekommen: »Man kann ethischen Fragen weit aus dem Weg gehen … aber es scheint mir, daß das Vermeiden dieser Schwierigkeiten das Forschungsgebiet von Problemen fernhält, die für die Sozialpsychologie bedeutend und charakteristisch sind.«[44]

In der Zwischenzeit ging das Experimentieren im Labor trotz der Beschwerden von beiden Seiten weiter, wenngleich auch etwas eingeschränkt. Studenten und andere Versuchspersonen sehen ihre Rechte durchaus geschützt, allerdings nicht in dem Maße, daß sie von harmlosen Täuschungen verschont bleiben. Das nun hergestellte Gleichgewicht mag nicht das beste und klügste sein, aber es ist ein sinnvoller Versuch, zwei gegensätzliche kulturelle Werte auszutarieren. Wenn sich herausstellt, daß sich die Gewichte zu sehr in die eine oder andere Richtung verschieben, wird zweifelsohne neu angepaßt werden müssen, aber weder eine totale Verbannung der Täuschungsmethodologie noch eine Rückkehr zu der ›laissez-faire‹-Politik kommen dabei in Frage.

Hypothesen und Manipulationen

»Wie Geld auf der Bank« hatte sich Latané über die soliden Resultate ihres Pseudogruppen-Experiments geäußert. Nun begannen die drei Forscher, Hypothesen über die Bedingungen, die ›social loafing‹ begünstigten oder ihm entgegenwirkten, zu entwickeln und sie durch Variationen ihres Pseudogruppen-Verfahrens zu überprüfen. Sie fanden dies so spannend, daß sie praktisch Tag und Nacht Zeit fanden, sich in den folgenden sieben oder acht Monaten ein halbes Dutzend Experimente und weitere in dem darauffolgenden Jahr auszudenken, sie zu planen und durchzuführen.

Diese enorme Arbeitsenergie war sehr stark ihrem Gefühl, daß sie irgendetwas Bedeutendem auf der Spur waren, wie auch der speziellen Attraktion des Laborexperiments zu verdanken: Die Erzeugung einer experimentellen Situation, die Planung einer ›Cover-Story‹ und die Inszenierung des Ereignisses ist zum Teil Wissenschaft und zum Teil ›Show-Business‹. Der Versuchsleiter ist nicht nur Sozialwissenschaftler, sondern auch Bühnenautor, Schauspieler und Illusionist. Um verschiedene Hypothesen über das menschliche Verhalten zu überprüfen, haben Sozialpsychologen Turmuhren zweimal so schnell laufen lassen wie gewöhnlich, sind sie in der U-Bahn zusammengebrochen, wobei künstliches Blut aus ihrem Mund floß, und haben sie Rauch durch einen Ventilator in einen Raum geblasen, in dem eine naive Versuchsperson und mehrere Strohmänner Fragebögen ausfüllten.[45]

Latané (der für das zuletzt genannte Experiment verantwortlich war) hatte seine Karriere mit Experimenten an Ratten begonnen, fand aber bald Untersuchungen mit Menschen sowohl intellektuell bedeutungsvoller als auch unterhaltsamer. Er hat ein Faible für elegante Tricks, die er, so sagt er, nur anwendet, weil sie viel dichter an die Wahrheit heranführen als alternative Methoden wie Schätzungen oder Simulationen. Er demonstrierte diese Auffassung Harkins und Williams, indem er ihnen vorschlug, das Pseudogruppenexperiment einer Reihe von Studenten zu beschreiben und sie nach ihrer Meinung über die Leistung der Versuchspersonen unter verschiedenen Bedingungen zu befragen. Die Studenten schätzten, daß die Versuchspersonen sowohl in den wirklichen Gruppen als auch in den Pseudogruppen lauter schrien und klatschten als allein. Sie lagen damit natürlich total falsch und trafen genau ins Schwarze der Argumentation Latanés.[46]

Die Gruppe konzentrierte sich darauf, sich Methoden auszudenken, um ihre Hypothesen durch Herumbasteln an der experimentellen Situation, das heißt durch eine Manipulation der unabhängigen Variablen im Labor zu überprüfen. Im folgenden werden einige der Höhepunkte dieser Experimentalreihe wiedergegeben:

Latané stellte bei einer Besprechung mit Harkins und Williams die Frage: »Was könnte der Tendenz zum ›social loafing‹ entgegenwirken?« Den drei Forschern fielen Antworten ein wie Altruismus, Ideologie und Angst. Und, höchst interessant, Eigennutz: Vielleicht könnten sie die Dinge so einrichten, daß jeder unmittelbar von einem größeren Einsatz der Gruppe profitieren würde und so selbst eine höhere Leistung brächte.

Sie führten deshalb eine Untersuchung durch, die im wesentlichen eine Replikation des Pseudogruppen-Schrei-Experiments war, wobei diesmal aber den Teilnehmern für gute Leistungen ein paar Dollar versprochen wurden – es bedarf gewöhnlich nicht viel, um Studenten zu motivieren. Je mehr Lärm sie im ganzen sowohl allein als auch in Gruppen erzeugen würden, desto mehr Geld würden sie erhalten. Überraschenderweise bewirkte der finanzielle Anreiz beinahe keinen Unterschied; solange die Teilnehmer dachten, daß sie in Gruppen schrien, »faulenzten« sie.[47] ›Social loafing‹: in der Tat ein widerstandsfähiges Phänomen.

Die Forscher fragten sich, warum Geld nichts bewirkte. Die einzige sinnvolle Antwort war, daß jeder darauf gebaut haben mußte, daß seine Mitstreiter sich ins Zeug legten und sein eigenes »Faulenzen« unentdeckt bleiben würde.

Die Frage war nun: Welche Bedingungen konnten dieser Tendenz entgegenwirken? Sie verfielen schließlich darauf, den Studenten zu erzählen, daß sie individuell mitgehört werden würden, und zwar sowohl in der Gruppe als auch wenn sie allein schrien. Wie Latané anmerkte, baten sogar die Chinesen trotz ihrer kollektiven Ideologie Fließbandarbeiter, ihre Arbeit individuell identifizierbar zu machen.

Die Leistungen der Studenten sowohl einzeln als auch in Gruppen und mit und ohne individuelle Überwachung zu messen, bedeutete, die unabhängige Variable auf vierfache Weise zu manipulieren. Aber der Gruppe gelang es, ein im wesentlichen einfaches experimentelles Design dafür auszuarbeiten. Zuerst schrien die Studenten sowohl in wirklichen Gruppen als auch in Pseudogruppen, wobei sie wie zuvor annahmen, daß sie nur zu identifizieren wären, wenn sie allein brüllten. Dann taten sie das gleiche nochmals, nahmen diesmal aber an, daß sie jedesmal zu identifizieren wären. Damit die Studenten dies dachten, händigten Harkins und Williams jedem Studenten ein Mikrophon aus, zeigten auf die komplizierte Apparatur im Kontrollraum und erzählten ihnen, daß sie unter allen Bedingungen einzeln mitgehört werden würden. In Wirklichkeit waren die Mikrophone und die ganze Apparatur nur Attrappe, da die Pseudogruppenmethode mit einem einzigen Mikrophon effiziente individuelle Aufzeichnungen lieferte.

Die Ergebnisse waren bemerkenswert. Die Studenten, die annahmen, daß sie nur, wenn sie allein brüllten, identifiziert werden könnten, erzeugten in den Pseudo-Sechsergruppen 37% weniger Lärm als als einzelne. Aber wenn sie die Mikrophone einschalteten und meinten, individuell identifizierbar zu sein, machten sie nur 8% weniger Lärm. Das ›social loafing‹ war praktisch ausgeschaltet worden. Harkins und Williams unterzogen die Zahlen einer Wahrscheinlichkeitsberechnung und fanden heraus, daß die Wahrscheinlichkeit für ein zufälliges Auftreten dieses Ergebnisses geringer als 1 zu 5 000 war.[48]

Dennoch, so meinte Latané, als sie diese Ergebnisse diskutierten, gab es eine Variable, die sie versäumt hatten zu kontrollieren – sie hatten dieselben Personen für beide Versuchsbedingungen verwendet. Wie könnte dies die Ergebnisse beeinflussen? Es war gut möglich, daß die Studenten im zweiten Durchgang nicht aufgrund des Mikrophons weniger »gefaulenzt« hatten, sondern weil sie sich an die Aufgabe gewöhnt hatten.

Harkins und Williams zogen noch andere Möglichkeiten in Betracht. Vielleicht waren die Studenten im zweiten Durchgang müde – sie konnten nicht viel lauter brüllen, wenn sie davon ausgingen, überwacht zu werden, als wenn sie das nicht annahmen, und insofern schaut es aus, als ob sie nicht »gefaulenzt« hätten. Oder vielleicht fühlten sich die Studenten, da die Versuchsleiter ja vom ersten Durchgang wußten, wie laut sie allein brüllen konnten, dazu verpflichtet, genauso viel zu leisten, wenn sie annahmen, daß ihr Brüllen in den Gruppen mitgehört werden würde.

Wie konnten die Forscher diese Variable kontrollieren? Sie arbeiteten ein anderes, komplizierteres Experiment aus, bei dem sie diesmal ihre Studenten in drei Gruppen einteilten, wovon jede einer einzigen Versuchsbedingung zugeordnet wurde.

Die erste Gruppe besaß nur ein Mikrophon: die Studenten hatten keinen Grund, anzunehmen, daß sie zu identifizieren wären, außer wenn sie allein brüllten. Die zweite Gruppe hatte individuelle Mikrophone; ihnen wurde mitgeteilt, daß sie sowohl allein als auch in der Gruppe identifizierbar wären. Die dritte Gruppe hatte nur ein Mikrophon, aber erhielt die Mitteilung, daß ihr Schreien von einem Computer aufgezeichnet und analysiert werden würde, daß aber die Forscher nicht wüßten und auch nicht zu wissen bräuchten, wie laut jeder von ihnen jeweils brüllte.

Die Ergebnisse waren so klar, wie das Team sie sich nur hatte wünschen können: Jede Experimentalgruppe, die einer unterschiedlichen unabhängigen Variablen ausgesetzt war, zeigte ein einmaliges Verhalten. Jene, die dachten, sie wären nur beim alleinigen Brüllen identifizierbar, schrien einzeln aus Leibeskräften, aber »faulenzten« in der Pseudogruppe. Jene, die annahmen, immer identifizierbar zu sein, »faulenzten« überhaupt nicht und brüllten allein genauso laut wie in Pseudogruppen. Jene, die dachten, daß sie niemals identifizierbar wären, schrien allein mit eingeschränkter Kraft und nur ungefähr im selben Maße in Gruppen; sie »faulenzten« die ganze Zeit.

Damit schien die Sache entschieden: Die Identifizierbarkeit war ein wirksames Abschreckungsmittel für ›social loafing‹ – ein Ergebnis, das die Gruppe nicht nur als Lohn für ihre Arbeit, sondern auch deshalb begrüßte, weil es eine weiterreichende Tragweite besaß. In einem später geschriebenen Artikel folgerten sie ironisch: »Wir glauben, daß die Ergebnisse genauso wie die Methoden, die in unseren zwei Experimenten benutzt wurden, zum Jubeln sind, da wir ›social loafing‹ als eine soziale Krankheit ansehen, die die wirksame kollektive Anstrengung bedroht.«[49]

Dieses Ergebnis ermutigte das Team, über andere Abschreckungsmethoden für ›social loafing‹ nachzudenken. Ihre Diskussionen führten sie dazu, darüber zu spekulieren, warum Personen in Gruppen überhaupt faulenzen. Eine Hypothese, die sie formulierten, war, daß Menschen vielleicht eine angeborene Tendenz besitzen – vorausgesetzt, die Ergebnisse konnten verallgemeinert werden –, sich so wenig wie möglich anzustrengen. Das Team nannte dies die »Take-it-easy«-Strategie.

Es kam bald aber auch eine gegensätzliche Hypothese auf: Vielleicht wollen sich die Menschen ja so stark wie möglich anstrengen, und ›social loafing‹ ist ihre Bemühung, das Beste zu leisten. Da ihr Energievorrat begrenzt ist, mag es eine Tendenz geben, sich dann stärker zu verausgaben, wenn ihre Anstrengungen identifiziert und belohnt werden. Demnach werden Personen in Gruppen ihr Bestes geben, wenn sie keine zusätzlichen individuellen und identifizierbaren Aktivitäten zu erbringen haben, für die sie ihre Kräfte sparen müssen. Das Team nannte dies die »Zuteilungsstrategie«. Vielleicht, so dachten sie, erklärt das, warum Kibbuzmitglieder, die keine privaten Grundstücke besitzen, so viel härter beim gemeinschaftlichen Arbeiten schuften als Mitglieder von Kolchosen, die noch eigene Parzellen haben.

Aus solchen Überlegungen erwuchsen zwei weitere Experimente. Harkins führte sie mit zwei Assistenten im Herbst 1977 in einem Labor der Northeastern University durch, an die er zu Beginn dieses akademischen Jahres einen Ruf erhalten hatte.

Harkins unterzog männliche und weibliche Studenten – insgesamt zwölf Vierer-Gruppen – der üblichen Pseudogruppenbehandlung, allerdings mit ein paar Unterschieden. Da Klatschen eine anstrengendere Tätigkeit ist und mehr »soziales Faulenzen« erzeugt als Brüllen, wählte er Klatschen als Aufgabe aus. In den Kopfhörern der Studenten verschleierte die Wiedergabe von vorher aufgenommenem Klatschen den von ihnen wirklich erzeugten Lärm. Jeder Gruppe wurde mitgeteilt, daß Versuchsperson C jedesmal allein, D jedesmal mit einer anderen Person und A und B manchmal allein und manchmal mit jemand anderem zusammen klatschen würden.

Die Ergebnisse waren befriedigend und enttäuschend zugleich. Sie waren insofern befriedigend, als sie einen weiteren Beweis für das Wesen von ›social loafing‹ lieferten: Die Ds, die nur in Pseudopaaren klatschten, erzeugten durchschnittlich nur 62% des Lärms der allein klatschenden Cs, während die As und Bs, die beides taten, in Pseudopaaren nur 75% der Lautstärke des alleinigen Klatschens produzierten. Die Daten waren aber insofern enttäuschend, als sie eher die »Take-it-easy«-Strategie-Hypothese als die »Zuteilungsstrategie«-Hypothese stützten: Obgleich die Ds nur in Pseudopaaren klatschten und keine individuellen Durchgänge hatten, für die sie mit ihren Kräften hätten haushalten müssen, »faulenzten« sie genausoviel wie die As und Bs, die ihr Bestes gaben, wenn sie allein klatschten, aber beim paarweisen Klatschen »faulenzten«.[50]

Latané, Harkins und Williams sahen sich verpflichtet, die Möglichkeit zu überprüfen, daß diese Ergebnisse teilweise bloß eine Folge des experimentellen Designs sein könnten. Vielleicht kam den Ds der Gedanke zu »faulenzen«, als sie hörten, wie die As und Bs vom paarweisen zum alleinigen Klatschen wechselten. Oder vielleicht meinten die Ds, da sie wußten, daß die Cs immer allein klatschten, daß sie sich im Gegensatz zu diesen nicht anstrengen müßten.

Deshalb führte Harkins ein zweites Experiment durch. Es war genau wie das erste angelegt, mit dem Unterschied freilich, daß der Hälfte der Gruppen mitgeteilt wurde, daß jedes Mitglied allein klatschen würde, während der anderen Hälfte erzählt wurde, daß jeweils in Paaren geklatscht würde. Die Ergebnisse waren dieselben: Personen, die in Pseudopaaren klatschten, erzeugten nur 57% des Lärms derer, die allein klatschten, sogar dann, wenn sie weder wußten, daß jemand allein klatschte, noch einen Grund hatten, ihre Kraft für das alleinige Klatschen aufzusparen.

Die Befunde rechtfertigten kaum Optimismus in Hinblick auf die Kontrolle des »sozialen Faulenzens«, aber Harkins und seine Kollegen äußerten sich in einem Artikel, in dem sie von ihren Experimenten berichteten, dennoch hoffnungsvoll.

Obgleich es viele Unterschiede zwischen dem Kibbuz und der Situation, die in unseren Experimenten geschaffen wurde, gibt, ist der auffälligste Unterschied das Gefühl der Gruppenidentität [das heißt im Kibbuz] und das Vertrauen in die Gruppe. Die Gruppe dient nicht als Instrument zur Diffusion der Verantwortlichkeit, sondern scheint sie eher zu intensivieren. Der Erfolg des Kibbuz läßt uns annehmen, daß wir in der Lage sein könnten, Bedingungen zu entdecken, unter denen Personen in Laborgruppen zu bewegen sind, kollektiv genauso oder noch schwerer zu arbeiten als alleine.[51]

Wenn ›social loafing‹ eine hartnäckige Tendenz zu sein schien, zeigte der Kibbuz offensichtlich, daß unter bestimmten Bedingungen Einzelpersonen ihr Bestes in einer Gruppe geben würden. Auf der Suche nach einer Methode, um diese Beobachtung auf einer kleinen experimentellen Basis zu replizieren, hatte das Team eine Idee, die aus Äußerungen von Universitätssportlern stammte, nämlich, daß in sportlichen Wettkämpfen wie Laufen oder Schwimmen die Teilnehmer in Staffelwettbewerben besser abschnitten als in Einzelrennen.

Im Frühjahr 1979 spielte der Coach des Schwimmteams der Universität auf Bitten der Forscher einen simulierten Schwimmwettbewerb mit Staffel- und Einzelläufen durch. Die ›Cover-Story‹ von Williams, seinen Assistenten und Harkins, der zeitweise zur Beobachtung der Läufe von der Northeastern University anreiste, bestand darin, daß sie »die Schwimmdynamik«, also Dinge wie Wasserturbulenzen, Starttechniken und zeitliche Abstimmungen, untersuchen wollten. (Latané beobachtete und beriet wie gewöhnlich von der Seitenlinie aus.)

Jeder der sechzehn Männer, die in vier Gruppen eingeteilt waren, schwamm zwei 100-Meter-Freistilbahnen und eine Doppelbahn in jedem von zwei 400-Meter-Freistilstaffelläufen. Die Hälfte der Schwimmer bekam mit, wie ihre Bahnzeiten gut hörbar für alle Anwesenden, einschließlich ihrer Teamgefährten, ausgerufen wurden (wie es auf Sportveranstaltungen üblich ist). Die Einzel- und die Staffelgewinner erhielten Preise. Die Zeiten der anderen Schwimmer wurden nicht ausgerufen, und jenen, die danach fragten, wurde gesagt, daß sie nicht verfügbar wären. Die Gewinner erhielten jedoch auch Preise.

Das sportliche Drumherum – das Brüllen, das Wasserspritzen und das Jubeln – machte diesen Versuch zum lustigsten der Experimentalreihe. Andererseits war er auch der folgenreichste: Nach Beendigung der Läufe sahen sich Williams und seine studentischen Hilfskräfte, immer noch mit ihren Arbeitsblättern beschäftigt, plötzlich durch die Luft fliegen und in voller Montur im Schwimmbassin landen, eine Tradition bei den Schwimmern, vor der sie niemand gewarnt hatte.

Als sie die Daten analysierten, fanden sie heraus, daß, obgleich alle Bahnzeiten ziemlich nahe beieinanderlagen, es signifikante Unterschiede gab, die ein neues Licht auf das Phänomen des ›social loafing‹ und seine Kontrolle warfen:

- Wenn die Bahnzeiten der Schwimmer im Staffellauf ausgerufen wurden, erzielten sie im Durchschnitt 60,2 Sekunden für ihr 100-Meter-Pensum; wenn ihre Zeiten nicht ausgerufen wurden, benötigten sie durchschnittlich 61,7 Sekunden. Anders ausgedrückt, wenn ihre Bemühungen nicht identifizierbar waren, »faulenzten« sie, ungeachtet des Teamgeistes.
- Staffelschwimmer, deren Zeiten ausgerufen wurden, waren etwas besser (60,2 Sekunden) als Schwimmer in Einzelrennen, deren Zeiten ebenfalls ausgerufen wurden (61 Sekunden). Obgleich den Schwimmern in jeder

Situation persönliche Anerkennung zuteil wurde, strengten sie sich als Teammitglied stärker an denn als Einzelkämpfer.

Die Identifizierung der eigenen Anstrengung ruft also dann, wenn man Teil einer kohärenten, hoch-motivierten Gruppe ist, sogar eine noch höhere Leistung hervor, als wenn man für seinen eigenen Nutzen arbeitet. Auf der anderen Seite »faulenzen« die Teammitglieder, wenn ihr Gruppenbeitrag nicht identifizierbar ist. Die Ergebnisse legen nahe, daß beide Prinzipien – Individualismus und Teamgeist – im Menschen wirken und interagieren.[52]

Noch im selben Jahr schrieben Latané und seine beiden Kollegen einen Artikel mit dem Titel »Many Hands Make Light The Work: Social Loafing as a Social Disease«.[53] In ihm besprachen sie die sieben wichtigsten Experimente ihrer Reihe und legten weitergehende Folgerungen aus ihren Befunden dar anhand kurzer Exkurse zu Themen wie dem Gegensatz zwischen Kolchose und Kibbuz, den Problemen der Zusammenstellung von Gruppen und der Vermeidung von ›social loafing‹ bei Footballteams (gute Trainer feiern öffentlich den Linienrichter, der, von den Medien ignoriert, anderenfalls dazu tendieren könnte, »nicht ihren Schneid anzustacheln«).

Im Jahre 1980 wurde der Artikel mit dem renommierten ›Socio-Psychological‹-Preis der ›American Association for the Advancement of Science‹ ausgezeichnet. Für Harkins und Williams, die damals erst 32 und 26 Jahre alt waren und gerade zu publizieren begonnen hatten, war es ein Triumph. Aber sogar für Latané, der damals 44 Jahre alt war und eine lange Liste von Veröffentlichungen und Ehrungen für seine Verdienste vorweisen konnte, war es eine höchst erfreuliche Angelegenheit: Er und John Darley hatten denselben Preis 1968 für ihre Experimente zum Hilfeverhalten erhalten, und nun, 1980, wurde er der erste Sozialpsychologe, der ihn zum zweiten Mal gewonnen hatte.

Identitätskrise

Trotz eines halben Jahrhunderts Forschung über die Prinzipien des menschlichen Sozialverhaltens – die zumindest einige unzweideutige Beweise zusammentragen konnte – und trotz der Anerkennung des Wertes einiger dieser Ergebnisse durch wissenschaftliche Organisationen wie der AAAS ist die experimentelle Sozialpsychologie als Wissenschaft zeitweilig starker Kritik ausgesetzt gewesen.

Natürlich hat man alle anderen sozialwissenschaftlichen Fächer ähnlich angegriffen. Aber die experimentelle Sozialpsychologie wurde, obgleich sie sich am stärksten die Naturwissenschaften zum Vorbild genommen hat, am heftigsten kritisiert. Ihre Methoden wurden verspottet und ihre Ergebnisse als entweder trivial, irrelevant oder ungültig abgetan. Ihre Befunde enthüllten jedoch oftmals wichtige Aspekte des menschlichen Verhaltens, die vielen von uns wohl unbequem sein dürften. Es ist schon möglich, daß die kritischen Beurteilungen der experimentellen Sozialpsychologie sowohl Abneigung als auch Wunschdenken ausdrücken: Man erinnert sich an die viktorianische Edelfrau, die hoffte, Darwins Theorie von dem Ursprung der Menschheit sei nicht wahr, oder wenn doch, daß nicht darüber gesprochen werde.

Allgemein wird an soziopsychologischen Experimenten kritisiert, daß sie in der überwiegenden Mehrheit der Fälle Studenten, meistens College-Studenten, als Versuchspersonen benutzten, die leicht angeworben werden können, indem man ihnen ein geringes Honorar oder einen Bonus für ein Einführungsseminar in Sozialpsychologie anbietet. Die Kritiker meinen, daß das, was für College-Studenten gilt, nicht für den Rest der Menschheit gelten muß; die Ergebnisse solcher Experimente besäßen deshalb nur eingeschränkten Wert.[54]

Um diese Kritik zu widerlegen, haben Festinger und andere argumentiert, daß zum Zweck der Überprüfung von Hypothesen (im Gegensatz zur Erhebungsforschung) die untersuchte Population keine kritische Größe sei. Wenn Variable X Variable Y erzeugt und in Abwesenheit von X Y nicht auftritt, dann ist die Verbindung zwischen X und Y in dieser Gruppe eine bewiesene Tatsache und mag auf eine allgemeine Erkenntnis hindeuten. Um dies einwandfrei nachweisen zu können, muß sie sich allerdings auch in anderen Gruppen als gültig herausstellen. Aber selbst wenn das nicht der Fall ist, widerlegt es nicht die X-Y-Verbindung; es bedeutet vielmehr, daß eine oder mehrere Variablen, die mit X interagieren, der Theorie hinzugefügt werden müssen. Deshalb ist der Rückgriff auf College-Studenten zumindest ein erster Schritt in Richtung auf die Erklärung vieler sozialpsychologischer Phänomene.[55]

Darüber hinaus wird kritisiert, daß viele soziopsychologischen Experimente in der Hauptsache Methode mit nur wenig Inhalt darstellen. Gordon Allport zum Beispiel meinte, daß viele Untersuchungen eine ausgeklügelte Methode benutzen, um eng begrenzte Phänomene unter ganz besonderen Bedingungen zu untersuchen, und nur »elegant polierte Trivialität« liefern (oder, wie es jemand sarkastisch ausgedrückt hat, »klitzekleinen Empirismus«).[56] Ein Beispiel dafür: In einem unlängst durchgeführten Experiment hörten Schüler entweder einer langweiligen Vorlesung oder der Aufzeichnung eines Lustspiels zu und wurden dann von einem Klassenkameraden, der sein Geld »vergessen« hatte, um eine milde Gabe gebeten; das Ergebnis war, daß gutgelaunte Personen (oder Schüler, wie man nun will), ein bißchen großzügiger waren als andere.[57]

Doch selbst wenn sich eine Menge der veröffentlichten soziopsychologischen Forschung mit Trivialitäten befaßt, ist dies doch die Normalität in jeder Wissenschaft. Die meisten Artikel über Forschungsarbeiten dienen in der Hauptsache dazu, Resumees »aufzublähen« und ihre Autoren der Beförderung näherzubringen. Es ist nicht erwiesen, daß experimentelle Sozialpsychologen in dieser Hinsicht schlimmere Sünder sind als irgend jemand anders. Sozialpsychologie, so sagen ihre Verfechter, ist die Untersuchung des alltäglichen Lebens – der Konversation, des Ärgers, der Liebe, der Boshaftigkeit, des Gebens, des Gewinnens und Verlierens, des Rationalisierens und dergleichen. Wenn die Sozialpsychologie unser Alltagswissen über solche Dinge bestätigt, wirkt sie rückversichernd; wenn sie den gesunden Menschenverstand korrigiert, ist sie von unschätzbarem Wert.

Diesem Aspekt gilt eine andere Kritik: Während der 60er und frühen 70er Jahre waren viele Versuchsleiter so von dem Show-Business-Fluidum ihrer Forschung hingerissen, daß die Genialität, Kniffligkeit und Dreistigkeit einer Täuschungs*inszenierung* höher geschätzt wurde als die inhaltlichen Fragen. M. Brewster Smith, ehemaliger Präsident der ›American Psychological Association‹, schrieb kürzlich dazu:

> Was Studenten und Kollegen besonders anziehend zu finden schienen, war Festingers Experimentierstil, die »soziale Wirklichkeit« durch eine kluge Inszenierung zu manipulieren, um Bedingungen zu schaffen, die es erlaubten, überprüfbare Vorhersagen abzuleiten ... [Als Ergebnis] schien die Schläue des Experiments im großen und ganzen die wissenschaftliche Bedeutung der Gesamtergebnisse zu übersteigen.[58]

Diejenigen, die die Täuschungsmethodologie verteidigen, widersprechen dieser harten Kritik, obgleich sie zugeben müssen, daß sie in manchen Fällen stimmt. Sie fügen jedoch hinzu, daß, nachdem die extremeren Formen der Täuschungsmethodologie unter Beschuß geraten sind, der Nimbus des geschickten Täuschungsmanövers dahinschwand und seit einiger Zeit den inhaltlichen Aspekten der Forschung viel mehr Bedeutung als den spektakulären beigemessen wird. Wie Joel Cooper, obgleich der Meinung, daß die Täuschung oftmals wesentlich sei, sagt: »Wir jubeln nicht mehr über sie.«

Ein andere Kritik an der experimentellen Sozialpsychologie richtet sich gegen die Laborforschung, die zwar intern valide sei (sie zeige, was sie behaupte zu zeigen), aber keine externe Validität besitze (was sie zeige, würde nicht auf die Realität außerhalb des Labors zutreffen). Nach dieser Ansicht sind viele Laborsituationen extrem künstlich, und es ist ziemlich unwahrscheinlich, daß die gezogenen Schlußfolgerungen scheinbar analoge Phänomene im täglichen Leben erklären.[59] Wie kann man ein Experiment zum Gehorsam von der Art Milgrams, bei dem einer Versuchsperson von einem autoritären Forscher befohlen wird, einem anderen Menschen Elektroschocks zu verabreichen, möglicherweise mit der Lebenserfahrung und dem Verhalten von Deutschen vergleichen, die die barbarischen politischen Machenschaften ihrer Naziführer ausführten? Kann man wirklich annehmen, daß die Versuchspersonen in einem Experiment von Philip Zimbardo, die durch hypnotische Beeinflussung eine halbe Stunde lang taub gemacht worden waren, um zu sehen, ob sie mißtrauisch gegen lachende Kommilitonen würden, etwas ähnliches empfinden wie älter werdende Personen, die langsam ihr Gehör verlieren und gleichzeitig paranoide Symptome entwickeln?[60]

Die Behauptung, daß Experimente künstlich seien und ihre Ergebnisse nicht auf das wirkliche Leben angewendet werden könnten, meinen Aronson und Carlsmith, »ist nicht bloße Besorgnis; sie ist einfach unangebracht ... Alle experimentellen Verfahren sind ›ausgedacht‹, insofern als sie erfunden sind ... [Aber sie können] durch systematische Replikation ›gereinigt‹ werden.« Milgrams ursprüngliches Experiment, so stellen sie heraus, mag nicht weit genug gehen, um das Verhalten der Deutschen während der Nazizeit zu erklären (wie Milgram es hoffte), aber eine Reihe späterer Experimente von Milgram mit variierenden Bedingungen »erhöhte ... das Ausmaß der Verallgemeinerungsfähigkeit seiner anfänglichen Ergebnisse.« Je größer die Vielfalt der Szenarien ist, bei denen von einer Arbeitsvariablen gezeigt wird, daß sie den gleichen Effekt hervorruft, desto größer ist die Wahrscheinlichkeit dafür, daß Laborexperimente Erkenntnisse über das wirkliche Leben liefern.[61]

Der ernsthafteste der jüngsten Angriffe auf die experimentelle Sozialpsychologie war eine Erweiterung der letztgenannten Kritik. Im Jahre 1973 behauptete der Psychologe Kenneth Gergen vom Swartmore College in einem im *Journal of Personality and Social Psychology* erschienenen Artikel nachdrücklich, daß die Disziplin keine Wissenschaft, sondern ein Zweig der Geschichtswissenschaften sei. Sein Hauptargument – ein altbekanntes übrigens – war, daß, obgleich die soziopsychologische Forschung bezweckte, allgemeingültige Prinzipien des Sozialverhaltens zu entdecken, sie tatsächlich Effekte behandelte, die zeit- und ortsgebunden seien und außerhalb einer gegebenen Stichprobe von Personen in einer bestimmten sozialen Situation keine Relevanz besäßen.

Er führte einige Beispiele an: Milgrams Gehorsamsphänomen »ist sicherlich von zeitgenössischen Einstellungen gegenüber Autorität abhängig«. Die Kognitive Dissonanztheorie behauptet, daß Menschen Inkonsistenz widerlich finden, doch frühe Existentialisten begrüßten sie. Die Konformitätsforschung zeigt auf, daß Personen sich Freunden mehr anpassen als Personen, denen sie sich nicht freundschaftlich verbunden fühlen. Aber auch wenn dies für unsere Gesellschaft gelten mag, muß es nicht für andere zutreffen, in denen Freundschaft nicht dieselbe Rolle spielt. Seine Folgerung:

Es ist ein Fehler, die Prozesse in der Sozialpsychologie als grundlegend im naturwissenschaftlichen Sinne zu betrachten. Eher können sie weitgehend als die psychologischen Gegenstücke kultureller Normen angesehen werden … Die sozialpsychologische Forschung ist in erster Linie die systematische Untersuchung der gegenwärtigen Geschichte.[62]

Gergens Polemik rief jahrelange Debatten hervor. Es waren Debatten der schmerzlichen Neubewertung der Sozialpsychologie, und es kam die Rede von der »Krise der Sozialpsychologie« auf.

Schließlich konnte jedoch das wissenschaftliche Image der Sozialpsychologie wieder hergestellt werden. Barry Schlenker von der University of Florida zum Beispiel wies in einer vernichtenden Widerlegung in derselben Zeitschrift darauf hin, daß sogar die Physik mit vielen Beobachtungen von eingeschränkter und widersprüchlicher Natur begonnen und erst allmählich weitergehende und generellere Theorien entwickelt hat, die die scheinbaren Inkonsistenzen beseitigten. Darüber hinaus haben die Sozialwissenschaften eine Reihe von Phänomenen entdeckt, die über eine bestimmte Zeit, einen bestimmten Ort und eine bestimmte Kultur hinausgehen: Beispielsweise kennen alle Gesellschaften Inzesttabus, eine Familienform und Vorkehrungen, um die soziale Ordnung aufrechtzuerhalten. Die Sozialpsychologie hat eine Reihe von Theorien beigesteuert, die für viele verschiedene soziale Kontexte gelten und deshalb kulturübergreifende Validität besitzen, unter ihnen jene, die soziales Lernen, das Bezugsgruppenverhalten und die Bewahrung des Status und der Herrschaftshierarchien betreffen.[63]

Was die Angriffe auf Laborexperimente betrifft, so haben diese sehr viele Debatten und das Interesse an einer Forschung außerhalb des Labors und an dem Einsatz nichtexperimenteller Methoden hervorgerufen. Die Vorteile der experimentellen Methode waren und sind jedoch so groß, daß sie weiterhin in über drei Viertel aller sozialpsychologischen Untersuchungen während der 70er Jahre eingesetzt worden ist.[64] Es gibt keinen Grund, anzunehmen, daß sich das in den 80er Jahren ändert beziehungsweise geändert hat.

Der nützliche Effekt dieser jüngsten Herausforderungen der Sozialpsychologie bestand darin, daß sie die Gefahr allzu eng gezogener Forschung, den Bedarf an sozialer Relevanz ihrer Arbeit und den Wert nichtexperimenteller Forschungsmethoden stärker bewußt gemacht haben. Die Sozialpsychologie hat die Attacken überlebt. In einem Überblick über die Geschichte der Sozialpsychologie seit 1930, der in der nächsten Ausgabe von *The Handbook* erscheint, bietet Edward Jones diese Zusammenfassung und Vorhersage an:

> Die Krise der Sozialpsychologie ist dabei, ihren Platz als kleine Störung in der langen Geschichte der Sozialwissenschaften einzunehmen. Der intellektuelle Impuls des Gebietes ist nicht radikal von den Krisenproklamationen beeinflußt worden … Die Zukunft der Sozialpsychologie ist nicht nur durch die vitale Bedeutung ihrer Untersuchungsthemen, sondern auch durch ihre einzigartige konzeptionelle und methodologische Stärke gesichert, die die Identifizierung von dem alltäglichen sozialen Leben zugrundeliegenden Prozessen erlaubt.[65]

Überprüfung der Generalisierbarkeit

Nur etwas wirklich Wichtiges hätte Latané davon abhalten können, nicht der Preisverleihung auf der Jahrestagung der AAAS im Januar 1981 beizuwohnen. Dies traf ein: Während Harkins und Williams den Preis im Namen aller drei Forscher in Toronto entgegennahmen, führte Latané in Allahabad, im indischen Bundesstaat Uttar Pradesh, ein bedeutendes Experiment zum ›social loafing‹ mit zwölfjährigen indischen Jungen und Mädchen durch.

Dies war die erste einer Reihe von Bemühungen, die Generalisierbarkeit des Phänomens zu überprüfen. Obgleich sich ›social loafing‹ in den verschiedensten Experimenten gezeigt hatte, war es für diese Experimente doch kennzeichnend, daß beinahe alle Versuchspersonen amerikanische College-Studenten gewesen waren. Es blieb zu erforschen, ob ›social loafing‹ ein allgemein menschliches Verhalten war oder nicht und unter welchen Bedingungen es sich entweder durchsetzen oder gehemmt würde. (Bruchstücke eines kulturvergleichenden Nachweises, wie die Gegenüberstellung des Kibbuz und der Kolchose, stellten, obgleich nicht ohne Aussagekraft, keinen soliden experimentellen Anhaltspunkt dar.) Die Forschergruppe bemerkte in einem ihrer

Artikel dazu: »Die völker- und kulturvergleichende Forschung ... würde helfen, zu erkennen, ob ›social loafing‹ auf die modernen westlichen Stadtkulturen begrenzt ist und in welchem Ausmaß es durch persönliche Werte, religiöse Orientierungen oder politische Ideologien modifiziert werden kann.«[66]

Solch ein Forschungsprojekt würde Geld kosten, aber finanzielle Unterstützung für die Durchführung von Sozialforschung in anderen Ländern zu bekommen, war 1980 und 1981 nicht leicht; Latané suchte deshalb nach Möglichkeiten, Experimente im Verlauf von Reisen durchzuführen, die aus anderen Gründen genehmigt worden waren.

Dank einer solchen Bewilligung hatte Latané 1981 eine finanzielle Unterstützung für den Besuch einer sozialpsychologischen Tagung in Indien erhalten. In einem indischen Sozialpsychologen, den er zwei Jahre zuvor auf einer Konferenz in Polen kennengelernt hatte, gewann er einen Mitarbeiter: Janak Pandey von der Universität von Allahabad. Latané und ein amerikanischer Kollege, Nan Weiner, brachten die Ausrüstung mit nach Allahabad. Pandey traf Verabredungen mit zwei ansässigen Klosterschulen und führte die Experimente in Hindi durch.

Williams, der 1980 eine Lehrstelle an der Drake University in Des Moines angenommen hatte, diskutierte in der Zwischenzeit ›social loafing‹ mit einem japanischen Sozialpsychologen, der damals diese Universität besuchte, und arbeitete mit Mitteln, die er von der Universität für den Besuch einer Tagung in Taiwan erhalten hatte, eine ähnliche Forschungsreise für sich aus. Unterwegs legte er einen Zwischenstop in Japan ein. Dort trafen er und seine Frau (ebenfalls eine Sozialpsychologin) mit Latané zusammen (der extra dazu aus Indien kam), und mit Hilfe von Williams japanischem Kollegen und einem Studenten, der mit Latané korrespondiert hatte, konnten sie Experimente mit Siebtkläßlern, College-Studenten und einer Gruppe von leitenden Honda-Angestellten durchführen.

Zusätzlich ging einer von Latanés Postdoktoranden an der Ohio State University, William Gabrenya, mit seiner taiwanesischen Frau nach Taiwan. Er führte hier mit Hilfe seiner Frau, die die Kontakte vermittelte, ein ›social loafing‹-Experiment mit zwölfjährigen taiwanesischen Jungen und Mädchen durch.

Schließlich organisierte Latané noch weitere Experimente in Bangkok, Thailand, mit Zwölfjährigen und in Penang, Malaysia, mit Vierzehnjährigen, immer auf einer seiner sogenannten Dienstreisen.

Zur Zeit der Abfassung des vorliegenden Buches sind die Daten aus diesen fünf Ländern noch nicht vollständig ausgewertet, aber Latané ist angetan von den bisherigen Ergebnissen. Als er einer Tagungsgruppe letzten Sommer davon erzählte, sagte er: »Wir hatten zwei Logiken im Design. Die eine war die Suche nach kulturübergreifender Generalisierbarkeit, indem Personen desselben Alters aus Gesellschaften teilnahmen, die unserer sehr unähnlich sind. Die andere war der entwicklungspsychologische Ansatz, indem Personen verschiedenen Alters innerhalb jeder von mehreren Kulturen verglichen wurden, wie wir es in Japan, Taiwan und in Des Moines taten, wo Kip und Karen Williams Kindergartenkinder und Kinder der 4. und 7. Klassenstufe testeten.

Die kulturvergleichenden Experimente haben gezeigt, daß ›social loafing‹ allgemein auftritt, obgleich ich angenommen hatte, daß wir viel weniger davon in den asiatischen Gesellschaften antreffen würden. Für die entwicklungspsychologischen Untersuchungen in Taiwan und Japan sowie Des Moines fanden wir heraus, daß ›social loafing‹ bei jüngeren Kindern weniger ausgeprägt ist, was auf eine Lernkomponente beim ›social loafing‹ schließen läßt.

Bislang sind nur die Ergebnisse des Indien-Experiments zu Papier gebracht worden und auch nur in Form eines kurzen Vortrags, der auf einem Treffen der ›American Psychological Association‹ gehalten wurde.[67] Latané, der 1982 Direktor des ›Institute of Research in Social Sciences‹ an der University of North Carolina wurde, hat in jüngster Zeit nicht viel Zeit gehabt, darüber zu schreiben, und wie es scheint, auch niemand der anderen. Es hat scheinbar jeder darauf gewartet, daß es der andere schon tun werde. Latané sagt wehmütig: »Wir scheinen Opfer unseres eigenen Paradigmas geworden zu sein. Als es ans Schreiben der Ergebnisse ging, offenbarten wir ein erstklassiges ›social loafing‹.«

Kapitel 5

Die langsamste und kostspieligste, aber auch beste (und schlechteste) Methode

Zwei Langzeitstudien beobachten fast 800 Personen über Jahre hinweg und finden heraus, daß viele unserer Vorstellungen über das menschliche Altern falsch sind

Eine Frage, die beantwortet werden mußte

Wenn im Jahre 1948 irgend jemand dem jungen Bud Busse – Ewald William Busse, Doktor der Medizin, der damals gerade seine Assistenzzeit als Psychiater am ›Colorado Psychopathic Hospital‹ in Denver abschloß und eine Karriere in der Forschung anstrebte – den Vorschlag gemacht hätte, sich doch auf mehr als ein Vierteljahrhundert Arbeit an einem einzigen Projekt festzulegen, hätte er wohl erwidert, daß derjenige sich doch selbst in eine geschlossene Anstalt einweisen lassen sollte.

Und doch tat Busse schließlich genau das. Zwar ließ sich sein Engagement teilweise auf sein Interesse an dem speziellen Forschungsgegenstand – dem menschlichen Alterungsprozeß –zurückführen, es war aber zu einem weit größeren Teil das Ergebnis der Methode, die er und seine Kollegen anwandten. Diese Methode bestand in der Beobachtung der körperlichen und geistigen Verfassung sowie des sozialen Verhaltens einer Reihe von Personen im mittleren und fortgeschrittenen Alter, während sie langsam alterten und starben. Ein Untersuchungsverfahren, das von Forschern eindeutig nicht beschleunigt werden kann.

Es erwies sich als eine fruchtbare Wahl: Busse und die vielen anderen Forscher, die über Jahre an diesem und einem Begleitprojekt zu demselben Forschungsgegenstand arbeiteten, produzierten mehr als tausend Veröffentlichungen – Monographien und andere Publikationen – über den Alterungsprozeß, die beträchtlich zum Erkenntnisstand in diesem Forschungsgebiet beitrugen. Busse selbst, heute Professor für Psychiatrie an der ›Duke University School of Medicine‹ in Durham, North Carolina, war Autor beziehungsweise Koautor von über 90 wissenschaftlichen Veröffentlichungen über das

Altern, gewann fünf Fachpreise für seine Arbeiten und gilt als eine Kapazität auf dem Gebiet der Gerontologie.

All das war die unvorhersehbare Folge einer kleinen Forschungsstudie von Busse aus dem Jahre 1948, die ursprünglich nichts mit dem Alterungsprozeß zu tun hatte. Mit 31 Jahren hatte Busse gerade als Dozent an der ›University of Colorado School of Graduate Medicine‹ angefangen und wurde am dazugehörigen ›Colorado Psychopathic Hospital‹ Direktor des elektroenzephalographischen Laboratoriums. In dieser Eigenschaft sah er sich nach einer ersten Forschungsaufgabe um, an der er arbeiten konnte.

Als er kürzlich in Erinnerungen schwelgte, er ist nun 68, sinnierte er darüber, wie das kleine Problem, das er vor 37 Jahren vorgefunden hatte, ihn zufällig in das damals nicht allzu beachtete, aber bald bedeutend werdende Gebiet der Gerontologie führte.

Ich führte elektroenzephalographische Untersuchungen bei jungen Epileptikern durch. Ich war besonders an der Arbeit ihrer Schläfenlappen interessiert. Die Ströme, die von dem vorderen Gehirnlappen, insbesondere auf der linken Seite, kamen, wiesen »fokale« Anomalien auf – das heißt, die Gehirnströme aus jenem Gebiet waren bei diesen jungen Epileptikern langsamer als gewöhnlich und standen mit eigentümlichen Sinneswahrnehmungen oder Muskelbewegungen in bestimmten beziehungsweise fokussierten Körperteilen in Verbindung.

Durch Zufall führte ich zur gleichen Zeit zu diagnostischen Zwecken EEGs bei einer Reihe anderer Personen durch, die aus verschiedenen Gründen eingewiesen worden waren. Ich bemerkte beiläufig, daß viele ältere Leute dieselben Anomalien in ihren Gehirnströmen aufwiesen, selbst wenn sie niemals einen epileptischen Anfall gehabt hatten. Ich konnte mir nicht erklären, warum ich diese Anomalien bei jungen Personen vorfand, bei denen sie symptomatisch für Epilepsie waren, aber auch bei älteren Personen, bei denen dies nicht galt. Ich hielt in meinen Berichten über die EEGs älterer Leute fest: »Die fokale Anomalie, die in der Aufzeichnung zu sehen ist, steht scheinbar nicht mit den Beschwerden der Patienten oder der Diagnose in Verbindung.« Aber mit was *war* sie verbunden? Was bedeutete sie?

Letzteres erschien mir einer genaueren Untersuchung wert zu sein, und deshalb reichte ich einen Antrag beim ›National Institute of Health‹ (NIH) ein, um eine Forschungsbeihilfe zu erhalten, die ich 1951 bekam. Ich begann mit mehreren Kollegen an der University of Colorado, EEG-Daten von älteren Personen zu erheben. Als im Jahre 1953 drei von uns – Robert Barnes, Al Silverman und ich – an die ›Duke University School of Medicine‹ wechselten, nahmen wir das Projekt mit und arbeiteten dort weiter.

Es wurde uns klar, daß die fokalen Anomalien in den Gehirnlappen mit zunehmendem Alter der Personen häufiger auftraten. Aber warum? Welche Faktoren standen damit in Zusammenhang? Dies war die Frage, die beantwortet werden mußte, bevor wir eine Antwort auf eine andere, praktische Frage geben konnten: Welche klinischen Effekte rief die Anomalie hervor?

Aber wir wußten nicht, wann bei einem Individuum die Anomalie das erste Mal auftrat, so daß wir sie nicht mit anderen Faktoren im Leben der Person verbinden konnten, die die Veränderung bewirkt haben könnten. Was wir augenscheinlich tun mußten, war, eine Reihe älterer Personen über einen längeren Zeitraum hinweg zu beobachten, um zu sehen, welche anderen Dinge vorher und gleichzeitig mit dem Auftreten der abnormalen Gehirnströme passierten und welche Veränderungen diese in ihrem Verhalten hervorriefen. Wir hatten das Gefühl, daß wir eine Untersuchung durchführen *mußten*, bei der wir dieselben Personen zumindest drei Jahre lang und vielleicht noch länger im Auge behalten würden. Deshalb stellten wir wieder einen Antrag an das NIH und baten um eine größere Unterstützung, die wir 1954 bekamen. Das war der Beginn von »Long I« – der ersten Duke-Längsschnittuntersuchung über das Altern.

Busse war die treibende Kraft hinter den beiden Entscheidungen, nicht nur eine interessante Anomalie des Alterns, sondern deren weitreichende Implikationen zu untersuchen und eine beschwerliche und damals bedenkliche Methode anzuwenden. Rückblickend erscheinen beide Entscheidungen außerordentlich weitblickend.

Zu Beginn der 50er Jahre waren Längsschnittuntersuchungen, die mehr als ein paar Jahre dauerten, in der wissenschaftlichen Welt nicht gut angesehen. Sie hatten sich als schwer durchführbar erwiesen, und die Längsschnittmethodologie war noch unausgereift, ja primitiv. Einige wenige Sozialforscher sahen voraus, daß über die nächsten 25 Jahre die Langzeit-Längsschnittforschung, trotz ihrer Nachteile, die beste und einzig mögliche Methode für die Untersuchung bestimmter Phänomene werden würde.

Wissenschaftliche Untersuchungen über den Alterungsprozeß existierten 1954 noch kaum. Es gab so gut wie keine Fachgerontologen, keine Vorlesungen über Gerontologie und keine gerontologischen Zentren.[1] Lediglich die Krankheiten der in Heime eingewiesenen älteren Menschen wurden untersucht, und die vorherrschende Ansicht über das Altern war, daß es eine Zeit des langsamen und unaufhaltsamen Verfalls, der Schwäche und der Krankheit ist,[2] wohl treffend charakterisiert durch Shakespeares zynischen Jaques:

… zweite Kindheit, gänzliches Vergessen: Ohn Augen, ohne Zahn, Geschmack und alles.

Busse dachte jedoch, daß sich die Längsschnittforschung nicht nur als produktiv, sondern auch als *die* Methode für die Untersuchung des Alterns erweisen würde; ein Thema, das bald schon für Mediziner, Verhaltens- und Sozialforscher sowie für die Politiker von großem Interesse sein sollte. Sein wesentlicher Ansatz war, daß unser Wissen über den Alterungsprozeß nicht auf der Minderheit der in Heimen lebenden Älteren, sondern auf einer Stichprobe aus der großen Mehrheit basieren sollte, die, so sagte er: »ihr Leben in verschiedenen Gemeinschaften mit mehr oder weniger persönlicher Befriedigung und sozialer Leistungsfähigkeit verbringen.« Busse schlug vor, das Altern nicht als eine Krankheit, sondern als einen »normalen« Vorgang anzusehen, wobei er mit »normal« sowohl gesund als auch typisch meinte.[3] Nach George Maddox, einem Soziologen und langjährigen Projektmitglied, war dies »ein Geniestreich. Busse lag goldrichtig damit, sich nicht nur jene betagten Menschen herauszusuchen, die infolge von Krankheiten behandelt werden mußten, sondern jene, die in ihrer gewohnten Umgebung lebten. Man muß über diese Art von normativen Informationen verfügen, um das Altern zu verstehen. Sie gestalten unser Denken darüber von Grund auf neu.«

Da Long I aus der EEG-Forschung erwuchs, stand der normale Alterungsprozeß des Zentralnervensystems im Mittelpunkt. Aber Busse überzeugte seine Kollegen, dies umfassender zu betrachten – so umfassend, daß man eine Untersuchung über die Lebensgestaltung normaler Erwachsener im letzten Viertel ihres Lebens machen konnte. Für diese ehrgeizige Aufgabe rekrutierte er aus den Fakultäten der Duke University und ihrem Medizinischen Zentrum ein Team aus zwölf Personen – Spezialisten auf medizinischem Gebiet, Psychologen, Sozialarbeiter und andere.

Die erste Frage, die dieses Team diskutierte, war, welche Hypothesen über das Wesen des Alterns sie versuchen sollten, zu beweisen oder zu widerlegen. War es ein langer, unvermeidlicher Verfall oder war es ein zeitweiliger Zustand der Stabilität, dem ein rapides Absinken bis zum Tod folgte? War das Altern ein krankheitsähnlicher Vorgang oder nur ein gesundheitlicher Verlangsamungsprozeß? Waren die bei vielen älteren Personen zu beobachtenden Gebrechen hauptsächlich organischen Ursprungs oder weitgehend das Ergebnis von zum Beispiel sozialer Ausgliederung und nachlassendem Selbstwertgefühl? Busse meinte schließlich, daß es klüger wäre, nicht im voraus darüber zu entscheiden, nach was geforscht werden solle.

Wir versuchten, dies alles nicht in den gewöhnlichen Rahmen der Hypothesenkonstruktion einzugliedern, sondern uns mit dem zu beschäftigen, was *vorgeht* und was man *beobachtet*, wenn sogenannte normale Personen den letzten Teil ihres Lebenszyklus durchlaufen. Es gab keine aussagekräftigen empirischen Daten, die wir zur Hypothesenbildung für eine Langzeituntersuchung heranziehen konnten, und es existierte keine leitende Theorie über das Altern. Deshalb kamen wir überein, daß unser Hauptaugenmerk nicht auf die Überprüfung einer einzelnen Theorie über das Altern gerichtet sein sollte, sondern daß wir während der Arbeit versuchen würden, Hypothesen über das, was wir beobachteten, zu entwickeln, und einfach nur schauen würden, ob wir sie mit unseren Daten bestätigen konnten. Wenn dies nicht der Fall wäre, würden wir begleitende Studien, d.h. spezielle Kurzzeituntersuchungen außerhalb unseres ursprünglichen Designs, durchführen, um eine Antwort zu finden.

Aber ist es möglich, wissenschaftliche Forschung durchzuführen, ohne vorher Hypothesen aufgestellt zu haben? Der Wissenschaftsphilosoph Karl Popper und einige andere haben die Ansicht vertreten, daß der Verstand nicht passiv all die Arten von Daten in sich aufnimmt und induktiv Verbindungen zwischen ihnen sieht; erfolgreiche Wahrnehmungen bedürfen der Anleitung durch Fragen. »Eine Beobachtung«, hat Popper ausgeführt, »ist immer eine zielgerichtete Handlung. Sie geht darauf aus, das Bestehen einer Regelmäßigkeit zu finden oder nachzuprüfen, die *zumindest* in unbestimmter Weise vermutet wurde.« [4] Und tatsächlich standen bei Busse und seinem Arbeitsteam bestimmte vage Ideen hinter ihrer Planung.

Busse: »Es ist eine Frage dessen, was man unter dem Begriff ›Hypothese‹ versteht. Wir fragten uns, ob die EEG-Anomalie mit biologischen Veränderungen oder dem sozioökonomischen Status oder irgendwelchen anderen Faktoren im individuellen Lebensstil in Verbindung stand und welche anderen Veränderungen sie nach sich zog. Wir versuchten, Methoden zu entwickeln, um die eine oder andere Möglichkeit abzudecken. Aber wir hatten keine zentrale Hypothese, keine grundlegende Theorie über das Altern.«

Von dieser allgemeinen Perspektive aus arbeitete das Team eine Reihe von Tests und Verfahren aus. Natürlich setzte sich jedes Teammitglied für die Einbeziehung der Lieblingsverfahren seiner Disziplin ein. Aber nach etlichen anstrengenden Debatten gelangten sie zu einer praktikablen Lösung. Freiwillige würden alle paar Jahre volle zwei Tage lang genau untersucht, befragt, durchleuchtet und durchforstet werden: Ihre Sehkraft und ihr Gehör würden getestet, eine Blutprobe genommen und ihre Gehirn- und Herzströme aufgezeichnet werden; man würde ihnen Hunderte von Fragen zu ihrer medizinischen, sozialen und sexuellen Vergangenheit stellen; sie würden Intelligenztests, Reaktionszeittests und projektive psychologische Tests machen (den Rorschach-Test und den Thematischen Auffassungstest (TAT)), die viele ihrer bewußten und unbewußten Einstellungen enthüllen würden. Im ganzen würden 788 Informationssegmente von jedem Freiwilligen erhoben werden: 336 medizinische, 234 soziale und der Rest neurologische, psychiatrische und psychologische.[5]

Die Teilnehmer würden normale Personen im Alter von 60 Jahren oder darüber sein, die in der näheren Umgebung lebten. Die Frage aber war: Wie sollte das Team eine Stichprobe aus ihnen ziehen? Sich diesem Problem mehr mit Enthusiasmus denn Fachkenntnis widmend, entschloß sich die Gruppe zur Durchführung einer »Bequemlichkeitsstichprobe«, wie Sozialforscher sie nennen. Eine wissenschaftlich exaktere Zufalls- oder Wahrscheinlichkeitsstichprobe erbringt zwar, wie in Kapitel 3 dargelegt, vertrauenswürdigere Daten, ist aber weit kostspieliger und schwieriger zu erheben. Busse dazu:

Zunächst kannten wir uns mit der Entwicklung einer Stichprobe noch nicht so gut aus wie später. Wir gingen zu Beamten, Ärzten und anderen wichtigen Personen in der Gemeinde und sagten zu ihnen: »Wir sind an der Untersuchung von sogenannten normalen älteren Personen und dem normalen Alterungsprozeß interessiert. Wir würden gerne eine Liste von Personen erhalten, die das 60ste Lebensjahr überschritten haben und die relativ gesund sind und in der Gemeinde gut zurechtkommen.« Und sie antworteten: »Ja, es gibt Personen in meinem Umfeld und Bekanntenkreis, die 60 Jahre oder älter sind und denen es hervorragend geht.« Sie gaben uns die Namen, und wir gingen zu diesen Leuten und erklärten ihnen unser Vorhaben.

Die einzigen Anreize, die wir ihnen bieten konnten, waren eine kostenlose und vollständige ärztliche Untersuchung in regelmäßigen Abständen, die Gelegenheit, eine Rolle bei der wissenschaftlichen Untersuchung des Alterns zu spielen und von uns zu erfahren, was wir herausgefunden hatten. Die meisten Leute, die wir aufsuchten, stimmten einer Teilnahme zu, und viele schlugen Freunde oder Verwandte vor, von denen sie annahmen, daß sie auch interessiert sein könnten. Einige sagten sogar: »Schaut her, ich kann Euch eine komplette Liste von Personen in meiner Kirche geben, die Euren Bedürfnissen entsprechen.« Unsere Stichprobe wuchs und wuchs nach dem »Schneeball-Prinzip«.

Wir erkannten jedoch, daß wir eine ausgeglichenere Zusammenstellung von Personen benötigten, und deshalb begannen wir mit der Entwicklung eines Quotensystems, um so aus dem ansteigenden Pool von Freiwilligen ein Panel auswählen zu können, das der älteren Bevölkerung in und um Durham in der Alterszusammensetzung, dem Geschlecht, der Rasse und den sozioökonomischen Charakteristika entsprechen würde. Als wir später die physischen und psychischen Merkmale unserer Freiwilligen mit jenen von Stichproben, die durch Randomisierung gewonnen worden waren, verglichen, stellten wir keinen entscheidenden Unterschied fest, wenn auch unsere Personen körperlich und geistig etwas gesünder erschienen als der Durchschnitt.[6]

Wir benötigten vier Jahre, um unser Ausgangspanel von 270 Personen im Alter zwischen 60 und 94 Jahren zusammenzustellen. Aber schon lange vor der Fertigstellung – genauer im Mai 1955 – begannen wir damit, sie in das ›Duke University Medical Center‹ zu bestellen, und fingen mit der ersten Runde unserer Beobachtungen an.

Weder Busse noch irgendein anderer in der Gruppe konnte sich zu dieser Zeit vorstellen, daß sie oder ihre Nachfolger eine Generation später immer noch einige jener Panelteilnehmer untersuchen würden.

Es spricht viel für die Längsschnittforschung

Um den besonderen Wert der Längsschnittforschung für eine Untersuchung wie die von Busse verstehen zu können, wollen wir uns nochmals kurz die Vorzüge und Grenzen der Querschnitterhebung, dieser in der Sozialforschung vorherrschenden Methode, vor Augen führen.

Wir haben gesehen, daß eine sauber durchgeführte Querschnitterhebung ein Bild der Einstellungen, des Verhaltens oder der Bedingungen in einer gegebenen Population zu einem bestimmten Zeitpunkt liefert. Aber wenn es um die Frage geht, wie es dazu kam – welche Prozesse diese Bedingungen hervorgerufen haben –, können Sozialforscher nur Rückschlüsse aus vorhandenen Anhaltspunkten ziehen. Dasselbe gilt für jedes Forschungsgebiet, in dem Forscher die Prozesse, die sie erforschen möchten, nicht selbst verfolgen können: Geologen müssen beispielsweise die Geschichte unseres Planeten aus der Reihenfolge abgelagerter Materialschichten auf seiner Oberfläche erschließen.

Das elementare Rüstzeug, um bereits abgelaufene Prozesse aus Querschnittdaten abzuleiten, stellt die Korrelationsanalyse dar. Diese besagt sinngemäß: Wenn in einer Stichprobe Individuen sowohl mehr von einem Merkmal X als auch mehr von einem Merkmal Y besitzen, dann kann ein Merkmal der Grund für das andere Merkmal oder zumindest ein mitverursachender Umstand sein, obgleich nicht immer klar ist, auf welches Merkmal letzteres zutrifft. Aber andere Wissensquellen, einschließlich des gesunden Menschenverstandes oder der Lebenserfahrung, können hier für Klarheit sorgen. Umfragen zeigen durchweg, daß Personen mit höherem Einkommen auch eine bessere Bildung besitzen als Personen mit geringerem Einkommen. Da nun die Schulbildung der Berufstätigkeit vorausgeht, erscheint es offensichtlich, daß eher die Bildung ein mitverursachender Umstand für den finanziellen Erfolg ist als umgekehrt.

Viele Korrelationen sind jedoch unecht: So können X und Y beispielsweise nicht in einer Ursache-Wirkungsbeziehung zueinander stehen, sondern nur Nebeneffekte irgendeines anderen Umstandes sein.[7] Ein nicht weiter ernstzunehmendes Beispiel dazu: Stellen wir uns vor, wir hätten Daten, die zeigen, daß im Durchschnitt verheiratete Männer weniger Haare besitzen als unverheiratete. Da es nun absurd ist, anzunehmen, daß Haarverlust der Grund für eine Eheschließung ist, könnten wir folgern, daß die Ehe Glatzenbildung bei Männern verursacht. Aber dies wäre eine vorschnelle, um nicht zu sagen dumme Schlußfolgerung. Wir haben andere Variablen, die möglicherweise eine Rolle spielen können, gar nicht in Betracht gezogen, in erster Linie das Alter. Wenn wir die Männer nach Altersgruppen von jeweils zehn Jahren unterteilen und in jeder Gruppe den durchschnittlichen Haarbestand der Alleinstehenden und der Verheirateten vergleichen, so wird klar, daß jüngere Männer mehr Haare haben und meistens ledig sind, während ältere weniger Haare aufweisen und meistens verheiratet sind. Mit anderen Worten: Z – das Alter – beeinflußt sowohl X als auch Y und erzeugt eine »unechte« Korrelation zwischen beiden.

Also benutzen Forscher, die mit Querschnittdaten arbeiten, die multiple Regressionsanalyse, um alle »verdächtigen« Variablen außer den zu untersuchenden konstant zu halten. Doch da es nicht immer möglich ist, an alle eventuell relevanten Variablen zu denken oder sie zu messen, hüten sich die Forscher davor, mehr daraus zu folgern als das, was eine Korrelation nahelegt oder stark vermuten läßt, nämlich daß ein Faktor ein mitverantwortlicher Grund für den anderen sei.

Eine andere und manchmal aussagekräftigere Methode, um von Querschnittdaten auf Ursache-Wirkungsbeziehungen zu schließen, ist eine zu verschiedenen Zeiten wiederholt durchgeführte Erhebung mit vergleichbaren Stichproben aus derselben Population. Irgendeine bedeutende Veränderung in den Daten ist wahrscheinlich das Ergebnis von Ereignissen, die zwischen den Wiederholungen stattgefunden haben. Eine sich wiederholende Umfrage zur Beschäftigungslage wird zum Beispiel zeigen, ob die Arbeitslosenrate von einer Befragung zur nächsten gleich blieb, anstieg oder fiel, und jede Veränderung kann sinnvollerweise auf dazwischenliegende wirtschaftliche Entwicklungen und/oder staatliche Eingriffe zurückgeführt werden.

Aber diese Vorher-Nachher-Vergleiche, die jedes Mal neue, aber ähnliche Stichproben verwenden, zeigen nur die *Netto*-Veränderung auf, nicht jedoch eine Bewegung. Wenn die Zahl der Arbeitslosen über die Zeit konstant bleibt, kann das bedeuten, daß es einen kleinen harten Kern an Langzeitarbeitslosen gibt – aber es kann genauso gut auch heißen, daß eine Verschiebung stattfindet und viele normalerweise in einem Beschäftigungsverhältnis stehende Personen Phasen der Arbeitslosigkeit durchmachen. Ohne bessere Informationen als diejenigen, die Querschnittdaten liefern, können Volkswirtschaftler und Politiker nicht das wirkliche Wesen der Arbeitslosigkeit erkennen und nur Vermutungen darüber anstellen, wie man am besten mit dem Problem umgeht.[8]

Im Gegensatz dazu verfolgen Längsschnittuntersuchungen die gleichen Personen über einen mehr oder weniger langen Zeitraum hinweg und suchen nach Unterschieden oder Veränderungen, die nach spezifischen Ereignissen auftreten. Dieser Ansatz mutet plausibler an als die Korrelationsanalyse. Entwicklungspsychologen haben gezeigt, daß wir dazu neigen, Kausalität aus Vorher-Nachher-Regelmäßigkeiten intuitiv zu erfassen. Nach Paul B. Baltes und John R. Nesselroad, zwei Spezialisten auf dem Gebiet der Längsschnittmethodologie, schließt der Nachweis einer Kausalbeziehung zwischen zwei Variablen notwendigerweise sowohl eine *Kovariation* (Korrelation) als auch eine *zeitliche Ordnung* ein – die bei Querschnittuntersuchungen in der Regel abgeleitet werden muß, in Längsschnittstudien aber direkt beobachtbar ist.[9]

Die beschriebene Methode der »Trenduntersuchung« (wiederholte, regelmäßige Erhebungen an einer gegebenen Population) wird oftmals als Längsschnittforschung angesehen, obgleich sie nur die Veränderung insgesamt betrachtet und nicht auf die Ursachen von Veränderungen im jeweiligen individuellen Fall abhebt. (Sie kann zum Beispiel aufzeigen, warum die Gesamtzahl der Arbeitslosen anstieg oder abnahm, aber nicht, warum bestimmte Personen ihre Arbeit verloren und warum andere während des untersuchten Zeitraums eine neue Arbeitsstelle finden konnten.)

Auf der anderen Seite folgt die »echte Längsschnittstudie« einer sich nicht verändernden Personengruppe (einem Panel) über einen längeren Zeitraum und kann Veränderungen in ihren Lebensbedingungen mit bestimmten Ereignissen in ihrem Leben verbinden. Solche Untersuchungen gibt es in unterschiedlicher Größe und Gestalt. Die Teilnehmer können nur zweimal oder mehrere Male oder Dutzende bis Hunderte von Malen aufgesucht, getestet oder befragt werden. Der gesamte Untersuchungszeitraum mag in der Größenordnung von ein oder zwei Tagen, vielen Monaten oder einem bis mehreren Jahrzehnten liegen. Es kann eine einzelne Gruppe von Individuen verfolgt werden, um zu sehen, welche Entwicklungsmuster und Veränderungen ihre Mitglieder auf »natürlichem« Weg durchmachen, oder die Gruppe kann in vergleichbare Untergruppen eingeteilt werden, von denen eine oder eine größere Anzahl irgendeiner experimentellen Behandlung unterzogen wird, beispielsweise einem Training, einer Therapie oder einer finanziellen Unterstützung, während einer anderen Gruppe, der Kontrollgruppe, dies nicht zuteil wird.[10]

Die Langzeit-Längsschnittforschung, die über mehrere Jahrzehnte oder noch länger geht, ist bei weitem die langsamste und möglicherweise (pro Individuum) kostspieligste und in vieler Hinsicht anstrengendste und problematischste Methode der sozialwissenschaftlichen Untersuchung. Aber zur Erforschung der dichtmaschigen Netze der Ursache-Wirkungsbeziehungen, die die menschliche Entwicklung innerhalb eines wichtigen Abschnitts des Lebenszyklus beeinflussen, stellt sie, zumindest in ihrer gegenwärtigen Form, den realistischsten und daher erfolgversprechendsten Ansatz dar. Judith Tanur, eine auf das Gebiet der Erhebungsforschung spezialisierte Soziologin, drückt es so aus: »Die Verfügbarkeit von Längsschnittdaten ermöglicht die Überprüfung, welches Modell [unter den von Sozialtheoretikern vorgeschlagenen] das genaueste Abbild der Welt liefert.«[11]

Die Vorzüge von Längsschnitt- gegenüber Querschnittdaten können den folgenden typischen Beispielen entnommen werden:

— Oftmals zeigen zwei Querschnitt-Meinungsumfragen oder eine Meinungsumfrage und eine nachfolgende Abstimmung kleine Veränderungen in den Wählerpräferenzen auf.[12] Die Wahlergebnisse von 1980, die eine Woche nach einer gemeinsamen Umfrage von CBS und der *New York Times* vorlagen, verdeutlichten, daß sich der Abstand zwischen Carter und Reagan während dieser Woche um 7% vergrößert hatte. Die CBS/*Times*-Interviewer suchten die Personen, die sich an der Umfrage beteiligt hatten, jedoch noch einmal auf und fragten sie sowohl nach ihrer Antwort in der Meinungsumfrage als auch danach, wie sie tatsächlich abgestimmt hatten, und erhielten somit eine auf zwei Beobachtungen beruhende Längsschnittdatenbasis. Überraschenderweise ergab sich dabei: Nicht 7%, sondern 21% der Personen, die gewählt hatten, hatten ihre Meinung während der Woche geändert – einige zugunsten Carters wegen der Geiselverhandlungen mit dem Iran, andere zugunsten Reagans wegen Carters Wirtschaftspolitik.[13] Die Wirklichkeit war weitaus komplexer, als es die Querschnittvergleiche enthüllten.
— Zu verschiedenen Zeiten gezogene Querschnittstichproben von älteren Leuten zeigen durchweg, daß nur 5% der Personen im Alter von 65 Jahren oder darüber in Heimen leben. Dies wird oftmals dahingehend interpretiert, daß die Wahrscheinlichkeit, als alternder Mensch in ein Heim zu kommen, nur 5% beträgt. Aber Erdman Palmore, ein Soziologe, der mit den ›Duke Longitudinal Studies‹ in Verbindung steht, folgte einem Panel über Jahre und fand heraus, daß viele ältere Menschen mehrmals in Heime gehen und sie wieder verlassen. Zu irgendeinem Zeitpunkt leben vielleicht nur 5% der älteren Personen in Heimen, aber es gibt zumindest eine 20%ige Wahrscheinlichkeit, daß ein Erwachsener während seiner letzten Lebensjahre einige Zeit in einem Heim verbringt.[14]
— Viele Untersuchungen haben die menschliche Entwicklung in der Kindheit, im Erwachsenenalter oder im Alter geschildert, indem sie Querschnittdaten über Personen unterschiedlichen Alters erhoben. Eine Analogie: Man könnte die Größe aller Grundschulkinder messen und aus diesen

Daten eine Kurve zeichnen, die die durchschnittlichen Altersgrößen zeigt. Die Methode ist für kurze Zeitabschnitte plausibel, aber wenn sie auf eine längere Zeitspanne angewandt wird, erliegt sie dem »Lebenslauf-Trugschluß«, das heißt sie nimmt an, daß Personen, die zu verschiedenen Zeiten aufwachsen, vergleichbare Erfahrungen haben.[15] Aber das muß nicht der Fall sein. Die Kinder und Enkelkinder der um die Jahrhundertwende aus dem Süden der Sowjetunion immigrierten Juden sind bedeutend größer als ihre im Ausland geborenen Vorfahren, und eine aus den verschiedenen Altersgrößen zusammengesetzte Kurve, die Daten von in Amerika geborenen und aufgezogenen Enkelkindern, ihren Eltern und ihren im Ausland geborenen Großeltern benutzt, wäre so unrealistisch wie eine Chimäre, dieses homerische Monster mit dem Kopf eines Löwen, dem Körper einer Ziege und dem Schwanz eines Drachens.

– Der Lebenslauf-Trugschluß ist für die menschliche Intelligenz besonders gut illustriert. In der Vergangenheit haben Intelligenztests, die an verschiedenen Altersgruppen durchgeführt wurden, gezeigt, daß Teenager die höchsten Werte, Personen im mittleren Alter nicht so hohe und ältere Leute entscheidend niedrigere Werte erzielen. Daraus folgerte man, daß die Intelligenz früh im Leben einen Höhepunkt erreicht und danach, insbesondere in den späteren Jahren, nachläßt. Dieselbe Methode zeigte zudem, daß Personen im mittleren Alter weniger gebildet waren als jüngere und daß ältere eine noch geringere Bildung aufwiesen. Dennoch wäre die Schlußfolgerung, die Menschen würden ihre Schulbildung einbüßen, wenn sie älter werden, absurd.[16] Beide Effekte sind tatsächlich »Kohorten-Effekte«, kein tatsächlicher Rückgang. (Eine Kohorte ist eine Gruppe, die eine bestimmte gemeinsame Eigenschaft besitzt, in der Regel das gleiche Alter.) Personen über siebzig haben im Durchschnitt eine geringere Bildung als Personen zwischen zwanzig und dreißig, einfach deshalb, weil die 70jährigen in einer Zeit aufgewachsen sind, in der viel weniger junge Leute die Schule abgeschlossen haben oder auf das Gymnasium oder die Universität gegangen sind als ein halbes Jahrhundert später. Da sie eine geringere Bildung besitzen (und weniger Erfahrung im Umgang mit Tests aufweisen), erzielen sie während ihres ganzen Lebens niedrigere Punktwerte für Intelligenz. Die jüngeren Personen schneiden nicht besser ab, weil sie sich auf dem Höhepunkt ihrer geistigen Kräfte befinden, sondern weil die meisten von ihnen eine höhere Schulbildung genossen haben.[17]

– Längsschnittuntersuchungen der menschlichen Intelligenz liefern ein ganz anderes Bild. In Iowa spürten Williams Owen Jr. und andere eine Gruppe Männer auf, die Intelligenztests an der Universität im Jahre 1919 gemacht hatten, und testeten sie nochmals, als sie in den Fünfzigern und dann in den Sechzigern waren. Die Ergebnisse: Im großen und ganzen nahm die Intelligenz dieser Männer bis in die Fünfziger hinein nicht ab und ließ auch in den Sechzigern nur gering nach.[18] In Seattle verfolgte der Psychologe K. Warner Schaie in einer Zufallsstichprobe die geistige Entwicklung von Mitgliedern eines Gesundheitsvereins über einen Zeitraum von einundzwanzig Jahren. Er überprüfte spezifische geistige Fähigkeiten (verbale, numerische und so weiter) und fand heraus, daß einige davon bis ins mittlere Alter anstiegen, während andere nachließen, daß aber insgesamt bis in die späten sechziger und die frühen siebziger Jahre hinein im Durchschnitt kein signifikanter Rückgang stattfand. Sogar mit 81 hatte erst weniger als die Hälfte bedeutende Verluste erlitten.[19]

Seltsamerweise ignorierten Sozialwissenschaftler die Längsschnittmethode selbst dann noch, als auf ihren Wert bereits nachdrücklich hingewiesen worden war. Im 19. Jahrhundert sahen der belgische Statistiker Auguste Quetelet und einige andere diese Lage voraus und traten insbesondere bei der Untersuchung von längerfristigen sozialen Entwicklungsprozessen für den Längsschnittansatz ein. Aber es waren weder Theorien noch Methoden vorhanden, und das Konzept blieb so unpopulär, daß der Begriff »Längsschnitt« erst in den 20er Jahren dieses Jahrhunderts Eingang in das sozialwissenschaftliche Vokabular fand.[20]

Dann jedoch schlug plötzlich die Stunde der Längsschnittforschung, möglicherweise verursacht durch Freuds Fallgeschichten und seine Darstellung der verschiedenen Stufen in der psychischen Entwicklung des Kindes. In den frühen 20er Jahren sprachen sich der Psychologe Beardsley Ruml und der Pädagoge Lawrence Frank auf einer Reihe von Konferenzen, die vom ›National Research Council‹ gesponsert wurden, dafür aus, daß Forscher dieselben Individuen von der Geburt bis zur Reife oder noch länger beobachten müßten, um wichtige Aspekte der menschlichen Entwicklung verstehen und individualgeschichtliche Effekte von gesellschaftlich bedingten unterscheiden zu können. Die Zeit war reif, die Idee erschien vielen Forschern vernünftig, und mit Hilfe der ›Rockefeller Foundation‹ und anderen finanziellen Unterstützungen richteten mehrere Universitäten entwicklungspsychologische Institute ein, um Gruppen von Kindern von der Geburt an bis zur Reife zu untersuchen.[21] (In der Zwischenzeit wurden Kurzzeit-Längsschnittuntersuchungen in anderen Forschungsgebieten populär. Mitte der 20er Jahre begann der ›Public Health Service‹ mit der ersten von mehreren Längsschnittuntersuchungen über die Ausbreitung von Krankheiten in der Bevölkerung, um Fehler in seinen Querschnittschätzungen korrigieren zu können. In den 30er Jahren begannen die ›Social Security Administration‹ und andere Regierungsbehörden damit, Längsschnittpanels zur Untersuchung von Trends in der Arbeitslosigkeit einzusetzen.)[22]

Leider waren die ersten Langzeit-Längsschnittuntersuchungen über die Entwicklung in der Kindheit nicht besonders ertragreich. Zu Beginn neigten die Forscher dazu, sehr spezifische Fragen zu stellen, und engten somit ihre erhobenen Daten und die Arten der Fragen, die sie später untersuchen konnten, zu sehr ein. Und während die Studien als sogenannte Längsschnittuntersuchungen liefen, analysierten die Forscher ihre Daten im Querschnitt, um altersabhängige Normwerte für bestimmte Fähigkeiten, für die Körpergröße und das Gewicht zu erhalten.[23] Diese waren einfach zu berechnen. Dagegen bereitete es vor dem Computerzeitalter ungeheuere Schwierigkeiten, all den Variablen im Leben jeder einzelnen Person und den Auswirkungen verschiedener Kombinationen dieser Variablen über die Jahre hinweg zu folgen. Nur wenige Forscher fanden es darüber hinaus für ihre Karriere förderlich, an Projekten zu arbeiten, die ein oder zwei Jahrzehnte dauerten, bevor sie zur Veröffentlichung geeignete Ergebnisse erbrachten. Die meisten kreativen Forscher, die an entwicklungspsychologischen Instituten arbeiteten, verließen diese deshalb nach ein paar Jahren; infolgedessen veröffentlichten die Institute nur wenig Bedeutsames.[24]

In den 40er Jahren war der Status der Langzeit-Längsschnittforschung zumindest auf entwicklungspsychologischem Gebiet an einem Tiefpunkt angelangt. Während nur wenige entwicklungspsychologische Studien erfolgreich abgeschlossen wurden (zu bemerken sind hier diejenigen des ›Institute of Human Development‹ in Berkeley und des ›Denver Child Research Council‹ sowie eine in den 20er Jahren von dem Psychologen Lewis Terman begonnene Untersuchung über überdurchschnittlich begabte Kinder in Kalifornien), schleppte sich der größere Teil so dahin, oder es fand ein Wechsel zu Kurzzeit-Untersuchungen statt.[25] Lester Sontag, Direktor des ›Fels Research Institute‹, hat in diesem Zusammenhang auf die Problematik hingewiesen, daß die Forscher weiterhin in »Querschnittbegriffen« dachten und ihre Aufmerksamkeit auf die Sammlung von normativen Daten für jede Altersgruppe lenkten, aus denen nationale Schätzungen gewonnen werden konnten. Sie ignorierten somit das wirkliche Potential der Längsschnittstudie, nämlich ihre Fähigkeit, *Prozesse* über einen längeren Zeitraum zu beobachten und dabei die Faktoren aufzudecken, die dafür verantwortlich sind, daß das Leben verschiedener Personen unterschiedlich verläuft.[26]

Kurz gesagt, suchten die Forscher immer noch nach Daten, die die Frage »Was existiert?« beantworteten, anstatt nach Ursache-Wirkungsabläufen, die eine Antwort auf die Frage »Wie kommt es dazu?« gaben. Der wahre Wert der Langzeit-Längsschnittforschung war noch nicht aufgezeigt worden; dies sollte jedoch bald geschehen.

Der Anfang ist gemacht: Die ersten zwölf Jahre

An einem Morgen im Mai des Jahres 1955 trafen die ersten beiden Freiwilligen in dem großen im Grünen liegenden Universitätsgelände des ›Duke Medical Center‹ ein, um sich den Untersuchungen der Runde 1 zu unterziehen. Niemand dort weiß noch, wer sie gewesen waren, aber Busse und die anderen der Gruppe erinnern sich gut an die Prozeduren, durch die man sie geschleust hatte, denn das gleiche Routineverfahren wurde an allen 270 Panelteilnehmern in den nächsten vier Jahren vorgenommen. In Busses Worten:

Zu Beginn kamen die meisten Versuchspersonen selbständig an. Aber wenn sie sehr alt waren – und einige waren über achtzig oder neunzig –, schickten wir einen Fahrdienst, und im Laufe der Jahre mußten wir das immer öfter tun.

Wir baten sie immer, um 7 Uhr 30 morgens nüchtern zu erscheinen. Sie gingen zu der Aufnahme des Krankenhauses, wo jeder – nur zwei kamen pro Tag an – von einer unserer Sozialarbeiterinnen, die sie während der nächsten zwei Tage durch die Stationen führte, begrüßt wurde. Zuerst brachte diese sie stets zu einem Labor, wo ihnen Blut abgenommen wurde. Dann frühstückte sie mit ihnen in der Cafeteria. (Später richteten wir einen kleinen Aufenthaltsraum auf unserem Stockwerk ein und verköstigten sie dort.)

Dann führte sie sie nach einem festen Zeitplan zu verschiedenen Stellen, wo Röntgenaufnahmen, ein Seh- und Hörtest und ein Elektrokardiogramm gemacht wurden. Die Zeitpläne für die beiden Freiwilligen waren so gestaltet, daß sie zu keiner Zeit warten mußten.

Irgendwann unterzog ein Arzt, in den ersten Jahren entweder Claude Nichols oder Gus Newman, sie einer vollständigen körperlichen Untersuchung, einschließlich des Darms und des Beckens. Das war nicht leicht für die Freiwilligen, aber am unangenehmsten war – zumindest für die Frauen – das EEG. Die Frisur, für die Besuche immer frisch gerichtet, wurde durch die zehn bis fünfzehn Elektroden, die auf der Kopfhaut festgemacht werden mußten, in Unordnung gebracht, und ein paar Frauen lehnten es deshalb ab, wiederzukommen. Einige Teile der psychologischen und sozialen Untersuchung waren ebenfalls ziemlich anstrengend, so zum Beispiel die Befragung über ihre sexuelle Vergangenheit und Fragen über Krankheit und Tod.

Der Großteil der psychologischen und sozialen Untersuchung war jedoch weniger aufreibend denn beschwerlich; die Untersuchung beinhaltete den damals neuen WAIS (Wechsler Intelligenz Test), den Rorschachtest und Fragebögen zur sozialen Anpassung, die die Versuchspersonen nötigten, über viele ihrer verborgenen Gefühle gegenüber sich selbst, ihren Freunden, ihren Aktivitäten, ihrer Zufriedenheit beziehungsweise Unzufriedenheit nachzudenken und sie in Worte zu fassen.[27]

Busse: »Alles in allem waren es zwei lange, ermüdende Tage, und viele beklagten sich darüber. Einige brauchten Zeit, um sich einfach eine Weile auszuruhen, deshalb machten wir regelmäßig Kaffee- und Kuchenpausen, und wir richteten eigens Räume ein, in denen sie sich, falls nötig, hinlegen konnten.« Der Höhepunkt kam aber noch: Gegen Ende des zweiten Tages setzte sich der Arzt, der sie untersucht hatte, stets mit ihnen zusammen und teilte ihnen das Untersuchungsergebnis mit. Der Internist John Nowlin, der die Untersuchungen einige Zeit später übernahm und sie bis zum Ende des Projekts eigenständig durchführte, sagt, daß dies beinahe immer als angemessene Belohnung für die zwei Tage Mühsal erschien:

Das Entscheidende, was sie wissen wollten, war, ob ich etwas gefunden hatte oder nicht. Ich versuchte immer, optimistisch zu sein; wenn etwas nicht stimmte, berichtete ich ihnen davon in einem beruhigenden Ton. Ich sagte: »Ihre rechte Lunge arbeitet nicht ganz richtig« oder »Es stimmt etwas mit Ihrem Herzschlag nicht, Sie sollten darauf achten.« Und wenn etwas dringend war, sagte ich ihnen, daß ich Kontakt zu ihrem Arzt aufnehmen würde. Die meisten verließen diese Unterredung mit dem Gefühl, daß die Zweitagestortur die ganze Anstrengung durchaus wert gewesen war.

Das System blieb im wesentlichen viele Jahre lang das gleiche, wenn auch in Runde 2, die 1959 begann, der Rorschachtest gestrichen wurde (er hatte sich unter diesen Bedingungen als nicht nützlich erwiesen) und ein Gedächtnistest, ein Reaktionszeittest, ein 45minütiges psychologisches Interview sowie eine genaue Untersuchung jedes Zentimeters Haut der Versuchsperson hinzugefügt wurden.[28]

Im großen und ganzen blieb die Forschergruppe jedoch bei ihrem ursprünglichen Testmaterial hängen, sogar dann noch, als besseres auftauchte. Und aus guten Gründen: Mittendrin einen Test auszutauschen, würde die Validität der Vorher-Nachher-Vergleiche beeinträchtigen. In der Tat ist jede Veränderung riskant: Ein neuer Interviewer kann dieselben Fragen auf eine Weise stellen, die das Antwortspektrum um eine Kleinigkeit verschiebt. Selbst geringe Unterschiede in der Art, wie ein Arzt mit den Leuten, die er untersucht, spricht, können den Blutdruck und andere Werte unkontrolliert verändern. Nowlin, der sich dessen bewußt war, machte zwölf Jahre lang bei jeder Untersuchung peinlichst genau dieselben kleinen Scherze. Wenn er zum

Beispiel mit einem Stethoskop die Magengeräusche abhörte, lächelte er immer und sagte: »Lassen Sie mich mal Ihrem Frühstück zuhören.«

Da der Zeitablauf durch einige unerwartete Probleme verlangsamt wurde, dauerte es bis zum Abschluß der ersten Runde der Untersuchungen des ganzen Panels vier Jahre, und Runde 2 würde noch einmal zwei Jahre benötigen; erst dann könnten die ersten Längsschnittergebnisse erscheinen. Zweifellos ist es fast eine Zumutung, Forschung zu betreiben, wenn man auf die ersten Ergebnisse erst nach Jahren hoffen kann – und da das Duke-Projekt keine spezifischen Hypothesen überprüfte, gab es keine Garantie dafür, daß überhaupt irgendetwas Interessantes herauskommen würde.

Vieles ereignete sich jedoch, das den Gruppenmitgliedern das Gefühl gab, auf dem richtigen Gebiet zur richtigen Zeit zu arbeiten. Beinahe zur gleichen Zeit, als das Projekt anlief, richetete die Duke University ein fakultätsübergreifendes ›Council on Gerontology‹ zur Leitung von Seminaren, Konferenzen und Instituten ein, bei dem die Teammitglieder eine führende Rolle spielten. Zwei Jahre später ernannte das ›U.S. Public Health Service‹ Duke zum ersten regionalen ›Center for the Study of Aging‹ mit Busse als Direktor, gewährte eine finanzielle Startbeihilfe und garantierte Long I eine fortwährende Unterstützung. Ein paar Jahre später stellten das NIH, der ›Duke Endowment‹ und die R. J. Reynolds Company Geld für ein neues gerontologisches Gebäude – einen Flügel des ›Medical Center‹ – zur Verfügung, in dem das Längsschnittprojekt fortan komfortabel untergebracht werden konnte. Was aber hauptsächlich das intellektuelle Interesse und die Moral der Gruppe aufrechthielt, waren die Montagabendtreffen, die mindestens zweimal im Monat bei Busse zu Hause stattfanden. Busse erinnert sich:

Die Montagabendtreffen begannen schon, bevor die Längsschnittuntersuchung überhaupt in Angriff genommen wurde. Sie fanden immer in meinem Haus, auf unserer großen überdachten Veranda, statt, und es gab etwas zu trinken und einen kleinen Imbiß. Ich dachte, daß es hilfreich wäre, sich außerhalb des Krankenhauses in einer entspannten Atmosphäre zu treffen. So ungefähr zwanzig von uns fanden sich dort stets nach dem Abendessen für zwei oder drei Stunden ein. Wir diskutierten Forschungsprobleme, entwickelten neue Ideen und berichteten von unseren Ergebnissen. Jeder, der auf einem Seminar einen Vortrag halten wollte, brachte ein Handout mit – Daten, einen groben Entwurf, eine Bibliographie –, und wir diskutierten und kritisierten es.

Obgleich die Projektmitglieder in den ersten sechs Jahren keine Längsschnittdaten vorlegen konnten, hatten sie auf diesen Treffen genügend Diskussionsstoff. Die meisten von ihnen führten Querschnittanalysen der Daten von Runde 1 durch. In der Tat beruhte bei weitem die größte Anzahl von Berichten, die das Projekt während seiner langen Dauer lieferte, auf solchen Analysen. Sie waren nicht nur von wissenschaftlichem Wert, sondern sie entsprachen auch dem Bedürfnis der Projektmitarbeiter, Forschungsergebnisse zu veröffentlichen, während sich die Längsschnittuntersuchung quälend dahinschleppte. Hier drei typische Beispiele für Querschnittergebnisse:*

– Innerhalb der Duke-Stichprobe war ein geringerer sozioökonomischer Status nicht nur mit einer höheren Krankheitshäufigkeit im Alter, sondern auch mit größeren daraus resultierenden Gebrechen verbunden.[29]
– Das Nachlassen der Hörkraft mit zunehmendem Alter stand mit niedrigeren Stufen des psychischen Funktionierens in Zusammenhang. Für die Verschlechterung der Sehkraft galt das nicht.[30]
– Depression bei älteren Leuten war nicht mit der nach innen gerichteten Verarbeitung von unerwünschten feindlichen Reizen verknüpft, wie dies des öfteren bei jüngeren Personen der Fall zu sein scheint, sondern mit einem Verlust des Selbstwertgefühls.[31]

Ein häufiges Thema auf den Montagabendtreffen war die Frage, wie mit den Datenmassen, die sich aus beinahe 800 Variablen zusammensetzten, umgegangen werden sollte. Zum einen war es, nur mit Lochkarten und Sortiermaschinen ausgestattet, eine Herkulesaufgabe, die Daten für irgendeine einzelne Untersuchung herauszufiltern und zu bearbeiten. Aber im Jahre 1958, als das Zentrum seinen ersten Computer erwarb, verschoben sich die Diskussionen auf die Frage, wie man die Informationen so abspeichern könnte, daß es den Forschern möglich wäre, Längsschnittfragen aufzustellen und die entsprechenden sinnvollen Antworten herauszuziehen. Vielleicht würden anderweitig beschäftigte Experten dem Zentrum ein Computerprogramm schreiben. Danach könnte ein Forscher, unter Verwendung einer Anleitung und eines großen schwarzen Codebuchs, dem Computer den Auftrag erteilen, eine Datentabelle zu, sagen wir, »Var:VERHRZGR« (Variable: Veränderung in der Herzgröße) zu erstellen und zu zeigen, wie diese über die Jahre mit anderen individuellen Veränderungen wie Gewichtszunahme, ansteigendem Blutdruck oder Anzahl der unternommenen Aktivitäten in Beziehung stand.

Andere Montagabendtreffen behandelten so verzwickte Probleme wie die Frage, wie man aus den gespeicherten Daten sinnvolle Ergebnisse herausziehen konnte. Man sprach über Chi-Quadrat-Tests, Dummy-Variablen, Change-Score-Analysen, schrittweise multiple Regressionen und die Schätzung von

---

* Da dieses Kapitel die Langzeit-Längsschnittforschung behandelt, werden die vielen Querschnittstudien, die vom Projekt produziert wurden, ausgespart.

fehlenden Werten. Denn obwohl die Projektmitglieder Statistik-Spezialisten bitten konnten, diese und andere Analysen für sie durchzuführen, mußten sie doch die Konzepte verstehen, um zu wissen, worum sie eigentlich baten.

Aber eine Zeitlang erschien es einigen Forschern so, als ob sie all dies niemals zu wissen bräuchten. Als Runde 2 im September 1959 begann, berichteten die Sozialarbeiter, die mit den Freiwilligen Kontakt aufnahmen, um einen Zeitplan für ihre Untersuchungen aufzustellen, daß eine bedrückend große Anzahl von ihnen ausgefallen sei. Nur 182 der ursprünglich 270 Panelteilnehmer kehrten für Runde 2 zurück: Einige waren, wie erwartet, verstorben, und ein paar waren umgezogen, aber der größere Teil weigerte sich einfach, weiterzumachen, oder meinte, inzwischen zu krank dafür zu sein.[32]

Diese Ausfälle verzerrten die Stichprobe – die von Anfang an nicht randomisiert gewesen war – und verunsicherten Busse. Die Glaubwürdigkeit dessen, was auch immer sie finden würden, stand in Frage. Er lud deshalb George L. Maddox, einen Soziologen mit einem profunden methodologischen Wissen, ein, sich dem Team anzuschließen und bei diesem kritischen Problem zu helfen. Maddox, der 1959 einstieg und fortan im Projekt blieb (schließlich wurde er Präsident des ›University Council on Aging‹ und Professor für Soziologie), erinnert sich an die Debatten über das Stichprobenproblem auf den Montagabendtreffen:

Ich stieß gerade dazu, als Runde 2 begann. Es war dem Team nicht klar, ob ihr Projekt überhaupt aufrechterhalten werden konnte – das heißt, ob die Schneeballtechnik eine Stichprobe geliefert hatte, die irgendwelche verallgemeinerungsfähigen Ergebnisse liefern könnte, und selbst wenn sie das täte, ob die Ausfälle die Repräsentativität der Stichprobe nicht so sehr gefährdeten, daß wir gar nichts Allgemeines über den Alterungsprozeß würden aussagen können.

Ich sagte deshalb immer wieder zu meinen Kollegen: »Stellt dieses Faktum der Verallgemeinerungsfähigkeit Eurer Daten in Hinblick auf die nationale Bevölkerung nicht in den Vordergrund. Ihr habt in Eurer Stichprobe eine relativ gute Verteilung von Personen aus der Unterschicht und der Oberschicht, aber diese sind nicht zufällig ausgewählt. Deshalb wäre es möglich, daß die Personen auch nicht repräsentativ dafür sind. Sie sind gesünder und wortgewandter als der Durchschnitt; sie sind so etwas wie eine Elite. Aber es gibt in der Forschung zwei Arten von Fragestellungen: die epidemiologische – welche Verteilung haben X und Y? – und die experimentelle – welche Beziehung besteht zwischen X und Y? Ihr könnt nur sehr zurückhaltende Aussagen über die Verteilung, die auf dieser Stichprobe beruht, machen, aber Ihr *könnt* die bedeutenden Variablen im Alterungsprozeß identifizieren und Ihr *könnt* und *solltet* Euch auf die Beziehung zwischen den Xs und den Ys konzentrieren.«

Maddox stellte auch heraus, daß die Lebensgeschichte einer jeden Person ein valides Experiment in sich selbst wäre, da die Forscher den Variablenbeziehungen innerhalb jeden individuellen Lebens nachgehen konnten. »Wir sehen jedes Individuum als seine eigene Kontrolle an.«[33] Dies war ein klärendes und beruhigendes Konzept. Bedeutende Ergebnisse würden von den Stichproben-problemen unberührt bleiben, da es das vorrangige Ziel war, herauszufinden, wie die Xs und Ys innerhalb des Lebens einer betreffenden Person miteinander in Beziehung standen, und die Beziehungen oder Prozesse würden generalisierbar sein.

Schließlich verschwand das Ausfallproblem nach Runde 2. Von da ab waren Verweigerungen minimal, obgleich sich die Stichprobe durch Todesfälle und Krankheiten stetig verringerte.[34] Die weiterlaufende, aber schrumpfende Freiwilligengruppe war in der Tat ein loyaler Haufen. Busse:

> Über die Jahre hinweg lernte ich viele dieser Personen kennen, und wenn sie mich auf der Straße sahen, kamen sie zu mir herüber und sagten stolz: »Sie erinnern sich sicher nicht an mich, Dr. Busse, aber ich bin doch der-und-der, eine Ihrer Versuchspersonen.« Wir hatten viele Techniken drauf, ihr Interesse wachzuhalten. Wir sandten ihnen Geburtstags- und Weihnachtskarten, und unsere Sozialarbeiter riefen sie an, um mit ihnen ein Schwätzchen zu halten. Frances Jeffers und Dorothy Heymann, unsere Chefverwaltungsassistenten, luden sie in regelmäßigen Abständen in den Speisesaal des ›Medical Center‹ ein, boten ihnen Erfrischungen an, und einer von uns besprach die Ergebnisse mit ihnen. Wir zeigten ihnen, daß sie von *Bedeutung* waren.

So ging es Jahr um Jahr, und als sich die Reihen der Panelteilnehmer lichteten, benötigten die Runden immer weniger Zeit. Im Juli 1967, zwölf Jahre, nachdem das Projekt begonnen worden war, wurde schließlich Runde 4 mit nur noch 110 von anfänglich 270 Teilnehmern abgeschlossen. Das Duke-Team und die Forscher, die dem Projekt zeitweise angehört hatten, brachten zu dieser Zeit regelmäßig Längsschnittberichte heraus. Diese zeichneten ein im ganzen gesehen vom traditionellen sehr stark abweichendes Bild des Alterns. Ein Historiker, der später über das Projekt schreiben würde, täte sich sicher schwer dabei, erinnerungswürdige Momente, in denen den Projektmitgliedern bemerkenswerte Durchbrüche gelungen waren, zu schildern. Wie es für Langzeit-Längsschnittuntersuchungen typisch ist, wurden die Ergebnisse von Long I erst nach und nach sichtbar. Im folgenden werden einige der bedeutenden Schlußfolgerungen jener ersten zwölf Jahre wiedergegeben.

Das Ergebnis eines gesundheitsbewußten Lebens. Erdman Palmore berichtete, daß jene Panelteilnehmer, die bei Runde 1 weder Über- noch Untergewicht hatten, nicht rauchten und vor allem regelmäßig Sport trieben, bei Runde 2 drei oder vier Jahre später in einem bedeutend besseren Gesundheitszustand waren als jene, die zuviel oder zu wenig wogen, rauchten und sich nicht sportlich betätigten. (Der Gesundheitszustand wurde nach solchen Kriterien bewertet wie die Anzahl der Arztbesuche, die Zeit, die die Teilnehmer pro Jahr bettlägerig waren, und ob sie vor der durchschnittlichen Alterserwartung verstorben waren oder nicht.) Anderswo durchgeführte Querschnittuntersuchungen hatten bereits solche Korrelationen gefunden, aber, wie Palmore herausstellte, konnte man aus einem solchen Beleg nicht folgern, welcher Faktor den anderen verursachte. Zum Beispiel ist es zumindest möglich, daß man Sport betreiben möchte, weil man sich gesund fühlt, während das Gefühl der Kränklichkeit einen dazu verleiten mag, zum Trost zuviel zu essen und zu rauchen. Aber die aktuelle Studie war eine Langzeituntersuchung, bei der die Gesundheitspraktiken zu Beginn der Untersuchung und die Krankheits- und Sterblichkeitsindikatoren später gemessen wurden, so daß es ziemlich wahrscheinlich war, daß die ursächlichen Zusammenhänge in die von Palmore berichtete Richtung gingen.[35]

Altern und Krankheit. Der Psychiater Robert H. Dovenmuehle fand heraus, daß von den Panelteilnehmern der Runde 2 nur die Hälfte gesundheitliche Probleme bekommen hatte und die meisten von ihnen nur unter relativ geringen Einschränkungen litten. Ein anderes Drittel blieb körperlich so leistungsfähig wie in der ersten Runde; und einer von acht Teilnehmern war tatsächlich in einem besseren Gesundheitszustand als zuvor. Diese und andere Daten ließen vermuten, daß, obgleich das Altern unweigerlich körperliche Veränderungen mit sich bringt, eine ernsthaft lähmende Krankheit kein normaler Teil dieses Prozesses und Gebrechlichkeit weder eine unweigerliche noch unwiderrufliche Begleiterscheinung des Alterns ist. Dovenmuehle berichtet, daß die meisten Leiden des Alters »dem Wesen nach chronische Krankheiten sind, von denen eine beträchtliche Anzahl teilweise rückgängig zu machen ist ... Obwohl Krankheit und Gebrechlichkeit nicht vollständig vermieden werden können ... , kann eine relative Erhaltung der Gesundheit und der Fähigkeit, seinen Lebensaktivitäten nachzugehen, mit adäquater medizinischer Vorsorge erreicht werden.«[36]

Hypochondrie im Alter. Die Sozialarbeiterin Dorothy K. Heyman und Frances C. Jeffers, ein Forschungsassistent der Psychiatrie, überprüften die Gültigkeit der allgemeinen Überzeugung, daß Menschen, wenn sie älter werden, übermäßig um ihre Gesundheit besorgt sind und ihre medizinischen Probleme übertreiben. Indem sie Daten aus Runde 1 und Runde 2 auswerteten, ermittelten Heyman und Jeffers, daß nur wenige Panelteilnehmer sich über die Jahre mehr Sorgen um ihre Gesundheit machten. Darüber hinaus stand die eigene subjektive Bewertung der Gesundheit bei Runde 1 im allgemeinen in Einklang mit den Gesamt-PFRs (körperliche Funktionsbewertungen), die den Panelteilnehmern von den untersuchenden Ärzten attestiert worden waren. Dies blieb so bei Runde 2. Augenscheinlich hatten die meisten Panelteilnehmer eher eine realistische Einschätzung ihrer gesundheitlichen Situation denn eine Neigung zur Hypochondrie.[37]

Wenn Personen im Alter stärker hypochondrisch werden, müßte erwartet werden, daß ihre Arztbesuche zunehmen, besonders nach der Einführung von ›Medicare‹ im Jahre 1965. Aber Palmore und Jeffers, die Daten aus den Runden 1, 2 und 5 analysierten, fanden keine Veränderung im Prozentsatz der Panelteilnehmer, die über einen Zeitraum von zwei Jahren von Ärzten besucht wurden, oder der Anzahl von Arztbesuchen, die sie machten.[38]

Körper und Geist. Mehrere einzelne Untersuchungen, die über eine Zeitspanne von drei bis zehn Jahren von verschiedenen Mitarbeitern – dem Augenarzt Banks Anderson, dem Psychiater Carl Eisdorfer und anderen – durchgeführt worden waren, gingen der Frage nach, ob gewisse körperliche Probleme des Alterns ein Nachlassen der geistigen Funktionen und des sozialen Verhaltens verursachten. Einige Ergebnisse:

–Ein Nachlassen der Sehkraft behinderte nicht die soziale Anpassung, die gesellschaftliche Aktivität oder das allgemeine Wohlbefinden, wenn nicht der Verlust sehr schlimm war und beide Augen betraf.[39]
–Über einen Zeitraum von drei Jahren hatten Panelteilnehmer mit CVD (Erkrankung der Herzkranzgefäße) niedrigere IQ-Werte als Panelteilnehmer, die keine derartige Erkrankung aufwiesen. Aber bei der genaueren Analyse zeigte sich, daß der sozioökonomische Status der ausschlaggebende Faktor war: Für Weiße und Schwarze mit einem geringen Einkommen war es doppelt so wahrscheinlich, sowohl von CVD erwischt zu werden als auch geringere IQ-Werte zu erzielen, als für Weiße und Schwarze mit einem hohen Einkommen. Die Schlußfolgerung lautete, daß CVD für sich genommen keinen Rückgang der geistigen Funktionen verursachte.[40]
–Trotz Herzkranzgefäßerkrankungen und einer wesentlichen Verschlechterung der körperlichen Funktionen, des Sehens und Hörens nahmen die meisten dieser betagten Personen weiterhin normal am Gemeinschaftsleben teil und führten ein ziemlich bewegliches und unabhängiges Leben.[41]
–Panelteilnehmer, die in ihren Sechzigern einen hohen Blutdruck hatten, verloren in bedeutendem Maße ihre intellektuellen Fähigkeiten (gemessen mit dem WAIS) in ihren Siebzigern, während diejenigen mit normalem Blutdruck ihr geistiges Niveau halten konnten und jene mit einem leicht erhöhten Blutdruck tatsächlich sogar Punkte gutgemacht zu haben schienen.

Aber unter Berücksichtigung des »Übungseffekts« – die Panelteilnehmer machten den WAIS viermal in zehn Jahren und erzielten möglicherweise ein paar Punkte durch die Vertrautheit mit dem Test – schlossen die Forscher, daß Hypertoniker eine Menge eingebüßt, Normale ein wenig verloren und Personen mit leichter Hypertonie ihre Werte gehalten hatten. Offensichtlich hilft ein leicht erhöhter Blutdruck den älter werdenden Personen, eine adäquate zerebrale Blutversorgung aufrechtzuerhalten.[42]

Intelligenz und Alter. Eisdorfer und der Forschungsassistent Frances Wilkie analysierten die WAIS-Werte der Panelteilnehmer über einen Zeitraum von zehn Jahren. Entgegen der Erwartung stiegen die Durchschnittswerte an: Personen, die zuerst in ihren Sechzigern getestet worden waren, erzielten ein Jahrzehnt später 9 Punkte mehr und die, die zuerst in ihren Siebzigern getestet worden waren, 3 Punkte mehr. Die vielen in der Zwischenzeit verstorbenen Panelteilnehmer hatten jedoch durchschnittlich geringere Punktwerte aufgewiesen als diejenigen Personen, die weiterlebten; das heißt, der Anstieg der WAIS-Punktwerte über den Zehnjahreszeitraum resultierte aus der Tatsache, daß die letztgenannten sowohl gesünder waren als auch von Beginn an höhere Punktwerte erreicht hatten. Aber als die Werte dieser Panelteilnehmer im Längsschnitt betrachtet wurden, ergab sich eine genauere Kurve: Bei denjenigen, die zuerst in ihren Sechzigern getestet worden waren, ließen die intellektuellen Fähigkeiten bis zu ihren Siebzigern ein wenig nach (2.6 Punkte von einem Mittelwert von 100), während die beim ersten Test Siebzigjährigen in ihren Achtzigern etwas mehr einbüßten (7.3 Punkte).[43]

Andere Forscher berichteten, daß zwar die geistigen Beeinträchtigungen über die Jahre etwas zunahmen, aber eine ernsthafte Verschlechterung selten vorkommt, und daß, obgleich viele ältere Personen sich über ein Nachlassen des Gedächtnisses oder andere Verluste der geistigen Kräfte beklagten, sie in Wirklichkeit aber eine adäquate Leistung zeigten, wenn sie getestet wurden.[44]

»Disengagement« versus Aktivität. Eine weitverbreitete, auf Querschnittdaten gestützte Annahme ist, daß die Teilnahme älter werdender Menschen am sozialen Leben, an der Arbeit und an Vergnügungen abnimmt. In den 60er Jahren dachten viele Gerontologen, daß das »Disengagement« eine natürliche und nützliche Anpassung an die zwangsläufigen Veränderungen im Alterungsprozeß wäre, die die Zufriedenheit mit dem Leben durch Beschränkung auf das Machbare erhalten würde. Aber Palmore berichtete, daß die Freizeitaktivitäten der Panelteilnehmer über einen Zeitraum von zehn Jahren insgesamt nur geringfügig abnahmen. Darüber hinaus neigten diejenigen, die ihre Aktivitäten einschränkten, dazu, weniger zufrieden mit ihrem Leben zu sein

als diejenigen, die nach wie vor engagiert blieben, während jene, die ihre Aktivitäten erhöhten, auch eine zunehmende Zufriedenheit zeigten. Diese Ergebnisse widersprachen der »Disengagement«-Theorie gründlich und unterstützten die entgegengesetzte, unter Personen, die mit älteren Menschen arbeiten, weitverbreitete Auffassung, daß fortgesetzte Aktivität besser für Ältere sei.[45]

Sexuelle Aktivität im Alter. Drei Psychiater, Adriaan Verwoerdt, Eric Pfeiffer und Hsioh-Shan Wang, berichteten, daß die Daten über die sexuelle Aktivität, wenn sie im Querschnitt betrachtet werden, ein stetiges Nachlassen der sexuellen Aktivität mit zunehmendem Alter zeigen. Aber eine Längsschnittanalyse der Daten enthüllte eine weit komplexere und andersartige Wirklichkeit: Zwischen der ersten und zweiten Runde waren 27% der Männer sexuell inaktiv gewesen, 31% waren zwar aktiv, dies aber nicht sehr oft, 22% blieben gleichbleibend aktiv und 20% waren sogar aktiver geworden. Von den Frauen hatten 74% während des ganzen Zeitraums keine Aktivitäten (viel mehr Frauen als Männer waren verwitwet), 10% waren sexuell aktiv, wenn auch nicht oft, weitere 10% waren gleichbleibend aktiv und 6% hatten ihre Aktivität gesteigert.* Diese Daten bestätigten andere Duke-Ergebnisse, nach denen das Altern nicht unvermeidbar zu einer Verschlechterung der Situation der betroffenen Personen führen muß, sondern ein sehr individuelles, oftmals unverändertes und manchmal verbessertes Resultat der Interaktion zwischen biologischen, psychologischen und soziokulturellen Faktoren ist.[46]

EEG-Anomalien im Alterungsprozeß. Bei so vielen bedeutenden Ergebnissen, die man innerhalb der ersten zwölf Projektjahre gefunden hatte, war es paradox, daß die ursprüngliche Frage – was fokale EEG-Anomalien in dem Gehirn älterer Menschen signalisierten – sich als ›Niete‹ erwies. Busse, der Psychologe Walter Obrist und verschiedene andere Mitarbeiter entdeckten niemals die Ursache für diese Anomalien. Darüber hinaus fanden sie keinen Anhaltspunkt dafür, daß das Auftreten dieser Anomalien bei einer gealterten Person eine verringerte Durchblutung des Gehirns, einen Verlust an intellektuellen Fähigkeiten, ein Versagen bei der sozialen Anpassung oder irgendeine andere negative Konsequenz bedeutete.[47] Die ursprüngliche Frage hatte somit nichts wirklich Interessantes erbracht – hatte aber zu vielen anderen Untersuchungen über das Altern geführt, die handfeste Ergebnisse geliefert hatten.

---

* Die Duke-Zahlen basieren ausschließlich auf heterosexuellem Geschlechtsverkehr. Sie liegen deshalb niedriger als die Kinsey-Daten, die alle Formen der Sexualität berücksichtigen, einschließlich der Masturbation.

Gerade als die Forscher diese ersten Früchte der Längsschnittuntersuchung ernteten, wurden sie sich auch gewisser Fehler in ihrem Ausgangsdesign schmerzlich bewußt.

Der offensichtlichste Fehler bestand in der Fehleinschätzung der benötigten Zeit. Zuerst hatten Busse und seine Kollegen angenommen, daß sie den normalen Alterungsprozeß über sechs bis zehn Jahre untersuchen würden, aber nun wurde deutlich, daß sie fünfundzwanzig Jahre oder noch länger bräuchten. Dieses zur Verzweiflung treibende Schneckentempo frustrierte beinahe jeden und hatte viel zu viele Mitarbeiterabgänge zur Folge. Und da Geldgeber Projekte präferieren, von denen sie annehmen können, daß sie ziemlich bald Ergebnisse liefern, hatte Busse wiederholt Schwierigkeiten, genügend Unterstützung von PHS zu erhalten. Er wandte sich deshalb an verschiedene Stiftungen – die aber waren auch nicht gerade begeistert darüber, Geld in ein Projekt zu stecken, dessen Ertrag so weit in der Zukunft lag. Die Forscher blieben zwar entschlossen, mit Long I fortzufahren und das Beste daraus zu machen, begannen aber, über die Entwicklung einer kürzeren zweiten Studie nachzudenken. Und einer besseren dazu, denn wie sie nun sehen konnten, hatte Long I auch andere Mängel. Dazu Busse:

Im Jahre 1965 fingen wir an, über den Entwurf einer anderen Längsschnittstudie zu sprechen, um Fragen zu beantworten, die, so erkannten wir, mit unserer ersten Untersuchung nicht zu beantworten waren. So fängt nicht bei allen Menschen der Alterungsprozeß mit 60 oder 65 Jahren an, sondern bei einigen schon früher. Zum anderen, wie konnten wir eine Stichprobe ziehen, die so repräsentativ wäre, daß wir mehr verallgemeinerungsfähige Daten bekämen? Könnten wir eine Technik finden, die wir uns leisten konnten und die besser als das Schneeballsystem war?

Wir wurden uns zudem eines größeren Problems bewußt. Unsere Längsschnittstudie, die einem einzigen Panel von Anfang bis Ende folgte, war anfällig für »Kohorten-Effekte«, da sie eine Gruppe von Personen enthielt, die alle in einer bestimmten Gegend geboren und aufgewachsen waren. Und sie konnte auch »Meßzeitpunkt-Effekten« ausgesetzt sein. Wir wußten nicht, welcher Anteil irgendeiner Veränderung, die wir beobachteten, sich auf das Altern und welcher sich auf den Stress und die Belastungen zu der Zeit, zu der wir die Personen beobachteten, zurückführen ließ. So fragten wir uns, ob es nicht irgendeine Kombination von verschiedenen zu unterschiedlichen Zeiten beobachteten Kohorten gab oder eine Verbindung von Querschnitt- und Längsschnittansätzen, die es uns erlauben würde, den Kohorten- und den Meßzeitpunkt-Effekt zu kontrollieren.

Dies war wohl der entscheidendste Mangel der ersten Längsschnittstudie. Das Team wurde von zwei Kollegen, die dem Projekt nicht angehörten – K. Warner Schaie und Paul Baltes, beide mit hochentwickelten methodologischen und theoretischen Untersuchungen zum Längsschnittdesign befaßt –, darauf gestoßen. John Nowlin erinnert sich daran:

Schaie und Baltes waren sehr an unserem Projekt interessiert und kamen zu einer Tagung über Längsschnittstudien um das Jahr 1966 hierher. Wir saßen mehrere Tage zusammen und redeten über das Längsschnittdesign. Sie wiesen auf die hausgemachten Fehler dieser einfachen Art Längsschnittuntersuchung, die wir durchführten, hin. Sie meinten, daß es möglich wäre, genausoviel über das Altern zu erfahren, wenn man eine große Population über eine relativ kurze Zeit beobachtete, als wenn man einer kleinen Population über eine sehr lange Zeit folgte, und daß man damit gleichzeitig die Fehler unserer Art Studie überwinden könnte.

Der springende Punkt bei ihrem Vorschlag war, verschiedene Kohorten zur selben Zeit zu beobachten – Gruppen in den Fünzigern, den Sechzigern und so weiter – und allen diesen Kohorten für vielleicht acht Jahre zu folgen. Für jede Kohorte könnte man für jene Jahre einen Richtungskoeffizienten berechnen – man könnte sehen, wie sie sich während dieser Zeit veränderten –, und mittels einer Reihe von Vergleichen könnte man Kohorten-Effekte und Meßzeitpunkt-Effekte ausschließen, so daß man sagen könnte, welcher Teil der Veränderung sich auf das Altern allein zurückführen ließe.

Als das Team ernsthaft mit der Planung des neuen Projektes begann – »Long II«, wie es bald genannt wurde –, brauchte es anderthalb Jahre lang ungefähr dreißig Montagabendtreffen und zusätzlich unzählige informelle Treffen der führenden Projektmitglieder, um alle notwendigen Details auszuarbeiten und einen Antrag an das ›National Institute of Child Health and Human Development‹ zu stellen. Im Jahre 1967, als Long I schon zwölf Jahre währte, wurde die Unterstützung für Long II schließlich genehmigt. Der Beginn von Long II wurde auf 1968 festgesetzt.

Vermengte Methodologie

Es war unvermeidlich, daß sich die Long I-Studie über das Altern mit vielen hartnäckigen methodischen Problemen herumschlagen würde. Alle Formen der Längsschnittforschung sind dem in gewisser Weise ausgesetzt, aber die Langzeit-Panelstudien ganz besonders.

Weil jedoch der Langzeit-Panelansatz einen so intuitiven und theoretischen Anreiz besitzt, betrachten ihn viele Forscher als die beste Methode und ignorieren die Tatsache, daß er auch in gewisser Hinsicht die schlechteste ist. Der Soziologe James A. Davis von der Harvard University bemerkte dazu in einem kürzlich veröffentlichten Artikel spöttisch: »Wenn die Einstellung des Soziologen zur Längsschnittforschung eine des religiösen Glaubens ist, nähert sich unser Gefühl gegenüber Panels abergläubischer Verehrung. Wenn Längsschnittstudien gut sind, müssen Panelstudien wundervoll sein.«[48] Er führt dann weiter eine Reihe der schwerwiegenden Schwachstellen von Panelstudien an (während er ihre beispiellosen Vorzüge durchaus anerkennt): ihre statistische und stark technische Natur. Zunächst: Selbst wenn Y regelmäßig X folgt, beweist das nicht, daß X Y verursachte, wenn man nicht auch die »kausale Verzögerung« kennt − die Zeit, die für das Sichtbarwerden des Einflusses erforderlich ist. Man kann mit einer Korrelation, die am Abend der Verleihung einer akademischen Würde besteht, nicht belegen, daß der Besitz eines College-Abschlusses das Einkommen erhöht; man muß wissen, wie lange der Effekt braucht, um erkennbar zu werden. Dann weiß man bereits eine Menge darüber, warum die Ausbildung das Einkommen erhöht; die Panelstudie fügt nicht viel Neues hinzu.

Weiter: Da die Beobachtung derselben Personen über viele Jahre hinweg schwierig und kostspielig ist, behelfen sich die meisten Langzeit-Panelstudien mit kleinen Stichproben. Dies schränkt die Reliabilität der Ergebnisse ein; je kleiner die Stichprobe ist, desto wahrscheinlicher ist es, daß sich die Verteilung ihrer Elemente auf bloßen Zufall zurückführen läßt. (Wenn man die Haarfarbe der ersten drei Personen, die man sieht, notiert, und zwei von ihnen haben rote Haare, wäre es unklug, zu folgern, daß zwei Drittel der Bevölkerung rothaarig sind.) Zudem: Je kleiner die Stichprobe ist, desto geringer ist die Genauigkeit, mit der Forscher Aussagen über Kovariationen treffen können. (Es hilft nicht viel, zu wissen, daß die Wahrscheinlichkeit, daß eine beobachtete Korrelation innerhalb von 15 Punkten in jeder Richtung von der korrekten Zahl liegt, 95% beträgt.) In anderen Worten ausgedrückt: Während zweier oder dreier Jahrzehnte passieren jedem Panelteilnehmer so viele verschiedene Dinge, daß, wenn die Analytiker alle Kombinationen dieser Variablen aussortierten, das Ergebnis eher eine Sammlung einmaliger Fälle denn von Untergruppen wäre, über die sie statistisch bedeutsame Aussagen machen könnten.

Dies sind nur zwei der vielen Schwierigkeiten von Langzeit-Panelstudien. Aber es gibt noch kniffligere.

Durch die Methode selbst können Verzerrungen in den Daten erzeugt werden. Diese werden als Bedrohung der »internen Validität« bezeichnet. Drei von acht derartigen Problemen (von einigen haben wir schon vorher gehört), die gemeinhin von Methodologen zitiert werden, sind:[49]

Panel-Bias. Personen beantworten oftmals Fragen beim zweiten Mal und später anders als beim ersten Mal, weil sie vielleicht weniger gehemmt sind oder weil sie darüber nachdenken oder die Fragen in der Zwischenzeit diskutiert haben. Eine drastische Lösung dieses Problems besteht darin, die Beobachtungen der ersten Runde wegzuwerfen. Eine weniger drastische ist, die Daten der ersten Runde retrospektiv »anzupassen«. Aber dies zieht eine Menge zusätzlicher Arbeit nach sich, und für manche Forscher hat es den fatalen Beigeschmack, daß die Daten den Hypothesen angepaßt werden.[50]

Beobachtungseffekte. Einige Beobachtungsformen, insbesondere medizinische und psychologische Untersuchungen, tendieren dazu, gerade die Phänomene, die sie beobachten möchten, zu beeinflussen. Besonders wenn solche Untersuchungen pathologische Zustände aufdecken, führt dies zu einer Behandlung, denn die Entdeckungen zu verheimlichen, ist ethisch nicht zu rechtfertigen. Dies aber verändert die natürliche Geschichte des beobachteten Phänomens. Eine solche »Verunreinigung« des Experiments kann vermieden werden, indem eine andere Unterstichprobe aus der bekannten Stichprobe in jeder Runde verwendet wird. Damit gibt man dann aber die besonderen Vorzüge auf, den gleichen Personen konsequent zu folgen.[51]

Regression zum Mittelwert. Bei der ersten Beobachtung werden einige Panelteilnehmer – aufgrund von zufälligen Umständen – in einigen Tests entweder höhere oder niedrigere Punktwerte erzielen, als sie normalerweise hätten. Wenn ein Panelteilnehmer schlimme Nachrichten erhalten hat, die ihm eine schlaflose Nacht bereitet haben, mag er in einem Intelligenz- oder Reaktionszeittest schlechter abschneiden, aber bei der nächsten Beobachtung näher an seine gewöhnliche Leistung herankommen. Dieses Phänomen, das als »Regression zum Mittelwert« bekannt ist, kann von den Forschern leicht mit einem Aufwärtstrend verwechselt werden, oder, je nachdem, einem Abwärtstrend. Das Problem kann jedoch mit gewissen verfeinerten statistischen Verfahren gelöst werden, die eine Basiskurve aus den späteren Messungen erzeugen und dabei den Regressionseffekt ausgleichen.[52]

Andere lästige Probleme sind mehrere gemeinsame Bedrohungen der »externen Validität« – Charakteristiken von Panels, die das Ausmaß begrenzen, in dem das, was man von ihnen erfahren hat, auf andere Gruppen extrapoliert werden kann.[53] Zwei von ihnen sind besonders schwer in den Griff zu bekommen.

Das eine ist der Ausfall von Personen. Was immer auch die Werte der Stichprobe sind, mit der die Forscher beginnen, und wie vorsichtig sie auch sein mögen bei deren Verallgemeinerung auf die ganze Population, sie geraten trotzdem in Gefahr, falsche Schlußfolgerungen zu ziehen, wenn sich die Zusammensetzung der Stichprobe im Laufe der Zeit verändert. Personen, die wegziehen oder ausfallen, können zum Beispiel atypisch sein; sie können die erfolglosesten, die strebsamsten und mobilsten sein oder andere besondere Eigenschaften besitzen. Ebenso wirkt der Tod selektiv: Die kränklichen und schwächeren Teilnehmer werden »ausgesiebt«; die Durchschnittswerte der Panelteilnehmer steigen, da stärkere Mitglieder weiterleben, wobei ein tatsächlicher Abfall in ihrer Leistung verborgen bleibt.[54]

Lösungen für diese Arten des Ausfalls von Personen gibt es, aber keine ist einfach oder völlig befriedigend. Eine besteht darin, die ausgefallenen Personen aufzuspüren und dann zu versuchen, sie zur Rückkehr zu bewegen. Eine andere versucht, neue Mitglieder hinzuzunehmen, die den ausgefallenen so ähnlich wie nur möglich sind. Eine dritte ist bestrebt, die Daten zu überarbeiten und die Übriggebliebenen des Panels an irgendeinem Punkt so darzustellen, als wenn sie das ganze Panel von Anfang an gewesen wären.[55]

Andere Ursachen für Ausfälle sind »Nichtantworten« und »fehlende Daten«. In allen Runden werden einige Panelteilnehmer die Antwort auf gewisse Fragen verweigern oder die Untersuchung ablehnen oder nicht in der Lage sein, an ihr teilzunehmen. In einer Querschnittuntersuchung kann man es sich leisten, eine geringe Anzahl solcher unvollständiger Fälle auszusondern, aber in einer Langzeit-Längsschnittstudie hinterläßt das Liquidieren von unvollständigen Fällen in jeder Beobachtungsrunde möglicherweise eine ernstlich beeinträchtigte Stichprobe, die sehr unterschiedliche Charakteristika im Vergleich zu der ursprünglichen haben und zu fehlerhaften Schlußfolgerungen darüber führen kann, wie und warum Personen sich verändern.[56]

Die beste Lösung ist, solche Fälle in der Stichprobe zu belassen und die fehlenden Werte durch Imputation, wie in Kapitel 3 beschrieben, einzufügen – das heißt, die fehlenden Werte aus anderen Informationen in den Aufzeichnungen der Person oder anderer Panelteilnehmer, die der Person am meisten ähneln, zu schätzen. Dieses Verfahren ist allerdings arbeitsaufwendig, und die erhaltenen Daten sind, wenn auch dem Richtigen ziemlich nahe, in gewissem Sinne künstlich.[57]

Die zweite ernste Beeinträchtigung der externen Validität ist sogar noch problematischer. Anzunehmen, daß das, was mit einer besonderen Personengruppe in einer bestimmten Zeit passiert, allgemeine Prinzipien der menschlichen Entwicklung verdeutlichen würde, heißt, »dem Trugschluß des Kohorten-Zentrismus« zu erliegen, wie es der Soziologe Glen Elder nennt. Die Mitglieder einer Kohorte in einer Panelstudie haben alle in einer bestimmten geschichtlichen Phase gelebt. Ihre Erfahrungen und der Verlauf ihres Lebens mögen merklich von jenen der Personen abweichen, die vor oder nach ihnen geboren sind. Dies ist, wie Busse entdeckt hatte, der »Kohorten-Effekt«. Darüber hinaus mögen in einem besonderen Beobachtungsabschnitt spezielle Bedingungen existieren – eine Rezession, eine internationale Krise, eine neue Regierung –, die ihre Antworten bei dieser Gelegenheit etwas anders ausfallen lassen, als sie sonst gelautet hätten; dies ist der »Meßzeitpunkt-Effekt«.[58]

Somit sind in jeder Langzeit-Panelstudie drei Kausalfaktoren – das biologische Alter einer Person, der Kohorten-Effekt und der Meßzeitpunkt-Effekt – »konfundiert«, das heißt miteinander vermengt. Dies verursacht Unklarheit über die Rolle, die jeder einzelne Faktor für das Nettoergebnis gespielt hat. Von dieser dreifachen Konfundierung wurde vor langer Zeit von James Birren, einem berühmten Gerontologen, behauptet, daß durch sie »ein Hauch der Uneleganz« an allen Langzeit-Längsschnittstudien hafte.[59]

Verschiedene Methodologen, zum Beispiel K. Warner Schaie, Paul B. Baltes, Erdmann Palmore und John R. Nesselroad, haben sorgfältige analytische Verfahren ausgearbeitet, von denen sie meinen, daß sie diese drei Faktoren entwirren und die Rolle jedes einzelnen darstellen können.

Obgleich ihre Verfahren sich in vielerlei Hinsicht unterscheiden, ist die zentrale Idee in einem klassischen Artikel von Schaie im Jahre 1965 erstmals aufgezeigt worden.[60] Er schlug vor, daß mehrere Kohorten unterschiedlichen Alters über einen Zeitraum beobachtet werden sollten. Die Beobachtungen können dann in dreifacher Weise verglichen werden, wobei jede einen der drei konfundierten Faktoren kontrolliert und nur zwei miteinander konkurrierende Faktoren übrig läßt:

– Indem die Veränderungen innerhalb einer einzelnen Altersgruppe Jahr für Jahr aufgezeichnet werden (wie in den Standard-Längsschnittstudien), schließen die Forscher den Kohorten-Effekt aus, da jeder in der Gruppe dieselbe Zeit durchlebte. Alle auftretenden Veränderungen können somit nur auf das Alter oder auf die während der Beobachtung vorherrschenden Bedingungen (den Meßzeitpunkt-Effekt) oder auf beides zurückgeführt werden. (Zur Vereinfachung wollen wir andere, besser zu handhabende Probleme wie Meßfehler, Interviewereffekte und Ausfälle ignorieren).
– Indem verschiedene Kohorten zur selben Zeit getestet werden – sagen wir ein Vergleich von Kindern im Alter von neun, acht, sieben, sechs und fünf Jahren –, können die Forscher Meßzeitpunkt-Effekte ausschließen, da alle Gruppen unter den gleichen vorherrschenden Bedingungen beobachtet werden. Irgendwelche Unterschiede lassen sich somit entweder auf das Alter oder auf unterschiedliche soziale Bedingungen, unter denen die Gruppen aufgewachsen sind (Kohorten-Effekt), oder beides zurückführen.
– Schließlich können die Forscher beim Quervergleich von Kohorten in auf-

einanderfolgenden Jahren sehen, ob die Mitglieder jeder Kohorte die gleiche Entwicklungsstufe wie die Mitglieder anderer Kohorten erreichen, wenn sie in ein bestimmtes Alter kommen – ob beispielweise die vorher acht und sieben Jahre alten Kinder die gleiche Entwicklungsstufe im Alter von neun Jahren erreichen wie die ursprünglich neunjährigen. Diese »phasenverschobenen, verzögerten« Vergleiche eliminieren den Altersfaktor; irgendwelche beobachteten Unterschiede können nur auf Kohorten-Effekte und/oder Meßzeitpunkt-Effekte zurückgeführt werden.

Nachdem Schaie die Konfundierung auf jeweils zwei Faktoren reduziert hat – und drei Methoden zum Quervergleich der Ergebnisse vorliegen –, fährt er nun fort, mehrere mathematische Verfahren zu skizzieren, bei denen eine Reihe von miteinander verbundenen Gleichungen zur Isolierung jedes Faktors nacheinander eingesetzt wird. Er schließt: »Die obigen Betrachtungen zeigen deutlich, daß es möglich ist, die Quellen der Entwicklungsveränderung zu entwirren, sobald man gleichzeitig zwei oder mehr Verhaltenssequenzen analysiert.«

Er bietet dann drei Strategien an (später baute er diese auf fünf aus)[61], um eine Längsschnittstudie durchzuführen, von denen jede es den Forschern ermöglicht, alle drei gerade skizzierten Vergleiche durchzuführen. Der wirksamste Ansatz ist nach Schaie, die »Testzeitsequenz-Methode« (zwei oder mehr Kohorten werden über dieselbe Zeit und über viele Jahre verfolgt) und die »Quersequenz-Methode« (eine größere Menge von Kohorten, die alle Altersstufen repräsentieren, werden über eine kürzere Zeitspanne verfolgt – aber lange genug, um phasenverschobene, verzögerte Vergleiche für jedes Alter zu erlauben) miteinander zu kombinieren.

Schaies Schema löste eine langanhaltende Debatte aus. Seit 1965 haben er und andere Methodologen eine Flut von Artikeln, Monographien und Büchern publiziert: Einige verbesserten seine Entwirrungsmethode, andere griffen das Verfahren an. Ein Großteil dieser Debatte beschäftigt sich mit solchen Fragen, etwa in welcher Reihenfolge die Variablen in eine multiple Regressionsgleichung eingegeben werden sollen. Sie ist nur für Statistiker verständlich, aber das zentrale Problem, das den Hauptfragen zugrundeliegt, ist nicht schwer zu begreifen: Dem Soziologen Norval D. Glenn zufolge stützen sich die Entwirrungstechniken, die von Schaie und anderen vorgeschlagen wurden, auf unbewiesene Annahmen, und wenn diese unkorrekt sind, kann einem Verfahren, das auf ihnen beruht, nicht vertraut werden.[62]

Eine dieser Annahmen unterstellt, daß der Meßzeitpunkt-Faktor (die Bedingungen zur Zeit der Beobachtung) Personen jeden Alters und Kohorten gleichermaßen beeinflußt – das heißt, daß man zum Beispiel bei der Beobachtung von Personen im Alter von 20, 40 und 60 Jahren zur selben Zeit Unterschiede hinsichtlich der Meßzeitpunkt-Effekte eliminiert. Aber die Psychologie und der gesunde Menschenverstand sagen uns, daß sich die Reaktionen auf irgendeinen Reiz abhängig von früheren Erfahrungen, der physischen Kondition und anderen Faktoren unterscheiden können. (Zum Beispiel hat ein Krieg einen unterschiedlichen Einfluß auf junge, wehrpflichtige Männer, ihre Väter und kinderlose ältere Männer). Glenns Schlußfolgerung: Meßzeitpunkt-Effekte sind *nicht* für alle Altersstufen und Kohorten die gleichen, und eine Kontrolle des Meßzeitpunkts schließt sie nicht aus.

Desgleichen kann man nicht annehmen, daß Personen verschiedener Kohorten in demselben Ausmaß während des gleichen Lebensabschnitts altern. Menschen, die in streßreichen Zeiten aufgewachsen sind, mögen früher reif sein oder altern als solche, die unter ruhigen Bedingungen aufwuchsen. Auch kann man nicht annehmen, daß gleichaltrige Personen, die zur selben Zeit aufwuchsen, in der gleichen Weise gealtert sind; schlechte soziale Bedingungen führen gegenüber privilegierten zu unterschiedlichen Ergebnissen.

Aber Glenn und andere Kritiker behaupteten nicht, daß Bemühungen zur Entwirrung der Alters-, Kohorten- und Meßzeitpunkt-Faktoren unweigerlich aussichtslos seien oder die Längsschnittforschung insgesamt wertlos sei. Sie meinten eher, daß die Forscher externe Kenntnisse oder Theorien einbeziehen müssen, um Berichtigungen ihrer unrealistischen Annahmen vornehmen zu können. Der Entwirrungsprozeß wird dadurch schwieriger und ergibt nur vorläufige Aussagen, aber glaubwürdige. Wenn der Schwerpunkt des psychologischen Nachweises darauf gelegt wird, daß ältere Erwachsene weniger empfänglich für Einflüsse sind, die die individuellen Einstellungen verändern, als jüngere, könnten geschätzte Korrekturen, die diesen Effekt berücksichtigen, in Gleichungen eingebracht werden, bei denen das Alter konstant gehalten worden ist. Ähnliche auf externem Wissen oder externer Theorie basierende Berichtigungen könnten in andere Gleichungen eingehen, bei denen entweder der Kohorten-Effekt oder der Meßzeitpunkt-Effekt konstant gehalten worden sind. Noch einmal Glenn:

Eine mechanische, nicht theoretisch fundierte Kohortenanalyse ist eine nutzlose Übung …, [und] statistische Neuerungen werden allein das Alter-Meßzeitpunkt-Kohorten-Problem nicht lösen. Eine erfolgreiche Kohortenanalyse hängt zumindest genauso stark vom Wissen über Theorien des Alterns und der jüngsten Geschichte ab wie von technischer Sachkenntnis … [Die Analytiker] müssen gewillt sein, nachdrücklich Theorien und Nachweise auszuschöpfen, die von außerhalb der Kohortentabelle stammen, um zu vernünftigen, vorsichtigen Schlußfolgerungen zu kommen.[63]

Ein paar Jahre später gab Schaie, zusammen mit anderen Autoren, öffentlich zu, daß seine ursprünglichen Regeln »auf einem intuitiven Grundprinzip zur Zerlegung von Effekten beruhen, das sich als von fragwürdiger Validität erwiesen hat.«[64] Das bedeutete jedoch nicht, daß das Entwirren unmöglich ist; es bedeutet aber wohl, daß komplexere Verfahren benötigt werden, die auf externem Wissen oder fremden Theorien aufbauen, um jeden sogenannten kontrollierten Faktor in eine geschätzte Variable zu verwandeln – eine verwirrend schwierige Art, um die Alters-, Kohorten- und Meßzeitpunkt-Faktoren zu entwirren.

Trotz dieser Probleme haben sich Längsschnittstudien, die mehr als eine Kohorte benutzen und die die drei bedeutendsten Faktoren in der einen oder anderen Weise entwirren, als der zur Zeit effektivste Ansatz erwiesen. Es ist eine komplexe und etwas unsichere Methode, weil es von der Natur der Sache her unmöglich ist, Hand auf die untersuchten Phänomene – in erster Linie die Prozesse der menschlichen Entwicklung unter natürlichen Bedingungen – zu legen und kontrollierte Experimente damit durchzuführen. Diese Phänomene können nur untersucht werden, indem aus den Beobachtungen der Ereignisse rückgeschlossen wird.

Natürlich gilt dies auch für viele andere Felder der wissenschaftlichen Forschung. Astronomen können Sonnenflecken beschreiben, aber nicht an ihnen herumbasteln; Ozeanographen können Strömungen beobachten, aber sie nicht manipulieren; Geologen können die Bewegungen der Erdkruste beobachten, aber nicht mit ihr experimentieren. Diese Wissenschaften – und ein Großteil der Sozialforschung – erschließen die Beschaffenheit der untersuchten Kräfte aus der Beobachtung. Wir alle machen dauernd dasselbe im täglichen Leben. Wenn wir öfter als Wissenschaftler zu falschen Schlußfolgerungen gelangen, kommt das daher, daß wir weniger rigoros in unserem Denken sind und weil unsere »Datenbasis« so oft Mythen, Überzeugungen, Aberglauben und Vorurteile enthält.

Ernte: Die zweiten zwölf Jahre

Im August 1968 hätte ein Passant in der im Erdgeschoß gelegenen Eingangshalle des Gerontologie-Gebäudes des ›Duke Medical Center‹ keinerlei Anzeichen dafür gesehen, daß hier zwei bedeutende Projekte über den Alterungsprozeß durchgeführt wurden. Damals lief gerade die fünfte Runde von Long I, und die erste von Long II begann. Wie gehabt, kamen jeden Tag nur zwei

Panelteilnehmer zur Beobachtung, und der einzige Hinweis darauf, daß beide Projekte in vollem Gange waren, bestand darin, daß vielleicht an einigen Tagen ein Sozialarbeiter ab und an langsam die Halle mit einer Frau oder einem Mann im Alter von 85 oder 90 Jahren durchschritt und an anderen Tagen flott mit einer relativ jungen Person von 45 oder 50 entlanglief.

Sogar hinter den geschlossenen Türen der Untersuchungsräume spielten sich keine dramatischen Szenen ab. In Long II wurden die Panelteilnehmer, genauso wie in Long I, nur einer gründlichen, aber standardmäßigen Untersuchung ihres körperlichen Zustands unterzogen, machten Paper-and-Pencil-Tests, füllten Fragebögen aus und redeten mit Interviewern. Auch auf den oberen Etagen des Gebäudes gab es nichts Aufregenderes zu sehen als eine Gruppe von Forschern, die in getrennten Büros saßen und auf Zahlenblätter starrten, die auf ihren Schreibtischen ausgebreitet waren. So sieht das wenig bemerkenswerte Bild aus, das Erdman Palmore zeichnet, wenn er auf seine ersten Tage in der Long I-Gruppe zurückblickt (er trat dem Projekt und der Duke-Fakultät im Jahre 1967 bei):

Alles, was man gesehen hätte, wäre irgend jemand gewesen, der aus einem Büro herauskam und zu dem Computerraum hinunterging oder mit einem Bündel von Computerausdrucken zurückeilte und in seinem Büro über den Zahlen brütete. Oder der Gleichungen hinkritzelte, Zahlen in einen Taschenrechner eingab oder Kurven auf Millimeterpapier skizzierte, um so nach bedeutungsvollen Datenmustern zu suchen, die sich im Speicher des Computers anhäuften. Oder der schließlich versuchte, die Ergebnisse zu Papier zu bringen. Aber man hätte niemals jemanden die Halle herunterrennen sehen und »Heureka« rufen hören. Unsere Entdeckungen kamen nicht blitzartig. Wir mußten Zahlentabellen studieren, sie anders anordnen, sie statistischen Verfahren unterziehen, um sie auf einige neue Vermutungen hin zu testen, und gelangten nur allmählich zu einer klaren Konzeption darüber, was die Daten aussagten.

Das Team hatte Long II für die sorgfältige Untersuchung von bestimmten Themen konzipiert, die Long I nur tangiert hatte und um den Stand der Methodologie des Jahres 1968 voll auszuschöpfen. Die hauptsächlichen Charakteristiken der Studie, die die Unterstützung des ›U.S. Public Health Service‹ und mehrerer Stiftungen gefunden hatte, waren folgende:[65]

– Um sowohl die Vorstufen des Alterns als auch das Altern selbst zu untersuchen, würde die Gruppe Personen im Alter zwischen 45 und 70 Jahren beobachten. Aber anstatt ihnen dann über 30 oder mehr Jahre zu folgen, würden die Forscher sie nach Fünf-Jahres-Kohorten (45-49, 50-54 und so weiter) gruppieren und die Mitglieder der fünf Gruppen alle zwei Jahre beobachten, im ganzen jeden Panelteilnehmer über sechs Jahre. Die For-

schung und die Auswertung der Daten, die in nur einem Jahrzehnt vollständig zusammengestellt wären, würden Portraits von fünf Sechs-Jah-
res-Abschnitten der menschlichen Lebensspanne liefern, die zusammenge-
nommen das Altern von Ende 40 bis Anfang 70 erfaßten.

– Da eine modifizierte Form des Schaie-Designs, die von Palmore ausgearbeitet worden war, verwendet wurde, konnten die Daten, falls notwendig,
quersequentiell verglichen werden, um Alters- von Kohorten- und Meßzeitpunkt-Effekten zu trennen. (Zu der Zeit, als die Daten analysiert wurden,
wußte das Team jedoch, daß diese Methode, obgleich ein bedeutender Fortschritt gegenüber jener von Long I, sich teilweise auf Annahmen stützen
würde, die auf externem Wissen basierten.)

– Das Team erkannte nun, daß eine Wahrscheinlichkeitsstichprobe einer
Freiwilligenstichprobe weit überlegen sein würde. Weil das Ziehen einer
solchen Stichprobe aus der Bevölkerung von ganz Durham zu kostspielig
gewesen wäre, schlossen sie einen Kompromiß: Sie erhielten die Erlaubnis
der größten lokalen Krankenversicherung, eine Zufallsstichprobe aus deren
Mitgliederliste zu benutzen, die die meisten Personen mit mittlerem und
höherem Einkommen dieser Region umfaßte.

Aus dieser Liste wählten sie 502 weiße Personen innerhalb der gewünschten Altersspanne aus. (Ein schwarzer Soziologe und schwarze Gemeinde-
führer hatten sie in Kenntnis darüber gesetzt, daß sie in diesen turbulenten
Zeiten – was die Rassenfrage betraf – wahrscheinlich auf erheblichen
Widerstand in den Reihen der Schwarzen stoßen würden.) Was immer für
diese Stichprobe galt, man konnte annehmen, daß es für die große Masse
der Weißen in dieser Altersspanne aus der Mittelklasse in Durham zutraf.
Da jedoch diese Gruppe etwas über dem nationalen Einkommens- und Bil-
dungsdurchschnitt lag, konnten ihre Ergebnisse nur mit Vorsicht auf die
vergleichbare weiße Bevölkerung der USA angewandt werden.

– Da das Team nun weniger an den körperlichen Veränderungen als daran
interessiert war, wie sich Personen den verschiedenen Phasen des Alterungsprozesses anpassen, strichen sie eine Reihe physiologischer Tests der
Long I-Studie, zum Beispiel Farben- und Tiefenwahrnehmung sowie das
EEG, und fügten verschiedene neue Tests und Fragebögen hinzu, die die
psychische Anpassung, die soziale Anpassung und die geistige Leistung
unter Stress (Tests, die unter Zeitdruck zu absolvieren waren) maßen.
Indem sie die alte Liste reduzierten und kürzere Fassungen der neuen Fragebögen verwendeten, waren sie in der Lage, jeden Panelteilnehmer in einer
Acht-Stunden-Sitzung zu beobachten.

Acht Jahre lang kamen Tag für Tag zwei Panelteilnehmer zu einer bestimmten Zeit an, einige aus den gelichteten Reihen der nun gealterten Long I-Gruppe, die meisten aus der großen und viel jüngeren Long II-Gruppe. Zwischen 1968 und 1976 kamen die Freiwilligen der Long I-Gruppe noch siebenmal; jede Runde benötigte weniger Monate, da jedesmal weniger Personen übriggeblieben waren (nur 41 der ursprünglich 270 schlossen die elfte und letzte Runde ab). Während derselben Zeitspanne kamen die Mitglieder von Long II viermal, aber da das Multi-Kohorten-Design nur acht Jahre von der ersten Beobachtung des ersten Panelteilnehmers bis zur letzten des letzten benötigte und viele der Panelteilnehmer zu Beginn unter 60 gewesen waren, waren am letzten Beobachtungstag im Oktober 1976 375 der ursprünglich 502 noch am Leben und nahmen an der Studie teil.[66]

Auch das Team fluktuierte während der Jahre. Aber ein harter Kern von ungefähr zehn Leuten, von denen einige dem Projekt seit 1955 angehört hatten, blieb.

Während dieser zweiten Periode von zwölf Jahren des Projektes – eigentlich waren es dreizehn, da das Team die Daten bis 1980 analysierte – wurden bedeutende Forschungsergebnisse sichtbar. Hunderte von Berichten wurden auf den Montagabendtreffen und Konferenzen vorgestellt, unzählige Aufsätze in Fachzeitschriften veröffentlicht. Wie zuvor basierte ein Großteil dieser Ausbeute auf Querschnittanalysen, aber der einzigartige Beitrag der Duke-Studien waren ihre Längsschnittergebnisse. In einigen davon waren die konfundierten Faktoren ziemlich sauber entwirrt und erlaubten es den Forschern, die Komponenten des Alterns ohne die Verzerrungen der Kohorten- und Meßzeitpunkt-Effekte zu betrachten. Hier ein paar Ergebnisse von Long I und Long II.

Ergebnisse zum körperlichen Altern

Reaktionszeit. Sowohl in Long I als auch in Long II wurde bei einem Test ein Monitor verwendet, auf dem eine Reihe von Ziffern in schnellem Tempo erschien. Die Panelteilnehmer saßen davor und mußten einen Knopf drücken, sobald sie zwei aufeinanderfolgende gerade oder ungerade Zahlen sahen. Sie erwiesen sich als etwas langsamer und ungenauer als College-Studenten, denen die gleiche Aufgabe gestellt worden war, aber als die Psychologin Ilene Siegler und ihre Mitarbeiter die Ergebnisse im Längsschnitt betrachteten, stellten sie fest, daß die Panelteilnehmer tatsächlich über die Jahre hinweg nur geringfügig langsamer und ungenauer geworden waren. Die Ergebnisse weisen eine große Ähnlichkeit mit Befunden aus Intelligenz-Studien auf: Querschnittvergleiche zeigen die Abnahme in übertriebener Form, Längsschnittstudien liefern ein realitätsgerechteres und auch ermutigenderes Bild.[67]

Beeinträchtigung der Hirnfunktionen. Wang und Busse verglichen die EEGs und die psychologischen und neurologischen Testwerte der Panelteilnehmer von Long I über einen Zeitraum von fünfzehn Jahren mit ihrer Lebensdauer. (Bei jenen, die verstorben waren, kannten sie die Lebensdauer; für jene, die noch lebten, schätzten sie die noch zu erwartenden Jahre aus Versicherungsstatistiken.) Ihre Ergebnisse: je größer das Ausmaß der Hirnbeeinträchtigung, desto kürzer die Lebensspanne. Die Hirnbeeinträchtigung wies tatsächlich auf einen frühen Tod hin. Aber die Regressionsanalyse zeigte, daß andere Faktoren diesen Effekt abschwächten: Hirnfunktionsbeeinträchtigte Personen, die aber körperlich in guter Verfassung, einigermaßen glücklich und zufrieden mit ihrer Arbeit waren, hatten gute Aussichten auf ein längeres Leben. Ihre Schlußfolgerung: »Die allgemeine Überzeugung, daß für alle älteren Personen mit einer Beeinträchtigung der Hirnfunktionen eine schlechte Prognose gestellt werden muß, ist eindeutig ungerechtfertigt.«[68]

Mehrere andere Analysen der Long I- und Long II-Daten ergaben einen bedeutenden Befund, der im Gegensatz zu entsprechenden Beobachtungen aus Querschnittdaten stand, nämlich, daß eine organische Erkrankung des Gehirns sich nicht fortwährend verschlechtern muß. Die geistige Verfassung vieler alternder Personen mit einer Hirnfunktionsbeeinträchtigung schwankt eher, zeigt krasse Verschlechterungen, aber auch deutliche Remissionen als Folge von Veränderungen ihrer körperlichen Kondition, ihrer Gewohnheiten und ihrer sozioökonomischen Lage. Daraus kann gefolgert werden, daß eine Veränderung dieser Faktoren bei vielen als hoffnungslos aufgegebenen Personen eine relativ gute geistige Verfassung wiederherstellen könnte.[69]

Selbsteinschätzung der Gesundheit. Maddox und die Forschungsassistentin Elizabeth Douglass gingen einer interessanten Frage nach: Wie realistisch beurteilen alternde Menschen ihre eigene Gesundheit? Sie verglichen, wie Panelteilnehmer ihre eigene Gesundheit über einen Zeitraum von fünfzehn Jahren bewerteten, mit den Einschätzungen der untersuchenden Ärzte über denselben Zeitraum. Überraschenderweise kamen die Beurteilungen der Panelteilnehmer näher an die Bewertung des Arztes, die drei Jahre später erfolgte, heran als dessen Einschätzung, wie sie selbst drei Jahre später ihre Gesundheit bewerten würden. Dies konnte bedeuten, daß die Selbstbeurteilung des Menschen so etwas wie eine »self-fulfilling prophecy« darstellt oder daß sie durch kaum wahrnehmbare Hinweise beeinflußt wird, die der Arzt erst erkennt, wenn mit der Zeit der wirkliche Gesundheitszustand deutlich wird. Auf jeden Fall konnten die meisten alternden Personen des Duke-Panels ihren körperlichen Allgemeinzustand augenscheinlich gut einschätzen.[70]

Die Vorhersage der Lebensdauer. Die Analysen sowohl der Long I- als auch Long II-Daten ließen vermuten, daß ungefähr zwanzig Faktoren, die mit der individuellen Gesundheit, den Gewohnheiten und der Weltanschauung zu tun haben, in einem ursächlichen Zusammenhang damit standen, wie lange die Person lebte. Aber die Anwendung statistischer Methoden lieferte einen hohen Anteil unaufgeklärter Varianz (das heißt, daß Personen mit einer ähnlichen Lebensgeschichte nicht notwendigerweise gleich lang lebten). Palmore arbeitete eine neue Technik aus, eine schrittweise multiple Regressionsanalyse, die die unaufgeklärte Varianz erheblich verringern konnte. Danach wurde deutlich, daß neben den bekannten Effekten des Alters, des Geschlechts und der Rasse fünf Faktoren eine wichtige Rolle für die Lebenserwartung der Panelteilnehmer spielten. Der bedeutendste war der Zustand des Herzkreislaufsystems der Person, der zweitwichtigste war überraschenderweise ihre Arbeitszufriedenheit. Eine befriedigende und sinnvolle soziale Position einnehmen zu können, ist offensichtlich für die allgemeine Gesundheit und die Lebensdauer sehr wesentlich. (Die drei anderen signifikanten, aber viel weniger einflußreichen Faktoren waren das Rauchen, der körperliche Allgemeinzustand und die Bewertung der Rundum-Glücklichkeit.)[71]

Ergebnisse zum geistigen Altern

Kardiovaskuläre Erkrankungen und kognitive Leistung. Nowlin und Siegler, die Daten aus Long II verarbeiteten, fanden heraus, daß innerhalb jeder Altersgruppe Personen mit mäßig hohem Blutdruck oder mäßiger Arteriosklerose (Arterienverkalkung) eine etwas geringere Anzahl richtiger Antworten in dem oben beschriebenen Reaktionszeittest abgaben als Personen ohne diese Krankheiten. (Personen mit überhöhtem Blutdruck hatten jedoch schnellere Reaktionszeiten, Personen mit Arteriosklerose langsamere als in der Hinsicht gesunde Panelteilnehmer.) Aber es war ermutigend, zu sehen, daß keine dieser Krankheiten einen zunehmenden Tribut über die Jahre forderte. Nach vier Jahren hatte sich die Reaktionszeit sowohl bei gesunden als auch bei kranken Personen geringfügig verlangsamt, aber der Unterschied in der Anzahl korrekter Antworten zwischen beiden Gruppen war nicht angestiegen.[72]

Geistiger Verfall kurz vor dem Tod. Viele Querschnittstudien, die die Intelligenz mit dem Sterbezeitpunkt korrelierten, hatten einen starken Abfall in der geistigen Leistung im letzten Lebensjahr oder in den letzten Jahren vor dem Tod gezeigt. Von Gerontologen wurde dies als »terminal drop« bezeichnet, und einige stellten die Theorie auf, daß ein Rückgang der Intelligenz kurz vor dem Tod nicht zu vermeiden sei. Wilkie und Eisdorfer testeten dieses Konzept im Längsschnitt, indem sie Daten von Long I verwendeten, die sie über eine Zeitspanne von fünfzehn Jahren gesammelt hatten. Sie fanden heraus, daß, obgleich Verstorbene geringere WAIS-Werte gehabt hatten als Personen im ungefähr gleichen Alter, die weiterlebten, die Unterschiede viele Jahre zurückreichten. Es stimmte nicht, daß die geistige Leistung immer oder gewöhnlich in den letzten zweieinhalb Lebensjahren stark zurückging. Und selbst dort, wo dies der Fall war, waren behandelbare akute Krankheiten für die Verschlechterung der geistigen Funktionen verantwortlich. Ihre Schlußfolgerung:

[Obgleich] die Mehrzahl der akuten Krankheiten bei alten Personen entdeckt werden kann und gut auf eine Behandlung anspricht ..., sind viele Ärzte allzu vorsichtig bei ihren Behandlungsversuchen von älteren Menschen [eine taktvolle Art, um auszudrücken, daß viele Ärzte sich nicht um ältere Personen scheren – M. H.] ... Die alten Menschen könnten einen geringeren intellektuellen Verlust erleiden, wenn ihre tatsächlichen Krankheiten aktiv behandelt werden würden.[73]

Alter und geistige Leistung. 1980 faßte Busse die geistige Leistung der Panelteilnehmer von Long II über sechs Jahre zusammen, mit dem Ergebnis, daß die WAIS-Werte aller Kohorten sich bei der zweiten und dritten Beobachtung verbessert und dann auf diesem Niveau gehalten hatten. Da der Großteil der Verbesserungen auf den Übungseffekt zurückgeführt werden konnte, schloß er, daß »das psychologische Bild von älteren Personen, das sich aus den psychometrischen Daten ergibt, ein im wesentlichen optimistisches ist. Die Daten zeigen an, daß die beobachteten Längsschnittveränderungen relativ günstig sind, wenn nicht ein sichtbarer krankhafter Prozeß vorliegt.«[74]

Ergebnisse zur sozialen Anpassung

Sex und Altern. Es hatte sich gezeigt, daß ein höherer sozioökonomischer Status mit einem Mehr an Gesundheit, Aktivität und Glücksgefühl korrelierte, obgleich Ursache und Wirkung völlig unklar blieben. Palmore suchte eine endgültige Antwort in den Längsschnittdaten. Er fand, daß über einen Zeitraum von sechs Long II-Beobachtungsjahren höher gebildete und finanziell besser gestellte Panelteilnehmer mehr von ihrer körperlichen Gesundheit und ihrer geistigen Funktionstauglichkeit bewahrt hatten und sich emotional und sozial besser auf das Altern einstellen konnten als Panelteilnehmer mit niedrigem sozioökonomischen Status. Da die sozioökonomischen Faktoren die primären waren, konnte man sicher annehmen, daß sie die Unterschiede verursachten (oder zumindest mitverursachten).[75]

›Disengagement‹ versus Aktivität. Long II ermöglichte, dieses Thema anders und genauer zu betrachten. In jeder Altersgruppe waren Männer, die sich häufiger mit Freunden und Bekannten trafen, und Frauen, die stärker am geselligen Leben teilnahmen, in einem besseren Gesundheitszustand und glücklicher als jene, die seltener unter Leute gingen. Es scheint, daß Aktivität zu einer besseren Anpassung an das Altern führt als ›Disengagement‹.[76]

Zusätzlich wurden die Long-II-Panelteilnehmer nach dem Alter der Personen gefragt, mit denen sie sozialen Kontakt hatten, um die vorherrschende Meinung zu überprüfen, daß älter werdende Personen den Stress des Generationenunterschieds durch das Zurückziehen in eine »Subkultur des Alterns« zu minimieren versuchten. Die Daten zeigten, daß das Gegenteil der Fall war: Über eine Spanne von sechs Jahren schloß das soziale Netzwerk der Panelteilnehmer zunehmend jüngere Mitglieder ein (die meisten davon vermutlich Enkelkinder und andere Verwandte). Die Durham-Stichprobe, die typischer für die älteren Amerikaner im ganzen Land war als die Einwohner der Sunbelt-Lebensabend-Gemeinschaften, hatte sich »angepaßt«, den Kontakt mit jüngeren Personen also eher erhöht denn verringert.[77]

Ruhestand. Gemäß der allgemeinen Überzeugung und den Querschnittdaten ist der Ruhestand oftmals mit einer Verschlechterung des Gesundheitszustandes, der Stimmung und anderer Komponenten der Lebensqualität verbunden. Aber ist dies wirklich eine Ursache-Wirkungsbeziehung? Long II ermöglichte einen Vorher-Nachher-Vergleich der Personen in mehreren Kohorten. Obgleich zwei Drittel der Rentner unfreiwillig in den Ruhestand getreten waren, warteten Palmore und der Forschungsassistent Clark Luikart mit einigen bemerkenswerten Ergebnissen auf:

– Die Gesundheit verschlechterte sich nach Eintreten in den Ruhestand nur geringfügig.
– Rentner kompensierten den Verlust an Aktivitäten und Kontakten zum Teil durch eine Erhöhung der Freizeitaktivitäten und der Kontakte in der Nachbarschaft.

– Obwohl das Einkommen der meisten Rentner sank, klagten nur wenige darüber, daß es nicht ausreichend sei.
– Der Rückgang der allgemeinen Zufriedenheit und des Gefühls, nützlich zu sein, war entweder temporär oder minimal.
– Ein paar Leute hatten ernsthaft unter dem Ruhestand gelitten, aber ein paar andere hatten davon außerordentlich profitiert.

Zusammenfassend kann gesagt werden, daß »die Mehrzahl der Arbeitenden in den Ruhestand tritt, weil sie muß, und dennoch leiden sehr wenige unter Armut, Krankheit, Untätigkeit oder Depression als Folge davon. Die meisten scheinen sich an die ›Krise‹ des Ruhestandes mit geringen oder keinen dauerhaften negativen Effekten anzupassen.[78]

Anpassung an einen Trauerfall. Ein Großteil der Forschung hat gezeigt, daß verwitwete Personen eine pessimistischere Lebenseinstellung, ein niedrigeres Einkommen und eine höhere Sterblichkeits- und Selbstmordrate haben als Personen mit Ehepartnern. Der Verlust des Ehepartners wird weithin für das traumatischste aller Lebensereignisse gehalten.[79] Aber als Dorothy Heyman und der Psychiater Daniel Gianturco die auf Interviews und der körperlichen Untersuchung von Witwern und Witwen basierenden Long I-Daten auswerteten, waren sie überrascht, keine Beeinträchtigung des Gesundheitszustandes oder der sozialen Anpassung zu finden und nur eine geringfügige Verschlechterung der allgemeinen Lebensperspektive. Unter welchen Krankheiten die Verwitweten auch unmittelbar nach dem Todesfall litten, es gab offensichtlich keine Langzeit-Krankheitseffekte. Long II mit seinen detaillierteren Daten zeigte, daß Witwer nicht ganz so gesund waren wie verheiratete Männer, aber abgesehen von diesem Unterschied gab es keinen Beleg für ein anhaltendes Trauma.[80]

Diese irritierenden Befunde wurden verständlicher, wenn sie nach dem Alter analysiert wurden. Palmore dazu: »Das Erlebnis des Verlustes des Ehepartners erscheint im mittleren Alter stressreicher als im hohen Alter, [wo es] … scheinbar keine meßbaren negativen Langzeiteffekte hat. In der Tat scheint der Tod des Ehepartners im späten Alter eine gewisse Erleichterung und eine unproblematischere Anpassung für viele zu bringen, die unter der schweren Belastung durch die Gebrechlichkeit und die zum Tode führende Krankheit des Ehepartners gelitten hatten.«[81]

Status, Selbstbestimmung, Zufriedenheit und Sexualität.
– Die Long II-Panelteilnehmer wurden bei jeder Beobachtung gefragt, wie »respektiert« sie sich fühlten (ein Statusindikator). Nach der methodischen

»Entwirrung« von Alter, Meßzeitpunkt und Kohorte ergab sich, daß die Teilnehmer keinen Respektverlust mit zunehmendem Alter erfahren hatten.

– Die Antworten der Long II-Panelteilnehmer auf elf spezielle Fragen zeigten, daß das Altern nur geringfügig das Ausmaß der Empfindung von Fremdbestimmung steigerte.

– Im Gegensatz zum Stereotyp des zunehmend verbitterten, unzufriedenen älteren Menschen ermittelten die Duke-Studien, daß die meisten Personen einen relativ hohen Grad an Zufriedenheit bewahren konnten, wenn sie älter wurden.[84]

– Der Prozentsatz verheirateter Männer und Frauen in Long II, die weiterhin ehelichen Geschlechtsverkehr hatten, war in jeder aufeinander folgenden älteren Kohorte geringer und nahm während der sechs Jahre der Long II-Beobachtungen innerhalb jeder Kohorte etwas ab. Aber dies waren nur Durchschnittswerte. Viele Panelteilnehmer blieben genauso aktiv wie vorher, und über ein Zehntel war bei der vierten Runde noch aktiver als bei der ersten. Sogar im Alter von 64 Jahren und darüber hatten mehr als vier Fünftel der verheirateten Männer und beinahe genausoviele verheiratete Frauen immer noch ehelichen Geschlechtsverkehr. Der Durchschnitt lag bei dreimal im Monat. Palmore setzte verschiedene analytische Methoden ein, um zu sehen, ob die sexuelle Aktivität irgendeinen meßbaren Nutzen für älter werdende Menschen hatte: »Es gibt verschiedene Anzeichen dafür, daß durch die sexuelle Aktivität die Gesundheit ebenso wie das Glücksempfinden von Männern und Frauen zwischen 45 und 70 Jahren erhalten bleibt oder sogar erhöht wird.«[85]

Diese und viele vergleichbare Ergebnisse fügten sich zu einem Gesamtbild des Alterns zusammen, das sehr von den traditionellen und gängigen Überzeugungen abweicht. Nach Long I und Long II gleichen sich alte Menschen nicht an, sondern bewahren ihre individuellen Unterschiede. Ihre Persönlichkeiten bleiben im wesentlichen stabil. Sie werden im allgemeinen nicht argwöhnisch, feindselig, pessimistisch, sie ziehen sich nicht zurück. Einige passen sich sehr erfolgreich an den Prozeß des Alterns an, die meisten ziemlich gut und nur eine Minderheit eher schlecht. Bei den meisten Personen erzeugt der normale Alterungsprozeß nur einen relativ geringen körperlichen, geistigen oder sozialen Abbau über einen langen Zeitraum. Altern bedeutet eben nicht langsames Sterben und sollte nicht damit gleichgesetzt werden.[86]

Das heißt nicht, daß es kein Leid, keine Krankheit, keine Sorgen und keine Verluste im Altern gäbe. Die Teammitglieder, insbesondere jene, die persönliche Kontakte zum Teil über Jahre zu den Panelteilnehmern pflegten, erkannten genauer ihre Langzeitveränderungen, besonders bei den Männern und Frauen von Long I, und ihnen war traurig zumute, wenn diese alten Freunde schwach oder krank wurden, an geistigen Beeinträchtigungen litten, bettlägerig wurden und starben. Einige Forscher bekannten, daß Zeuge dieser Ereignisse zu sein, sie ihre eigene Sterblichkeit deutlicher bewußt werden ließ und daß sie schwer auf ihnen lastete. Dennoch war die vorherrschende Einstellung gegenüber dem Altern unter den Teammitgliedern, einschließlich jener, für die es unmittelbare Realität war, sehr positiv.

Tatsächlich hatten sie nur das »normale Altern« beobachtet und sahen nichts von der anderen Seite – die zittrige, hilflose, der Selbstkontrolle nicht mehr mächtige, debile Schlußphase des Lebens so vieler Pflegeheiminsassen. Aber diese Personen sind nur ein kleiner Teil der älter werdenden Bevölkerung und meistens nur relativ kurz in diesen Heimen, entweder während einer Krise oder in den letzten Lebensstadien.[87] Das Duke-Bild des Alterns ist modal: Es zeigt die typische oder am weitesten verbreitete Erfahrung des Alterns.

Seit der Etablierung der Gerontologie als ein interdisziplinäres Spezialforschungsgebiet in den letzten Jahren haben viele Mediziner und Sozialforscher auf diesem Gebiet gearbeitet und gemeinsam unsere Wahrnehmung des Alterns und den Wert, den wir ihm zuschreiben, verändert. Aber es waren die Langzeit-Längsschnittstudien des Alterns an der Duke University und anderswo, die die glaubwürdigsten und überzeugendsten Hinweise dafür geliefert haben, daß die Jahre des Alterungsprozesses lebenswert sind.

Die Längsschnittforschung kommt in die Jahre

Der Wert von Längsschnittstudien wurde erst seit kurzem bewiesen. Sie sind schwer durchzuführen und erbringen keine schnellen Ergebnisse, so daß sie in der gegenwärtigen Sozialforschung keine große Rolle spielen. Dies gilt besonders für Langzeit-Panelstudien, die, trotz ihrer einzigartigen Vorteile, die problematischsten von allen sind und die meiste Geduld erfordern. Typisch dafür ist, daß ein führendes Lehrbuch der Sozialforschung von 1983 nur zwei seiner fast 500 Seiten der Längsschnittforschung widmet, Panels davon einen eigenen Abschnitt einräumt und kein Wort über Langzeitstudien verliert.[88]

Dennoch ist die Zahl der Längsschnittstudien im letzten Jahrzehnt angestiegen, und Panelstudien – zumeist kurzfristige, aber auch einige ausgedehnte – haben an Popularität gewonnen. Wir befinden uns in einer Phase der Sozialforschung, die vor beinahe einem Jahrzehnt von Burton Singer und Seymour Spilerman, beide Experten auf dem Gebiet der Längsschnittmethodologie, als »vergleichsweise reich an Multiwellen-Paneldaten von großen Bevölkerungsstichproben«[89] vorausgesehen wurde.

Einige Panelstudien neueren Datums, die sich mit wirtschaftlichen und anderen politischen Themen beschäftigen, stellen enorme Anstrengungen dar, die von verschiedenen bundesstaatlichen Behörden unterstützt werden und Stichproben aus der gesamten nationalen Bevölkerung benutzen, die von einigen Tausend bis zu 50 000 oder mehr Personen, Familien oder Haushalten reichen. Unter 101 nationalen Datenbasen, die in einem Handbuch von 1982 aufgelistet sind, befinden sich 25 derartige Panelstudien. Von denen wiederum ist über die Hälfte seit 1970 im Gang. Sie umfassen bedeutende Projekte wie die ›Michigan Panel Study of Income Dynamics‹, die ›National Longitudinal Surveys of Labor Market Experience‹ und die ›National Crime Survey‹. Eine aktuellere Liste würde natürlich auch SIPP enthalten.[90]

Andere Längsschnittstudien – einige begannen bereits vor vielen Jahren, ein paar dagegen erst kürzlich – untersuchen zur Zeit Gebiete der Verhaltens- und Sozialwissenschaften, die von der Entwicklung in der Kindheit bis zum Altern, von der Hochbegabung bis zur Kriminalität, von der Fruchtbarkeit bis zu den Auswirkungen der Atombombenstrahlung und von der individuellen Zeitgestaltung bis zum Selbstmord reichen. Einige sind enorm groß (eine deutsche Studie arbeitet mit 750 000 Befragten), aber sie sind nur insofern Längsschnittuntersuchungen, als sie die Vergangenheit durch gegenwärtige Befragungen rekonstruieren. Andere sind erheblich kleiner und benutzen Stichproben, die von mehreren Tausend bis zu ein paar Dutzend Personen reichen; aber unter ihnen sind die ehrgeizigsten von allen – solche, die dieselben Personen über eine lange Zeit oder die längste Zeit ihres Lebens beobachten und versuchen, die verworrenen Beziehungen zwischen Ursache und Wirkung zu entwirren, die hinter den komplexen Aspekten ihres Verhaltens stecken.[91] Einige der bemerkenswertesten davon sind:

– Die ›Berkeley Guidance‹-Studie. Sie begann im Jahre 1928 mit einer Zufallsstichprobe von 248 Neugeborenen aus Berkeley, Kalifornien. Sie dauert noch immer an und behandelt bestimmte biologische Faktoren sowie Umweltfaktoren, die mit der Entwicklung der Persönlichkeit und dem Verhalten verbunden sind.
– Die ›Terman Gifted Children‹-Studie. Sie begann im Jahre 1921 mit einer

staatsweiten (Kalifornien) Stichprobe von 1 470 Jungen und Mädchen mit hohen IQ-Werten und dauerte bis 1977. Sie behandelte die geistigen Fähigkeiten, die Ehe- und Berufsgeschichte sowie die allgemeine Lebenszufriedenheit der Hochbegabten.

– Die ›Framing Heart‹-Studie. Sie begann 1949 mit einer Wahrscheinlichkeitsstichprobe von 5 200 Männern und Frauen zwischen 30 und 59 aus Framingham, Massachusetts, hat in den frühen 70er Jahren 5 135 Kinder der Teilnehmer zusätzlich einbezogen und dauert noch an. Sie konzentriert sich auf die biomedizinischen Risikofaktoren für eine Herzerkrankung und schenkt auch den Verhaltens- und sozialen Risikofaktoren einige Aufmerksamkeit.

– Die ›Baltimore Longitudinal Study of Aging‹. Sie begann 1958 mit einer Freiwilligenstichprobe von 964 Männern zwischen 25 und 84, bezog im Jahre 1978 eine Kohorte von 250 Frauen mit ein und dauert noch an. Sie behandelt physiologische, psychologische und pathologische Veränderungen im Alterungsprozeß.

– Und natürlich die ›Duke Studies of Aging‹, insbesondere Long I.

Die Nachweise, die sowohl von kurzfristigen als auch längerfristigen Längsschnittstudien erbracht werden, sind überzeugend: Die Methode geht nicht nur viel weniger zaghaft mit Kausalbeziehungen um als Querschnittanalysen, sondern sie ist auch das wissenschaftliche Pendant dazu, wie jeder Mensch Wissen durch das reale Leben in Form von Vorher- und Nachher-Erfahrungen erwirbt.

Schon jetzt haben durch Längsschnitt gewonnene Erkenntnisse einen bedeutenden Einfluß – der in der Zukunft sicher noch anwachsen wird – auf staatliche Maßnahmen, die die Beschäftigung, die Ausbildung, Umschulungsprogramme und viele andere bedeutende soziale Themen betreffen. Nach der ›National Commission on Employment Statistics‹ hat die Längsschnittanalyse schon Fragen beantworten können wie die Wirkung eines gezielten Trainings auf verschiedene Einkommensstufen, die Beziehung zwischen den ersten Arbeitserfahrungen von Teenagern und ihrem späteren Erfolg auf dem Arbeitsmarkt und die Wirkung von Arbeitslosengeld auf die Einstellung zur Arbeitssuche. Solche Informationen ermöglichen es den Gesetzgebern und den Behörden, alternative Methoden des Umgangs mit diesen Problemen besser beurteilen zu können.[92]

Neben ihrem Einfluß auf die Politik scheint die Längsschnittforschung einige unserer tief verwurzelten Denk- und Verhaltensweisen verändern zu können. Tatsächlich hat sie das in einer Reihe von Fällen schon getan:

- Bedeutende Längsschnittstudien über den Alterungsprozeß haben eine maßgebliche Rolle bei der Veränderung der Einstellungen und Handlungsweisen der amerikanischen Bevölkerung gegenüber älteren Menschen und bei der Abschwächung der Furcht vor dem Altern gespielt.
- Die ›Framingham‹-Studie ist eine der am häufigsten zitierten Informationsquellen über den Zusammenhang von Rauchen beziehungsweise fettreicher Ernährung und Herzerkrankungen. Es scheint begründet, daß diese Informationen für die positiven Änderungen in den Eß- und Rauchgewohnheiten der Amerikaner während der letzten Jahre entscheidend mitverantwortlich waren.
- Langzeit-Panelstudien der menschlichen Entwicklung haben dazu beigetragen, das wissenschaftliche und öffentliche Denken darüber, was die psychosoziale Entwicklung beeinflußt, weg von vereinfachenden Erklärungen und hin zu multikausalen und obendrein realistischeren zu verschieben. Die ›Berkeley‹-Studie zum Beispiel hat gezeigt, daß Eltern weit weniger verantwortlich dafür sind, was aus ihren Kindern wird, als dies die populäre Psychologie behauptet. Die Varianz in der Persönlichkeit und der sozialen Anpassung bei Erwachsenen wird viel eher durch die Interaktion von genetischen, Umwelt- und sozialen Faktoren bestimmt als durch die Qualität des elterlichen Erziehungsstils.[93] Diese Erkenntnis ist unter Fachleuten weithin bekannt, und sie dringt über die Medien auch in das öffentliche Bewußtsein vor.
- Panelstudien sind ein bedeutender Faktor bei der im letzten Jahrzehnt entstandenen Auffassung über die menschliche Entwicklung und das Verhalten gewesen, die als »Lebensspannen-Perspektive« bekannt ist. Der Soziologe David Featherman charakterisiert dies in einem Bericht an die ›National Science Foundation‹ 1981 so:

Die Essenz dieses Ansatzes ist, daß entwicklungsbedingte Veränderungen im menschlichen Verhalten ... von der Zeugung bis zum Tod auftreten und ... aus einer Matrix von biologischen, psychologischen, sozialen, geschichtlichen und evolutionären Einflüssen sowie deren zeitlichem Auftreten im Leben der Personen entstehen. Das wissenschaftliche und allgemeine Interesse an den Themen, die sich aus dieser Sichtweise ergeben, ist seit 1970 sehr groß gewesen.[94]

Er zitiert das Interesse der Medien an Betrachtungen des Lebenszyklus und das bei den Wissenschaftlern zu beobachtende Anwachsen von Lebenszyklusstudien und interdisziplinären Konferenzen, die die Entwicklung und das Altern als lebenslange Prozesse betrachten.

Zu den Aspekten dieser Sichtweise, die sowohl die Rechtsordnung als auch das private Leben konstruktiv zu beeinflussen scheinen, gehören solche Vorstellungen wie:[95]

– Das Verhalten und die Persönlichkeit sind während des ganzen Lebens weitaus formbarer, als bisher allgemein angenommen.
– Das tatsächliche Alter ist weniger wichtig, um das individuelle Verhalten zu verstehen, als die Entwicklungsstufe, die die Person erreicht hat.
– Zu den vielen interagierenden Kräften, die den Verlauf des Lebenszyklus beeinflussen, gehören soziale und geschichtliche Bedingungen. Jede Geburtenkohorte ist mit einer möglicherweise unterschiedlichen Reihe von Lebensereignissen konfrontiert, und viele Verallgemeinerungen, die sich auf eine Kohorte anwenden lassen, können nicht auf eine andere übertragen werden. (Das mag der Grund dafür sein, daß es für jedes weise Sprichwort ein ebenso weises gegenteiliges gibt.)
– Obgleich sich Individuen als Ergebnis des Zusammenspiels von multiplen Kräften entwickeln, sind sie selbst eine dieser Kräfte und interagieren mit den anderen. In Feathermans Worten »sind Individuen Handelnde bei ihrer eigenen Entwicklung«. Wir sind kein Plankton; wir schwimmen mit im Strom.

Doch trotz der Vorteile der Langzeit-Längsschnittforschungsmethode und der Wirkung ihrer Ergebnisse ist es ziemlich unwahrscheinlich, daß sie andere Methoden der Sozialforschung verdrängt. Sie ist bei der Untersuchung einer Vielzahl von Forschungsgegenständen nicht wesentlich, und sie ist insgesamt eine zu langsame Methode für die in Zeiten wirtschaftlicher Krisen, städtischen Aufruhrs und größerer Bevölkerungsbewegungen gestiegene Notwendigkeit, schnell wichtige Informationen für politische Maßnahmen zu erhalten.

Vor allem zieht sie nur solche Forscher an, die viel Geduld aufbringen und Jahre auf den Lohn ihrer Arbeit warten können oder sogar bereit sind, ohne die Gewißheit zu arbeiten, daß sie noch zu ihren Lebzeiten dafür belohnt werden. Richard Rockwell vom ›Social Science Research Council‹ bemerkt:

Sehr lange Längsschnittstudien repräsentieren eine Form von Investition, bei der der ursprünglich Investierende seine Investition vielleicht nicht wiederbekommt. In gewissem Sinne ist dies unser Äquivalent zur Raumsonde des Astronomen: Sie ist gestartet worden mit dem sicheren Wissen, daß wir tot sein werden, bevor sie Signale zurücksendet. Unsere bedeutenden Studien (Terman, Berkeley usw.) haben auch ihre Schöpfer überlebt. Diese Art der Bestimmung und Zweckbeschaffenheit trifft in den Sozialwissenschaften nur auf Weniges zu.[96]

Erträge

Glücklicherweise haben die drei Urheber von Long I lange genug gelebt, um die Befunde mitzubekommen, obgleich Barnes und Silberman viele Jahre nicht in Duke gewesen waren. Busse blieb jedoch bis zum Ende der Projektleiter von Long I und Long II und hat 1984 erst mehrere Artikel für den dritten Band der Berichte über beide Studien, *Normal Aging III*, überarbeitet.

Maddox, Palmore und Nowlin, der der Gruppe beitrat, nachdem Long I bereits am Laufen war, aber beim Start von Long II im Jahre 1968 half, sind noch mit dem ›Duke Center for the Study of Aging und Human Development‹ verbunden und arbeiten noch immer an Berichten, die auf den Daten von Long I und Long II beruhen. Das gleiche gilt für andere Personen in und außerhalb von Duke.

Bis die Studien schließlich 1980 beendet waren, hatten sie mehr als drei Millionen Dollar gekostet; eine respektable Summe in der »armen Welt« der Sozialforschung. Andererseits sind im Gegenzug eine Menge von Fachaufsätzen entstanden, so daß ihre durchschnittlichen Kosten nur ungefähr dreitausend Dollar betrugen. Seitdem sind regelmäßig Artikel erschienen, ·die die Rohdaten reanalysierten, und es wird noch weitere geben, weil, wie Ilene Siegler kürzlich bemerkte: »[Die] enormen jüngsten Fortschritte bei der Entwicklung von Methoden, die für die Analyse von Längsschnittdaten geeignet sind … bislang nicht auf die Duke-Daten angewandt worden sind.«[97]

Die Studien wurden nur deshalb beendet, weil das Team, als die finanziellen Unterstützungen ausliefen, beschloß, keine Anträge für neue zu stellen. Maddox:

Wir waren versucht, für immer weiterzumachen, aber ich argumentierte, daß wir den Punkt erreicht hatten, an dem es immer weniger zu holen gab. 1976 waren nur noch 41 der Panelteilnehmer von Long I übrig, und wir mußten mehr und mehr von ihnen zu Hause besuchen. Was Long II betraf, so war die geplante Serie von vier Beobachtungsrunden absolviert. Deshalb beschlossen wir, daß das Projekt zu einem Ende kommen *sollte*. Wir fuhren mit der Auswertung der Daten bis zum Ende der Antragsperiode im Jahre 1980 fort, und eines Montagabends – am 25. August 1980 – hatten wir dann unser letztes offizielles Montagabendtreffen.

Die Stimmung auf diesem Treffen war jedoch weder feierlich noch traurig, da die anwesenden Personen wußten, daß sie weiterhin zusammen am ›Center‹ arbeiten und mit Hilfe anderer Unterstützungen die Daten von Long I und Long II in den kommenden Jahren nutzen würden.

Die meisten von ihnen sind inzwischen auch zu anderen Forschungsmethoden über das menschliche Altern übergegangen. Aber im Jahre 1980 begannen Nowlin, Palmore und Wang, assistiert von einer Gruppe von Technikern, eine dritte Längsschnittstudie des Alterns, finanziell unterstützt vom ›National Institute of Mental Health‹. Im Gegensatz zu ihren beiden Vorläufern war diese nur auf fünf Jahre angelegt – eine vernünftige Entscheidung, da ihr Panel aus 300 Männern und Frauen in den 80ern oder 90ern bestand und zu befürchten war, daß sie – in der beschönigenden Ausdrucksweise der Forscher – »schnell der Studie verloren gehen würden«. Das Ziel von Long III, wie die Studie auch genannt wurde, bestand darin, zu erforschen, warum gewisse Personen bis ins hohe Alter geistig gesund blieben und andere krank wurden. Die Panelteilnehmer sind Teil einer Stichprobe von über 65 Jahre alten Einwohnern von Durham, die an einer speziellen Gemeindeerhebung im Jahre 1972 teilgenommen hatten. Das Team begann mit einer Weiterbeobachtung über zehn Jahre, hat sie kontinuierlich jedes Jahr untersucht und wird damit bis 1985 fortfahren.[98]

Nowlin denkt inzwischen über einen Antrag für eine weitere Panelstudie zum Altern nach. In dieser, die auf überlebende Personen von Long II zurückgreifen würde, soll untersucht werden, wie verschiedene Streßformen die Gesundheit im Alter beeinflussen und warum einige Menschen besser in der Lage sind, mit diesem Streß umzugehen, als andere. Wenn Nowlin solch eine Studie durchführen könnte, wäre er Mitte 50 oder älter, bevor sie begänne – zwanzig Jahre älter als Busse zu Beginn von Long I gewesen war. Und wenn dieses neue Projekt, wie letzteres, auf mehrere Jahre angesetzt wäre, aber dann über 25 Jahre liefe – immer möglich bei Längsschnittforschungen –, könnte Nowlin selbst der Studie verloren gegangen sein, bevor die endgültigen Ergebnisse vorlägen. Doch das scheint ihn nicht zu stören.

Sicher gilt: Langzeit-Panelstudien appellieren an Forscher mit einer speziellen Qualität – einem Interesse sowohl am Forschungsgegenstand als auch an der Methode. Dieses Interesse bringt sie dazu, Fragen zu stellen, von denen sie annehmen müssen, daß vermutlich nur andere die Antworten darauf hören werden.

Kapitel 6

Zwanzigtausend Freiwillige

Ein großes Feldexperiment überprüft den kühnen Vorschlag,
die Armut durch ein garantiertes Mindesteinkommen zu
bekämpfen

Die Brot-und-Spiele-Frage

Im Herbst 1970 stand in Seattle eine schwarze Frau mittleren Alters in der Eingangstür ihrer Sozialwohnung und hörte Gary Christophersen, einem jungen weißen Mann mit hippie-ähnlicher Pferdeschwanzfrisur, zu. Christophersen – heute ein zwanglos gekleideter Geschäftsmann mit konventionellem Haarschnitt – erinnert sich, daß sich ihr Gesichtsausdruck im Verlauf des Gesprächs allmählich von vorsichtiger Zurückhaltung bis hin zu zynischer Belustigung veränderte.

»Sie fing zu lächeln an und sagte, ›Sie wollen mich auf den Arm nehmen. Ich glaube Ihnen *nicht*! *Niemand* würde das!‹«

Er war für einen Augenblick sprachlos, faßte sich dann aber wieder und sagte, daß das Angebot ehrlich gemeint sei: Als Teil einer Studie war ›Urban Opinion Surveys‹ bereit, ihrer Familie für die nächsten drei Jahre ein Jahreseinkommen von mindestens $ 4 800 zu garantieren.

»Sie sagte: ›Und Sie meinen, daß ich *nichts* dafür tun muß?‹ Ich erwiderte, ›Kaum etwas‹, und sie brach in schallendes Gelächter aus.« Er erklärte, daß sie nur einmal im Monat einen Einkommensbericht anzufertigen hätte und damit einverstanden sein müßte, daß ein Interviewer ihr dreimal im Jahr einige Fragen stellte; als Gegenleistung würde ihre Familie je nach Verdienst bis zu $ 400 jeden Monat dazuerhalten.

»Ach *geh*!« sagte sie abschätzig. »*Niemand* gibt mir Geld, für das ich nichts tun muß!« Und sie knallte die Tür vor Christophersen zu, offensichtlich betrachtete sie ihn als eine Art Hochstapler.

Er war aber keiner, sondern einer von mehreren Dutzend höher gebildeten und idealistischen jungen Leuten, die versuchten, 2 000 der armen Familien von Seattle für ein riesiges Experiment zu einem gewagten neuen Antiarmutsprogramm anzuwerben. Dieses Programm war vom ›Office of Economic Opportunity‹ (OEO) während der Johnson-Regierung beantragt worden und wurde nun, zur Zeit Nixons, vom OEO im Osten und Mittelwesten im Feldversuch getestet. Gerade jetzt sollte es in Seattle vom ›Department of Health, Education and Welfare‹ ausprobiert werden.

Während der 60er Jahre war das nationale Wohlfahrtssystem zu einem Wirrwarr von sich überschneidenden Programmen angewachsen, mit dem Ergebnis, daß es ineffizient und kostspielig geworden war. Weit schlimmer war, daß dieses Flickwerk große Löcher aufwies: Während das System Millionen von alleinerziehenden Familien und arbeitslosen armen Menschen half, schloß es Millionen anderer verarmter Familien mit beiden Elternteilen aus – die sogenannten arbeitenden Armen.[1] Der neue Antrag, der auf der Prämisse beruhte, daß jede amerikanische Familie das Recht auf ein über der Armutsgrenze liegendes Einkommen hat, würde das ganze Konglomerat der Wohlfahrtsbeihilfen, einschließlich der »Vergabe von Naturalien« wie Essenmarken und Sozialwohnungen, durch eine einzige universell anwendbare Barzahlungsbeihilfe, als »reziproke Einkommenssteuer« (›negtive income tax‹ (NIT)) bezeichnet, ersetzen.

NIT würde ungefähr wie die gestaffelte Einkommenssteuer funktionieren, die bei Null beginnt und sich mit steigendem Einkommen erhöht, nur eben umgekehrt. Der Staat würde jeder Familie ein bestimmtes Minimaleinkommen garantieren. Je weiter das Familieneinkommen unter diesem Betrag läge, desto höher wäre die NIT-Zahlung. Wenn eine Familie Geld verdiente, würde sie weniger als die maximale NIT-Zahlung erhalten, und je mehr sie verdiente, desto weniger NIT würde sie bekommen. Um den Anreiz zum Arbeiten aufrechtzuerhalten, würde NIT nur um den Bruchteil eines Dollars für jeden verdienten Dollar abnehmen. Somit würde eine arme Familie, die, sagen wir, drei Viertel des Garantieeinkommens verdient, vom Staat nicht nur die Differenz, sondern wesentlich mehr erhalten.[2]

Der Test des Angebots in Seattle und etwas später in Denver würde schließlich im ganzen 5 000 Familien oder – anders ausgedrückt – etwa 20 000 Personen einbeziehen. Das ›Seattle-Denver Income Maintenance Experiment‹ oder SIME/DIME würde der vierte und bei weitem größte und methodisch ausgereifteste Test dieser neuen sozialpolitischen Idee sein. Aber alle vier Tests waren viel mehr als bloße Versuche des vorgeschlagenen Programms. Sie waren echte »Sozialexperimente«, eine neue Art der Sozialforschung, die zwei zentrale Prinzipien verkörperte – wissenschaftliche Stichprobenerhebung und den Vergleich einer Experimentalgruppe mit einer Kontrollgruppe –, die aber in der Realität und nicht in der Miniaturwelt des Laboratoriums stattfand.

Die grundlegende Frage, die in Seattle und Denver wie in den drei anderen IMEs untersucht werden sollte, war von hohem praktischen Nutzen für die Kongreßpolitiker und die Wohlfahrtsbehörden und gleichzeitig von enormem theoretischen Interesse für die Sozialforscher. Die vier IMEs würden ein Dutzend Jahre Mühsal und Ausgaben von mehr als 100 Millionen Dollar bedeuten. Allein SIME/DIME wäre für zwei Drittel dieser Ausgaben verantwortlich (ungefähr ein Drittel davon ging an die Familien, der Rest waren Forschungskosten), nur um folgende Frage beantworten zu können: Wenn der Staat den Armen ein zum Leben ausreichendes Minimaleinkommen garantierte, würden sie genauso weiterarbeiten wie zuvor oder würden sie die Zügel etwas schleifen lassen? Oder sogar, wie das römische Proletariat in der »Brot-und-Spiele«-Ära, zu trägen Drohnen werden?

Die Antwort würde von großer praktischer Relevanz sein: Wenn die Millionen armer Familien, die für die garantierte Einkommenszahlung in Frage kamen, dann deutlich weniger arbeiteten als zuvor, würden sie sowohl weniger produzieren als auch mehr kosten[3]; der Rest der Gesellschaft könnte durch diese Last erdrückt werden. Wenn sie andererseits so weiterarbeiteten wie bisher, oder wenigstens beinahe so, könnte sich das Programm nicht nur als erschwinglich, sondern sogar als wirtschaftlich sinnvoll erweisen. Die 100 Millionen, die für die Forschung ausgegeben wurden, nach sozialwissenschaftlichen Standards eine enorme Summe, waren gering im Vergleich zu den Kosten der – sich mittlerweile auf Hunderte von Milliarden Dollar jährlich belaufenden – Sozialprogramme, die entscheidend durch die Forschungsergebnisse beeinflußt werden könnten.

Auf der theoretischen Seite würden die Daten die erste experimentelle Bestätigung oder auch Nichtbestätigung der klassischen ›Theory of Labor Supply‹ liefern. Diese Theorie besagt, daß der Mensch bei der Entscheidung, wieviel er arbeiten will, sich »rational« verhält – also versucht, seinen individuellen »Nutzen« zu maximieren, das heißt ein Gleichgewicht zwischen Arbeit und Freizeit anstrebt, das ihm die größtmögliche Belohnung erbringt.[4] Da die für Freizeit abgezweigte Zeit ihn das Geld kostet, das er durch Arbeiten hätte verdienen können, meinen Wirtschaftswissenschaftler, daß er seine Freizeit genauso wie andere Güter »kauft«. Wenn der Staat ihn mit einem Garantieeinkommen ausstattete, würde er, wie die Theorie vorhersagt, dann die rationale Wahl treffen, weniger zu arbeiten, da seine Freizeit ihn weniger kostete? Und wenn dem so wäre, wieviel weniger würde er arbei-

ten? Oder würde er, aus dem einen oder anderen Grund, soviel arbeiten wie
zuvor und somit zeigen, daß diese grundlegende Annahme über das wirtschaftliche Verhalten der Menschen falsch ist?

Eine zweite Frage betraf die Wirkung der Einkommensstützung auf die Stabilität der Familie. Viele statistische Belege, die über etliche Jahre gesammelt
worden waren, zeigten, daß böswilliges Verlassen und Scheidung am häufigsten in den ärmsten Familien vorkamen.[5] Darüber hinaus zahlte das größte
bundesstaatliche Wohlfahrtsprogramm, AFDC (›Aid to Families with Dependent Children‹), in erster Linie Beihilfen an alleinerziehende Familien und, so
wurde weithin geglaubt, veranlaßte dadurch viele arme Männer dazu, ihre
Frauen und Kinder zu verlassen, die dann AFDC-Zahlungen kassieren konnten.[6] Die Hoffnung war durchaus berechtigt, daß ein Programm, das sowohl
»intakten« Familien als auch Alleinerziehenden ein bestimmtes Jahreseinkommen garantierte, die Stabilität der sozial schwachen Familien bedeutend
erhöhen könnte.

Großangelegte wissenschaftliche Experimente dieser Art, die in das Leben
von Personen eingreifen, sind neueren Datums. Das erste größere derartige
Sozialexperiment war in der Tat das New Jersey-IME, das in vier Städten in
New Jersey 1968 begann. Zu dieser Zeit war das Konzept des Sozialexperiments so gut wie unbekannt, selbst unter Sozialwissenschaftlern. Der Mann,
der 1969 beginnen sollte, das riesige Seattle-Experiment zu planen, hatte 1968
noch nicht einmal gewußt, daß so etwas möglich war. Es handelte sich um
Robert Spiegelman, einen 40 Jahre alten Wirtschaftswissenschaftler am ›SRI-
International‹ (damals als ›Stanford Research Institute‹ bekannt), einem privaten Forschungsunternehmen in Menlo Park, Kalifornien.

»Ich hatte geglaubt«, so erinnert er sich, »– und das war allgemein akzeptiert –, daß man in einem sozialen Milieu kein Experiment durchführen
könne, da die Umwelt nicht durch ein experimentelles Design zu kontrollieren sei. Aber ich hörte eine Vorlesung von Al Rees, der am ›New Jersey
Income Maintainance Experiment‹ arbeitete, und erfuhr, daß es tatsächlich
realisierbar war.«

Albert Rees, ein Arbeitsökonom an der Princeton University, arbeitete als
Berater für das ›Mathematica Policy Research‹, ein privates Forschungsunternehmen in Princeton, das die Feldarbeit des New Jersey-IME durchführte. Er
erklärte unter anderem, daß eine saubere Stichprobenerhebung und eine
Zufallszuordnung der Familien zu den experimentellen und Kontrollbedin-
gungen eine wissenschaftliche Überprüfung der Frage erlauben würden, ob
das Garantieeinkommen eine abschreckende Wirkung auf die Arbeitswilligkeit besäße oder nicht. Denn in einem experimentellen Design mit einer aus-

reichend großen Stichprobe würden die vielen unkontrollierbaren Einfluß-
größen der realen Lebenssituation sowohl in den Treatment- als auch den
Kontrollgruppen in gleichem Maße existieren. Irgendein Unterschied im Verhalten könnte deshalb auf den einen Faktor, der ihnen nicht gemeinsam war,
zurückgeführt werden, nämlich den Treatmentfaktor – in diesem Fall das
jährliche Garantieeinkommen, das der Experimentalgruppe zur Verfügung
stehen sollte.

Spiegelman fand die ganze Idee »ziemlich revolutionär und sehr faszinie-
rend.« In der Hoffnung, damit in eine neue Art der Sozialforschung einzu-
steigen, bat er seine Vorgesetzten am SRI, ihm eine finanzielle Unterstützung
zu gewähren, um der Sache nachgehen zu können und, wie er sagt, »zu sehen,
was möglich wäre« – sowohl wissenschaftlich als auch dahingehend, einen
staatlichen Auftrag zu bekommen. SRI gab Spiegelman eine, allerdings
bescheidene, firmeninterne Unterstützung. Er war damit in der Lage, Zeit auf
das Studium der ersten Berichte über das New Jersey-IME zu verwenden und
nach Princeton und Washington zu reisen, um mit Sozialwissenschaftlern
und Beamten des OEO, die daran beteiligt waren, zu sprechen.

Er erfuhr, daß das OEO zunächst Präsident Johnson im Jahre 1965 einen
Plan für eine nationale reziproke Einkommenssteuer vorgeschlagen, aber
keine Antwort von ihm erhalten hatte. (Die Idee der Einkommensstützung
durch NIT stammte ursprünglich weder vom OEO, noch war sie ausschließlich liberalen Ursprungs; sie war zwanzig Jahre früher von Finanzbeamten in
Betracht gezogen und einige Jahre später unter anderem von dem konservativen Wirtschaftswissenschaftler Milton Friedman vertreten worden.)[7]

Heather Ross, eine Doktorandin, die damals für das OEO arbeitete, machte
dann einen kühnen und originellen Vorschlag: Vielleicht würde ein großange-
legtes Experiment, das ein echtes NIT-Programm überprüfte, einen überzeu-
genden Beweis seiner Durchführbarkeit und seiner Kosteneffizienz liefern.
Beeindruckte OEO-Beamte beschlossen 1967, einen Teil ihres Etats in genau
einen solchen Versuch zu investieren, und schlossen für die Planung des Experiments Verträge mit Forschern am ›Institute for Research on Poverty‹ und
am ›Mathematica‹ der University of Wisconsin ab.[8]

Was Spiegelman über die bisherigen Erfolge und Mängel des New Jersey-
IME hörte, bestärkte ihn darin, den Entwurf und die Durchführung eines solchen Experiments selbst zu versuchen. Eine Gelegenheit dafür schien ihm
gekommen, als er am ›Department of Health, Education and Welfare‹ mit
Jodie Allen, einer Forscherin am ASPE, dem ›Office of the Assistant Secretary for Planning and Evaluation‹, sprach.

»Sie erzählte mir,« sagt Spiegelman, »daß HEW daran dachte, selbst ein großes Experiment zur Einkommensstützung durchzuführen. Es würde die Aufgabe von HEW sein, ein solches Programm zu leiten, wenn es erst einmal eingeführt wäre, und deshalb wollten sie ihr eigenes Experiment verwirklichen und sich nicht auf das vom OEO stützen. Sie spürten auch, daß viel gelernt werden mußte, das nicht aus dem New Jersey-IME zu erfahren war.«

Es war offensichtlich, daß dieses Experiment eine zu kleine Stichprobe verwendet und die Population, aus der die Stichprobe gezogen worden war, sowie die Einkommensgarantiehöhen, die überprüft wurden, zu eng definiert hatte. Der Soziologe Peter H. Rossi und die Politikwirtschaftswissenschaftlerin Katharine C. Lyall sollten es später in einer Kritik am New Jersey-IME »als eines der bedeutenden Ereignisse in der empirischen Sozialforschung bezeichnen,« aber bedauernd schließen, daß das Design auf eine Art verunstaltet war, die es unmöglich machte, von den Ergebnissen auf die nationale Bevölkerungsgruppe der Armen zu extrapolieren.[9]

Spiegelman kehrte zu SRI zurück, blieb aber mit Jodie Allen in Verbindung. Als sie ihm Mitte 1969 mitteilte, daß HEW beschlossen hatte, eine eigene IME in Seattle durchzuführen, arbeitete er rasch einen Antrag aus und reichte ihn ein. Im Oktober erfuhr er zu seiner Freude, daß sein Antrag drei konkurrierende andere ausgestochen hatte und daß HEW SRI mit einem Anfangsvertrag in Höhe von 300 000 Dollar zur Ausarbeitung des Experiments ausstatten würde. Natürlich sollte Spiegelman das Projekt leiten.

Es war eine wirkliche Herausforderung. »Ich hatte noch nie ein Projekt in dieser Größenordnung geleitet,« sagt Spiegelman, »und natürlich hatte ich keine Erfahrung mit Sozialexperimenten. Und tatsächlich hatte noch niemand irgendwelche Erfahrungen, so daß in der wirtschaftswissenschaftlichen und soziologischen Literatur nichts Brauchbares darüber stand.« Viele bereits erprobte Forschungsinstrumente – Erhebungstechniken, Befragungsprotokolle, multivariate statistische Analysen und dergleichen – würden Teil des experimentellen Designs sein, aber das Design selber hatte keinen anderen Vorläufer als das New Jersey-IME. »Die Pionier- und Innovationsarbeit der Leute von New Jersey« – unter anderem Harold Watts und Al Rees auf der universitären Seite und Dave Kershaw von ›Mathematica‹–, führt Spiegelman aus, kann nicht genügend gewürdigt werden. Aber einige Fehler und Mängel dieses ersten Sozialexperiments waren bereits ganz offensichtlich, und ich hoffte, es besser zu machen.«

Spiegelman gewann Mordecai Kurz, einen Wirtschaftswissenschaftler von der Stanford University, mit dem er bereits zusammengearbeitet hatte und dessen Fähigkeiten er schätzte, um mit ihm am Design zu arbeiten, insbesondere an seinen theoretischen Aspekten. Beim Entwurf des Feldeinsatzes beriet er sich mit Kershaw, und er schloß einen Untervertrag mit ›Mathematica‹ ab, das den Feldeinsatz des New Jersey-IME durchführte und das Gleiche in Seattle tun sollte.

Für den Entwurf des Experiments benötigten sie ein Jahr intensiver Arbeit, die im Oktober 1969 begann. Das Wort »entwerfen« mag Bilder von Reißbrettern, Skizzen, Blaupausen und Modellen heraufbeschwören, aber nichts davon wird in der Sozialforschung benutzt. Vielmehr handelt es sich um eine Phase des allgemeinen Nachdenkens (wie sie tatsächlich der Planungsphase experimenteller Designs in der Physik und den Humanwissenschaften entspricht). Das Rohmaterial sind Theorien, Formeln, Flußdiagramme und anderes, das technische Zubehör besteht aus wenig mehr als Kreide, Tafeln, Bleistiften und liniertem gelben Papier.

»Kurz und ich«, erinnerte sich Spiegelman unlängst,

gingen zusammen in mein Büro, redeten dort stundenlang und schrieben die Tafel voll. Dann kehrten wir an unsere Schreibtische zurück und skizzierten Teile des Designs. Wir tauschten sie aus, kritzelten in den Skizzen des anderen herum und diskutierten stundenlang alle verschiedenen großen und kleinen Probleme und versuchten, sie zu lösen.

Ein riesiges Problem war die Stichprobengröße. Die SRI-Statistiker, die wir um Rat baten, behaupteten, daß eine kleine Stichprobe ausreichen würde, da es nur eine Variable gäbe – entweder würden die NIT-Zahlungen die Arbeitsbereitschaft verringern oder nicht. Aber wir stimmten dem nicht zu. Die Frage, die wir beantworten wollten, war nicht einfach die, ob Personen genauso weiterarbeiten würden wie bisher oder eben weniger, sondern wie *stark* sich das Arbeitsverhalten unter variierenden Bedingungen verändern würde. Wir wollten den Einfluß einer ganzen Anzahl von verschiedenen Unterstützungsniveaus und »Steuerquoten« messen – das heißt unterschiedlich hohe Raten, um die die Zahlungen abnehmen würden, wenn die Familie Geld verdiente. Aber um all diese Bedingungen testen zu können, brauchten wir eine große Stichprobe. Nachdem wir Denver einbezogen hatten (was ursprünglich nicht geplant war), war unsere Stichprobe um 20% größer als die Gesamtstichprobe der anderen drei IMEs in New Jersey, zwei ländlichen Gebieten und Gary, Indiana.

Von der größeren Spannbreite unserer Unterstützungsniveaus erwarteten wir eine Verbesserung des New Jersey-Experiments. Die höchste Unterstützung war dort vergleichsweise niedrig, und das bedeutete, daß nur die ärmsten Familien einbezogen wurden und daß in wenigen intakten Familien die Frauen arbeiteten. Im New Jersey-Experiment war zwar nur ein geringer Rückgang in der Arbeitswilligkeit zu beobachten, aber die Ergebnisse könnten kein guter Indikator für ein landesweit angelegtes Programm sein. [Wie in anderen Wissenschaften, so spielt auch in der Sozialforschung das Lernen aus den Fehlern vorheriger experimenteller Arbeiten eine große Rolle beim Entwurf eines neuen experimentellen Designs.]

Wir entschlossen uns zu drei garantierten Einkommenshöhen – $3 800, $4 800 und $5 600, die 95%, 120% und 140% der offiziellen Armutsgrenze repräsentierten, die bei $4 000 lag, als wir mit den Zahlungen begannen. Darüber hinaus hatte das New Jersey-

Experiment eine feste »Steuerquote« benutzt – das heißt, die NIT-Zahlungen nahmen mit zunehmendem Familieneinkommen konstant ab. Aber aus theoretischen Erwägungen heraus meinten wir, daß eine *abnehmende* Steuerquote einen größeren Anreiz zum Arbeiten bieten könnte. Deshalb sollten mit steigendem Verdienst die Raten, um die die NIT-Zahlungen abnahmen, geringer werden.

Wir wollten auch *unterschiedliche* Steuerquoten ausprobieren, um zu sehen, in welchem Maße ein weiterer Arbeitsrückgang durch einen spezifischen Anstieg in der Steuerquote verursacht sein würde. Wir wählten vier unterschiedliche Steuerquoten – zwei konstante (50% und 70%) und zwei abnehmende (80% und 70%, die sich um 5% pro tausend Dollar des Nicht-NIT-Einkommens verringerten).

Somit hatten wir mit vier verschiedenen Steuerquoten und drei garantierten Einkommenshöhen insgesamt zwölf mögliche »Treatments« oder experimentelle Bedingungen. Eine schien uns entbehrlich, und wir machten mit elf Treatments weiter – ein kompliziertes Design.

Das Design wurde durch eine Reihe anderer bedeutender experimenteller Variablen sogar noch komplizierter. Die den NIT-Experimenten zugrundeliegende Ansicht war, daß die Armen einfach mehr Geld bräuchten, während die ältere und liberalere Meinung lautete, daß Arme benachteiligt seien und Berufsförderung, Ausbildung und andere Hilfsmaßnahmen benötigten.[10] Da HEW beide Ansätze überprüfen wollte, planten Spiegelman und Kurz, einigen Teilnehmern eine Berufsberatung oder eine Beratung plus Fortbildungsbeihilfen anzubieten, um zu überprüfen, ob es ihnen helfen würde, eine besser bezahlte Arbeit zu bekommen. Dies sollte die Tendenz, weniger zu arbeiten, wettmachen, da ein höherer Verdienst bedeutete, daß sie mehr für ihr Vergnügen »bezahlen« würden.[11]

Kurz nach dem Start des Experiments komplizierte sich das Design erneut. »Unsere ursprüngliche Idee«, sagt Spiegelman,

war, Familien drei Jahre im experimentellen Programm zu behalten. Aber bald hörten wir von anderen Wissenschaftlern, daß wir uns über den experimentellen »Zeithorizont« viel mehr Gedanken machen sollten. Die Teilnehmer am Experiment würden wissen, daß es nach drei Jahren zu Ende wäre, und deshalb wahrscheinlich ihr Verhalten nicht so sehr verändern, wie sie es bei einem fortdauernden Programm tun würden.

Die Kritik überzeugte uns davon, daß wir etwas tun mußten, und wir entwickelten die Idee, das Experiment über verschiedene Zeiträume laufen zu lassen – drei Jahre, fünf Jahre, und in Denver verpflichteten wir sogar eine kleine Stichprobe für *zwanzig* Jahre, um zu sehen, ob die längeren Zeitspannen zu einem anderen Verhalten führten als die kürzere.

Unterdessen ging die Debatte über das Garantieeinkommen im Kongreß weiter. HEW wollte rasch Ergebnisse. Deshalb ließ Spiegelman schon zu dem Zeitpunkt, als das Design des Experiments noch in der Ausarbeitung war,

›Mathematica‹ einen Brückenkopf in Seattle einrichten und den Start des Experiments vorbereiten. Kershaw mietete im November 1969 ein Büro in der Innenstadt und begann, eine Reihe von Angestellten und ein paar Dutzend Interviewer anzuheuern.

Im Laufe des nächsten halben Jahres schwärmten sie aus, klingelten an Türen, stellten sich als Mitarbeiter vor, die eine Nachbarschaftserhebung für die ›Urban Opinion Surveys‹ (eine Erfindung von ›Mathematica‹) machten, und führten Tausende von Fünf-Minuten-Interviews durch. Später kehrten sie zurück und befragten die aufgrund des Kurzinterviews für das Programm ausgewählten Familien weitaus detaillierter. An dieser Stelle erklärten sie zum ersten Mal den Zweck des Experiments. Viele Familien waren hoch erfreut, andere dagegen zu stolz, irgendetwas davon anzunehmen, und wiederum andere, wie die Frau, die Christophersen die Tür vor der Nase zuschlug, waren argwöhnisch und ungläubig.

Spiegelman und Kurz arbeiteten weiter am Design. Aufgrund des Zeitdrucks übersandte Spiegelman Jodie Allan bereits nach kaum mehr als einem Jahr eine Menge Material, lange bevor alles fertig war. Aber sein Enthusiasmus war so groß, daß er keine Zweifel hatte, daß HEW SRI das Startzeichen geben würde. Dies passierte dann im September 1970. Das Unternehmen wurde mit einem 20-Millionen-Dollar-Vertrag für ein dreijähriges Einkommensstützungsexperiment in Seattle ausgestattet.

Die Entscheidung, Denver einzubeziehen, fiel etwas später, als eine ernste örtliche Wirtschaftskrise in Seattle die Bedingungen dort untypisch machte. Wie Spiegelman und seine Mitarbeiter immer wieder entdecken sollten, schlagen die besten Pläne von Sozialexperimentatoren oftmals fehl, weil die wirkliche Welt unberechenbar ist. Spiegelman selber schätzte die Rolle, die das Experiment in seinem eigenen Leben spielen würde, vollständig falsch ein: »Ich erwartete, es drei Jahre lang durchzuführen plus einer sechsmonatigen Auswertungsphase,« sagte er zu einem Bekannten letztes Jahr, dann fügte er mit einem Seufzer hinzu »– und ich verbrachte zwölf Jahre meines Lebens damit.«

Das Konzept des Sozialexperiments

Das Sozialexperiment ist eine Form der angewandten Sozialforschung, um vorgeschlagene Sozialprogramme auf ihre Leistungsfähigkeit hin zu überprüfen. Zugleich ist es mehr als das: Es ist experimentelle Forschung in der realen

Lebenswelt und daher geeignet, bedeutende neue Erkenntnisse zu liefern, die man durch die statistische Analyse von Daten über existierende Bedingungen nicht erhalten kann.

Experimente in der Realität hielt man in den Sozialwissenschaften lange Zeit für unmöglich. Da die Sozialwissenschaftler soziale Kräfte und Prozesse weder kontrollieren noch beeinflussen konnten, schien es, als ob sie sich auf Schlußfolgerungen aus Beobachtungen verlassen müßten. Aber wie der Nobelpreisträger Herbert Simon in einem kürzlich verfaßten Aufsatz herausstellte, sind Beobachtungen und Schlußfolgerungen kein adäquater Zugang zu so komplexen und subtilen Phänomenen wie denen des sozialen Verhaltens:

> In unserem täglichen Leben umgibt uns eine Vielzahl von Fakten des individuellen und sozialen Verhaltens der Menschen …, [aber] die zufällige Beobachtung liefert [keine] befriedigende empirische Grundlage für generelle deskriptive Gesetze. Ohne die systematische Beobachtung, einschließlich des Experimentierens, sind unsere Erhebungen arg verzerrt, unsere Beobachtungen sehr stark durch unsere vorgefaßten Meinungen gefiltert, und das Phänomen ist im ganzen genommen zu komplex für eine befriedigende Analyse.[12]

Sozialwissenschaftler haben deshalb Jahrzehnte damit zugebracht, exaktere Forschungsmethoden zu entwickeln – die wissenschaftliche Stichprobenerhebung, Zeitreihenuntersuchungen, Längsschnittstudien, multivariate statistische Verfahren und so weiter. Aber während diese Techniken Schlußfolgerungen der Art »es ist höchstwahrscheinlich, daß zwischen A und B eine Kausalbeziehung besteht« erbringen können, sind nur Experimente imstande, ganz eindeutig zu demonstrieren, daß »A B verursacht«.

Bis vor kurzem führten Sozialforscher nur solche Experimente durch, bei denen das Umfeld und die Reize vollständig kontrolliert werden konnten und die Kosten gering waren – also Laborexperimente. Experimente in der realen Welt erschienen sowohl unwissenschaftlich als auch undurchführbar: Es gäbe zahllose unkontrollierte Variablen – einschließlich der fortschreitenden Zeit und des sozialen Wandels – und somit viele mögliche Erklärungen für konkrete Ereignisse. Zudem verfügten Sozialforscher nicht über die enormen Geldmittel, die zur Ziehung großer wissenschaftlicher Stichproben, zur jahrelangen Beobachtung und Datenerhebung und zur Analyse der Millionen von Einzelinformationen benötigt werden.

Als sich die staatlichen Sozialprogramme dann schier explosionsartig vermehrten, wurde den Politikern bewußt, daß sie einen genauen experimentellen Nachweis der wahrscheinlichen Auswirkungen ihrer Programme und neuer Konzepte benötigten. Es war aber unmöglich, Experimente über Programme, die so immens und komplex wie AFCD oder ›Model Cities‹ waren, im Labor durchzuführen. In den 60er Jahren wandten sich deshalb Politiker und Sozialwissenschaftler der »Evaluationsforschung« zu, die an Stelle des wahren Sozialexperiments das verarbeitete, was verfügbar war, nämlich natürliche Experimente und Quasi-Experimente.

Ein natürliches Experiment ist, wie wir gesehen haben, dann gegeben, wenn ein gesellschaftspolitisches Ereignis, wie beispielsweise die Einführung eines neuen Gesetzes oder eines Sozialprogramms, das Leben einer Reihe von Menschen in irgendeiner Weise verändert. Um den Einfluß eines solchen Ereignisses beurteilen zu können, vergleichen die Evaluationsforscher die Lage der betroffenen Personen vor und nach dem Ereignis. Da es aber politisch nicht opportun ist, einige Berechtigte von einem neuen nationalen Programm auszuschließen, gibt es keine Kontrollgruppe, die man mit den »beeinflußten« Personen vergleichen kann, und ohne eine Kontrollgruppe kann man nicht sicher sein, daß Unterschiede zwischen den Teilnehmern sich nicht auf andere, gleichzeitig auftretende Einflüsse zurückführen lassen, wie etwa Inflation oder Arbeitslosigkeit oder bloß die Tatsache, daß die beobachteten Personen älter geworden sind.

Ein natürliches Experiment enthält auch nicht verschiedene Versionen eines untersuchten Programms, die den relativen Einfluß seiner Kernvariablen enthüllen würden. Ohne solche Daten kann eine Evaluationsstudie zwar zeigen, daß ein Programm sein Ziel nicht erreicht hat, aber sie kann nicht die Komponenten identifizieren, die zu seinem Erfolg führen könnten. Evaluationsstudien der »manpower training programs« (wie sie gemeinhin genannt werden) zeigen somit, daß diese weitgehend nicht imstande sind, die Armut zu verringern, – obgleich bekannt ist, daß bessere Bildung mit einem höheren sozioökonomischen Status verbunden ist –, aber sie sagen nichts darüber aus, welche Veränderungen notwendig sind, um die Programme effektiver zu gestalten.[13]

Vielen sozialpolitischen Neuerungen, die locker »experimentell« genannt werden, fehlt es ebenfalls an Kontrollgruppen, und sie sind somit für eine wissenschaftliche Analyse kaum geeignet. Wie die Sozialpsychologen Leonard Saxe und Michelle Fine in ihrem Buch *Social Experiments* bemerken, »könnten einige Menschen die Emanzipationsbewegung der Frauen als ein Sozialexperiment betrachten in dem Sinne, daß Frauen (und Männer) dazu gedrängt werden, verschiedene Rollen auszuprobieren. Veränderungen im Rollenverhalten von Frauen und Männern sind jedoch nicht auf einer systematischen experimentellen Basis ausgeführt worden.«[14] Wenn emanzipierte Männer und Frauen entweder glücklicher oder weniger glücklich sind als traditionell eingestellte, kann man den Unterschied nicht unbedingt dem veränderten Rollenverhalten zuschreiben. Jene, die die neuen Rollen angenommen haben, mögen sich von Anfang an psychisch und sozial von den herkömmlichen Männern und Frauen unterschieden haben, und diese Faktoren könnten eher als die Rollenveränderungen verantwortlich sein.

Dem wissenschaftlichen Ideal kommt das Quasi-Experiment näher, bei dem eine Teilnehmergruppe an irgendeinem Programm oder an einem »Versuchsdurchlauf« eines vorgesehenen Programms nach einer Weile mit einer Gruppe von Nichtteilnehmern verglichen wird. Die letztere – die Kontrollgruppe – wird so ausgesucht, daß sie den Teilnehmern der Experimentalgruppe in Alter, Einkommen, Bildung und anderen Einflußvariablen stark ähnelt. Es wird dann angenommen, daß sich irgendeine Differenz zwischen der Experimental- und der Kontrollgruppe auf den einzig bekannten Unterschied zwischen beiden – Teilnahme oder Nichtteilnahme am Programm – zurückführen läßt.

Diese Methode wird oftmals benutzt, wenn nicht genügend Zeit oder Geld zur Verfügung steht oder auf Seiten der Politiker nicht genug Interesse an der Durchführung eines wahren Experiments besteht, das eine zufällige Verteilung von Individuen auf Experimental- und Kontrollgruppen impliziert, eine Vorgehensweise, die eine weit größere Erhebung und ungefähr den doppelten Arbeits- und Kostenaufwand des Quasi-Experiments erfordert.[15] Doch nur die zufällige Zuordnung stellt sicher, daß alle unbekannten verzerrenden Variablen sich gleichmäßig auf die Experimental- und die Kontrollgruppen verteilen und damit ein möglicher Verzerrungseffekt verhindert wird. Im anderen Fall kann nicht die Möglichkeit – oder sogar die Wahrscheinlichkeit – ausgeschlossen werden, daß die Experimental- und Kontrollgruppen nicht gänzlich vergleichbar und daß unerwartete Faktoren teilweise oder weitgehend für die beobachteten Unterschiede verantwortlich sind.[16]

Ein Beispiel dafür ist ›Head Start‹. Dieses Programm, das in den 60er Jahren begann und eine bedeutende Komponente des Kampfes der Regierung Johnson gegen die Armut war, versuchte, benachteiligte Vorschulkinder darauf vorzubereiten, die Schule erfolgreich zu bestehen. Erst als ›Head Start‹ schon einige Zeit lief, bat der Kongreß um eine Bewertung. Die Forscher verglichen daraufhin eine Reihe von Erst-, Zweit- und Drittkläßlern, die an ›Head Start‹ teilgenommen hatten, mit vergleichbaren Kindern, die nicht teilgenommen hatten, und fanden heraus, daß ›Head Start‹-Schüler mit der Schule nicht besser zurechtkamen als Nicht-›Head Start‹-Schüler. Die Ergebnisse lösten eine hitzige Debatte aus: Die Verfechter des Programms machten geltend, daß trotz der Angleichung die zwei Gruppen nicht wirklich äquivalent waren, daß ›Head Start‹ diejenigen angezogen hatte, die es am meisten benötigten, und daß, selbst wenn ›Head Start‹-Schüler nicht besser als andere waren, sie ohne das Programm noch schlechter gewesen wären.[17]

Unabhängig davon, ob diese Behauptungen stimmen oder nicht, ist klar, daß unbekannte verzerrende Faktoren in irgendeinem Vergleich von nicht zufällig zugeordneten Experimental- und Kontrollversuchspersonen auftreten können und daß ein gefundener Unterschied zwischen ihnen wissenschaftlich nicht zwingend ist. Die Evaluationsstudie ›Head Start‹ bewies nicht schlüssig, daß das Programm nützlich war oder nicht nützen würde. Die Ergebnisse konnten als Bestätigung auch gegensätzlicher Überzeugungen interpretiert werden. Solche Studien tragen wenig dazu bei, rationale politische Entscheidungsprozesse zu fördern.

Die offenkundigen Mängel von Evaluationsstudien und Quasi-Experimenten der 60er Jahre ebneten jedoch echten Sozialexperimenten den Weg. Natürlich gab es bereits früher ein paar, methodisch allerdings noch nicht ausgereifte, Bemühungen des Sozialexperiments – einige auf dem Gebiet des öffentlichen Gesundheitswesens und offizielle klinische Versuche in den 30er und 50er Jahren.[18] Aber wahre Sozialexperimente in ihrer modernen Form wurden erst durch zwei Entwicklungen in den 60er Jahren möglich. Eine dieser Entwicklungen war das Anwachsen der nationalen Sozialprogramme, die so teuer wurden, daß es sinnvoll erschien, für Forschung Geld auszugeben, sowohl um laufende Programme effizienter zu gestalten als auch um die Kosten und Auswirkungen von vorgesehenen neuen Maßnahmen exakter vorhersagen zu können. Die zweite Entwicklung bestand in der zunehmenden Verfeinerung statistischer Methoden, die mit einer Unmenge von Variablen umgehen konnten, und im Einsatz von effizienteren Computern, die rasch die Millionen von notwendigen Rechenoperationen durchführen konnten.

Die wesentlichen Charakteristika des Sozialexperiments wurden schon frühzeitig von dem Sozialpsychologen Henry W. Riecken und einigen Koautoren in einer weithin zitierten Definition dargelegt:

Ein Experiment besteht aus einem oder mehreren Treatments (Programmen), die eine Einmischung in die normalen sozialen Prozesse darstellen und die man einer nach dem Zufallsprinzip aus einer bestimmten Population gezogenen Gruppe von Personen (oder anderen Einheiten) angedeihen läßt; Beobachtungen oder Messungen werden durchgeführt, um zu ermitteln, wie (oder um wieviel mehr) irgendwelche bedeutenden Aspekte ihres Verhaltens von jenen einer Gruppe abweichen, die entweder ein anderes Treatment oder überhaupt kein Treatment erhalten hat und deren Teilnehmer ebenfalls aus derselben Population gezogen worden sind.[19]

Das erste moderne Sozialexperiment, das diese Kriterien erfüllte, war das ›New Jersey Income Maintenance‹-Experiment des OEO, das 1967 konzipiert und von 1968 bis 1972 durchgeführt worden ist. Beeindruckt von diesem wegweisenden Beispiel, begannen Politiker anderer Behörden und Forscher an Universitäten und Stiftungen damit, Sozialexperimente anzuregen, um andere vorgesehene politische Maßnahmen zu evaluieren. »Aus der Sichtweise der Sozialwissenschaften«, schreiben die Wirtschaftswissenschaftler David H. Greenberg und Philip K. Robins in einem Rückblick auf diese Entwicklung, »könnten die 70er Jahre als das ›Jahrzehnt der Sozialexperimente‹ bezeichnet werden.« Nach ihrer Schätzung wurde während dieser Dekade eine halbe Milliarde Dollar an staatlichen Geldern für derart kontrollierte Experimente ausgegeben.[20]

Nach Greenbergs und Robins Zusammenstellung wurden von 1968, als das New Jersey-IME anlief, bis 1983, dem letzten Jahr, für das Daten vorlagen, fünfunddreißig Sozialexperimente in den Vereinigten Staaten durchgeführt. Die meisten waren sehr umfangreich und wurden von der Regierung finanziert; der Rest war kleiner dimensioniert und hauptsächlich bundesstaatlich oder kommunal finanziert. Ein paar kosteten weniger als eine Million Dollar, die meisten zwischen einer und zwei Millionen Dollar, und bei einigen beliefen sich die Kosten auf 50 Millionen Dollar oder mehr. (Eine von anderen Autoren zusammengestellte Liste aus dem Jahre 1978, die alle randomisierten Experimente im Wohlfahrts- und Fürsorgebereich enthält, selbst wenn sie ziemlich klein und in ihrer Reichweite beschränkt waren, führt mehrere hundert Projekte auf.)[21]

Die bedeutenderen Sozialexperimente, die seit 1968 durchgeführt wurden, haben ein breites Spektrum von Programmen abgedeckt. Neben Programmen zur Einkommensstützung haben sie unter anderem Maßnahmen zur beruflichen Fortbildung, zu medizinischen Leistungen, zum beruflichen Weiterkommen und zur Wohnsituation behandelt. Einige Beispiele:*

– Von 1972 bis 1974 leitete das ›Vera Institute of Justice‹ das mit 1,4 Millionen Dollar aus bundesstaatlichen, kommunalen und Stiftungsgeldern ausgestattete ›Wildcat Supported Work Program‹, das arbeitslosen ehemaligen Süchtigen in New York befristete subventionierte Arbeitsstellen anbot.
– Von 1973 bis 1977 führten ›Abt Associates‹ und die ›Rand Corporation‹ mit 206 Millionen Dollar vom ›Department of Housing and Urban Deve-

---

* Einige wichtige Ergebnisse der ersten drei aufgeführten Experimente werden später erwähnt. Von dem vierten Experiment lagen bei Abfassung des vorliegenden Buches noch keine Befunde vor.

lopment‹ drei Experimente in zwölf Städten durch, um zu sehen, ob bare Mietzuschüsse die Wohnsituation der Armen verbessern würden.

– Von 1974 bis 1981 (die Auswertung ist noch nicht abgeschlossen) führte die ›Rand Corporation‹ mit einer finanziellen Unterstützung von 75 Millionen Dollar durch das ›Departament of Health, Education, and Welfare‹ ein Experiment in zwei größeren Städten und vier Landkreisen durch, um herauszufinden, wie verschiedene Krankenversicherungspläne, wenn sie national eingeführt wären, die Nachfrage nach medizinischen Leistungen beeinflussen würden und ob kostenlose medizinische Versorgung einen besseren Gesundheitszustand in der Bevölkerung bewirken würde als Systeme, bei denen die Patienten einen Teil der Kosten selbst bezahlen mußten.

– Von 1982 bis 1985 investierten zwei Universitäten und zwei Forschungsgesellschaften 12 Millionen Dollar in ›HUD‹-Beihilfen, mit denen ein Experiment durchgeführt werden sollte, das – in drei ländlichen Gegenden, zwei kleinen Städten und fünf Großstädten – Pläne für eine Langzeitbetreuung von älteren Personen außerhalb von Heimen überprüfen sollte.

Das seit 1980 herrschende politische Klima hat eine starke Beschneidung der gesamten Sozialforschung gebracht, aber das Sozialexperiment bleibt ein unschätzbares Instrument der politischen Evaluation. Die Sozialexperimentatoren Rae W. Archibald und Joseph P. Newhouse, Leiter der ›Health Insurance Study‹, führen dazu aus: »Das Sozialexperiment kann den stärksten Nachweis dafür erbringen, daß gewisse Programme oder politische Maßnahmen bestimmte Ergebnisse tatsächlich verursachen oder verursachen würden, wenn man sie verwirklichte.«[22]

Dies weist das Sozialexperiment als angewandte Sozialwissenschaft aus, die darauf abzielt, konkrete Antworten auf praktische Probleme zu liefern. Aber es leistet noch mehr: Durch das Sozialexperiment können die Beziehungen zwischen einem sozialen Milieu und dem menschlichen Verhalten aufgedeckt werden. Somit wird ein wichtiger Beitrag zur wissenschaftlichen Erkenntnisfindung und Theorienbildung geleistet. Das Ziel eines politikorientierten Sozialexperiments entspricht nach Saxe und Fine »dem gleichen Typ von unzweideutigen Aussagen über kausale Prozesse, nach dem die traditionelle Grundlagenforschung strebt.«[23]

Ein schwerer Start

Man könnte annehmen, daß es in einer Stadt von der Größe Seattles leicht sein müßte, eine Stichprobe von einigen Tausend armen Familien zusammenzustellen, die gerne das Geschenk eines Garantieeinkommens über drei oder fünf Jahre annehmen würden. Die enthusiastischen jungen Interviewer vom ›Mathematica‹-Feldteam standen jedoch vor einer schwierigen Aufgabe.

Nach einem von Spiegelman und Kurz ausgearbeiteten Modell bestand ihre Methode darin, eine Stichprobe von etwa 2 500 Familien mit niedrigem Einkommen zu ziehen. Es schien, als wäre der Pool, der ihnen zur Verfügung stand, um ein Mehrfaches so groß: Allein in der Innenstadt von Seattle waren den Volkszählungsdaten von 1960 zufolge 24 168 Wohneinheiten registriert, in denen Personen mit niedrigem Einkommen lebten. Jede dieser Familien könnte für die Studie geeignet sein. Aber als sich die Interviewer in diese Gebiete auf den Weg machten und versuchten, an den Türen Zwei-Minuten-Interviews durchzuführen, um die eventuell geeigneten Familien zu finden, waren sie sehr enttäuscht über das Ergebnis. Beinahe 10% der Wohnungen standen leer, und in den bewohnten fanden die Interviewer, daß beinahe die Hälfte der Familien entweder nicht geeignet oder niemals zu Hause war oder zu Hause war, aber nicht öffnete. Von den restlichen Familien weigerte sich über ein Viertel, mit den Interviewern zu reden, oder brach das Interview nach ein paar Fragen einfach ab.[24]

Das Nichtöffnen der Tür oder die Verweigerung des Interviews waren schwer zu erklären. Beide Erscheinungen konnten nicht darauf zurückgeführt werden, daß den Personen nichts Gutes über die Teilnahme an einem Experiment schwante, denn zu diesem Zeitpunkt sagten die Interviewer nur, daß sie eine Erhebung machten, um herauszufinden, ob Seattle ein guter Platz für die Erprobung eines Familienhilfsprogramms wäre. Auch konnten Klassen- oder ethnische Gegensätze nicht der Grund sein; die meisten Interviewer, gekleidet in T-Shirts und Jeans, waren Studenten, ›Aussteiger‹ oder Leute von der Straße, viele gehörten Minderheitengruppen an, und sie gingen immer in Viertel, in die sie rassisch und ethnisch hineinpaßten. Aber die Armen waren offensichtlich mißtrauisch und feindselig gegenüber jedem Etablierten eingestellt, egal in welcher Aufmachung.

Öffentlichkeitsarbeit half auch nichts. Obgleich die Hauptverantwortlichen des Teams mit Gemeindevertretern sprachen, wurde die ganze Angelegenheit nicht einfacher. Berichte über das Projekt, die in den lokalen Tageszeitungen veröffentlicht wurden, »erzeugten«, gemäß dem *Final Report* des

Projekts, nur »bemerkenswerte öffentliche Empörung«.[25]* Aber dies hätte man erwarten müssen; wie Michael Linn vom ›Washington State Department of Public Assistance‹ (das die technische Aufsicht über SIME führte) einem Reporter erklärte: »Wir haben es hier mit der politischen Auffassung zu tun, daß, wenn wir diesen Personen Geld geben, sie alle nach Hause gehen, im Wohnzimmer sitzen, Bier trinken und nichts tun.«[26]

(Das ›Department of Public Assistance‹ war an SIME beteiligt, weil der Staat zur Realisierung des Experiments hatte zustimmen müssen, daß den Familien, die NIT erhalten, in dieser Zeit die Wohlfahrtsunterstützung entzogen wird, und weil er ›Mathematica‹ bei den Zahlungen überwachen wollte. Der ›Internal Revenue Service‹ war ebenfalls beteiligt. Er war damit einverstanden, das Einkommen von Familien, die NIT erhielten, nicht zu besteuern, da NIT die Wohlfahrtsbeihilfen ersetzte, die ihrerseits nicht steuerpflichtig waren. Nur dadurch, daß alle Steuern mit Ausnahme derer, die im Forschungsdesign eingebaut waren, eliminiert wurden, konnten die Forscher den Anreiz- oder Abschreckungseffekt der experimentellen Steuerquoten messen.)

Die lange Liste der belegten Mietwohnungen schmolz dahin, als die Interviewer spät am Abend in die SIME-Büros zurückkehrten und ihren Supervisoren von ihren Mißerfolgen berichteten. Gelegentlich äußerten einige Interviewer offen die von vielen empfundenen Zweifel, ob das Projekt überhaupt durchführbar wäre. Doch konnten sie über die Monate hinweg dank ihrer Ausdauer und ihres Glaubens an den Wert des Experiments eine Liste von 5 295 Familien zusammenstellen, die es wert erschienen, nochmals ausführlich befragt zu werden.

Aber als die Interviewer Monate später diesen Familien fünf Dollar für ein einstündiges Interview anboten, mußten sie feststellen, daß jede zehnte nicht mehr dort wohnte (viele der Armen ziehen oft um), während von den anderen jede sechste den Interviewern nun aus dem Weg ging, das Interview verweigerte oder die Befragung zwischendrin abbrach. Fast noch mehr Familien erwiesen sich aus dem einen oder anderen technischen Grund als ungeeignet für das Experiment.

Schließlich durchliefen nur 3 132 geeignete Familien diese Befragungsrunde; das war längst nicht genug. Obgleich das SRI-Forschungsdesign weniger als 2 200 Familien benötigte, sollte es sich doch aus vielen speziellen Unterstichproben variierender Größenordnung zusammensetzen, von denen einige nicht mit einer Stichprobe von 3 132 Familien aufgefüllt werden konnten. Zu analytischen Zwecken erforderte das Design Gruppen von alleinerziehenden

---

* Spiegelman widerspricht vehement diesem Kommentar. Im Gegensatz zu Christophersen, der diesen Teil des *Final Report* schrieb, war er aber nicht zur Stelle.

und vollständigen Familien auf fünf Einkommensstufen. Jede dieser Gruppen sollte aus Untergruppen von Familien bestehen, die entweder drei oder fünf Jahre an dem Programm teilnehmen würden; jede dieser Unter-Untergruppen würde sich aus noch kleineren Gruppen von weißen und schwarzen Familien zusammensetzen und so weiter.

Die genaue Anzahl von Familien in jeder kleinsten Untergruppe oder »Zelle« wurde durch ein statistisches Modell bestimmt, das ursprünglich für das New Jersey-IME ausgearbeitet und nun von Statistikern am SRI auf SIME angewandt worden war. Es sollte sicherstellen, daß es für jede experimentelle Bedingung genügend Repräsentanten gibt, um statistische Analysen zu ermöglichen. Dadurch wurde die Zusammenstellung der Stichprobe äußerst schwierig. Der SIME/DIME-*Final Report* dazu:

Die Wahl der Stichprobe ... wurde zum großen Teil durch die Notwendigkeit bestimmt, genügend Familien zu finden, um die für die Stichprobenzellen benötigten Charakteristika mit der kleinstmöglichen Anzahl von Mitgliedern (zum Beispiel Schwarze, Familien mit zwei Elternteilen und üblichem Jahreseinkommen zwischen $ 1 000 und $ 3 000) zu füllen. Das Ausmaß der Bemühungen, solche Familien zu finden, erschien dem Team für die Feldarbeit oft wie die sprichwörtliche Suche nach der »Stecknadel im Heuhaufen«.[27]

Dennoch blieben die Moral und die Energie des Mitarbeiterstabs und der Interviewer groß. Sie betrachteten ihre Aufgabe geradezu als eine Mission. Sie empfanden sich als Teil kühner, epochemachender sozialpolitischer Aktivitäten. Dies galt auch für ihre eher konservativen Vorgesetzten; der Wirtschaftswissenschaftler Mike Wills, der an dem Interview mitgearbeitet hatte, das im Experiment eingesetzt werden sollte, meint: »Es zog uns an, weil es als eine logische Lösung eines sozialen Problems erschien. Indem man all diese vielen Wohlfahrtsprogramme durch etwas Einfacheres ersetzte, konnte mehr Geld für die Bezugsberechtigten ausgegeben werden, ohne daß sich die Ausgaben erhöhten. Es war kaum zu glauben – aber wir glaubten es.« Charles Thompson, SRI-Beauftragter von Seattle, bemerkt lakonisch: »In Menlo Park waren sie sehr forschungsfreundlich; in Seattle waren wir menschenfreundlich.«

Die Forscher griffen auf Volkszählungsdaten zurück und stellten eine Liste von weiteren 12 000 Wohnungen in Gegenden mit geringem Einkommen außerhalb der Innenstadt Seattles auf. Aus dieser Population stellten die Interviewer nochmals 1 683 geeignete Familien zusammen. Insgesamt enthielten beide Listen ungefähr 36 000 Wohnungen und knapp 5 000 Familien. Aber als die Interviewer 2 542 von ihnen für das Experiment anwerben wollten, gab es erneut Probleme, hauptsächlich wegen Ablehnungen und Umzüge. Schließlich gelang es ihnen, 2 042 zu verpflichten, und sie erreichten somit beinahe das Ziel, das vom statistischen Modell verlangt wurde.[28]

Als dies geschafft war, schien plötzlich eine unvorhergesehene soziale Entwicklung – ein derartiges unkontrollierbares Ereignis, das Sozialexperimente zerstören kann – SIME insgesamt fehlschlagen zu lassen. »Eben als wir in Seattle in die Gänge kamen,« sagt Spiegelman, »brach dort die Welt zusammen.« Im Jahre 1970 war Boeing, Seattles größter Arbeitgeber, in enorme Schwierigkeiten geraten und baute seine Belegschaft von 105 000 auf 30 000 Personen ab. Die Arbeitslosenrate in Seattle schnellte auf 15% hoch zu einer Zeit, als sie im nationalen Durchschnitt gerade 5% betrug. Irgendein Spaßvogel hängte an einer Reklametafel an der Schnellstraße nach Tacoma ein Plakat auf: »Letzte Person, die Seattle verläßt, bitte Lichter löschen.«

Spiegelman rief eine Krisensitzung in Menlo Park ein. Kershaw und andere führende Mitarbeiter waren mit ihm und den SRI-Statistikern der Auffassung, daß die hohe Arbeitslosenrate die Stichprobe mit den arbeitslosen Familien verzerren könnte, die normalerweise ein gutes Einkommen hatten und nicht zur wirklich verarmten Bevölkerung gehörten. Da Arbeit so schwer zu finden war, könnten darüber hinaus manche Arbeitnehmer, die zu normalen Zeiten ihren Job kündigen würden, um NIT-Zahlungen zu bekommen, dies aus Angst vor dauerhafter Arbeitslosigkeit nicht tun. In beiden Fällen wäre das Verhalten der armen Bevölkerung in Seattle möglicherweise nicht repräsentativ für das Verhalten sozial Schwacher unter normalen Umständen.

»Wir waren so beunruhigt,« sagt Spiegelman, »daß wir sogar darüber sprachen, Seattle aufzugeben und irgendwo anders hinzugehen. Aber Warren Magnuson, Senator von Washington, war Vorsitzender der HEW-Haushaltsausschüsse: HEW würde ihn kränken, wenn es Seattle fallen ließe. Deshalb beschlossen wir, noch etwas Gutes aus dieser Misere zu machen und das Experiment in zwei Städten durchzuführen, um zu sehen, welchen Unterschied die Arbeitslosigkeit machte.« Nachdem sie eine Reihe von Städten in Betracht gezogen hatten, die Seattle ähnelten, aber eine normale Arbeitslosenrate aufwiesen, einigten sie sich auf Denver und trafen die notwendigen Vorbereitungen mit dem Sozialministerium in Colorado.

Im Frühjahr 1971 bevollmächtigte HEW Spiegelman, SIME in Denver zu klonen. Eine Beauftragte von ›Mathematica‹, Mary Scowcroft, eröffnete sofort ein Büro, heuerte Mitarbeiter an und brachte die Dinge ins Rollen. Die Denver-Gruppe zog ›Census‹-Listen von beinahe 58 000 Adressen heran und machte sich auf den Weg. Sie stieß mehr oder weniger auf die gleichen

Schwierigkeiten, die schon in Seattle aufgetreten waren, und fand sogar noch eine weitere Komplikation vor – die Anwesenheit vieler Chicanos (Amerikaner mexikanischer Abstammung), was schließlich zu einer weiteren Zelle im experimentellen Design führte. Insgesamt wurden 3361 geeignete Familien ausfindig gemacht, von denen 2758 für das Projekt gewonnen werden konnten. Wie in Seattle war diese Stichprobe, besonders für einige Zellen, etwas geringer als das theoretische Ideal.[29]

SIME/DIME hatte sich nun zu einem 50-Millionen-Dollar-Experiment ausgeweitet (es würde noch teurer werden, wenn die Feldphase durch die analytische abgelöst würde) und beeinflußte das Leben von 4800 Familien in Seattle und Denver; es war Sozialforschung von beispiellosem Ausmaß. Jemand fragte Spiegelman vor einigen Monaten, wie er sich als Leiter eines Projektes von solch immenser Reichweite gefühlt habe. »Ich hatte noch nie irgendetwas in dieser Größenordnung getan,« erwiderte Spiegelman, »aber zu der Zeit, als ich am SRI in Menlo Park arbeitete, war ich so weit weg von all diesen Tausenden von Leuten in Seattle und Denver. Ich war vollauf mit den Mechanismen und Techniken des Experiments beschäftigt, mit der enormen Anzahl von Details, die ausgearbeitet werden mußten, und mit der intellektuellen Herausforderung. Erst später wurde ich mir des Einflusses auf das Leben der Leute bewußt.«

Diese Einflüsse sollten mit zwei Datenerhebungsmethoden gemessen werden. Eine war ein mehrere Seiten langer Einkommensbericht, den jede Familie, die NIT-Zahlungen erhielt, jeden Monat ausfüllen und an das »Council for Grants to Families« schicken sollte. (Das ›Council‹ war ein Büro, das von ›Mathematica‹ eingerichtet worden war, um die Einkommensberichte zu prüfen, die Höhe der jeweiligen NIT-Zahlungen zu berechnen und um die Schecks abzuschicken.)

Die zweite und bedeutendere Methode war das »periodische Interview«. Dreimal im Jahr würden Interviewer von ›Urban Opinion Surveys‹ (auch eine Schöpfung von ›Mathematica‹) die Familien mit einem Fragebogen besuchen, der so dick wie das städtische Telefonbuch war, und dessen Hauptteile mit mindestens drei Familienmitgliedern einzeln durchgehen. Das Ganze wurde damit gekrönt, daß ein Familienmitglied eine große Anzahl von Zusatzfragen gestellt bekäme, die in »Bausteinen« (Anhänge mit Spezialthemen) enthalten waren, die von Zeit zu Zeit dem Fragebogen angeheftet wurden. Die Interviews dauerten zwischen fünfundvierzig Minuten und über zwei Stunden, und die Interviewer mußten ihre ganze Überzeugungskraft aufbieten, um keine Serie von mürrischen »weiß-ich-nicht-Antworten« aufkommen zu lassen.

Die Länge des Fragebogens und sein Inhalt führten zu lebhaften Diskussionen auf den Treffen der Mitarbeiter von SRI und ›Mathematica‹. Von Zeit zu Zeit rief Spiegelman Kershaw in Seattle oder später J. Alan Brewster, der ihn als Direktor ablöste, an, um mit ihm über neue Fragen, die die SRI-Mitglieder in den Fragebogen einbauen wollten, zu sprechen. Aber die Sozialforscher des Seattle-Mitarbeiterstabs waren sensibel für die Probleme ihrer Interviewer und protestierten lautstark gegen einige der Fragen, von denen die SRI-Theoretiker behaupteten, daß sie notwendig wären, um die Analysen durchzuführen. Mike Wills erinnert sich lebhaft an diese Treffen:

Wir hatten mehrere unserer klügsten und redegewandtesten Interviewer in einem Raum mit Mordecai Kurz und ein paar anderen SRI-Leuten, und in kürzester Zeit schrien sie sich an. Kurz war der lauteste von allen. Er sagte immer: »Ihr *müßt* diese oder jene Daten erheben und diese Fragen stellen.« Und wir sagten: »Das ist Unsinn. Man kann nicht solche Fragen stellen!« Dann schnautzte Kurz, der bis vor kurzem im aktiven Dienst der israelischen Armee gestanden hatte und ständig eine Lederjacke und Sonnenbrille trug, immer zurück und sagte: »Ich bin doch kein *Idiot*! Ihr *könnt* diese Frage stellen, und Ihr *habt* sie gefälligst zu stellen, weil wir die Daten haben *müssen*.«

Einmal hat er uns erklärt, warum wir Fragen stellen sollten, die den Zeithorizont-Effekt überprüften, den er und andere Wirtschaftswissenschaftler als so wichtig erachteten. Er sagte zu einem unserer Außendienstmitarbeiter, »schau, wenn ›Mathematica‹ Dir tausend Dollar schuldet, die in einem Jahr fällig sind, wieviel weniger würdest Du nehmen, um sie schon jetzt zu bekommen?« Der Mann erwiderte: »Wenn sie mir tausend Dollar schuldet, würde ich das nehmen und keinen Cent weniger.« Kurz fing an zu brüllen: »Das ist *dumm*! Du mußt bei Schulden von vornherein immer einen *Rabatt* gewähren, damit Du sie schon früher zurück bekommst. So handelt man rational.« Der Mann stimmte nicht zu. Er sah es als eine moralische Frage an. Aber Kurz hätte niemals aufgegeben. Als wir eine Stunde später vom Mittagessen zurückkamen, machte er immer noch weiter. Er konnte Irrationalität einfach nicht akzeptieren. Am Ende hat er gewonnen – er gewann immer –, und wir machten alles so, wie er es wollte.

(Rückblickend sagt Kurz: »Ich war der Meinung, daß ›Mathematica‹ unfähig ist. Wir mußten selber etwas einbringen, ansonsten wäre die Arbeit nicht getan worden. Wir mußten die Interviewer auf Trab bringen und ihnen die Sporen geben.«)

Die Mitarbeiter des Feldteams hatten keine Einwände gegen den überwiegenden Teil des Basisfragebogens, mit Ausnahme seiner Länge. Er bestand vorwiegend aus grundlegenden ökonomischen Fragen über die Höhe des Verdienstes während des derzeitigen oder vorangegangenen Jobs, die Länge der Arbeitszeit und dergleichen, die den Interviewern keine großen Probleme bereiten würden. Umstritten waren andere Punkte. Mit vielen der Bausteine hofften die SRI-Forscher, weit subtilere und neuralgischere Themen untersuchen zu können – die sozialen und emotionalen Begleiterscheinungen der

Armut und die ausgleichende Wirkung, die ein Garantieeinkommen haben könnte. Sie hatten sich also Fragen ausgedacht, von denen sie annahmen, daß sie valide Indikatoren für diese Sachverhalte wären. Verständlicherweise sträubte sich das Team für die Feldarbeit jedoch gegen den Gedanken, seine Interviewer anzuhalten, Leuten in einer heruntergekommenen Wohnung mit einer Matratze auf dem Fußboden, einem Pappkarton als Tisch und mehreren zwischen den Beinen herumturnenden Kindern Fragen wie die folgenden zu stellen:[30]

– Wie zufrieden sind Sie mit der Zuneigung und dem Verständnis, das Ihnen Ihre Frau entgegenbringt?
– Wenn Sie zusammen am Abend ausgehen, wer entscheidet dann gewöhnlich, wohin Sie gehen?
– Wieviele Stunden verbringen sie während einer Woche normalerweise mit der Haushaltsbuchführung, der Bezahlung von Rechnungen, dem Ausgleichen des Kontostands usw?
– [Wie wichtig ist Ihnen bei Ihrer Arbeit] die Selbstverwirklichung – eine Arbeitsstelle, die Sie total ausfüllt?
– Wieviele Stunden verbringen Sie während der Woche mit Lesen?
– Fügen Sie das Wort ein, von dem Sie denken, daß es die beste, ehrlichste und vernünftigste Vervollständigung des Satzes ist: »Der Bezwungene sprach noch nie – über den Bezwinger.« 1. schlecht   2. gut   3. wenig   4. boshaft   5. oft

Als im Oktober 1970 die Interviewer schließlich damit begannen, Familien für das Experiment anzuwerben, stießen sie auf noch andere Probleme. Christophersen, damals Interviewer (er wurde später der Direktor des Feldteams von SIME), erinnert sich:

Wir mußten viel Zeit darauf verwenden, Leute zu überzeugen, die einfach nicht glauben konnten, daß das Angebot ehrlich gemeint war, und auch andere, die selbstbewußte Angehörige der Arbeiterklasse waren und nichts mit »Wohlfahrt« zu tun haben wollten, obgleich wir immer wieder erklärten, daß das nicht Wohlfahrt sei. Eine alte, behinderte Frau unterzeichnete nicht, weil sie keine »staatlichen Almosen« wollte. Es war verblüffend!
    Und wir mußten uns seriös verhalten. Der »Experimentalgruppe« – derjenigen, die das Geld bekommen würde – sagten wir immer: »He, hier ist es! – Das Garantieeinkommen für die nächsten drei (oder fünf) Jahre, und alles, was Sie tun müssen, ist, monatlichen einen Einkommensbericht einzusenden und zuzustimmen, daß wir Sie dreimal im Jahr befragen dürfen.« Aber der Kontrollgruppe, der wir nichts über das Experiment erzählen wollten, da dieses Wissen ihr Verhalten hätte beeinflussen können, sagten wir: »Wir machen eine Einkommensuntersuchung, und alles, was Sie für 8 Dollar im Monat tun müssen, ist, jeden Monat eine Postkarte wegzuschicken und zuzustimmen, daß wir Sie dreimal im Jahr befragen.« Wir hatten eine Reihe Antworten auf mögliche Fragen von ihrer Seite parat – aber sie stellten oftmals welche, die uns in Verlegenheit brachten.

Es brauchte mindestens eine Stunde, um den Experimentalfamilien die Regeln zu erklären. Die Interviewer mußten unter anderem erklären, welche von den Wohlfahrtsbeihilfen, die sie möglicherweise bereits erhielten, ihnen entzogen werden würden (bar ausgezahlte Beihilfen wurden einbehalten, aber Dienstleistungsbeihilfen, wie kostenlose medizinische Versorgung, liefen weiter). Diese Details und die Tabellen, die zeigten, wie hoch ihr NIT-Einkommen wäre und wie es sich in Abhängigkeit von ihrem anderen Einkommen verändern würde, waren schwer zu erklären und gefährdeten manchmal die Anwerbung. Dasselbe galt für die ziemlich abschreckende Anwerbevereinbarung, die die Familien unterzeichnen mußten.

Und es traf auch auf ein Dokument zu, das unfreundlich mit »Eidesstattliche Erklärung des eheähnlichen Verhältnisses« bezeichnet war. Viele der Armen leben in amtlich nicht registrierten Verbindungen, aber Spiegelman und Kurz waren zu dem Schluß gekommen, daß es ein Fehler wäre, die NIT-Beihilfen auf offiziell Verheiratete zu beschränken. Spiegelman erklärt:

Wir meinten, daß bei SIME/DIME die Ehelichkeit nicht auf einem Rechtsdokument basieren sollte, sondern auf einem eingehaltenen Unterstützungssystem. Das AFDC-Programm fördert eheähnliche Verbindungen, da es das Einkommen eines Mannes nicht berücksichtigt, der mit einer Frau zusammen lebt, sofern er nicht der leibliche Vater oder legale Vormund der zum Haushalt gehörenden Kinder ist. Wir wollten solche Arrangements nicht dadurch unterstützen, daß wir sie belohnten. Wir *wollten* wissen, wie NIT die Familienstabilität beeinflußte, unabhängig davon, ob die Personen legal verheiratet waren oder nicht. Deshalb akzeptierten wir Paare als verheiratet, wenn sie sich selbst als »Ehemann« und »Ehefrau« bezeichneten, eine eidesstattliche Erklärung abgaben, daß sie zusammenlebten, und zumindest noch drei Monate nach Unterzeichnung des Dokuments zusammenblieben.

Trotz dieser Startschwierigkeiten hatte Ende November 1970 schließlich das erste Kontingent von fünfunddreißig Familien unterzeichnet. Ungefähr einen Monat später schauten die Büroangestellten und einige Interviewer lächelnd einer Sekretärin zu, als diese anfing, den ersten kleinen Stapel von Schecks auszustellen. Thompson erinnert sich noch gut daran: »Als wir sahen, wie diese ersten Schecks zur Post gingen, blickten wir uns an und sagten, ›He, wir haben wirklich Leute, die mitmachen! Es geht los!‹«

Spiegelman, der Hunderte von Kilometern vom Schauplatz entfernt war, hatte seine eigenen Gründe, tief befriedigt zu sein. Endlich brauchte er nicht mehr zu fürchten, daß trotz größtmöglicher Anstrengung von seiner und anderer Seite das Projekt vorzeitig hätte eingestellt werden müssen.

»Im Jahre 1969«, so erinnert er sich, «reichte Nixon einen Antrag auf Einkommensstützung beim Kongreß ein, ohne abzuwarten, was SIME/DIME an

Ergebnissen lieferte. Tatsächlich verabschiedete das Repräsentantenhaus den Antrag genau zu der Zeit, als wir unser Experiment in Gang brachten. Ich dachte nur noch, ›jetzt ist alles aus. Sie setzen das Programm ein, und wir können zusammenpacken und nach Hause gehen.‹ Aber der Antrag scheiterte im Senat – und wir machten weiter.« Sogar jetzt noch, fünfzehn Jahre später, lächelt er, wenn er an die Erleichterung zurückdenkt, die er verspürte, als sein riesiges, durch die Vereitelung von Nixons Plan nun mit grünem Licht versehenes Experiment begann, erste Anhaltspunkte für die Wirkungen eines solchen Programms zu liefern.

Allerlei Schwierigkeiten des Sozialexperiments

Die anfänglichen Probleme von SIME/DIME waren keineswegs ungewöhnlich. Ähnliche Probleme zu Beginn und gleichermaßen lästige in den späteren Phasen scheinen diesem ehrgeizigsten Konzept der Sozialforschung eigen zu sein. Im folgenden einige der zentralen Schwierigkeiten:

Die Stichprobenauswahl. Dieses Problem ist häufig besonders ärgerlich. Bei einer Querschnitt- oder sogar einer Längsschnitterhebung kann man eine nationale Stichprobe verwenden, aber bei einem Sozialexperiment macht der erforderliche enge und fortwährende Kontakt mit den Versuchspersonen den Einsatz einer weit verstreuten Stichprobe untragbar teuer, besonders dann, wenn die Personen mit verschiedenen Dienstleistungen versorgt werden sollen.[31] Gewöhnlich muß die Stichprobenerhebung auf einen oder einige wenige Orte beschränkt werden.

Dies führt zu Problemen mit der externen Validität: Nur wenn die Bevölkerung in dem Ort oder in den Orten, die ausgewählt wurden, in ihrer Zusammensetzung derjenigen der gesamten Nation ähnelt, können die Ergebnisse landesweit extrapoliert werden. Aber nur dann, wenn das Experiment auch den Bedingungen der internen Validität genügt, das heißt das mißt, was es vorgibt zu messen. Dies ist aber nicht so, wenn es in dem gewählten Ort oder in den gewählten Orten zu wenig Personen gibt, auf die sich das Experiment bezieht, um eine Stichprobe zu erhalten, die alle zu untersuchenden Untergruppen umfaßt.

Dieser Fall kann eintreten, wenn die Forscher eine Wahrscheinlichkeitsstichprobe aus einer zu kleinen Population ziehen. Wenn man zum Beispiel nach dem Zufallsprinzip eine Wahrscheinlichkeitsstichprobe von 1 000 Personen aus einer Population von 100 000 zieht, ist die Chance für eine Person, ausgewählt zu werden, nur 1 zu 100. Falls eine Untergruppe dieser Population nur 100 Mitglieder umfaßt, kann es durchaus sein, daß überhaupt niemand von dieser Gruppe ausgewählt wird. Das übliche Gegenmittel ist, eine geschichtete Zufallsstichprobenerhebung zu verwenden, bei der man Personen zufällig aus einer bestimmten Anzahl von Gruppen auswählt – aber nach Maßgabe variierender Verhältnisse, um auch aus den kleinsten Gruppen genügend Mitglieder zu erhalten. Nachdem die Daten jeder Schicht analysiert sind, können die Forscher die Ergebnisse neu gewichten, um eine Normalverteilung zu erhalten, aus der sie dann nationale Hochrechnungen ableiten können.

Im Interesse der Effizienz können auch willkürlich die Segmente der Stichproben gewichtet werden. Zu Beginn der kurzen Geschichte des Sozialexperiments arbeiteten die Wirtschaftsmathematiker John Conlisk und Harold Watts sowie später noch andere statistische Formeln aus, um damit das Stichprobendesign zu »optimieren«, das heißt, spezifischen Zellen entweder mehr oder weniger Fälle zuzuordnen, als die Wahrscheinlichkeit vorschreiben würde, um maximale Informationen zu erhalten.[32] Ihre Begründung war, daß es kosteneffektiv sei, uninteressante Zellen kleiner zu halten, als sie auf einer Wahrscheinlichkeitsbasis wären, und interessante übermäßig zu vergrößern, um sie besonders detaillierten statistischen Analysen unterziehen zu können.

Eine solche Optimierungsmethode kann jedoch die Forschung negativ beeinflussen. Bei SIME/DIME verlangten die Conlisk-Watts-Formeln, daß die Experimentalzellen des höchsten Unterstützungsniveaus hauptsächlich mit Familien mit höherem Einkommen belegt werden, da sie nach den Plänen eine weit geringere Bezahlung als Familien mit niedrigem Einkommen erhielten und somit das Projekt beträchtlich Geld einsparen würde. Aber um zu validen Ergebnissen zu kommen, müßte man annehmen, daß Familien mit höherem und solche mit niedrigerem Einkommen in derselben Art und Weise auf die großzügige Unterstützung reagieren würden. Diese Annahme kann, wie Archibald und Newhouse herausarbeiteten, richtig oder falsch sein – und die nicht ausbalancierte Verteilung macht die Überprüfung schwierig.[33] Einige Methodologen argumentieren jetzt, daß der klassische Ansatz der Zufallszuordnung, obgleich sehr viel kostspieliger als die Stichprobenoptimierung, trotzdem am besten sei, da er eine Bewertung der Daten mit einfachen varianzanalytischen Methoden erlaube.[34]

Somit bleibt das Stichprobendesign ein fortwährendes methodisches Problem des Sozialexperiments.

Konstruktvalidität. Das theoretische Konstrukt (die Hypothese), das als Erklärung für die beobachteten Effekte angeboten wird, benennt vielleicht nicht den einzigen oder nicht den wahren Grund, auch wenn es so scheint. Andere Faktoren − unerwartete und unerkannte Korrelate des Treatments − können teilweise oder vollständig verantwortlich sein. Solche von außen hinzukommenden Aspekte gelten als sogenannte Verzerrungen.

Der Hawthorne-Effekt ist einer davon: Wie wir in Kapitel I gesehen haben, erhöhten bei diesem Experiment Arbeiter ihre Produktivität bei jeder Veränderung des Lichts − selbst als es reduziert wurde −, nicht weil jede Veränderung ihre Arbeit erleichterte, sondern weil ihr Bewußtsein, an einem Experiment teilzunehmen, ihre Arbeitsmoral erhöhte. Solche Effekte sind eine konstante Gefahr bei Sozialexperimenten: Wann immer die Versuchspersonen eine Vorstellung darüber entwickeln, nach was die Forscher suchen, können sie zu einem gewissen Grad entsprechend reagieren. Sogar Kontrollpersonen, die offiziell die Zwecke des Experiments nicht kennen, hören wahrscheinlich davon, da Sozialexperimente oftmals innerhalb von Nachbarschaftsgebieten durchgeführt werden, und verhalten sich voreingenommen. Nur ein anspruchsvolles Design und eine ausgeklügelte Analyse können solche Verzerrungen sauber von dem Treatment trennen.

Dies ist nur eine der vielen Verzerrungen, die Sozialexperimente beeinflussen können. Andere sind:[35]

− Der »Mitgift-Effekt«: Dieser tritt auf, wenn ausgesuchte Personen ihre Eignung auf andere übertragen können, indem sie diese heiraten (wie im Fall von SIME/DIME). Dadurch werden Personen der Stichprobe hinzugefügt, die durch den Stichprobenerhebungsprozeß nicht erfaßt worden wären.
− Der »Zeithorizont-Effekt«: Personen können auf ein kurzfristiges Experiment anders reagieren als auf ein Langzeitexperiment. Um diesen Bias auszugleichen, planen Forscher Behandlungen von unterschiedlicher Länge und vergleichen ihre Effekte.
− Falsche Berichterstattung: Wenn Versuchspersonen größere Beihilfen erzielen können, indem sie ihr Einkommen niedriger ansetzen oder andere Fakten falsch darstellen, werden sie vermutlich zu einem solchen Verhalten neigen. Sofern die Forscher die Angaben nicht verifizieren oder die Fehler berücksichtigen können, verzerrt das ihre Schlußfolgerungen.
− »Gemeindeeffekte«: Nach den Wirtschaftswissenschaftlern Robert Ferber und Werner Z. Hirsch können örtliche Besonderheiten die Reaktionen auf ein experimentelles Programm beeinflussen, die landesweit dann vielleicht anders ausfallen würden. Wie bereits erwähnt, kann in einigen Teilen des

Landes das »Arbeitsethos« die Tendenz aufheben, weniger zu arbeiten, wenn ein fixes Jahreseinkommen garantiert wird, aber dieses Ethos könnte seine Kraft verlieren, wenn ein solches Programm Teil des nationalen Lebensstils würde.

– »Der Lerneffekt« (oder »Panel-Bias«): In Sozialexperimenten genauso wie in anderen Längsschnittstudien gibt es zwei prinzipielle Methoden der Datenerhebung: das wiederholte Testen der Teilnehmer und die Befragung in regelmäßigen Abständen. Die Teilnehmer lernen jedoch aus diesen Erfahrungen, und ihre Leistung ist bei späteren Tests oft besser als bei vorausgegangenen, oder sie beantworten Fragen in späteren Interviews eher »wissentlich« als »naiv«.

Die Wahl der richtigen Indikatoren. In Sozialexperimenten ist die Wahl der Indikatoren, mit denen der Einfluß des Treatments gemessen wird, besonders schwierig, da sie so leicht von unbekannten äußeren Variablen beeinflußt werden.

Ein Experiment in Kansas City zu Beginn der 70er Jahre überprüfte die Wirkung eines erhöhten Polizeistreifeneinsatzes auf die Verbrechensverhütung im Vergleich zu einem »reaktiven Streifeneinsatz«, bei dem die Polizei ein Testgebiet nur auf Abruf betreten sollte. Es war anzunehmen, daß der beste Indikator die gemeldete Verbrechensrate sein würde. Aber die Ergebnisse erbrachten nicht diesen Beweis: Die Zahl der gemeldeten Verbrechen ging weder in dem einen noch dem anderen Fall zurück.

Die Anomalie wurde im nachhinein durch Daten anderer Untersuchungen erklärt, die zeigten, daß die polizeiliche Anzeige von Verbrechen stark durch das Vertrauen der Öffentlichkeit in diese Institution beeinflußt wird. Die verminderte Sichtbarkeit der Polizei beim reaktiven Streifeneinsatz schmälerte wahrscheinlich das öffentliche Vertrauen und reduzierte somit die Zahl der angezeigten, aber nicht die Zahl der verübten Verbrechen.

Saxe und Fine sind der Auffassung, daß es in nahezu allen Sozialexperimenten keinen entscheidenden Indikator für die Effekte gibt. Vielmehr würden multiple Indikatoren benötigt, um die Effekte des Programms zu messen und die multiplen involvierten Variablen zu erklären.

Konflikt zwischen Forschergruppe und Mitarbeiterstab. Bei jeder Forschung, die Daten durch eine Reihe von Interviews mit Versuchspersonen erhebt, sind Probleme wie das Abschirmen oder Zurückhalten von Daten durch die Interviewer oder fehlende Interviews fortwährend vorhanden. In Sozialexperimenten sind diese Probleme mit noch anderen verbunden: Da solche Forschung einen immensen Anteil an Feldarbeit beinhaltet, ist es gewöhnlich notwendig, einen zweigeteilten Mitarbeiterstab zu bilden – ein theorieorientiertes und analytisches Forschungsteam und ein pragmatisches, praktisches Team von Interviewern und Leuten, die das Experiment vorbereiten. Aber die beiden Gruppen haben sehr unterschiedliche Sichtweisen von ihrer Arbeit. Nach Archibald und Newhouse »[ist] die häufigste Dissonanzquelle der Konflikt zwischen der *Weltanschauung* der Planer und derjenigen, die die täglichen Aufgaben ausführen müssen.«[37]

Wie im Falle von SIME spitzt sich der Konflikt oftmals auf den Inhalt der Interviews zu. Das Team für die Feldarbeit tendiert dazu, sich gegen Fragen zu sperren, die es als indiskret, beleidigend oder unsinnig erachtet und die wahrscheinlich den Ausstieg von Teilnehmern aus dem Programm verursachen. Das Forscherteam verteidigt dagegen vehement seine Überzeugung, daß ohne die Daten, die von diesen Fragen geliefert werden, der wissenschaftliche Wert des Experiments ernsthaft gefährdet sein würde.

Der Ausfall von Versuchspersonen. Die Stichprobe eines Sozialexperiments muß wie bei allen Längsschnittstudien mit Ausfällen rechnen – etliche Panelteilnehmer gehen ihr über die Zeit verloren, weil sie wegziehen, sterben oder sich weigern, weiterzumachen. Dadurch können die Ergebnisse verzerrt werden. Dieses Problem kann sich in einem Sozialexperiment gravierender auswirken als in anderen Arten von Längsschnittstudien, da bei Mitgliedern der Kontrollgruppe oder bei Gruppen, die niedrige Beihilfen erhalten, die Wahrscheinlichkeit geringer ist, daß sie in der aktiven Stichprobe verbleiben, als bei jenen mit hohen Beihilfen. Dies gilt besonders für Experimente wie die IMEs, die ihre Stichproben aus festgelegten Gemeinden ziehen, innerhalb derer sich vieles leicht herumspricht.[38]

Sogar wenn die Kontrollgruppen nicht wissen, daß andere Beihilfen erhalten und sie nicht, sind sie viel weniger motiviert, im Experiment zu bleiben, als die Experimentalgruppen. »In den meisten Experimenten«, sagen Riecken und Robert F. Boruch, »ist die Mitgliedschaft in einer Kontrollgruppe eine sich nicht lohnende Erfahrung, die gewöhnlich von langweiligen Forderungen nach Informationen geprägt ist.«[39] Im New Jersey IME hatten die Kontrollgruppen eine viel größere Ausfallrate als selbst die am geringsten unterstützte Experimentalgruppe, und die ›Health Insurance Study‹ schaffte ihre Kontrollstichprobe wegen mangelnder Kooperation schließlich gänzlich ab.

Ethische Probleme. Selbst wenn die Zwecke eines Sozialexperiments unanfechtbar und die Versuchspersonen mit den Bedingungen einverstanden sind, können ernsthafte ethische Probleme auftreten.

Dies kann der Fall sein, wenn es notwendig ist, in die Privatsphäre der Teilnehmer einzudringen. In einem Experiment sehen sie sich vielleicht Fragen ausgesetzt, die sie als störend oder aufdringlich empfinden (»Haben Sie schon mal eine Fehlgeburt gehabt?« »Sind Sie schon mal eines Verbrechens überführt worden?«). Wenn sie solche Fragen bejahen, tritt ein zweites Problem auf, nämlich das der Vertraulichkeit. Sofern die Forscher nicht kostspielige und zeitraubende Techniken anwenden (Codes, Decknamen, »verknüpfte Files« und so weiter), können solche prekären Informationen zu einer gerichtlichen Vorladung führen oder in einer Weise verwendet werden, die die Rechte der Teilnehmer verletzt.[40]

Ein anderes ethisches Problem betrifft eine mögliche ungerechte Behandlung der Teilnehmer. In den meisten Sozialexperimenten erzeugt die Beihilfe-Nichtbeihilfe-Dichotomie zwar nicht das quälende Dilemma wie bei klinisch-medizinischen Versuchen, bei denen es vielleicht um Leben und Tod geht. Gleichwohl mag das Team für die Feldarbeit und manch anderer es moralisch verwerflich finden, daß Mietzuschüsse, kostenlose medizinische Versorgung oder ähnliche höchst wünschenswerte Beihilfen bestimmten armen oder kranken Personen in dem Experiment gewährt werden, während man sie anderen, die ebenfalls arm oder krank sind, vorenthält. Sogar die Justiz wurde bemüht, um das Recht der Sozialforscher, Teilnehmer an einem Sozialexperiment zufällig auf den Treatment- und Kontrollstatus zu verteilen, anzufechten. Dieses Recht wurde allerdings öfters bestätigt denn zurückgewiesen.[41]

Als ethische Maxime des Experimentierens mit Menschen gilt gemeinhin das »Einverständnis nach vorausgegangener Information«. Beim Sozialexperiment löst dies zwar einige Probleme, erzeugt jedoch andere. Mitglieder der Experimentalgruppe könnten, wenn sie vollständig informiert sind, voreingenommen reagieren; Mitglieder der Kontrollgruppe könnten, wenn sie vollständig informiert wurden, verärgert sein, daß sie die Programmbeihilfen nicht erhalten, und in ihren Interviews bewußt oder unbewußt ihre Existenzschwierigkeiten ohne diese Beihilfen übertreiben. Deshalb müssen einige Informationen allen Versuchspersonen vorenthalten werden, damit das Experiment intern valide bleibt.

Andererseits können Mitglieder der Experimentalgruppe, selbst wenn sie vollständig informiert sein sollten, gegebenenfalls nicht jede Möglichkeit vorhersehen, wie durch die Behandlung, der sie zugestimmt haben, ihre Gefühle und ihr Verhalten beeinflußt werden. Auch die Forscher können ihnen das nicht mitteilen, da das Experiment ja gerade bezweckt, sowohl die erwarteten als auch die unerwarteten Effekte der Maßnahmen aufzudecken. Bestimmte Ergebnisse mögen schädlich sein; zum Beispiel sagen Ferber und Hirsch, daß Familien, die Mietzuschüsse erhalten, als Folge des Experiments in eine exponierte Stellung gekommen sind und ohne Rücksicht darauf, was ihnen erzählt wurde, sich dazu verleitet sehen könnten, Handlungen auszuführen, die sich nachteilig auf ihr Wohlergehen auswirken. Zum Beispiel mögen sie, obgleich man ihnen mitgeteilt hat, daß sie die zusätzlichen Zahlungen nur fünf Jahre lang erhalten werden, nach zwei oder drei Jahren denken, daß diese Zahlungen einfach weitergehen, und entsprechend handeln ... Die Familie zieht vielleicht in eine teurere Wohnung, die sie sich später nicht mehr leisten kann. Die dann notwendige Wiederanpassung könnte viel schmerzhafter sein, als wenn sie die teurere Wohnung erst gar nicht bezogen hätte.[42]

Unkontrollierbare Veränderungen im Milieu. Die Forscher, die ein Sozialexperiment durchführen, sind in der Lage, die Stichprobenauswahl und die experimentellen Variablen zu kontrollieren, nicht aber unvorhersehbare Veränderungen in den sozialen Bedingungen. Denkbar wären Dürreperioden und Mißernten bis hin zu Konjunkturrückgängen, das Ausbrechen von Feindseligkeiten und die Verabschiedung von Gesetzen oder Programmen, die mit dem Experiment in Zusammenhang stehen. Im Jahre 1969 führte der Staat New Jersey ein großzügiges Wohlfahrtsprogramm ein, das sich mit dem angebotenen Einkommen des New Jersey-IME überschnitt und mit ihm konkurrierte. Somit wurden mitten im Experiment radikal die Voraussetzungen verändert und die Validität seiner Ergebnisse wurde geschmälert.[43]

Wenigstens würde eine solche Veränderung sowohl die Experimental- als auch die Kontrollgruppen gleichermaßen beeinflussen. Der Schaden wäre größer, wenn ein Ereignis die beiden unterschiedlich träfe. Nehmen wir zum Beispiel an, daß ein neues Bildungsprogramm experimentell einer Mittelpunktschule in einer Stadt angeboten wurde, einer anderen aber nicht, die als Kontrolle dienen sollte. Gehen wir zudem davon aus, daß es sich im Schulsystem herumgesprochen habe, daß das neue Programm die Leistungspunktwerte erhöhe, und die Lehrer in der Kontrollschule, die sich nun herausgefordert fühlen, ihrerseits Neuerungen vornehmen, um das Niveau ihrer Schüler zu verbessern. Diese Veränderungen würden die Kontrollschule ebenfalls zu einer Experimentalschule machen, aber von ganz anderer Art. Das Ergebnis: Es würde nun zwei unähnliche Experimentalgruppen geben, jede ohne Kontrollgruppe, und es wäre nicht länger ein echtes Experiment.[44]

Handhabung der Daten. Sozialexperimente steuern komplexe Beihilfeprogramme und sammeln Informationen über ihre Wirkungen; deshalb erzeugen sie riesige Datenmengen, besonders dann, wenn die experimentellen Variablen in vielen Ausprägungen vorliegen. »Diese riesigen Datenmengen zu verwalten,« sagen Ferber und Hirsch, »ist für sich genommen eine bedeutende Aufgabe, eine Aufgabe, deren Komplexität im New Jersey- und in einigen anderen Experimenten wesentlich unterschätzt wurde.«[45]

Nicht nur müssen Daten erhoben und zu Dateien verarbeitet werden, sondern auch die Organisation dieser Dateien ist außerordentlich komplex, da die Teilnehmer von Monat zu Monat unterschiedliche Beihilfebeträge erhalten, dem Programm bei- oder aus ihm austreten, sich Familien anschließen oder sie verlassen können. Diese neuen Daten müssen jedoch fortwährend und schnellstens eingearbeitet werden. »Wenn sie zu lange ignoriert werden,« warnen Archibald und Newhouse, »können sie außer Kontrolle geraten, und das Chaos ist programmiert.«[46]

Die obige Aufstellung der Schwierigkeiten zu Beginn und während eines Sozialexperiments ist bei weitem nicht vollständig. Es gibt weitere – vielleicht eben so viele wie die hier erwähnten. Und doch sind die Forscher, die versucht haben, ein Sozialexperiment durchzuführen, davon begeistert. Archibald und Newhouse schließen, nachdem sie die Vielschichtigkeit und die Schwierigkeiten dieser Form der Sozialforschung haben Revue passieren lassen, mit folgenden hoffnungsvollen Worten an den Sozialexperimentator:

Laß dich nicht so leicht entmutigen. Wir glauben, daß das Sozialexperiment, wenn es richtig eingesetzt wird, ein außerordentlich wertvolles Werkzeug sein kann. Sicherlich ist es zeitraubend, manchmal frustrierend, gemessen am gewöhnlichen Standard der sozialwissenschaftlichen Forschung kostspielig und risikoreich – ein Fehler im Design oder seiner Anwendung kann die ganze Mühe zunichte machen. Aber neues Wissen wird selten bequem gewonnen.[47]

Ein schleppendes Verfahren

Die komplette Aufstellung der Feldoperationen und Forschungsstudien von SIME/DIME füllt Berichte, Papiere und Memoranden von mehreren tausend Seiten. Selbst die stark komprimierte Fassung des zweibändigen *Final Report* umfaßt 638 Seiten. Die folgenden Aufzeichnungen können nur ein paar flüchtige Eindrücke der gesamten Geschichte wiedergeben.

Die Zahlungen. Jeden Monat werden in den SIME/DIME-Feldbüros viele Hunderte (und in einigen Jahren Tausende) von NIT-Auszahlungsschecks von durchschnittlich $ 150 bis $ 160 ausgestellt. In Seattle fließt der Geldstrom von 1971 bis 1977; in Denver von 1972 bis 1979. Während dieses Jahrzehnts werden über 20 Millionen Dollar an die Experimentalfamilien und 1,5 Millionen Dollar an die Kontrollfamilien verteilt.[48] Das meiste davon wird jedoch durch einbehaltene Wohlfahrtsbeihilfen wieder eingespart.

Der Mitarbeiterstab. Zu manchen Zeiten umfaßt das Team für die Feldarbeit in jeder Stadt gut einhundert Mitarbeiter. Ungefähr ein Drittel sind Interviewer; der Rest besteht aus Kontrollpersonal, das die Qualität der Fragebogen überprüft; Analytikern, die die monatlichen Berichte jeder Familie auswerten, um zu berechnen, wie hoch der nächste Scheck sein sollte; Computerspezialisten, Büroangestellten und anderen.

Nachprüfung. Die Analytiker vergleichen den monatlichen Einkommensbericht jeder Familie sorgfältig mit den Kontrollabschnitten ihrer Auszahlungsschecks und einer Kopie der Lohnsteuererklärung. Dieses Verfahren verhindert, daß die Wohlfahrtsempfänger ihr Einkommen als viel geringer angeben, als es ist, um ihre Beihilfen zu erhöhen. Viele SIME/DIME-Familien, die erkennen, daß ihre Einkommensaussagen ganz genau überprüft werden, melden sogar solche Einnahmequellen wie Bargeldleistungen für Putzen. Eine Frau ruft an und fragt, wie sie den Betrag verbuchen solle, den sie für ein von ihrem Mann gestohlenes Fernsehgerät erhalten habe. Die Mitarbeiter grübeln darüber nach und sagen ihr dann mit unbewegter Miene, daß sie ihn unter der Rubrik selbständige Arbeit als »TV-Gelegenheitsverkauf« auflisten solle.[49]

Der Mitarbeiterstab deckt jedoch auch einige Fälle von Betrug und arglistiger Täuschung auf. Zum Beispiel: Ein für die NIT-Zahlungen qualifizierter Mann aus Seattle verläßt seine »Frau«, um der Reihe nach bei anderen Frauen zu leben, denen er (durchaus korrekt) erzählt, daß sie alle für den Erhalt der NIT-Beihilfen berechtigt seien, wenn sie mit ihm zusammenlebten, und daß diese Berechtigung selbst dann bestehen bleibe, wenn er sie wieder verlasse. Als der Mitarbeiterstab ihm auf die Schliche kommt, hat er dem Programm bereits fünf Frauen hinzugefügt.[50]

Die Interviews. Alle vier Monate wird jede Familie von einem Interviewer besucht. Er stellt zumindest drei Familienmitgliedern ungefähr 200 Fragen zu ihren Arbeitsplätzen, ihrem Einkommen und oftmals zusätzlich eine Menge Fragen über Freizeitaktivitäten, die Rollenverteilung innerhalb der Familie, Gesundheit, Schulleistungen der Kinder. Mehr als 65 000 Interviews werden bis zum Ende des Experiments durchgeführt sein – der aufwendigste Teil der gesamten Arbeit.[51]

Eine Zeitlang kommt in Seattle mancher Interviewer, nachdem er einen zwanzig Pfund schweren tragbaren Computer mehrere Treppenfluchten hinaufgeschleppt hat, keuchend und schwitzend vor Anstrengung an den Wohnungstüren an. Martin Gorfinkle, ein Computerexperte, hatte Spiegelman überzeugt, daß man sehr viel Zeit sparen könne, wenn die Interviewer die Antworten, so wie sie sie erhielten, gleich in einen Computer eintippten, der die Daten über das Telefon der Familie direkt an einen Burroughs 6 700 Computer am SRI in Menlo Park übermittelte. Aber der Plan scheitert an einem seltsamen Umstand: In den 70er Jahren haben viele Schwarze in Seattle Princess-Telefone – ein Statussymbol –, und der Computer kann nur an ein Standardgerät angeschlossen werden. »Eine Viertelmillion Dollar ging auf diese Weise den Bach hinunter«, klagt Charles Thompson. Tatsächlich war es kein vollständiger Verlust: Aus dieser Bemühung entsprang das SIME/ DIME-Dateneingabe-System, eines der ersten im Land, bei dem Daten aus den Büros für die Feldarbeit gleichzeitig übertragen, aufbereitet und in die Computer im Forschungszentrum eingegeben wurden.

Um die Familien davon abzuhalten, auszuscheiden, werden die Interviewer gezielt in Überredungstechniken geschult. Aber Überredung kann die migrationsbedingten Ausfälle nicht verhindern, und wenn die Familien, die Seattle und Denver verlassen, wegfallen, kann die Stichprobe verfälscht werden. Deshalb versucht das Team für die Feldarbeit per Post und Telefon, den Umgezogenen auf der Spur zu bleiben, bezahlt ihnen weiterhin NIT-Beihilfen und schickt ihnen Interviewer hinterher, wo auch immer sie sein mögen. Dennoch gehen ungefähr 20% der Ehemänner, 15% der Ehefrauen und 15% der weiblichen Familienoberhäupter während der ersten zweieinhalb Jahre des Experiments verloren, eine beträchtliche Anzahl, doch nicht zu viele, um das Gelingen des Experiments wirklich zu gefährden.[52]

Beratung und Ausbildung. In kleinen Zimmern und Konferenzräumen am ›Seattle Central Community College‹ und am ›Denver Community College‹ nehmen ungefähr die Hälfte der armen und oftmals schlecht ausgebildeten Leute von der SIME/DIME-Stichprobe an privaten und Gruppenberatungssitzungen teil. Sie absolvieren durchschnittlich ein halbes Dutzend Sitzungen mit den Beratern, die ihren Fähigkeiten, Begabungen und Beschäftigungszielen nachspüren. Eine ganz neue Erfahrung für die meisten der Teilnehmer. Ungefähr die Hälfte von ihnen entscheidet sich dafür, mit den Mitteln aus SIME/DIME weiterzumachen, um Ausbildungskurse in Handwerks-, Handels- und Gesundheits- oder sozialen Dienstleistungsberufen zu besuchen. Einige sind so ehrgeizig, sich bei akademischen Programmen einzuschreiben, um das Abitur nachzumachen. (Obgleich die Beratungs- und Ausbildungsleistungen nicht direkt Teil des NIT-Experiments sind, bilden sie ein zweites Experiment innerhalb von SIME/DIME und verwenden dieselbe Stichprobe von Familien.)[53]

Datenverarbeitung. In den Büros für die Feldarbeit werden die Informationen aus den monatlichen Berichten der Familien und den ausgefüllten Fragebögen in kodierte Daten umgewandelt und dann über gemietete Leitungen an den Zentralcomputer in Menlo Park gesendet. Dort werden die Daten geordnet und unter verschiedenen Aspekten in einer speziellen Datenbank abgespeichert. Verschiedene Zugriffsarten erlauben ein problemloses Abrufen der Informationen, die für den täglichen Umgang mit den Familien benötigt werden. Andere ermöglichen es den SRI-Forschern, entweder Querschnitt- oder Längsschnittzusammenfassungen der Informationen zu erhalten.

Eine Zeitlang jedoch ist die nutzungsgerechte Abspeicherung der Daten ein schwieriges Problem. Spiegelman fürchtet zuweilen, daß dadurch das Experiment gekippt werden könnte. Aber bevor sich die angelaufenen, ungeordneten Informationen zu einer unüberschaubaren Wucherung auswachsen, schreibt Virgil Davis, ein Systemprogrammierer am SRI, ein Programm, mit dessen Hilfe sie in einer variablen Datenbank kompiliert werden können. Von da an funktioniert das Daten-Eingabe-System im allgemeinen gut – nur zu Hochbetriebszeiten treten Fehler in den gemieteten Leitungen zwischen den Büros für die Feldarbeit und dem Menlo-Park-Computer auf.[54]

Im Dunkeln tappen. Tag für Tag, Jahr um Jahr sammeln die Außendienstmitarbeiter in Seattle und Denver ihre Daten und übermitteln sie an SRI, ohne zu ahnen, was sie aussagen. Robert Williams, Chef der Feldoperationen in Denver, dachte, er würde Forschung betreiben (er ist Doktor der Verwaltungswissenschaften), empfindet aber, wie er einem Freund erzählt, seine Arbeit als »Leiten einer Datenfabrik«. Spiegelman und seinen Kollegen in Menlo Park ergeht es nicht besser; mit der Datenanalyse – dem einzigen Teil ihrer Arbeit, den sie mit dem Namen »Forschung« bezeichnen – kann nicht ernsthaft begonnen werden, bevor nicht eine beträchtliche Anzahl von Familien turnusgemäß aus dem Programm ausgeschieden ist.

Das Team für die Feldarbeit erfährt jedoch von ein paar Familien, die das Programm ab 1974 verlassen, etwas darüber, was es für sie bedeutet hat. Die meisten Stellungnahmen sind, wie diese beiden, durchaus positiv:

Dieses Programm ist weitaus besser als Sozialhilfe. Als Teilnehmer empfand ich nicht die Verlegenheit oder Scham wie als Sozialhilfeempfänger …

Durch Ihre Beihilfe konnten wir uns zurücklehnen und über unser Leben nachdenken und wie es weitergehen sollte. Wir fingen beide an, mehr Freude an unseren Kindern zu haben, und ich gehe wieder auf die Schule.[55]

Es gibt aber auch andere Bemerkungen wie diese:

[Das Programm] macht auf mich den Eindruck, als ob es ein ›Großer Bruder/C.I.A.-Wachhund‹ [der Armen] ist. Jedesmal, wenn ich befragt werde, kommen die Attitüden der Bürokratie durch … Der ›Große Mann‹ beobachtet dich.[56]

Niemand weiß, welche Trends die angehäuften Daten bei der statistischen Auswertung enthüllen werden. Alle drei Monate schreibt Spiegelman einen 30 oder 40 Seiten langen Bericht an das ›Office of Income Maintenance Research‹ am HEW und an die staatlichen Wohlfahrtsämter in Washington und Colorado, aber diese Kommuniqués behandeln nur die Vorgehensweisen und liefern keinen Hinweis auf die Ergebnisse. Es wird sechs Jahre lang einfach keine geben.

Die Forschung. Im Jahre 1974 sind die Forscher um Spiegelman am SRI in der Lage, mit der Analyse der Daten der ersten Familien zu beginnen, die ihre experimentelle Zeit beendet haben, und 1977 ist die Auswertung dann im vollen Gange. Bis 1980 produzieren sie einhundert Forschungspapiere und technische Berichte sowie Berge von Zeitschriftenartikeln.

Die Forscher brüten über Computerausdrucken, schreiben Gleichungen auf Schreibblöcke und Wandtafeln, tippen über Schreibtisch-Terminals Computerbefehle ein und dergleichen. Aber in dieser Arbeitsphase denken die SIME/DIME-Forscher auch an spezielle Dinge. In anderen sozialwissenschaftlichen Disziplinen benutzen die Forscher oftmals »theoriefreie« Varianzanalysen, um nach Unterschieden zwischen ihren Experimental- und Kontrollgruppen zu suchen. Wenn sie eine starke Kovariation zwischen zwei Faktoren finden (falls sich der eine jedesmal markant verändert, wenn es der andere auch tut), nehmen sie an, daß es eine Kausalverbindung zwischen beiden geben muß, und schlagen eine Theorie vor, um sie zu erklären. Aber Spiegelman nennt diesen Ansatz, wie die meisten Wirtschaftswissenschaftler, spöttisch »Daten-Bergbau« und meint, daß er einem überhaupt nichts sagen könne – oder doch fast nichts. Er und seine Forscher, von denen die meisten Wirtschaftswissenschaftler sind, gehen anders vor: Sie beginnen mit der Theorie und benutzen die Daten dann, um diese zu bestätigen oder zu widerlegen.[57]

Zuerst stellen sie ein »Modell« auf – eine Gleichung oder eine Reihe von Gleichungen, die einen Teil der Wirtschaftstheorie auf die spezifischen Bedingungen ihres Experiments anwenden. Im Falle von SIME/DIME fangen sie mit einer sehr einfachen Gleichung an, die die ›Labor Supply Theory‹ ausdrückt (die Tendenz des rationalen Menschen, ein Gleichgewicht zwischen der bezahlten Arbeit und der Freizeit herzustellen). Von dieser Theorie ausgehend konstruieren sie verschiedene komplizierte Gleichungen – die grundlegende ist vier Zeilen lang und enthält dreißig verschiedene Ausdrücke –, die die Beziehung der vielen Variablen des Experiments zueinander und zur Anzahl der Arbeitsstunden aufzeigen.[58]

Dann arbeiten sie mit den Daten, die vom Außendienst in den Computer eingegeben worden sind. Nachdem sie zahllose pedantische Anpassungen für Unterrepräsentanz, Ausfall und andere Verzerrungen vorgenommen haben, »hauen sie die Zahlen rein« – daß heißt, sie geben die korrigierten Werte dort in die Gleichungen ein, wo unbekannte Konstanten durch algebraische Symbole repräsentiert sind. Wenn die Gleichungen dann durch den Computer laufen, werden die Ergebnisse die Theorie bestätigen oder widerlegen – in diesem Fall bestätigen sie sie – und die Größe der Relationen aufzeigen, indem sie den Grad spezifizieren, in dem die Arbeit bei jedem Dollar mehr an NIT-Zahlungen oder jeder Zunahme der sogenannten Steuerrate zurückgeht.

Labor Supply Response. Als die Drei-Jahres- und dann die Fünf-Jahres-Familien ausscheiden, überarbeiten Robins und sein Mitstreiter, der Wirtschaftswissenschaftler Richard West, ihre Gleichungen immer wieder und entziffern die Details der ›Labor Supply Response‹ auf das jährliche Garantieeinkommen hin, der zentralen Frage des ganzen Experiments. Ihre Hauptergebnisse sind:

- Im allgemeinen wirkten sich die Variationen in der Steuerrate nur geringfügig auf das Ausmaß der Arbeitsverminderung aus. Ein höheres Garantieeinkommen reduzierte die Arbeitswilligkeit jedoch weit mehr als ein geringeres.[59]
- Insgesamt arbeiteten Ehemänner von Drei-Jahres-Familien im zweiten Jahr 7% weniger und begannen dann, ihr normales Arbeitspensum wieder aufzunehmen, als das Ende ihrer NIT-Beihilfen nahte. Ehemänner von Fünf-Jahres-Familien traten bei ihrer Arbeit im dritten Jahr um 13% kürzer und erreichten danach wieder ihren normalen Level.[60]
- Schwarze und Chicano-Männer ließen in ihrer Arbeitsleistung stärker nach als weiße Männer. Vielleicht war das Nichtarbeiten für sie attraktiver, da sie schlechtere Arbeitsmöglichkeiten haben als weiße Männer.[61]
- Ehefrauen steckten sowohl in den Drei-Jahres- als auch den Fünf-Jahres-Familien ungefähr doppelt so stark bei ihrer Arbeit zurück wie Ehemänner. Alleinstehende weibliche Familienvorstände gingen dabei sogar noch weiter – bis zu 22% bei einer dreijährigen und bis zu 32% bei einer fünfjährigen Unterstützung.[62]

Die erschreckend hohen Zahlen für alleinstehende weibliche Familienvorstände beunruhigen den Mitarbeiterstab. Die meisten von ihnen hoffen, daß das Einkommensstützungsprogramm sich als wirtschaftlich durchführbar erweisen wird. Aber die Daten zur Arbeitsverminderung basieren auf den tatsächlichen Ergebnissen der Experimentalfamilien; es handelte sich allerdings um eine geschichtete (und daher verzerrte) Stichprobe. Als die Wirtschaftswissenschaftler ein komplexes mathematisches Modell konstruieren, um diese Verzerrungen auszugleichen, erhalten sie etwas beruhigendere Zahlen:

– Insgesamt arbeiteten im zweiten Jahr Ehemänner 8% weniger, Ehefrauen 20% weniger und alleinstehende Frauen mit Kindern 14% weniger.[63] Das sind höhere Zahlen als in den anderen IMEs, was zu erwarten war, da SIME/DIME großzügigere Zahlungsmodi enthält. Wenn man berücksichtigt, daß viele Ehefrauen und alleinerziehende Frauen sowieso relativ wenig arbeiten, gibt es bei SIME/DIME oder einem der anderen IMEs keinen Anhaltspunkt für einen massiven Rückzug aus dem Arbeitsleben, der anzeigen würde, daß ein nationales NIT-Programm wirtschaftlich nicht durchführbar wäre.[64]

Aber es würde teuer werden, wenn man in punkto Arbeit nicht bestimmte Forderungen stellen würde, um die Tendenz bei den Armen, das Geld zu nehmen und weniger zu arbeiten, zu mindern: Ohne einen Arbeitsverpflichtungsfaktor würde sich ein nationales NIT-Programm irgendwo zwischen mehreren Milliarden bis auf dreißig Milliarden Dollar über das gegenwärtige Wohlfahrtssystem hinaus belaufen, abhängig davon, wie großzügig es wäre, und weil es Millionen von arbeitenden armen Ehepaaren Beihilfen gewähren würde, die zur Zeit nicht von der Wohlfahrt abgedeckt sind.[65] Zu spät erkennt das Forscherteam, daß es die Arbeitsverpflichtung als eine weitere Variable in das experimentelle Design hätte aufnehmen sollen. Der Bescheid aus Washington besagt nun, daß ohne einen solchen Faktor der Kongreß niemals einen Plan für ein Einkommensstützungsprogramm vorschlagen wird. Die Forscher gehen davon aus, daß eine solche Verpflichtung die Kosten wesentlich verringern könnte, können aber nicht zeigen, um wieviel.

Beratung und Ausbildung. Die Ergebnisse ihrer Analysen zur beruflichen Beratung und Ausbildung versetzen die Forscher in Staunen. Sie hatten erwartet, daß diejenigen, die an diesen Programmen teilnahmen, bessere Arbeitsstellen bekommen und ihr Einkommen erhöhen würden, aber die Analysen zeigen, daß dies nicht der Fall war. Diejenigen Personen, die eine Beratung erhalten hatten, brachten es tatsächlich fertig, weiterhin auf schlechteren Stellen zu bleiben und weniger Geld zu verdienen als jene, die keine Beratung bekommen hatten. Ebenso rätselhaft war, daß die Ausbildung keinen merklichen Einfluß auf das Beschäftigungsniveau oder das Einkommen hatte.[66]

In seiner zurückhaltenden Art teilt Spiegelman seinen Mitarbeitern mit, daß er diese Ergebnisse »ärgerlich« und »schwer zu interpretieren« findet. Jahre später räumen zwei seiner Forscher, Katherine Dickinson und West, im *Final Report* freimütiger ein, daß der Mitarbeiterstab die Ergebnisse »erschreckend« gefunden hat, und legen mit der Weisheit nachträglicher Einsicht kläglich offen, daß wohl »das nicht richtungweisende Beratungs- und Trainingsprogramm die Teilnehmer dazu verleitet haben mag, sich unrealistische Ziele zu setzen.«[67]

Ehestabilität. Ende 1974 bekommt Christophersen, zu der Zeit verantwortlich für die Feldarbeit in Seattle, einen Telefonanruf von Spiegelman: »Was macht Ihr denn da in Seattle? Irgendetwas stimmt mit Euren Daten zur Ehestabilität absolut nicht.« Christophersen fragt, um was es denn gehe. Spiegelman sagt, er habe von Michael Hannan, Nancy Tuma und Steven Beaver, drei Soziologen von der Stanford University, die seinem Forscherteam angehören, erfahren, daß Scheidungen bei Familien mit Garantieeinkommen erheblich verbreiteter zu sein scheinen als bei den Kontrollfamilien. Aber dies widerspricht den Forschungsdaten eines Vierteljahrhunderts, die zeigen, daß Trennungen unter den Ärmsten am häufigsten vorkommen. Die Einkommensstützung sollte die Ehestabilität erhöhen, nicht vermindern.

Im Laufe der Zeit wird deutlich, daß sowohl mit den Zahlen als auch mit den am SRI durchgeführten Analysen etwas nicht stimmte. Jahr für Jahr liefern die Daten von Seattle und Denver dieselben Ergebnisse: Bei Schwarzen und Weißen (aber nicht bei Chicanos) ist die Trennungsrate in den Experimentalgruppen um 40% bis 60% höher als in den Kontrollgruppen. Ebenso ungereimt scheint, daß geringe und mittlere Einkommensgarantien die Trennungsrate ansteigen lassen, die höchste Einkommensgarantie jedoch nicht.[68]

Schließlich stellen Hannan, Tuma und Lyle Groeneveld (der den bei einem Autounfall ums Leben gekommenen Beaver ersetzt) die Hypothese auf, daß die Einkommensstützung zwei konträre Effekte hat: Sie erhöht die Familienstabilität, aber sie macht auch die nichtberufstätigen Frauen unabhängiger von ihren Partnern. (Dies ist ein gutes Beispiel für das, was Spiegelman unter »Daten-Bergbau« versteht; da die Ergebnisse jedoch unerwartet waren, bildeten sie nicht die Überprüfung einer Hypothese, sondern stellten eine Unregelmäßigkeit dar, für die eine Hypothese gefunden werden mußte.) Unter den ärmsten Familien und bei geringen NIT-Beihilfen besteht das »Nettoergebnis« weitgehend darin, daß es Frauen in schlecht funktionierenden Lebensgemeinschaften ermöglicht wird, diesen zu entfliehen. Unter den besser situierten Familien und bei den höchsten NIT-Beihilfen gleichen sich die beiden Effekte aus.[69] Diese Erklärung ist nur ein Versuch. Die Tatsachen sind jedoch unumstritten. Und beunruhigend: Viele SRI-Forscher fürchten, daß diese Ergebnisse den Gegnern der Einkommensstützung nützlich sein könnten. Aber Spiegelman gerät nicht aus der Fassung. »Dies sind wissenschaftliche Informationen, die die Leute kennen und verstehen müssen«, sagt er. »Wenn sie das, was bei einem Einkommensstützungsprogramm vorgeht, nicht mögen, ist es viel billiger, das jetzt herauszufinden.«

Gesundheit und Konsumverhalten. Eine Reihe Forscher mit speziellen Interessen suchen in der Datenbank nach anderen interessanten Effekten des Experiments. Und finden zum Beispiel folgende:

- In den Experimentalgruppen ging die Kinderzahl bei weißen Familien zurück. Bei Chicanos erhöhte sie sich, und bei den Schwarzen blieb sie unverändert – die Forscher geben offen zu, daß all dies »irgendwie konfus« ist.[70]
- Entgegen allen Erwartungen verbesserte sich bei den Personen, deren Einkommen durch SIME/DIME erhöht worden war, nicht ihr psychisches Wohlbefinden. In der Tat empfanden einige ein stärkeres psychisches Unbehagen als vorher. Die Soziologen Peggy Thoits und Michael Hannan bieten eine Erklärung für dieses Paradoxon an: Ein zusätzliches Einkommen kann dazu beitragen, erwünschte, aber stressige Veränderungen wie zum Beispiel eine Scheidung herbeizuführen.[71]
- Familien, die NIT-Beihilfen bekamen, erhöhten ihre Ausgaben für Kleidung stärker als für andere Verbrauchsgüter. Obgleich viele in Wohnungen lebten, die unter der Norm lagen, gaben sie relativ geringe Beträge ihres zusätzlichen Einkommens für eine bessere Unterkunft aus. Anscheinend war dies für sie von untergeordneter Bedeutung.[72]

Während das Experiment langsam seinen Gang nimmt, läuft die Zeit, in der die Ergebnisse in politische Maßnahmen umgesetzt werden können, davon, und die politische Basis des Einkommensstützungskonzeptes bröckelt zunehmend ab.

Präsident Nixons ›Family Assistance Plan‹ passiert das Repräsentantenhaus 1969, wird aber vom Senat abgelehnt. Danach werden andere Gesetzesvorlagen zur Einkommensstützung von Nixon vorgeschlagen, dann von Ford und später von Carter. Keine der vorgeschlagenen Maßnahmen wird jedoch verabschiedet. Im Jahre 1978 ändert Senator Daniel Moynihan, der lange für die Einkommensstützung eingetreten ist – und dessen Unterstützung als Vorsitzender des ›Subcommittee on Public Assistance of the Committee on Finance‹

für ihre Verabschiedung entscheidend ist –, öffentlich seine Meinung. Damit sind die jahrzehntelangen Bemühungen, die Einkommensstützung gesetzlich zu verankern, endgültig gescheitert – lange bevor die Forschungsergebnisse alle vorhanden waren beziehungsweise sorgfältig durchdacht werden konnten.

Die politischen Konsequenzen des Sozialexperiments

Anders als bei den meisten anderen Arten der wissenschaftlichen Forschung ist das Sozialexperiment eng mit der Politik verwoben. Die Verbindung, obgleich symbiotisch, wird durch inhärente Unvereinbarkeiten beeinträchtigt, die oftmals die Regierung daran hindern, den besten (oder manchmal auch nur irgendeinen) Gebrauch von den Befunden zu machen, für die sie bezahlt hat, und das wiederum enttäuscht die Forscher, die dieser Arbeit viele Jahre gewidmet haben. Hauptsächlich verantwortlich dafür sind:

Der Zeitplan. Das ernsthafteste und hartnäckigste Problem betrifft die Aktualität der Forschungsergebnisse, die durch das Sozialexperiment geliefert werden. »Forschung und politische Maßnahmen sind oftmals so unangenehm wie Bettgenossen«, schreibt James Coleman. »Politische Entscheidungen haben einen eigenen Zeitplan, und Forschung hat ihren. Diese Zeitpläne stehen oft in einem ernsten Konflikt miteinander.«[73]

Der Staat unterstützt ein Sozialexperiment im allgemeinen nur dann finanziell, wenn er neue politische Maßnahmen einführen will, die ein ernsthaftes Problem lösen sollen. Aber ein Experiment zu planen, kann ein oder mehrere Jahre dauern. Die Angebote von Vertragspartnern einzuholen und die nötigen Mittel vom Kongreß zu bekommen, kann nochmals viel Zeit kosten. Und es kann mehrere Jahre Feldarbeit erfordern, die Daten zu erheben, und genauso lange, sie auszuwerten.[74] Die Leiter von Behörden, der Kongreß und der Präsident können in der Regel nicht so lange warten. Probleme, die so dringend sind, daß sie ihre Aufmerksamkeit geweckt haben, müssen angegangen werden, bevor sie ihnen aus der Hand gleiten, spätestens vor der nächsten Wahl. Daher wird der Präsident die zu prüfende politische Maßnahme vorschlagen und der Kongreß sie beraten, lange bevor die Forscher sagen können, ob sie ihre Ziele erreichen wird oder nicht.[75]

Während der Debatte können ungeduldige Politiker darüber hinaus fordern, daß die Forscher ihre frühen, noch vorläufigen Ergebnisse preisgeben. Kongreßkomitees drängen die Forscher dahin, zu früh Ergebnisse zu liefern, die oftmals irreführend sind, aber einen stärkeren Eindruck hinterlassen können als die endgültigen Resultate. Die Öffentlichkeit, an die die vorzeitigen Enthüllungen gelangen, kann außerdem die Schlußergebnisse verfälschen, indem den Teilnehmern an den Feldversuchen deutlich gemacht wird, was über ihr Verhalten gedacht wird, und sie somit beeinflußt werden.[76]

Wenn auf der anderen Seite das Programm nicht frühzeitig verabschiedet wird, mag sich der politische Wind drehen, bevor die Forschung abgeschlossen ist, und die Verfechter des Programms verfügen vielleicht nicht mehr über die Mehrheit, oder die politische Meinung der Öffentlichkeit kann sich verändert haben. Wenn die Ergebnisse zeigen, daß die politische Maßnahme ihr Ziel nicht erreicht hätte, wird das Experiment als eine Geld- und Zeitverschwendung erscheinen. Wenn die Ergebnisse zeigen, daß die politische Maßnahme, entweder wie getestet oder mit gewissen Modifikationen, erfolgreich sein würde, werden sie ungehört und ungenutzt bleiben.[77]

Die Interpretation. Politiker und die Öffentlichkeit finden Sozialexperimente oft verwirrend. Die Methodologie ist komplex und schwierig, und die Ergebnisse, die oftmals von einem Ausschnitt der überprüften Stichprobe zum anderen variieren, können in sich selbst widersprüchlich erscheinen. Greenberg und Robins dazu:

In vielen Fällen ... sind die Forscher nicht fähig oder nicht gewillt gewesen, verständliche Diskussionen über das experimentelle Design und die Auswertungsmethoden zu führen, und haben folglich eine allgemeine Verwirrung darüber gestiftet, was getestet und was herausgefunden worden ist. Tatsächlich erscheinen die Forscher manchmal mehr an den methodologischen als an den politischen Fragen interessiert. Darin spiegelt sich teilweise die Tatsache wider, daß wissenschaftliche Zeitschriften mehr Wert auf Artikel legen, die innovative methodologische Inhalte haben, als auf Artikel, deren Ergebnisse ausschließlich mit Standardauswertungstechniken erzielt worden sind ... [Dies] schafft nicht nur Probleme bei der Vermittlung der Ergebnisse, sondern auch dabei, die Politiker von der Nützlichkeit der Ergebnisse zu überzeugen.[78]

Die Behörden, die Sozialexperimente in Auftrag geben und beaufsichtigen, könnten als Interpreten der Arbeit agieren, aber das Behördenpersonal, das direkt mit den Forschungsprojekten befaßt ist und sie am besten versteht, ist gewöhnlich professionell vorgebildet und neigt wie die Forscher dazu, sich in akademischen Fachbegriffen auszudrücken, statt sich für den Laien verständlich zu äußern. Ein Bericht des ›General Accounting Office‹ aus dem Jahre 1981 führt das erste Mißlingen des Wohlfahrtsreformvorschlags von Präsident Carter im Jahre 1977 teilweise auf die verwirrende Präsentation der Ergebnisse der IMEs vor dem Kongreß durch HHS-Sprecher zurück.[79]

Wenn die Gesetzgeber auf ihre Fragen komplizierte und anscheinend widersprüchliche Antworten erhalten, begreifen sie oftmals die Gesamtbedeutung der Ergebnisse nicht. Vielmehr schnappen sie periphere Teilaspekte auf, die ihre eigenen Auffassungen stützen.[80] Gegner einer vorgeschlagenen politischen Maßnahme können sich zum Beispiel auf Randergebnisse konzentrieren, die moralische Implikationen aufweisen und die ihnen ermöglichen, bedeutende, für die Politik vorteilhafte Ergebnisse zu ignorieren. (Verfechter eines Vorschlags können natürlich das gleiche umgekehrt tun.) Der verheerendste Angriff auf die Einkommensstützung war das Nebenergebnis, daß die NIT-Beihilfen des SIME/DIME die Rate der Ehescheidungen erhöht hatten.

Die unerwünschten Entdeckungen. Politiker und Sozialforscher erwarten gewöhnlich von einem Sozialexperiment den Nachweis, daß die getestete politische Maßnahme wie geprüft oder mit bestimmten Modifikationen realisiert werden kann. Wie in anderen Wissenschaften hoffen jene, die ein Sozialexperiment durchführen, eher, eine Theorie zu bestätigen, an die sie glauben, als eine zu widerlegen, an die sie nicht glauben. Die Vorliebe für einen bestätigenden Beweis – der »Hang zur Bestätigung« – ist eine grundlegende menschliche Neigung.[81]

Aufgrund der Komplexität ihres Rohmaterials liefern Sozialexperimente jedoch oftmals Ergebnisse, die Zweifel an der überprüften Theorie hervorrufen oder sie zumindest als zu einfach und unvollständig hinstellen. Drei Sozialexperimente, die bereits erwähnt wurden, veranschaulichen dies:

– Das ›Wildcat Supported Work Program‹ prüfte die Hypothese, daß ständig arbeitslose ehemalige Drogensüchtige, wenn man sie mit subventionierten Arbeitsplätzen versorgte, arbeiten, Geld verdienen und sich folglich besser anpassen und weniger wahrscheinlich rückfällig würden. Die Experimentalgruppe der Ex-Süchtigen arbeitete und verdiente tatsächlich mehr als die Kontrollgruppe, wurde unabhängiger von der Wohlfahrt und entwickelte stabilere Familienbeziehungen. Aber obwohl zunächst die Wahrscheinlichkeit ebenfalls geringer wurde, daß sie Drogen nahmen oder in die Kriminalität zurückfielen, waren diese Erfolge nur temporär. Nach mehreren Jahren stellte sich heraus, daß sie in keiner Hinsicht bessere Aussichten hatten als die Kontrollgruppe.[82]

– Das ›Housing Allowance Program‹ prüfte die Vorstellung, daß Arme, die in schlechten Wohnungen hausen, eine bessere Unterkunft finden oder ihre bisherige Wohnsituation bedeutend verbessern würden, wenn man ihnen eine gezielte bare Wohnungsbeihilfe gäbe. Das Experiment lieferte wertvolle Informationen darüber, wie Zuschüsse die Beschaffung und die

Kosten von Wohnungen beeinflussen, aber sein Hauptergebnis war negativ: Der gewährte Barbetrag trug wenig zur Verbesserung der Wohnsituation seiner Empfänger bei, weil sie es, wie die NIT-Experimentalgruppen, vorzogen, das zusätzliche Geld für andere Dinge auszugeben.[83]

– Die ›Health Insurance Study‹ überprüfte die Annahme der Anhänger eines nationalen Krankenversicherungswesens, daß kostenlose medizinische Versorgung den durchschnittlichen Gesundheitszustand der Teilnehmer verbessern würde, ohne die medizinische Versorgung übermäßig intensivieren zu müssen. Es zeigte sich jedoch, daß Personen mit kostenloser medizinischer Versorgung weitaus größere Forderungen an das System stellten (und somit die allgemeinen Kosten beträchtlich in die Höhe trieben) als jene, die einen Teil ihrer Rechnungen selber bezahlen mußten. Diese zusätzliche Versorgung verbesserte ihren Gesundheitszustand nur geringfügig.[84]

Diese und ähnlich unliebsame Entdeckungen bedeuten manchmal wirklich, daß die den Programmen zugrundeliegenden Theorien falsch sind und somit der Staat durch das Experiment eine Menge Geld spart, indem er das Programm fallenläßt. Aber des öfteren besagen solche negativen Ergebnisse, daß die Theorien verbessert oder die Programme, die auf ihnen beruhen, modifiziert werden müssen, damit sie mit gegenläufigen Einflüssen fertig werden können. Die Gesetzgeber und die Öffentlichkeit übernehmen aber eher die erstere und einfachere Ansicht: Für sie beweisen die negativen Ergebnisse, daß das vorgeschlagene Programm nicht funktionieren kann und daß die Theorie, die dahintersteht, falsch ist. Somit können die wirklichen Ergebnisse, die insgesamt durchaus zu einem erfolgreichen Programmentwurf führen könnten, einen entsprechenden Vorschlag zu Fall bringen.[85]

Diese Tendenz wird noch dadurch verschärft, daß die Komplexität von Sozialexperimenten den Forschern erlaubt, verschiedene Auswertungsmethoden auf die Rohdaten anzuwenden. Greenberg und Robins erklären: »Wenn die ersten Ergebnisse erst einmal veröffentlicht sind, müssen andere Forscher, erpicht darauf, sich selbst einen Namen zu machen, mit anderen Methoden und Ergebnissen aufwarten, um eine Veröffentlichung ihrer Studien zu erreichen.«[86] Die meisten Analytiker fanden zum Beispiel den Arbeitsrückgang im New Jersey-IME unbedeutend, aber zumindest einer bewies zu seiner eigenen Genugtuung, daß er groß und statistisch signifikant sei.[87] Während Wissenschaftler an einen solchen Wettbewerb sozusagen berufsmäßig gewöhnt sind, bedeutet für die Politiker und die Öffentlichkeit der Wirbel oftmals, daß die Experimente Fehlschläge gewesen sind.

Was ist angesichts dieser inhärenten Unvereinbarkeiten der soziale Nutzen des Sozialexperiments, und ist es immer die Kosten auch wert?

Einige Kommentatoren meinen, daß das Sozialexperiment trotz all dieser Schwierigkeiten wertvoll und wichtig sei, hauptsächlich aus pragmatischen Gründen: Es hilft entweder den Politikern, ein Programm aufzustellen, das erfolgreich sein wird, oder es hält sie davon ab, eines zu verabschieden, das fehlschlagen würde oder unerwünschte Nebeneffekte haben könnte. In beiden Fällen, so meinen sie, sei das Experiment seinen Preis wert. Große Experimente mögen sich auf viele Millionen Dollar belaufen, aber die Programme, die sie entweder verbessern oder vereiteln, kosten Jahr für Jahr Milliarden Dollar.[88]

Andere Kommentatoren bringen im Gegensatz dazu vor, daß Sozialexperimente für Sozialwissenschaftler einen höheren Wert besitzen als für Politiker. Die Soziologen Howard Freeman und Peter Rossi meinen: »Großangelegte echte Experimente sind Juwelen, besonders für die Forscher ... Als Instrument für die praktische Politik ist ihr Nutzen jedoch eingeschränkt.«[89]

Die mehrheitlich vertretene Meinung unter Politikern und Forschern scheint zu sein, daß das Sozialexperimentieren beiden Zwecken dient. Saxe und Fine schließen ihre Untersuchung dieses Themengebiets mit dem Ergebnis ab, daß Sozialexperimente »uns helfen, die Auswirkungen von sozialen Eingriffen und sozialen Problemen zu verstehen ... Wissen zu erzeugen, um die sozialen Bedingungen zu verbessern ... die Unangemessenheit von gegenwärtigen Interventionen hervorzuheben und alternative Ansätze vorzuschlagen.«[90] Und ein Bericht des ›General Accounting Office‹ aus dem Jahre 1981 führt über die Einkommensstützungsexperimente und daraus folgernd über Sozialexperimente im allgemeinen aus:

Unserer Meinung nach ... stellen [sie] einen wichtigen Beitrag zur sozialen Feldforschung dar. Die Experimente demonstrierten die Durchführbarkeit des experimentellen Ansatzes, um viele soziale und wirtschaftliche Konsequenzen der vorgeschlagenen Programme zu bewerten. Sie sammelten umfangreiche Daten über das menschliche Verhalten, ermittelten bessere Methoden, um existierende Programme zu verwalten, und erbrachten wertvolle Erkenntnisse zur Durchführung (Planung, Überwachung und Ergebnisverbreitung) von Sozialexperimenten.[91]

Es werden also weiterhin Sozialexperimente durchgeführt, trotz der Hindernisse und trotz der Abneigung der Regierung Reagan gegen die Sozialforschung. Allerdings ist die Zahl der Experimente gegenüber den 70er Jahren zurückgegangen, und im allgemeinen sind sie auch kleiner dimensioniert. Andererseits läuft gerade jetzt das größte Sozialexperiment an, das jemals in

Angriff genommen worden ist: Es wird eine Stichprobe von 31 000 Personen verwenden, zumindest zehn Jahre dauern und eine wichtige Modifikation eines Programms überprüfen, das den Staat im Moment jährlich über 19 Milliarden Dollar kostet. Das von der ›Social Security Administration‹ geförderte Experiment wird die Wirkungen vorgeschlagener Veränderungen im Behindertenversicherungsprogramm bewerten. Diese sollen dazu dienen, den Beziehern einen Anreiz zu geben, wieder zu arbeiten und aus der Rolle des Beihilfempfängers auszuscheren. Das eingesparte Geld und die Bereicherung des individuellen menschlichen Lebens könnten immens sein − ganz zu schweigen von dem, was Sozialwissenschaftler über die Wünsche der Behinderten, den psychosozialen Wert der Arbeit und andere damit verbundene Aspekte des menschlichen Verhaltens lernen werden.[92]

Ergebnisse und weitere Überlegungen

Die Glanzpunkte der abschließenden Phase des Seattle-Denver-Einkommensstützungsexperiments sind:

1977

Die Regierung Carter, die die vorläufigen SIME/DIME-Daten als Leitfaden verwendet, schlägt ein Programm für ›bessere Arbeitsplätze und Einkommen‹ vor. Die Einkommensgarantie dieses Programmpakets erfordert, daß diejenigen, die arbeiten können, dies auch tun. Die Regierung glaubt, daß diese Maßnahme den Rückgang in der Arbeitsbereitschaft, der sich bei SIME/DIME gezeigt hat, eliminieren und somit die Kosten in Maßen halten kann. Der Vorschlag läßt den Kongreß kalt. Da die Wirkung der Arbeitsverpflichtung nicht bekannt ist, halten viele Abgeordnete die von der Regierung geschätzten Kosten für viel zu gering angesetzt.[93]

Im November liest ein Korrespondent im Büro der Los Angeles *Times* in Washington, D.C., zwei obskure SRI-Forschungspapiere auf den Files am HEW und schreibt einen Artikel dazu in der Ausgabe vom 4. November mit der Schlagzeile »Wohlfahrtsstudie beweist höhere Scheidungsraten durch Einkommenssteigerung«. Der Artikel wird von anderen Zeitungen aufgegriffen, und ein paar Tage später bringt die AP ihre eigene, in mehreren Zeitungen veröffentlichte Geschichte. Von da an ist Scheidung der meist publizierte und von den Gegnern am häufigsten angeführte Effekt der Einkommensstützung.

In Seattle sind die abschließenden postexperimentellen Interviews mit den Fünf-Jahres-Familien beendet (die letzte dieser Familien ist 1976 aus dem Programm ausgeschieden), und das Büro für die Feldarbeit schließt seine Pforten.

1978

Am 1. Mai bittet Senator Moynihan auf einer Anhörung des ›Senate Finance Committee's Subcommittee on Public Assistance‹, dessen Vorsitzender er ist, Spiegelman und andere SRI-Mitarbeiter, über den neuesten Stand der SIME/DIME-Ergebnisse zum Rückgang der Arbeitsbereitschaft und den Ehescheidungen auszusagen. Die Untersuchung der Arbeitswilligkeit ist das Hauptanliegen des Experiments gewesen, aber die Sache mit den Ehescheidungen ziert am nächsten Tag die Überschriften in der *Washington Post* (»Wohlfahrtsplan zerstört Familien«) und zahlreichen anderen Zeitungen im Land.

Noch im gleichen Monat präsentieren die SRI-Forscher auf einer Konferenz auf Orcas Island bei Seattle ihre Resultate Sozialwissenschaftlern, Staats- und Bundesbeamten. Die meisten ihrer Befunde behandeln das Arbeitsverhalten, aber wiederum schenken die Medien hauptsächlich den einfachen, unerwarteten und schlagzeilenträchtigen Ergebnissen zur Eheauflösung ihre Aufmerksamkeit.

Im September stellt Senator Moynihan, der die Idee eines jährlichen Garantieeinkommens ein Jahrzehnt lang propagiert hat, weitere Überlegungen dazu an und vollzieht öffentlich eine Kehrtwendung. In einem Brief an William F. Buckley, der in Buckleys konservativer *National Review* veröffentlicht wird, schreibt er: »Wie irrten wir uns doch in puncto Garantieeinkommen! Anscheinend ist es verheerend. Es fördert die Ehescheidungen um 70%, verringert den Arbeitswillen und so weiter … Als Vorsitzender des ›Subcommittee on Public Assistance of the Committee on Finance‹ schlage ich vor, nach der Wahl Anhörungen abzuhalten und alle und jeden damit zu konfrontieren.«[94]*

Am 15. November eröffnet Senator Moynihan die Anhörungen mit einem Urteil, das dem Beweis vorausgriff:

Was haben wir gelernt? Was können wir aus dieser Forschung für zukünftige politische Maßnahmen folgern? Diese Runde von Anhörungen gilt diesen Fragen. Es scheint nicht wahrscheinlich, daß die Antworten für diejenigen von uns tröstlich sein werden, die

---

* Die 70% stimmen nicht mit den Fakten überein. Die korrekten Zahlen sind: auf dem Beihilfeniveau von $ 5 600 20% bei Schwarzen, 14% bei Weißen; auf dem Beihilfeniveau von $ 3 800 58% bei Schwarzen und 51% bei Weißen.

gehofft hatten, daß man die existierenden Programme durch eine Art nationales Einkommensstützungs- oder reziprokes Einkommensteuerprogramm ersetzen könne.[96]

Er zitiert die Befunde zur Schwächung des Familienverbunds und zur Verringerung des Arbeitswillens – in dieser Reihenfolge – als Beweis dafür, daß diese Hoffnungen getrogen haben.

Drei Tage lang hört das Unterkomitee Zeugenaussagen von Spiegelman, Robert Williams, Jodie Allen (Spiegelmans ursprünglicher Kontaktperson am HEW), drei Wirtschaftswissenschaftlern von ›Mathematica‹ und über einem Dutzend anderer Experten an. Die SIME/DIME-Forscher präsentieren eine allgemein positive Interpretation ihrer Ergebnisse, aber sie sind Senator Moynihan nicht gewachsen. Einige Beispiele:

– »*Wissen* Sie eigentlich, was ich diesem Senat werde erklären müssen?«
– »Wir marschieren in diese Gemeinden und zerstören die Familien. Das ist eine schlimme Sache für ein dreijähriges Kind, wissen Sie.«
– »Irgendwie bedaure ich diese Anhörungen. Gewiß tut es mir leid um Ihre Ergebnisse … Aber so ist intellektuelle Arbeit nun mal. Sie bringt von Zeit zu Zeit Dinge an den Tag, die man nicht hören will. Aber wir müssen sie zur Kenntnis nehmen.«
– »Wo liegen die Grenzen von Experimenten mit Gemeinden? Man schreibt alles auf und sagt: ›Donnerwetter, das war interessant. Alles ging daneben.‹ Was ist mit den Leuten, die zurückbleiben?«
– »Mir gefällt diese Anhörung kein bißchen.«
– »Die Ergebnisse sind für uns und viele Forscher klar enttäuschend, insofern wir auf eine stärkere Bestätigung gehofft haben, daß ein großer sozialer Nutzen daraus gezogen werden kann.«

Und trotz all dem oben Gesagten:

– »Ich habe mich sehr bemüht, nicht alles auf diesen Anhörungen zu kritisieren.«[97]

Die Massenmedien berichten umfassend über die Anhörungen des ›Senate Subcommittee‹ und bringen Kommentare mit dem Inhalt, daß die Befunde das Konzept eines Garantieeinkommens als Fehlschlag erweisen. Ein paar der typischen Schlagzeilen:
Washington Star: »Studie stellt Wohlfahrtsreform in Frage.«[98]
Washington Post: »Mißlungenes Experiment über Garantieeinkommen.«[99]
New York Times: »Wohlfahrtsreform steckt in der Patsche.«[100]
Fortune: »Negative Befunde zur reziproken Einkommensteuer«[101]

Im Dezember sind die letzten postexperimentellen Interviews mit den Fünf-Jahres-Familien in Denver beendet, und das Büro für die Feldarbeit bereitet sich auf die Schließung vor.

1979

In Menlo Park erreicht die Datenauswertung ihren Höhepunkt. In diesem Jahr produzieren die Forscher Dutzende von Forschungspapieren, technischen Memoranden und Zeitschriftenartikeln.

In Washington zeigt sich das HEW nicht besonders interessiert und tut nichts, um sie zu veröffentlichen. Verwaltungsangestellte mögen die Ergebnisse zur Ehescheidung nicht, leiden unter den Vorwürfen, sie hätten sie verheimlicht (das ›General Accounting Office‹ findet später keine Anhaltspunkte für diese Beschuldigungen),[102] und müssen ständig zur Kenntnis nehmen, daß das jährliche Garantieeinkommen eine aussichtslose Sache sei.

1980

Die abschließenden SRI-Forschungspapiere sind geschrieben. Sie enthalten mehrere Entwürfe von Wirtschaftswissenschaftlern des SRI, die ein Simulationsmodell benutzen, das von ›Mathematica‹ entwickelt wurde und die Kosten und den Nutzen verschiedener NIT-Programme zeigt, sofern diese landesweit eingesetzt werden.

Außer den Wissenschaftlern kümmert sich niemand darum. Das Garantieeinkommen ist in Washington kein Thema mehr. Am HEW (oder HHS – dem ›Department of Health and Human Services‹ – wie es seit Mai heißt) ist die Diskussion weitgehend auf die Frage beschränkt, was mit den gut 200 Familien in Denver geschehen solle, die 1974 einen Vertrag auf 20 Jahre unterzeichnet haben. Die Behördenangestellten meinen, daß sie genug aus SIME/DIME gelernt hätten und mit der Langzeitstudie nicht fortfahren wollten. Sie beschließen, eine Vertragsklausel anzuwenden, die HEW aus seiner Verpflichtung gegenüber den Familien entläßt, die mit der Zahlung einer Pauschalsumme von ein paar tausend Dollar abgespeist werden beziehungsweise denen eine zweijährige Auslaufphase gewährt wird.[103]

Am 8. Oktober gibt das SRI eine Stehparty in seinem Hauptgebäude in Menlo Park für alle, die am Seattle-Denver-Projekt mitgearbeitet hatten. Die Einladungen kündigen vergnügt an, der Anlaß sei, »die erfolgreiche Beendigung von SIME/DIME zu feiern.«

Am 4. November siegt Ronald Reagan über Jimmy Carter. Man hört seither in Washington nichts mehr über die Idee eines Garantieeinkommens.

1981-1984

Der Forscherstab ist aufgelöst, aber eine Reihe Forscher und Gary Christophersen schreiben mit besonderen Verträgen die verschiedenen Abschnitte des *Final Report*. Er wird im Mai 1983 ohne Regierungs-Trara veröffentlicht. Die Titelseiten wirken so, als ob SRI den ersten und ›Mathematica‹ den zweiten Band herausgegeben habe; die Tatsache, daß beide Teile vom ›Government Printing Office‹ herausgegeben worden sind, wird in einer einzigen Zeile mit winzigen, auf dem Einbandrücken jedes Bandes versteckten Buchstaben eingestanden.

Und doch blicken diejenigen, die an der Untersuchung mitgearbeitet haben, sei es das Team für die Feldarbeit oder die SRI-Forscher, auf ihre Arbeit mit Stolz zurück, und fast alle von ihnen spüren, daß die Ergebnisse gezeigt haben, daß die Gewährung eines Garantieeinkommens sowohl durchführbar als auch sozial nützlich wäre.

Christophersen sagt zum Beispiel: »Das Experiment zeigte, daß ein solches Programm erfolgreich verwaltet werden könnte. Die Gesamtkosten würden höher sein als das gegenwärtige Wohlfahrtssystem, aber auf der Grundlage dessen, was wir darüber erfahren haben, was das Programm für die daran beteiligten Familien bedeutet hat, bin ich nicht davon überzeugt, daß es eine schlechte Sache ist, und ich denke, daß die meisten Leute, die an SIME/DIME arbeiteten, ähnlich empfinden.«

Robert Spiegelman, jetzt Direktor des ›Upjohn Institute for Employment Research‹ in Kalamazoo, äußert sich sogar noch positiver: »Ich glaube, unser Experiment hat gezeigt, daß die Einkommensstützung durch NIT der richtige Weg war, obgleich unsere Ergebnisse zeigten, daß man eine Arbeitsverpflichtung einbeziehen, sich Sorgen um den Einfluß auf die Ehen machen und hinsichtlich des Jobtrainings etwas anderes, als wir getan haben, tun sollte. Aber unsere Schlußfolgerungen kamen für NIT zu spät; seine Zeit war vorüber.«

Er hält einen Augenblick inne und fügt dann bestimmt hinzu: »Aber sie wird wiederkommen. Das bestehende System ist nicht sehr gerecht, es ist übermäßig kostspielig, und wir haben weiterhin eine hohe Armut in Amerika – sie war tatsächlich 1983 auf dem höchsten Stand seit achtzehn Jahren. In der nächsten Wahlperiode, wenn eine etwas liberalere Regierung an die

Macht kommt, werden sie sich all dies anschauen und etwas Positives tun wollen – und ich denke, sie werden die Idee der Einkommensstützung wieder ausgraben, denn es gibt keine Alternativen.«

Danksagung

Ich bin vielen Personen für die unterschiedlichsten Hilfen bei der Abfassung dieses Buches zu Dank verpflichtet.

Zuallererst möchte ich mich für den besonderen Beitrag von Marshall Robinson, Präsident der Russell Sage Foundation, bedanken, der die Idee zu diesem Buch hatte, die finanzielle Unterstützung sicherstellte, um das Buch zu schreiben, und mir durchweg zur Seite stand.

Marshall Robinson, Robert K. Merton und David L. Sills bildeten mein Beraterkomitee; sie unterstützten mich durch ihre hilfreichen Vorschläge und fachliche Kritik.

Über einhundert Personen, von denen die meisten an den sozialwissenschaftlichen Forschungsprojekten teilnahmen, die in den Kapiteln 2 bis 6 beschrieben sind, gewährten mir Zeit für Interviews, von denen sich einige auf viele Stunden über mehrere Tage erstreckten. Sie wissen selbst, wieviel ich ihnen schulde; ich danke ihnen allen an dieser Stelle, wenn auch nicht namentlich, da sie im Buch überall erwähnt sind.

Ich bin einer Reihe von Personen (einige davon waren in erster Linie Interviewte) verpflichtet, die mir Hintergrundinformationen übermittelten, mir bei den breiter gefaßten Themen, die in diesem Buch angesprochen sind, beratend geholfen und mir nützliche Nachdrucke, unveröffentlichte Manuskripte und Originaldokumente gegeben oder geliehen haben. Besonders wertvoll war die Hilfe von:

Steven R. Cohen; Morton Deutsch, Teachers College, Columbia University; Barbara Farah, *New York Times* News Poll; Paula Franklin, Social Security Administration; Gerald Grant, Syracuse University; Edward E. Jones, Princeton University; Thomas Juster, Institute for Social Research, University of Michigan; Bette S. Mahoney, Office of the Assistant Secretary, Department of

Defense; Roberta Miller, National Science Foundation; Senator Daniel Patrick Moynihan, U.S. Senate; Arthur J. Norton, Population Division, U.S. Bureau of the Census; Philip K. Robins, University of Miami; Richard C. Rockwell, Social Science Research Council; Pauline Rothstein, Russell Sage Foundation; und Judith Tanur, State University of New York, Stony Brook.

Die folgenden Personen unterstützten mich, indem sie Teile des Manuskripts lasen, Kommentare abgaben und Korrekturen machten. Sie haben einen unschätzbaren Beitrag für das Gelingen dieses Buches geleistet, für den ich außerordentlich dankbar bin:

Ivar Berg, University of Pennsylvania; Leonard Berkowitz, University of Wisconsin; Norman M. Bradburn, National Opinion Research Center, University of Chicago; Ewald W. Busse, Duke University Medical Center; Gary Christophersen, American Passage Marketing Corporation, Seattle; Philip Converse, Institute for Social Research, University of Michigan; Evan H. Davey, U.S. Bureau of the Census; Peter E. de Janosi, Russell Sage Foundation; Joseph W. Duncan, Dun & Bradstreet Corporation; Kai T. Erikson, Yale University; Stephen E. Fienberg, Carnegie-Mellon University; Edward E. Jones, Princeton University; David A. Kenny, University of Connecticut, Storrs; Priscilla Lewis, Russell Sage Foundation; Bette S. Mahoney, Office of the Assistant Secretary, Department of Defense; Herbert C. Morton, American Council of Learned Societies; Frederick Mosteller, Harvard University; Dawn Nelson, U.S. Bureau of the Census; John Nowlin, Duke University Medical Center; Erdman Palmore, Duke University Medical Center; Albert Rees, Alfred P. Sloan Foundation; Philip K. Robins, University of Miami; Richard C. Rockwell, Social Science Research Council; William Sewell, University of Wisconsin; und Robert G. Spiegelman, W. E. Upjohn Institute for Employment Research.

Meine Frau, Bernice Hunt, unterstützte mich mit redaktionellem Rat und Hilfe; sie machte viele Vorschläge, die das Manuskript beträchtlich verbesserten.

Anmerkungen

Sofern im folgenden nicht angegeben, entstammen die Zitate von Mitarbeitern der im Text erwähnten Forschungsprojekte persönlichen Interviews.

Seitenangaben werden nur dann angeführt, wenn es aufgrund der Länge der Quellenangabe schwierig sein könnte, das zitierte Material ausfindig zu machen.

Kapitel 1: Die Welt der Sozialforschung

1 Latané und Rodin 1969.
2 Evan Davey, ›Bureau of the Census‹, persönliche Mitteilung.
3 Rosenhan 1973.
4 Alle Details stammen aus Liebow 1967.
5 Malinowski 1962, 1979. Das Zitat entstammt Malinowski 1985, S. 228.
6 Catton 1964, S. 924f; Douglas 1976, S. 41f.
7 Weber 1947, S. 88. (englische Version).
8 Mannon 1982.
9 Campbell und Fiske 1959; Campbell 1961.
10 LeVine 1981.
11 Persönliche Mitteilung, zirka 1950 (zu dieser Zeit schrieb ich einen Artikel über ihn).
12 Freeman 1983, S. 318.
13 Nahezu alle Details stammen aus Festinger, Riecken und Schachter 1964, zwei unbedeutendere sind einer persönlichen Mitteilung von Schachter entnommen.
14 Melville Dalton, *Men Who Manage*; zitiert bei Johnson 1975; S. 54f.
15 Rosenhan 1973.
16 Johnson 1975, S. 54.
17 Douglas 1976, S. 35.
18 Jules-Rosette und Hayward, zitiert bei Douglas 1976, S. 111.

19 Alfred 1976.
20 Coser und Davis sind zitiert bei Friedrichs 1972, S. 348f.
21 Goffman 1974, S. 56.
22 Goffman 1974, S. 47f.
23 Hall 1976, S. 118-21.
24 Gans 1976a, 1976b.
25 Weinberg und Williams 1975.
26 H. T. Moore; zitiert bei Webb et al. 1975, S. 166f.
27 Zimmerman und West 1975.
28 Whyte 1980.
29 Webb et al. 1975, S. 56-59, 109.
30 Rathjes Aussage und alle folgenden Details stammen aus verschiedenen Artikeln von Randall H. McGuire sowie Rathje im *American Behavioral Scientist* 28 (September/Oktober 1984).
31 Weber 1905.
32 Merton, »Puritanism, Pietism, and Science«, in Merton 1968.
33 Thomas und Znaniecki 1918.
34 Erikson 1978.
35 Funkhouser 1973.
36 Zitiert bei Krippendorf 1980, S. 77.
37 Banks 1976.
38 Durkheim 1973.
39 Sessions 1974. Die neuere Schätzung (November 1984) stammt von Barbara Settani von ›Science International Associates‹.
40 Murdock 1967; Miller 1983, S. 154.
41 Babbie 1983, S. 239f und persönliche Mitteilung.
42 Kasarda 1972.
43 U.S. Kongreß, ›Joint Economic Committee‹ 1984.
44 Crano 1981.
45 Hunt und Hunt 1977, S. 17; Arthur Norton, ›Population Division‹, ›Bureau of the Census‹, persönliche Mitteilung.
46 Saxe und Fine 1981, S. 49.
47 Andrews et al. 1981.
48 Heise 1981, S. 438.
49 Eine Untersuchung vom ›Institute for Economic Analysis‹, wiedergegeben im *Scientific American*, September 1984, S. 70.
50 *Psychology Today*, Oktober 1984, S. 16.
51 Die folgenden Angaben: Barbara G. Farah, Direktorin, *New York Times* Poll, persönliche Mitteilung.
52 Thomas Juster, Direktor, ›Institute for Social Research‹, University of Michigan, persönliche Mitteilung.
53 Die *New York Times*/CBS News Poll, wiedergegeben in der *New York Times* vom 19. November 1984.
54 Die Studie: Roethlisberger und Dickson 1961; die späteren Analysen sind bei Williamson et al. 1982, S. 223 und Vroom 1969, S. 224 erwähnt.
55 Franke und Kaul 1978; aber siehe auch die Widerlegung in Bloombaum 1983.

56 Alle Details stammen aus Erikson 1976.
57 Cooper 1980.
58 Greenberg und Robins 1984, Tabelle I-A.

Kapitel 2: Das Dilemma im Klassenzimmer

 1 Cohen 1983.
 2 Small 1895.
 3 Berger und Kellner 1984, S. 110, 137.
 4 Cohen 1983.
 5 Drake 1966; siehe auch Myrdal 1962, Kap. 31 und S. 1377, Anmerkung 5.
 6 Myrdal 1962, S. LXXI.
 7 Myrdal 1962, S. 1024.
 8 Myrdal, 1962, S. 1057-64.
 9 Clift 1966.
10 Parsons und Clark 1966, S. XIII, XXI.
11 Garfinkel 1959.
12 *Brown* v. *Board of Education of Topeka*, 1955 (deutsch zitiert nach Adams, W. P. 1977. *Die Vereinigten Staaten von Amerika*. Fischers Weltgeschichte, Bd. 30, Frankfurt/M.: Fischer Taschenbuch Verlag, S. 394).
13 Clift 1966.
14 Coleman et al. 1966, S. 557.
15 Coleman et al. 1966, S. 8; Leeson 1965.
16 Coleman et al. 1966, S. 221-45.
17 Myrdal 1962, S. 339f, 946-948.
18 Leeson 1965.
19 Coleman et al. 1966, S. 10-12.
20 Coleman et al. 1966, S. 571-75.
21 Coleman et al. 1966, S. 307.
22 Grant 1973, S. 25.
23 Grant 1973, S. 25.
24 Grant 1973, S. 28.
25 Caldwell 1970.
26 Coleman 1980, S. 12.
27 Coleman et al. 1966, S. 13.
28 Johnson 1975, S. 15-26; Lindblom und Cohen 1979, S. 73f.
29 Zitiert bei Johnson 1975, S. 83.
30 Goode 1977, S. 26-29; Johnson 1975, S. 82f.
31 Johnson 1975, S. 83.
32 Berger und Kellner 1984, S. 41f.
33 Berger und Kellner 1984, S. 59f.
34 Hunt 1982, S. 188f zitiert Darwin, Einstein, Peter Medawar und Karl Popper.
35 Inkeles 1982.
36 Coleman 1970.
37 Grant 1973, S. 31f.

38 Grant 1973, S. 32.
39 Grant 1973, S. 32f; Jencks 1972, p. v.
40 Die beiden größeren kritischen Artikel: Bowles und Levin 1968; Cain und Watts 1970.
41 Coleman 1968.
42 Grant 1973, S. 51; Caldwell 1970.
43 Grant 1973, S. 51-53; Caldwell 1970.
44 *Green* v. *New Kent County*, 1968; *Alexander* v. *Holmes County*, 1969.
45 *Swann* v. *Charlotte-Mecklenberg Board of Education*, 1971.
46 Grant 1973, S. 43-45.
47 Grant 1973, S. 43-45.
48 Frederick Mosteller, persönliche Mitteilung.
49 Coser 1970, S. 137; Berger und Kellner 1984, S. 117.
50 Zitiert bei Gouldner 1974, S. 35.
51 Lindblom und Cohen 1979, S. 37.
52 Singer und Glass 1975.
53 Inkeles 1982.
54 Armor 1972, S. 99; St. John 1975; S. Xf, 39, 119.
55 St. John 1975, S. XI, 36-39, 52, 58-60, 119, 121.
56 Coleman 1975; Coleman, Kelley und Moore 1975, S. 11-13, 37-39.
57 Coleman 1975; Coleman, Kelley und Moore 1975, S. 11-13, 37-39.
58 Coleman 1975; Coleman, Kelley und Moore 1975, S. 56-72, 78f.
59 Coleman 1975.
60 Pettigrew und Green 1976; Goodman 1975.
61 Ravitch 1978.
62 Pettigrew und Green 1976.
63 Orfield 1978, S. 107.
64 Orfield 1978, S. 100; zur Bestätigung von Colemans These siehe Coleman 1978.
65 Merton 1939.
66 Berger und Kellner 1984, S. 71.
67 Tanur 1982, S. 335f.
68 Armor 1972, S. 93, 112f.
69 Tumin 1970.
70 Ferber und Hirsch 1979.
71 Zitiert bei Lindblom und Cohen 1979, S. 48.
72 Lindblom und Cohen 1979, S. 48.
73 Coleman, Hoffer und Kilgore 1982a.
74 Coleman, Hoffer und Kilgore 1982b.
75 *New York Times* vom 21. Oktober 1982, Op-Ed-Seite.

Kapitel 3: Eine Stichprobenerhebung der sozialen Wirklichkeit

1 Hochgerechnete Daten aus Turner und Martin 1981, S. 20; auch Herbert Hyman, persönliche Mitteilung.
2 Duncan, persönliche Mitteilung; Orcutt in ›U.S. Department of Health, Education, and Welfare‹ 1979a, S. 1.

3 Orcutt in ›U.S. Department of Health, Education, and Welfare‹ 1979a, S. 3.
4 Memorandum, ›U.S. Department of Health, Education, and Welfare‹, 13. Januar 1975, an den Minister vom Stellvertretenden Minister für ›Planning and Evaluation‹; Thema: Neue Einkommenserhebung.
5 Chamberlain und Feldman 1961, S. 8-10, 113, 146.
6 Hauser 1975, S. 9f.
7 ›U.S. Bureau of the Census‹ 1980, S. 12.
8 Hauser 1975, S. 11.
9 Hauser 1975, S. 108.
10 ›U.S. Bureau of the Census‹ 1980, S. 28, zitiert den *Congressional Record* vom 4. August 1939, S. 11092f.
11 Zitiert bei Hauser 1975, S. 3.
12 Schuman 1982, S. 22.
13 Hauser 1975, S. 315, 317-20; Norman M. Bradburn, persönliche Mitteilung.
14 ›U.S. Bureau of the Census‹ 1978a, S. 2.
15 Für die drei Disziplinen siehe Turner und Martin 1981, S. 20; nur für die Soziologie siehe Wells und Picou 1981, S. 115.
16 Hauser 1975, S. 7-9.
17 Dawn Nelson, »Overview of the Site Research Test«, in Olson 1980.
18 Die Zitate wurden gekürzt ohne Auslassungen aus dem »Site Research Test Field Evaluation«, in Olson 1980.
19 Martynas A. Ycas »An Introduction of the Income Survey Development Program«, in ›U.S. Department of Health, Education, and Welfare‹ 1979a, S. 63.
20 Einzelheiten in diesem Absatz: Evan Davey, persönliche Mitteilung; und Kasprzyk 1982, S. 7f, 11f.
21 Ycas 1979.
22 Ycas 1979, »An Introduction of the Income Survey Development Program«, in ›U.S. Department of Health, Education, and Welfare‹ 1979a, S. 53.
23 Evan Davey, persönliche Mitteilung.
24 »The Quality of Supplemental Security Income Recipiency Reporting«, in Olson 1980, Kap. 10, S. 13, 27.
25 »The Mathematica Analysis: A Summary«, in Olson 1980, S. 4-7.
26 Ycas 1979, S. 11.
27 Gallup und Rae 1940, S. 34-38, 50.
28 Gallup und Rae 1940, S. 38-43.
29 Gallup und Rae 1940, S. 64, 69; Blankenship 1961, S. 132f.
30 Kruskal 1982.
31 Siehe Anmerkung 13.
32 Details in diesem und den nächsten drei Absätzen: Ferber et al. 1980, S. 12; Kish 1965, S. 20f; Blankenship 1961, S. 118f.
33 Schuman 1982.
34 Cantril 1944, S. 108f.
35 Singer und Kohnke-Aguirre 1979.
36 Cantril 1944, S. 78-80; Roman, o.J.; ›American Statistical Association‹ 1981, S. 3, 10 und Tabelle 6.
37 Rockwell 1982, S. 41f.

38 Terman et al. 1938, S. 269; Kinsey et al. 1953, S. 77-80, 273; Clark und Wallin 1964; Levinger 1966.
39 Schuman und Presser 1977.
40 Presser und Schuman 1980.
41 Marsh 1979.
42 Schuman und Presser 1977.
43 Marsh 1979; Cicourel 1982.
44 ›National Research Council‹ 1979, S. 5.
45 Steeh 1981.
46 Schuman 1982.
47 ›National Center for Health Statistics‹ 1982, S. 2, 4f.
48 Herzog und Sudia 1971, S. 61.
49 Rockwell 1982, S. 8f.
50 Rockwell 1982, S. 7.
51 Tanur 1982, S. 329.
52 Details in diesem und den nächsten drei Absätzen: Tanur 1982, S. 332-36.
53 Nova # 1002, S. 15.
54 Die folgenden Beschreibungen der hauptsächlichsten Bestandteile entstammen Bergsten 1982; Bergsten und Kulka 1982; Kulka 1982a und 1982b; Moore 1982; und Ycas und Lininger 1981.
55 David 1979.
56 Piper 1982, Kap. 6, S. 32, 35; Ycas 1982.
57 Die folgende Beschreibung der Hauptpunkte entstammt Kulka 1982a; Whiteman, o.J.; Czaika 1982; David 1982; Pearl [1982]; und John Coder, persönliche Mitteilung.
58 Die folgenden Daten entstammen David 1982 und Ycas und Lininger 1981.
59 ›U.S. Department of Health, Education, and Welfare‹ 1979a, S. III; Kasprzyk 1978, S. I-L; Lininger 1982.
60 Zitiert bei Heisenberg 1969, S. 92.
61 Lindblom und Cohen 1979, S. 83.
62 Deutsch, Platt und Senghaas 1971.
63 ›National Committee for Research on the 1980 Census‹, o.J.
64 ›National Committee for Research on the 1980 Census‹, o.J.
65 ›National Committee for Research on the 1980 Census‹, o.J.
66 Fienberg 1983, S. 3.
67 Parke 1982.
68 Fienberg, persönliche Mitteilung.
69 Hunt und Smith 1982.
70 ›Social Science Research Council‹, *Items 37* (März 1983), 26.
71 Herriot and Kasprzyk 1984; Chet Bowie, ›Bureau of the Census‹, persönliche Mitteilung.
72 ›U.S. Bureau of the Census‹ 1984.

Kapitel 4: Eines nach dem anderen

1 Latané, Harkins und Williams 1980, S. 4.
2 Latané, Harkins und Williams 1980, S. 18.
3 1898, nach Jones 1985, S. L und Bibliographie; 1897 nach Allport 1968, S. 64f.
4 Allport 1968, S. 64.
5 Hendrick 1977.
6 Latané, Williams und Harkins 1979.
7 Die Untersuchungsreihe ist in Latané und Nida 1981 zusammengefaßt.
8 Latané und Darley 1970, S. 125.
9 Hendrick 1977; Jones 1985.
10 Jones 1985; Allport 1968, S. 3; Freedman, Sears und Carlsmith 1978, S. 4.
11 Myers 1983, S. 14; Freedman, Sears und Carlsmith 1978, S. 11f.
12 Hendrick 1977; Freedman, Sears und Carlsmith 1978, S. 18f.
13 Aronson und Carlsmith 1968, S. 10.
14 Lewin 1937.
15 Hendrick 1977.
16 Cottrell et al. 1968.
17 Deutsch 1982.
18 Die Einzelheiten und die Dialoge in den folgenden Absätzen stammen aus Latané, Williams und Harkins 1979, mit Zusätzen aus Interviews mit diesen Autoren.
19 Latané, Williams und Harkins 1979, S. 825.
20 Allport 1968, S. 3.
21 Gleiche Quelle wie Anmerkung 18.
22 Latané, Williams und Harkins 1979, S. 827.
23 Latané, Williams und Harkins 1979, S. 831f.
24 Cooper 1976; Freedman, Sears und Carlsmith 1978, S. 104.
25 Hendrick 1977.
26 Asch 1951.
27 Aronson und Carlsmith 1968, S. 22, 30; Berkowitz [zirka 1976]; Rosenthal und Jacobson 1968; Zajonc 1968, S. 361-64.
28 Murray 1980; Baumrind 1978; Gross 1982.
29 Murray 1980.
30 Holden 1979.
31 *Schloendorff* v. *The Society of the New York Hospital*, 1914.
32 Katz 1972, S. 313.
33 Bower und de Gasparis 1978, S. 4-6.
34 Kimble 1978.
35 Milgram 1963, S. 371.
36 Baumrind 1978; Kelman 1977.
37 Bower und de Gasparis 1978, S. 7f.
38 ›U.S. Department of Health, Education, and Welfare‹ 1978, S. 56186, 56191.
39 Cooper 1976.
40 Latané und Darley 1970, S. 124f.
41 »Code of Federal Regulations«, in *Federal Register* 46, 16 (26. Januar 1981), S. 8389.
42 »Code of Federal Regulations«, in *Federal Register* 46, 16 (26. Januar 1981), S. 8390.

43 Baumrind 1978.
44 Festinger 1980, S. 250.
45 Schachter 1971; Piliavin und Piliavin 1972; Latané und Darley 1968.
46 Latané, Harkins und Williams 1980, S. 15-17.
47 Kipling Williams, persönliche Mitteilung.
48 Williams, Harkins und Latané 1981.
49 Williams, Harkins und Latané 1981.
50 Harkins, Latané und Williams 1980.
51 Harkins, Latané und Williams 1980.
52 Latané, Harkins und Williams 1980, S. 33-37.
53 Latané, Harkins und Williams 1980, passim.
54 Hendrick 1977.
55 Hendrick 1977.
56 Zitiert bei Hendrick 1977.
57 Untersuchung von David Wilson, wiedergegeben in *Psychology Today*, Dezember
    1981, S. 19.
58 Smith 1983.
59 Aronson und Carlsmith 1968, S. 24f.
60 Zimbardo und Kabat 1981.
61 Aronson und Carlsmith 1968, S. 25f.
62 Gergen 1973.
63 Schlenker 1974.
64 Higbee, Millard und Folkman 1982.
65 Jones 1985.
66 Williams, Harkins und Latané 1981.
67 Weiner, Pandey und Latané 1981.

Kapitel 5: Die langsamste, kostspieligste, aber auch beste (und schlechteste) Methode

1 Palmore 1981, S. 3.
2 Schaie und Hertzog 1982; de Beauvoir 1972, passim; Maddox und Wiley 1976.
3 ›Duke University Center‹ 1980a, S. 3, 6.
4 Popper 1979, S. 68.
5 ›Duke University Center‹ 1982; Busse 1970a.
6 Maddox 1970.
7 Siehe die Diskussionen über Korrelation und Kausalität an anderen Stellen dieses
   Buches, insbesondere Kapitel 4.
8 ›National Commission on Employment and Unemployment Statistics‹ 1979, S.
   209f.
9 Nesselroade und Baltes 1979, S. 35.
10 Schaie und Hertzog 1982; Nesselroade und Baltes 1979, S. 4, 7; Goldstein 1979, S. 1f,
    40-42.
11 Tanur 1982, S. 331.

12 Hammer 1977.
13 Tanur 1982, S. 330.
14 Maddox, im Druck.
15 Hamburg, Elliot und Parron 1982, S. 201.
16 Hamburg, Elliot und Parron 1982, S. 201.
17 Palmore 1981, S. 15.
18 Cunnigham und Owens 1983.
19 Schaie 1983a.
20 Baltes und Nesselroade 1979.
21 Sontag 1969; Goldfarb 1960, S. 186, 190f.
22 Goldfarb 1960, S. 181f, 186, 190f.
23 Sontag 1969, S. 17f.
24 Sontag 1969, S. 17f.
25 Sontag 1969, S. 17f; Featherman 1982.
26 Sontag 1969.
27 Busse 1970a.
28 Siegler, im Druck.
29 Dovenmuehle, Busse und Newman 1970.
30 Eisdorfer 1970.
31 Busse 1970b.
32 Busse 1970a; Maddox 1970.
33 Maddox 1970.
34 Busse 1970a; ›Duke University Center‹ 1980a, S. 9.
35 Palmore 1974a.
36 Dovenmuehle 1970.
37 Heyman und Jeffers 1970.
38 Palmore und Jeffers 1974.
39 Anderson und Palmore 1974.
40 Thompson, Eisdorfer und Estes 1970.
41 Palmore 1970a.
42 Wilkie und Eisdorfer 1974a.
43 Eisdorfer und Wilkie 1974.
44 ›Duke University Center‹ 1980a, S. 29.
45 Palmore 1970a.
46 Verwoerdt, Pfeiffer und Wang 1970.
47 Busse und Obrist 1970; Obrist et al. 1970.
48 Davis 1978.
49 Schaie 1983b.
50 Schaie 1983b; Tanur 1982, S. 335f.
51 Goldstein 1979, S. 46.
52 Schaie 1983b; Buss 1979.
53 Schaie 1983b.
54 Tanur 1982, S. 336f; Botwinnick 1977.
55 Tanur 1982, S. 336f; Botwinnick 1977.
56 Goldstein 1979, S. 44.
57 Goldstein 1979, S. 97f; Tanur 1982, S. 337.

58 Hamburg, Elliot und Parron 1982, S. 201; Schaie 1983b; Maddox und Wiley 1976.
59 Zitiert bei Maddox und Wiley 1976.
60 Schaie 1965.
61 Schaie und Hertzog 1982.
62 Glenn 1976.
63 Glenn 1976.
64 Schaie und Hertzog 1982.
65 ›Duke University Center‹ 1980a, S. 7, 10; Palmore 1974b.
66 Palmore 1981, S. 8, 10.
67 Harkins et al. 1974.
68 Wang und Busse 1974.
69 Busse, im Druck.
70 Maddox und Douglass 1974.
71 Palmore 1974c.
72 Nowlin und Siegler, im Druck.
73 Wilkie und Eisdorfer 1974b.
74 ›Duke University Center‹ 1980a, S. 35-37.
75 Palmore 1981, S. 30f.
76 Palmore 1981, S. 63f.
77 Palmore 1981, S. 70-73.
78 Palmore 1981, S. 43-46. (Palmore ist der Autor der Aufzeichnung, aber er beruft sich auf Luikarts Beitrag zur Datenanalyse des Materials; siehe Anmerkung S. 42.)
79 Holmes und Rahe 1967; Palmore 1981, S. 79.
80 Heyman und Gianturco 1974; Palmore 1981, S. 79f.
81 Palmore 1981, S. 111f.
82 Palmore 1981, S. 21f.
83 Siegler und Gatz, im Druck.
84 Maddox, im Druck.
85 Palmore 1981, S. 87-90, 93.
86 Maddox, im Druck; Siegler, George und Okun 1979; Palmore 1974d.
87 ›U.S. Bureau of the Census‹ 1978b, S. 49; ›U.S. Department of Health and Human Services‹ 1981, S. 49.
88 Babbie 1983, S. 83f.
89 Singer und Spilerman 1976.
90 Taeuber und Rockwell 1982, S. 29 und passim.
91 Die Daten in diesem und den nächsten vier Absätzen: Migdal, Abeles und Sherrod 1981.
92 ›National Commission on Employment and Unemployment Statistics‹ 1979, S. 210.
93 Arlene Skolnick von der ›Berkely Guidance Study‹, persönliche Mitteilung; Kagan 1984.
94 Featherman 1982, S. 237.
95 Die folgenden vier Punkte: Featherman 1982, S. 238; Baltes und Nesselroade 1979.
96 Rockwell, persönliche Mitteilung.
97 Siegler 1983, S. 184.
98 ›Duke University Center‹ 1980b, S. 9.

Kapitel 6: Zwanzigtausend Freiwillige

1 Spiegelman und Yeager 1980.
2 *Final Report, SIME/DIME*, Vol. 1, S. 14f.
3 Masters und Garfinkel 1977, S. 2.
4 Fisk und Roth 1980, S. 1-5.
5 *Final Report, SIME/DIME*, Vol. 1., S. 264-66; Hunt und Hunt 1977, S. 15f.
6 *Final Report, SIME/DIME*, Vol. 1., S. 264-66.
7 Kershaw und Fair 1976, S. XIIf.
8 Kershaw und Fair 1976, S. XIII-XVI; Hauser 1975, S. 146f.; Neubeck und Roach 1981; ›U.S. General Accounting Office‹ 1981, App. IV, S. 37.
9 Rossi und Lyall 1976, S. IX, 189.
10 Kershaw und Fair 1976, S. XIIf.
11 *Final Report, SIME/DIME*, Vol. 1., S. 16; Spiegelman, persönliche Mitteilung.
12 Simon 1980.
13 AuClaire 1977.
14 Saxe und Fine 1981, S. 64.
15 Freeman und Rossi 1981.
16 Saxe und Fine 1981, S. 59f.
17 Saxe und Fine 1981, S. 14.
18 Ferber und Hirsch 1979, S. 78f; Freeman und Rossi 1981; Saxe und Fine 1981, S. 58.
19 Riecken et al. 1974; zitiert bei Archibald und Newhouse 1980.
20 Greenberg und Robins 1984.
21 Boruch, McSweeney und Soderstrom 1978.
22 Archibald und Newhouse 1980.
23 Saxe und Fine 1981, S. 24.
24 *Final Report, SIME/DIME*, Vol. 2, S. 20; Christophersen, persönliche Mitteilung.
25 *Final Report, SIME/DIME*, Vol. 2, S. 11.
26 ›Associated Press‹-Meldung vom 9. März 1970, mit der Datumszeile Olympia, Washington, in *Skagit Valley Herald* (Mt. Vernon, Wash.) und anderen Stellen.
27 *Final Report, SIME/DIME*, Vol. 2, S. 13f.
28 *Final Report, SIME/DIME*, Vol. 2, S. 16-26, 32.
29 *Final Report, SIME/DIME*, Vol. 2, S. 33.
30 Die folgenden Fragen entstammen verschiedenen Bausteinen im »SIME Thirteenth Periodic [questionnaire]« und »DIME Twelfth Periodic [questionnaire]«, auf gespeicherten Dateien der ›Mathematica Policy Research‹-Bibliothek, Princeton, N.J.
31 Freeman und Rossi 1981.
32 Conlisk und Watts 1969, 1979; Archibald und Newhouse 1980.
33 Archibald und Newhouse 1980.
34 Greenberg und Robins 1984.
35 Ferber und Hirsch 1979, S. 85; Saxe und Fine 1981, S. 16, 69-79.
36 Saxe und Fine 1981, S. 30-32, 91.
37 Archibald und Newhouse 1980.
38 Tanur 1982, S. 341.
39 Riecken und Boruch 1978.
40 Riecken und Boruch 1978.

41 Riecken und Boruch 1978.
42 Ferber und Hirsch 1979, S. 89.
43 Kershaw und Fair 1976, S. 4.
44 Saxe und Fine 1981, S. 52-54.
45 Ferber und Hirsch 1979, S. 89.
46 Archibald und Newhouse 1980.
47 Archibald und Newhouse 1980.
48 *Final Report, SIME/DIME*, Vol. 1, S. 117f; Vol. 2, S. 66, 91-96.
49 Halsey et al. 1977; Greenberg, Moffitt und Friedman 1981; *Final Report, SIME/DIME*, Vol. 2, S. 140f.
50 Charles Thompson, persönliche Mitteilung.
51 *Final Report, SIME/DIME*, Vol. 2, S. 123, 129.
52 *Final Report, SIME/DIME*, Vol. 1, S. 31f; Vol. 2, S. 65, 134f.
53 *Final Report, SIME/DIME*, Vol. 1, S. 205f, 211-13; West 1980.
54 *Final Report, SIME/DIME*, Vol. 2, S. 133.
55 *Final Report, SIME/DIME*, Vol. 2, S. 103; Brief vom 4. Mai 1976, abgedruckt in einer Zeitungsausschnittsammlung, geliehen von Philip Robins.
56 *Final Report, SIME/DIME*, Vol. 2, S. 102f.
57 Persönliche Mitteilungen von Spiegelman, Kehrer, Robins und West.
58 *Final Report, SIME/DIME*, Vol. 1, S. 136.
59 *Final Report, SIME/DIME*, Vol. 1, S. 128, 138.
60 *Final Report, SIME/DIME*, Vol. 1, S. 122f.
61 *Final Report, SIME/DIME*, Vol. 1, S. 123.
62 *Final Report, SIME/DIME*, Vol. 1, S. 124.
63 *Final Report, SIME/DIME*, Vol. 1, S. 129-31, 150.
64 *Final Report, SIME/DIME*, Vol. 1, S. 169.
65 *Final Report, SIME/DIME*, Vol. 1, S. 190f.
66 *Final Report, SIME/DIME*, Vol. 1, S. 202.
67 *Final Report, SIME/DIME*, Vol. 1, S. 202, 248.
68 *Final Report, SIME/DIME*, Vol. 1, S. 357-65.
69 *Final Report, SIME/DIME*, Vol. 1, S. 325.
70 *Final Report, SIME/DIME*, Vol. 1, S. 395.
71 *Final Report, SIME/DIME*, Vol. 1, S. 391f.
72 *Final Report, SIME/DIME*, Vol. 1, S. 398-400.
73 Zitiert bei ›U.S. General Accounting Office‹, 1981, App. I, S. 23.
74 ›U.S. Department of Health, Education, and Welfare 1979b, S. 99; Freeman und Rossi 1981.
75 Ferber und Hirsch 1979, S. 81; Freeman und Rossi 1981.
76 Saxe und Fine 1981, S. 78.
77 Greenberg und Robins 1984.
78 Greenberg und Robins 1984.
79 ›U.S. General Accounting Office‹ 1981, App. I, S. 16-18.
80 Boeckmann 1976.
81 Hunt 1982, S. 191-94.
82 Friedman 1978.
83 Bendick und Zais 1978; Ferber und Hirsch 1979, S. 101-3, 106f.

84 Brook et al. 1983; Newhouse et al. 1982.

85 Greenberg und Robins 1984.

86 Greenberg und Robins 1984.

87 Cogan 1978, p. v.

88 Ferber und Hirsch 1979, S. 112f; Riecken und Boruch 1978.

89 Freeman und Rossi 1981.

90 Saxe und Fine 1981, S. 204.

91 ›U.S. General Accounting Office‹ 1981, S. 4.

92 ›U.S. Department of Health and Human Services 1983, S. 3f und ›Attachment A‹, S. 1, 10, 12.

93 Neubeck und Roach 1981.

94 *National Review*, 29. September 1978.

95 *Final Report, SIME/DIME*, Vol. 1, S. 357.

96 ›U.S. Senate‹ 1978, S. 9.

97 Die Reihe der Zitate: ›U.S. Senate‹ 1978, S. 20, 59, 79, 81, 82, 119 und nochmals 119.

98 16. November 1978.

99 20. November 1978.

100 27. November 1978.

101 4. Dezember 1978.

102 ›U.S. General Accounting Office‹ 1981, App. I, S. 14f.

103 Denver *Post*, 14. Februar 1980 und 15. September 1980.

Literatur

Adams, R. McC., Smelser, N. J. und Treiman, D. J. (Hg.) 1982. *Behavioral and Social Science Research: A National Resource*. Teil 1 und 2, Washington DC: National Academy Press.

Alfred, R. 1976. The Church of Satan. In: Glock und Bellah (Hg.).

Allport, G. 1968. The Historical Background of Modern Social Psychology. In: Lindzey und Aronson (Hg.), Vol. 1.

American Behavioral Scientist. 1984. Vol. 28 (September/Oktober). Sondernummer zur Müllanalyse.

American Statistical Association. 1981. Tagesordnungspunkt C, Results of Methodological Research in the Current Population Survey. Vortrag gehalten auf der Tagung des ›Census Advisory Committee‹, 5.-6. März.

Anderson, B. Jr. und Palmore, E. 1974. Longitudinal Evaluation of Ocular Function. In: Palmore (Hg.).

Andrews, F. M. et al. 1981. *A Guide for Selecting Statistical Techniques for Analyzing Social Science Data*. 2. Aufl., Ann Arbor, MI: Institute for Social Research, University of Michigan.

Archibald, R. W. und Newhouse, J. P. 1980. Social Experimentation: Some Whys and Hows. Druckschrift, Santa Monica, CA: Rand Corporation.

Armor, D. J. 1972. The Evidence on Busing. *Public Interest*, Sommer, S. 90-126.

Aronson, E. und Carlsmith, J. M. 1968. Experimentation in Social Psychology. In: Lindzey und Aronson (Hg.), Vol. 2.

Asch, S. 1951. Effects of Group Pressure upon the Modification and Distortion of Judgment. In: Guetzkow (Hg.).

AuClaire, P. A. 1977. Informing Social Policy: The Limits of Social Experimentation. *Sociological Practice* 2 (Frühjahr), S. 24-37.

Babbie, E. R. 1983. *The Practice of Social Research*. 2. Aufl., Belmont, CA: Wadsworth.

Baltes, P. B. und Nesselroade, J. R. 1979. History and Rationale of Longitudinal Research. In: Nesselroade und Baltes (Hg.).

Baltes, P. B. und Schaie, K. W. (Hg.) 1973. *Life-Span Developmental Psychology*. New York: Academic Press.

Banks, J. A. 1976. A Content Analysis of the Black American in Textbooks. In: Golden (Hg.).

Baumrind, D. 1978. Nature and Definition of Informed Consent in Research Involving Deception. In: National Commission for the Protection of Human Subjects, App., Vol. 2.

Bendick, M. und Zais, J. P. 1978. Incomes and Housing: Lessons from Experiments with Housing Allowances. Druckschrift, Washington, DC: Urban Institute.

Berger, P. L. und Kellner, H. 1984. *Für eine neue Soziologie: Ein Essay über Methode und Profession*. Frankfurt/M.: Fischer Taschenbuch (Orig.: *Sociology Reinterpretated: An Essay on Method and Vocation*. Garden City, NY: Anchor Press/Doubleday 1981).

Bergsten, J. W. 1982. Sample Design. Siehe Research Triangle Institute.

– und Kulka, R. A. 1982. Survey Design. Siehe Research Triangle Institute.

Berkowitz, L. [zirka 1976]. Some Further Complications Resulting from the Regulation of Deception in Behavioral Experiments. Vervielfältigt, Madison, WI: University of Wisconsin.

Binstock, R. und Shanas, E. (Hg.) 1976. *Handbook of Aging and the Social Sciences*. New York: Van Nostrand Reinhold.

Birren, J. und Schaie, K. W. (Hg.) 1977. *Handbook of the Psychology of Aging*. New York: Van Nostrand Reinhold.

Blankenship, A. B. 1961. *Markt- und Meinungsforschung in den USA*. Tübingen: Demokrit (Orig.: *Consumer and Opinion Research*. New York: Harper and Brothers 1943).

Bloombaum, M. 1983. The Hawthorne Experiments: A Critique and Reanalysis of the First Statistical Interpretation by Franke and Kaul. *Sociological Perspectives*, 26 (Januar), S. 71-88.

Boeckmann, M. E. 1976. Policy Impacts of the New Jersey Income Maintenance Experiment. *Policy Sciences*, 7, S. 53-76.

Boruch, R. F., McSweeney, A. J. und Soderstrom, E. J. 1978. Randomized Field Experiments for Program Planning, Development, and Evaluation: An Illustrative Bibliography. *Evaluation Quarterly*, 2, S. 655-95.

Botwinnick, J. 1977. Intellectual Abilities. In: Birren und Schaie (Hg.).

– und Siegler, I. C. 1980. Intellectual Ability among the Elderly: Simultaneous Cross-Sectional and Longitudinal Comparisons. *Developmental Psychology*, 16, S. 1.

Bower, R. T. und de Gasparis, P. 1978. *Ethics in Social Research: Protecting the Interests of Human Subjects*. New York: Praeger.

Bowles, S. und Levin, H. M. 1968. The Determinants of Scholastic Achievement – an Appraisal of Some Recent Evidence, *Journal of Human Resources*, 3 (Winter), S. 3-24.

Brewer, M. B. und Collins, B. E. (Hg.) 1981. *Scientific Inquiry and the Social Sciences*. San Francisco: Jossey-Bass.

Brook, R. et al. 1983. Does Free Care Improve Adults' Health? Results from a Randomized Controlled Trial. *New England Journal of Medicine*, 309 (8. Dezember), S. 1426-34.

Buss, A. R. 1979. Toward a Unified Framework for Psychometric Concepts in the Multivariate Developmental Situation. In: Nesselroade und Baltes (Hg.).

Busse, E. W. 1970a. A Physiological, Psychological, and Sociological Study of Aging. In: Palmore (Hg.).

– 1970b. Psychoneurotic Reactions and Defense Mechanisms in the Aged. In: Palmore (Hg.).

– Im Druck. Introduction to Section B. In: Palmore (Hg.).
– und Obrist, W. D. 1970. Significance of Focal Electroencephalographic Changes in the Elderly. In: Palmore (Hg.).

Cain, G. G. und Watts, H. W. 1970. Problems in Making Policy Inferences from the Coleman Report. *American Sociological Review*, 35 (April), S. 228-42.
Caldwell, C. 1970. Social Science Ammunition. *Psychological Today*, September, S. 38-40, 72-73.
Campbell, D. T. 1961. The Mutual Methodological Relevance of Anthropology and Psychology. In: Hsu (Hg.).
– und Fiske, D. W. 1959. Convergent and Discriminant Validation by the Multitrait-Multimethod Matrix. *Psychological Bulletin*, 56, S. 81-105.
Cantril, H. 1944. *Gauging Public Opinion*. Princeton, NJ: Princeton University Press.
Catton, W. R. Jr. 1964. The Development of Sociological Thought. In: Faris (Hg.).
Chamberlain, R. B. und Feldman, H. (Hg.) 1961. *The Dartmouth Bible*. 2. Aufl., Boston: Houghton Mifflin.
Christophersen, G. 1983b. Siehe *Final Report of the Seattle-Denver Income Maintenance Experiment*. Vol. 2.
Cicourel, A. 1982. Interviews, Surveys, and the Problem of Ecological Validity. *American Sociologist*, 17, S. 11-20.
Clark, A. und Wallin, P. 1964. The Accuracy of Husbands' and Wives' Reports of the Frequency of Marital Coitus. *Population Studies*, 18, S. 165-73.
Clift, V. A. 1966. Educating the American Negro. In: Davis (Hg.).
Cogan, J. F. 1978. *Negative Income Taxation and Labor Supply: New Evidence from the New Jersey-Pennsylvania Experiment*. R-2155-HEW, Santa Monica, CA: Rand Corporation.
Cohen, S. R. 1983. From Industrial Democracy to Professional Adjustment: The Development of Industrial Sociology in the United States, 1900-1955. *Theory and Society*, 2, 12, S. 47-67.
Coleman, J. S. 1968. Equality of Educational Opportunity: Reply to Bowles and Levin. *Journal of Human Resources*, 3 (Frühjahr), S. 237-46.
– 1970. Reply to Cain and Watts. *American Sociological Review*, 35, S. 243-49.
– 1975. Recent Trends in School Integration. *Educational Research*, 4 (Juli-August), S. 3-12.
– 1978. Beneficial Desegregation v. Destructive Desegregation. *Washington Post*, 8. Dezember.
– 1980. Ohne Titel; diverse Einführungen zu einer geplanten Sammlung von Colemans Papieren zur Chancengleichheit im Bildungswesen und zur Rassentrennung in der Schule. In: Colemans Aufzeichnungen.
– Hoffer, T. und Kilgore, S. 1982a. Cognitive Outcomes in Public and Private Schools. *Sociology of Education*, 55 (April/Juli), S. 65-76.
– 1982b. Achievement and Segregation in Secondary Schools: A further Look at Public and Private School Differences. *Sociology of Education*, 55 (April/Juli), S. 162-82.
Coleman, J. S., Kelley, S. D. und Moore, J. A. 1975. *Trends in School Segregation, 1968-1973*. Washington, DC: Urban Institute.
Coleman, J. S. et al. 1966. *Equality of Educational Opportunity*. U.S. Department of

Health, Education, and Welfare, Office of Education, OE-38001, Washington, DC: U.S. Government Printing Office.

Conlisk, J. und Watts, H. 1969. A Model for Optimizing Experimental Designs for Estimating Response Surfaces. *Proceedings of the Social Statistics Section*, American Statistical Association.

– 1979. A Model for Optimizing Experimental Designs for Estimating Response Surfaces. *Journal of Econometrics*, 11 (September), S. 27-42.

Cooper, J. 1976. Deception and Role Playing: On Telling the Good Guys from the Bad Guys. *American Psychologist*, 31 (August), S. 605-10.

– 1980. Reducing Fears and Increasing Assertiveness: The Role of Dissonance Reduction. *Journal of Experimental Social Psychology*, 3 (Mai), 199-213.

Coser, L. A. 1970. *Men of Ideas: A Sociologist's View*. New York: Free Press.

Cottrell, N. B. et al. 1968. Social Faciliation of Dominant Responses by the Presence of an Audience and the Mere Presence of Others. *Journal of Personality & Social Psychology*, 9, S. 245-50.

Crano, W. D. 1981. Triangulation and Cross-Cultural Research. In: Brewer und Collins (Hg.).

Cunningham, W. R. und Owens, W. A. Jr. 1983. The Iowa State Study of the Adult Development of Intellectual Abilities. In: Schaie (Hg.).

Czaika, J. L. 1982. Subannual Income Estimation. Vervielfältigt, Princeton, NJ: Mathematica Policy Research.

David, M. 1979. Income, Net Worth, and Human Capital. In: U.S. Department of Health, Education, and Welfare.

– 1982. Measuring Income and Program Participation. Vervielfältigt, Madison, WI: University of Wisconsin.

Davis, J. A. 1978. Studying Categorical Data over Time. *Social Science Research*, 7, S. 151-79.

Davis, J. P. (Hg.) 1966. *The American Negro Reference Book*. Englewood Cliffs, NJ: Prentice-Hall.

de Beauvoir, S. 1972. *Das Alter*. Reinbek bei Hamburg: Rowohlt (Orig.: *The Coming of Age*. New York: Putnam 1972).

Deutsch, K. W., Platt, J. und Senghaas, D. 1971. Conditions Favoring Major Advances in Social Science. *Science*, 5. Februar, S. 450-59.

Deutsch, M. 1982. Conflict Resolution: Theory and Practice. Vervielfältigt, Antrittsvorlesung als Edward Lee Thorndike Professor für Psychologie und Erziehungswissenschaften, Teachers College, Columbia University, 22. April.

– und Hornstein, H. A. (Hg.) 1975. *Applying Social Psychology: Implications for Research, Practice, and Training*. Hillsdale, NJ: Lawrence Erlbaum.

Douglas, J. D. 1976. *Investigative Social Research: Individual and Team Field Research*. Beverly Hills, CA: Sage.

– mit Rasmussen, P. K. und Flanagan, C. A. 1977. *The Nude Beach*. Beverly Hills, CA: Sage.

Douglas, J. (Hg.) 1970. *The Impact of Sociology: Readings in the Social Sciences*. New York: Appleton-Century-Crofts.

Dovenmuehle, R. H. 1970. Aging versus Illness. In: Palmore (Hg.).

– Busse, E. H. und Newman, G. 1970. Physical Problems of Older People. In: Palmore (Hg.).

Drake, St. C. 1966. The Social and Economic Status of the Negro in the United States. In: Parsons und Clark (Hg.).

Duke University Center for the Study of Aging and Human Development. 1980a. *Final Report. The Duke Longitudinal Studies. An Integrated Investigation of Aging and the Aged, Ancillary Studies, and Research Support Services, 1955-1980.* Vervielfältigt, Durham, NC: Duke University Medical Center.

– 1980b. *Center Report*, 8 (November).

– 1982. The Duke Multidisciplinary Longitudinal Studies of Normal Aging. *Center Reports in Advances in Research*, 6 (Juli).

Duke University Council on Aging and Human Development. 1969. *Proceedings of Seminars, 1965-69.* Hg. von Frances C. Jeffers, Durham, NC: Center for the Study of Aging and Human Development.

Duke University Council on Gerontology. 1965. *Proceedings of Seminars, 1961-65.* Hg. von Frances C. Jeffers, Durham, NC: Regional Center for the Study of Aging.

Durkheim, É. 1973 [1897]. *Der Selbstmord.* Neuwied: Luchterhand.

Eisdorfer, C. 1970. Developmental Level and Sensory Impairment in the Aged. In: Palmore (Hg.).

– und Wilkie, F. 1974. Intellectual Changes. In: Palmore (Hg.).

Erikson, K. T. 1978. *Die widerspenstigen Puritaner: Zur Soziologie abweichenden Verhaltens.* Stuttgart: Klett-Cotta (Orig.: *Wayward Puritans: A Study in the Sociology of Deviance.* New York: Wiley 1966).

– 1976. *Everything in Its Path: Destruction of Community in the Buffalo Creek Flood.* New York: Simon und Schuster.

Faris, R. E. L. (Hg.) 1964. *Handbook of Modern Sociology.* Chigaco: Rand McNally.

Featherman, D. L. 1982. The Life-Span Perspective in Social Science Research. In: Adams, Smelser und Treiman (Hg.), Teil 2.

Ferber, R. und Hirsch, W. Z. 1979. Social Experiments in Economics. *Journal of Econometrics*, 11, S. 77-115.

Ferber, R. et al. 1980. What is a Survey? Druckschrift, Washington, DC: American Statistical Association.

Festinger, L. 1980. *Retrospections on Social Psychology.* New York: Oxford University Press.

– Riecken, H. W. und Schachter, S. 1964 [1956]. *When Prophecy Fails.* New York: Harper & Row.

Fienberg, S. E. 1983. Comment on J. T. Bonnen's Federal Statistical Coordination Today: A Disaster or a Disgrace? Technical Report No. 268, Department of Statistics, Carnegie-Mellon University, Pittsburgh, PA.

Final Report of the Seattle-Denver Income Maintenance Experiment. 1983a. Vol. 1: Design and Results. SRI International Washington, DC: U.S. Government Printing Office.

– 1983b. Vol. 2: Administration. Gary Christophersen, Mathematica Policy Research, Washington, DC: U.S. Government Printing Office.

Fisk, J. D. und Roth, D. M. 1980. Work Disincentives and Income Maintenance Programs: A Review of the Empirical Literature. Report No. 80-119E, Congressional Research Service, Library of Congress.

Franke, R. H. und Kaul, J. D. 1978. The Hawthorne Experiments: First Statistical Interpretation. *American Sociological Review*, 43 (Oktober), S. 623-43.

Freedman, J., Sears, D. O. und Carlsmith, J. M. 1978. *Social Psychology*. 3. Aufl., Englewood Cliffs, NJ: Prentice-Hall.

Freeman, D. 1983. *Liebe ohne Aggression: Margaret Meads Legende von der Friedfertigkeit der Naturvölker*. München: Kindler (Orig.: *Magaret Mead and Samoa: The Making and the Unmaking of an Anthropological Myth*. Cambridge, MA: Harvard University Press 1983).

Freeman, H. E. und Rossi, P. H. 1981. Social Experiments. Millbank Memorial Fund Quarterly/*Health & Society*, 59, S. 340-73.

Friedman, L. N. 1978. *The Wildcat Experiment: An Early Test of Supported Work in Drug Abuse Rehabilitation*. National Institute on Drug Abuse, Washington, DC: U.S. Government Printing Office.

Friedrichs, R. W. 1972. *A Sociology of Sociology*. New York: Free Press.

Funkhouser, G. R. 1973. The Issues of the Sixties: An Exploratory Study. *Public Opinion Quarterly*, 37, S. 62-75.

Gallup, G. und Rae, S. F. 1940. *The Pulse of Democracy: The Public-Opinion Poll and How It Works*. New York: Simon und Schuster.

Gans, H. 1976a. The West End: An Urban Village. In: Golden (Hg.).

– 1976b. On the Methods Used in This Study. In: Golden (Hg.).

Garfinkel, H. 1959. Social Science Evidence and the School Segregation Cases. *Journal of Politics*, 21 (Februar), S. 93-115.

Gergen, K. J. 1973. Social Psychology as History. *Journal of Personality & Social Psychology*, 26, S. 309-20.

Glenn, N. D. 1976. Cohort Analysts' Futile Quest: Statistical Attempts to Separate Age, Period, and Cohort Effects. *American Sociological Review*, 41, S. 900-4.

Glock, C. und Bellah, R. (Hg.) 1976. *The New Religious Consciousness*. Berkeley, CA: University of California Press.

Goffman, E. 1974. *Das Individuum im öffentlichen Austausch*. Frankfurt/M.: Suhrkamp (Orig.: *Relations in Public: Microstudies of the Public Order*. New York: Harper & Row 1972).

Golden, M. P. (Hg.) 1976. *The Research Experience*. Itasca, IL: Peacock.

Goldfarb, N. 1960. *An Introduction to Longitudinal Statistical Analysis*. Glencoe, IL: Free Press.

Goldstein, H. 1979. *The Design and Analysis of Longitudinal Studies*. London: Academic Press.

Goode, W. J. 1977. *Principles of Sociology*. New York: McGraw-Hill.

Goodman, W. 1975. Integration, Yes; Busing, No. *New York Times Magazine*, 24. August.

Gouldner, A. W. 1974. *Die westliche Soziologie in der Krise*. Reinbek bei Hamburg: Rowohlt (Orig.: *The Coming Crisis of Western Sociology*. New York: Equinox/Avon 1971).

Grant, G. 1973. Shaping Social Policy: The Politics of the Coleman Report. *Teachers College Record*, 75 (September), S. 17-54.

Greenberg, D. H. und Robins, P. K. 1984. Trends in Social Experimentation. Vortrag gehalten auf der Tagung der ›American Economic Association‹, Dezember 1983, überarbeitet 1984.

Greenberg, D. [H.], Moffitt, R. und Friedman, J. 1981. Underreporting and Experimental Effects on Work Effort: Evidence from the Gary Income Maintenance Experiment. *Review of Economics & Statistics*, 63 (November), S. 581-89.

Gross, A. E. 1982. Twenty Years of Deception in Social Psychology. *Personality & Social Psychology Bulletin*, 8 (September), S. 402-8.

Guetzkow, H. (Hg.) 1951. *Groups, Leadership, and Men*. Pittsburgh, PA: Carnegie Press.

Hall, E. T. 1976. *Die Sprache des Raums*. Düsseldorf: Schwann (Orig.: *The Hidden Dimension*. Garden City, NY: Doubleday 1966).

Halsey, H. et al. 1977. The Reporting of Income to Welfare: A Study in the Accuracy of Income Reporting. Research Memorandum 42, Center for the Study of Welfare Policy, Menlo Park, CA: SRI International.

Hamburg, D. A., Elliot, G. R. und Parron, D. L. (Hg.) 1982. *Health and Behavior: Frontiers of Research in the Biobehavioral Sciences*. Washington, DC: National Academy Press.

Hammer, E. R. 1977. Validity in Longitudinal Research. *Social Science*, 52, S. 158-68.

Harkins, S. G., Latané, B. und Williams, K. 1980. Social Loafing: Allocating Effort or Taking it Easy? *Journal of Experimental Social Psychology*, 16, S. 457-65.

Harkins, S. W. et al. 1974. Effects of Age, Sex, and Time-on-Watch on a Brief Continuous Performance Task. In: Palmore (Hg.).

Hauser, P. M. 1975. *Social Statistics in Use*. New York: Russell Sage Foundation.

Heise, D. (Hg.) 1981. *Microcomputers in Social Research*. Beverly Hills, CA: Sage. Sondernummer von *Sociological Methods and Research*.

Heisenberg, W. 1969. *Der Teil und das Ganze*. München: Piper.

Hendrick, C. 1977. Social Psychology as an Experimental Science. in: Hendrick (Hg.).

– (Hg.) 1977. *Perspectives on Social Psychology*. Hillsdale, NJ: Lawrence Erlbaum.

Herriot, R. A. und Kasprzyk, D. 1984. The Survey of Income and Program Participation. SIPP Working Paper Series No. 8405, Washington, DC: U.S. Bureau of the Census.

Herzog, E. und Sudia, C. E. 1971. *Boys in Fatherless Families*. U.S. Department of Health, Education, and Welfare, DHEW Publication No. (OCD) 72-33, Washington, DC: U.S. Government Printing Office.

Heyman, D. K. und Gianturco, D. T. 1974. Long-Term Adaption by the Elderly to Bereavement. In: Palmore (Hg.).

Heyman, D. K. und Jeffers, F. C. 1970. Effect of Time Lapse on Consistency of Self-Health and Medical Evaluations of Elderly Persons. In: Palmore (Hg.).

Higbee, K. L., Millard, R. J. und Folkman, J. R. 1982. Social Psychological Research During the 1970s. *Personality & Social Psychology Bulletin*, 8, S. 180-83.

Holden, C. 1979. Ethics in Social Research. *Science*, 2. November, S. 537-40.

Holmes, T. und Rahe, R. 1967. The Social Readjustment Scale. *Journal of Psychosomatic Research*, 11, S. 213-18.

Hsu, F. L. K. (Hg.) 1961. *Psychological Anthropology: Approaches to Culture and Personality*. Homewood, IL: Dorsey Press.

Hunt, M. 1982. *The Universe Within: A New Science Explores the Human Mind*. New York: Simon und Schuster.

– und Hunt, B. 1977. *The Divorce Experience*. New York: McGraw-Hill.

Hunt, P. N. und Smith, C. 1982. Data Processing. Siehe Research Triangle Institute.

Inkeles, A. 1982. The Sociological Contribution to Advances in Social Sciences. Vortrag gehalten auf der Berliner Tagung zum Thema ›Conditions Favoring Major Advances in the Social Sciences‹.

International Encyclopedia of the Social Sciences. 1968. Hg. von D. L. Sills, New York: Macmillan und Free Press.

Jencks, C. 1972. *Inequality: A Reassessment of the Effect of Family and Schooling in America*. New York: Basic Books.

Johnson, J. M. 1975. *Doing Field Research*. New York: Free Press.

Johnson-Laird, P. N. und Wason, P. C. (Hg.) 1977. *Thinking: Readings in Cognitive Science*. Cambridge: Cambridge University Press.

Jones, E. E. 1985. Major Development in Social Psychology Since 1930. In: G. Lindzey und E. Aronson (Hg.).

Kagan, J. 1987. *Die Natur des Kindes*. München: Piper (Orig.: *The Nature of the Child*. New York: Basic Books 1984).

Kasarda, J. D. 1972. The Impact of Suburban Population Growth on Central City Service Functions. *American Journal of Sociology*, 77, S. 1111-24.

Kasprzyk, D. 1982. Social Security Number Reporting, The Use of Administrative Records, and the Multiple Frame Design in the Income Survey Development Program. Vortrag gehalten auf der ›Social Science Research Council Conference on the Income Survey Development Program‹.

– (Hg.) 1978. *Survey of Income and Program Participation. Berichte des Arbeitskreises zum Thema ›Data Processing‹, 23.-24. Februar 1978*. Washington, DC: U.S. Department of Health, Education, and Welfare.

Katz, J. 1972. *Experimentation with Human Beings*. New York: Russell Sage Foundation.

Kelman, H. 1977. Privacy and Research with Human Beings. *Journal of Social Issues*, 33, S. 169-95.

Kershaw, D. und Fair, J. 1976. *The New Jersey Income-Maintenance Experiment*. Vol. 1, New York: Academic Press.

Kimble, G. 1978. The Role of Risk/Benefit Analysis in the Conduct of Psychological Research. In: National Commission for the Protection of Human Subjects, App., Vol. 2.

Kinsey, A. et al. 1953. *Das sexuelle Verhalten der Frau*. Berlin: Fischer (Orig.: *Sexual Behavior in the Human Female*. Philadelphia: Saunders 1953).

Kish, L. 1965. *Survey Sampling*. New York: Wiley.

Kravitz, D. A. und Martin, B. 1986. Ringelmann Rediscovered: The Original Article. *Journal of Personality and Social Psychology*, 50, S. 936-941.

Krippendorf, K. 1980. *Content Analysis*. Beverly Hills, CA: Sage.

Kruskal, W. 1982. Evaluating Social Science Research. Vortrag gehalten auf der Berliner Tagung zum Thema ›Conditions Favoring Major Advances in the Social Sciences‹.

Kulka, R. A. 1982a. Survey Content. Siehe Research Triangle Institute.
– 1982b. Tests and Experiments. Siehe Research Triangle Institute.

Latané, B. 1981. The Psychology of Social Impact. *American Psychologist*, 36, S. 343-56.
– und Darley, J. M. 1968. Group Inhibition of Bystander Intervention in Emergencies. *Journal of Personality & Social Psychology*, 10, S. 215-21.
– 1970. *The Unresponsive Bystander: Why Doesn't He Help?*. Englewood Cliffs, NJ: Prentice-Hall.
Latané, B., Harkins, S. G. und Williams, K. 1980. Many Hands Make Light the Work: Social Loafing as a Social Desease. Artikel mit dem ›Socio-Psychological‹-Preis 1980 auf der Tagung der ›American Association for the Advancement of Science‹ ausgezeichnet.
Latané, B. und Nida, S. 1981. Ten Years of Research on Group Size and Helping. *Psychological Bulletin*, 89, S. 308-24.
Latané, B. und Rodin, J. 1969. A Lady in Distress: Inhibiting Effects of Friends and Strangers on Bystander Invention. *Journal of Experimental Social Psychology*, 5, 189-202.
Latané, B., Williams, K. und Harkins, S. [G.] 1979. Many Hands Make Light the Work: The Causes and Consequences of Social Loafing. *Journal of Personality & Social Psychology*, 37, S. 822-32.
Leeson, J. 1965. Questions, Controversies, and Opportunities. *Southern Educational Report*, November-Dezember, S. 2-7.
LeVine, R. A. 1981. Knowledge and Fallibility in Anthropological Field Research. In: Brewer und Collins (Hg.).
Levinger, G. 1966. Systematic Distortion in Spouses' Reports of Preferred and Actual Sexual Behavior. *Sociometry*, 29, S. 291-99.
Lewin, K. 1937. Psychoanalysis and Topological Psychology. *Bulletin of the Menninger Clinic*, 1, S. 202-11.
Liebow, E. 1967. *Tally's Corner: A Study of Negro Street-Corner Men*. Boston: Little, Brown.
Lindblom, C. E. und Cohen, D. K. 1979. *Usable Knowledge: Social Science and Social Problem Solving*. New Haven: Yale University Press.
Lindzey, G. und Aronson, E. (Hg.) 1968-69. *The Handbook of Social Psychology*. 2. Aufl., 5 Bde, Reading, MA: Addison-Wesley.
– 1985. *The Handbook of Social Psychology*. 3. Aufl., 2 Bde, New York: Random House.
Lininger, C. A. 1982. Coordination and Program Management. Unveröffentlichtes Manuskript, Washington, DC: U.S. Department of Health, Education, and Welfare, Income Survey Development Program.

Maddox, G. L. 1970. Selected Methodological Issues. In: Palmore (Hg.).
– im Druck. Introduction to Social Aspects of Aging. In: Palmore (Hg.).
– und Douglass, E. B. 1974. Self-Assessment of Health: A Longitudinal Study of Elderly Subjects. In: Palmore (Hg.).
Maddox, G. L. und Wiley, J. 1976. Scope, Concepts, and Methods in the Study of Aging. In: Binstock und Shanas (Hg.).
Malinowski, B. 1962. *Geschlechtstrieb und Verdrängung bei den Primitiven*. Reinbek bei Hamburg: Rowohlt (Orig.: *Sex and Repression in Savage Society*. London: Routledge & Kegan Paul 1927).

- 1979. *Das Geschlechtsleben der Wilden in Nordwest-Melanesien.* (Malinowski: Schriften in vier Bänden, hg. von Fritz Kramer, Bd. 2), Frankfurt/M.: Syndikat (Orig.: *The Sexual Life of Savages in North-Western Melanesia.* New York: Halcyon House 1929).
- 1985. *Ein Tagebuch im strikten Sinn des Wortes.* (Malinowski: Schriften in vier Bänden, hg. von Fritz Kramer, Bd. 1), Frankfurt/M.: Syndikat (Orig.: *A Diary in the Strict Sense of the Term.* London: Routledge & Kegan Paul 1967).
Mannon, J. M. 1982. Participant Observer Roles in Emergency Medicine: Problems and Prospects. Vortrag gehalten auf der Jahrestagung der ›North Central Sociological Association‹.
Marsh, C. 1979. Problems with Surveys: Method or Epistemology? *Sociology,* 13, S. 293-305.
Masters, S. und Garfinkel, I. 1977. *Estimating the Labor Supply Effects of Income-Maintenance Alternatives.* New York: Academic Press.
Merton, R. K. 1939. The Unanticipated Consequences of Purposive Social Action. *American Sociological Review,* 1, S. 894-904.
- 1968. *Social Theory and Social Structure.* New York: Free Press.
Migdal, S., Abeles, R. P. und Sherrod, L. R. 1981. *An Inventory of Longitudinal Studies of Middle and Old Age.* New York: Social Science Research Council.
Milgram, S. 1963. Behavioral Study of Obedience. *Journal of Abnormal & Social Psychology,* 67, S. 371-78.
Miller, D. 1983. *Handbook of Research Design and Social Measurement.* 4. Aufl., New York: Longman.
Moore, R. P. 1982. Introduction. Siehe Research Triangle Institute.
Murdock, G. P. 1967. Ethnographic Atlas: A Summary. *Ethnology,* 6, S. 109-236.
Murray, T. 1980. Learning to Deceive. *Hastings Center Report,* April.
Myers, D. G. 1983. *Social Psychology.* New York: McGraw-Hill.
Myrdal, G. 1962 [1944]. *An American Dilemma: The Negro Problem and Modern Democracy.* New York: Harper & Row.

National Center for Health Statistics. 1982. A Statistical Methodology for Analyzing Data from a Complex Survey, the First National Health and Nutrition Examination Survey, von J. Landis et al. *Vital & Health Statistics,* Series 2- No.92, Washington, DC: U.S. Government Printing Office.
National Commission for the Protection of Human Subjects of Biomedical and Behavioral Research. 1978. *The Belmont Report: Ethical Principles and Guidelines for the Protection of Human Subjects of Research.* 2 Bde, Washington, DC: U.S. Government Printing Office.
National Commission on Employment and Unemployment Statistics. 1979. [Schlußbericht der Kommission] *Counting the Labor Force.* Washington, DC: U.S. Government Printing Office.
National Committee for Research on the 1980 Census, o.J. Summary of Research Program and Funding Proposal. Vervielfältigt, New York: National Committee for Research on the 1980 Census.
National Research Council. 1979. *Privacy and Confidentiality as Factors in Survey Response.* Washington, DC: National Academy of Sciences.
Nesselroade, J. R. und Baltes, P. B. (Hg.) 1979. *Longitudinal Research in the Study of Behavior and Development.* New York: Academic Press.

Neubeck, K. J. und Roach, J. L. 1981. Income Maintenance Experiments, Politics, and the Perpetuation of Poverty. *Social Problems*, 28, S. 308-20.

Newhouse, J. et al. 1982. Some Interim Results from a Controlled Trial of Cost Sharing in Health Insurance. Report R-2847-HHS, Santa Monica, CA: Rand Corporation.

Nova 1002: The Pleasure of Finding Things Out. Eine PBS-Programm-Dokumentation, ausgestrahlt Januar 1983 im Bereich New York. WGBH-Kopien, 125 Western Ave., Boston, MA.

Nowlin, J. B. und Siegler, I. C., im Druck. Psychomotor Performance and Cardiovascular Disease. In: Palmore (Hg.).

Obrist, W. D. et al. 1970. Relation of the Electroencephalogram to Intellectual Function in Senescence. In: Palmore (Hg.).

Olson, J. (Hg.) 1980. *Reports from the Site Research Test.* U.S. Department of Health, Education, and Welfare, Income Survey Development Program, Washington, DC: U.S. Government Printing Office.

Orfield, G. 1978. *Must We Bus? Segregated Schools and National Policy.* Washington, DC: Brookings Institution.

Palmore, E. 1970a. The Effects of Aging on Activities and Attitudes. in: Palmore (Hg.).
– 1970b. Summary and the Future. In: Palmore (Hg.).
– 1974a. Health Practices and Illness. In: Palmore (Hg.).
– 1974b. Design of the Adaption Study. In: Palmore (Hg.).
– 1974c. Predicting Longevity: A New Method. In: Palmore (Hg.).
– 1974d. Summary. In: Palmore (Hg.).
– 1981. *Social Patterns in Normal Aging: Findings from the Duke Longitudinal Study.* Durham, NC: Duke University Press.
– und Jeffers, F. C. 1974. Health Care Before and After Medicare. In: Palmore (Hg.).

Palmore, E. (Hg.) 1970. *Normal Aging: Reports from the Duke Longitudinal Study, 1955-1969.* Durham, NC: Duke University Press.
– 1974. *Normal Aging II: Reports from the Duke Longitudinal Studies, 1970-1973.* Durham, NC: Duke University Press.
– im Druck. *Normal Aging III: Reports from the Duke Longitudinal Studies, 1974-1983.* Durham, NC: Duke University Press.

Parke, R. 1982. Response to Recent Cuts in Federal Budgets for Statistics, *Items*, 36 (Juni), S. 12-13, New York: Social Science Research Council.

Parsons, T. und Clark, K. B. (Hg.) 1966. *The Negro American.* Boston: Houghton Mifflin.

Pearl, R. P. [1982] Measuring Wealth Data in the Income Survey Development Program. Vervielfältigt, Survey Research Laboratory, University of Illinois.

Pettigrew, T. F. und Green, R. L. 1976. School Desegregation in Large Cities: A Critique of the Coleman ›White Flight‹ Thesis. *Harvard Educational Review*, Februar, S. 1-53.

Piliavin, J. A. und Piliavin, I. M. 1972. Effect of Blood on Reactions to a Victim. *Journal of Personality & Social Psychology*, 23 (September), S. 353-61.

Piper, L. L. 1982. Data Collection. Siehe Research Triangle Institute.

Popper, K. 1966. *Logik der Forschung.* 2. erw. Aufl., Tübingen: Mohr (Orig.: *The Logic of Scientific Discovery.* London: Hutchinson 1959).
– 1973. *Objective Erkenntnis.* Hamburg: Hoffmann & Campe (Orig.: *Objective Knowledge.* Oxford: Clarendon 1972).

– 1979. *Ausgangspunkte.* Hamburg: Hoffmann & Campe (Orig.: zitiert nach Johnson-Laird und Wason [Hg.] 1977).

Presser, S. und Schuman, H. 1980. The Measurement of a Middle Position in Attitude Surveys. *Public Opinion Quarterly,* 44 (Frühjahr), S. 70-85.

Ravitch, D. 1978. The ›White Flight‹ Controversy. *Public Interest,* 51 (Frühjahr), S. 135-49.

Research Triangle Institute. 1982. *ISDP 1979 Research Panel Documentation.* Series of separately bound chapters, Research Triangle Park, NC: Research Triangle Institute.

Riecken, H. W. und Boruch, R. F. 1978. Social Experiments. *Annual Review of Sociology,* 4, S. 511-32.

Riecken, H. et al. 1974. *Social Experimentation: A Method for Planning and Evaluating Social Interaction.* New York: Academic Press.

Rockwell, R. C. 1982. An Agenda for Statistical Research on Social Conditions. Vervielfältigt, Washington, DC: Social Science Research Council.

Roethlisberger, F. J. und Dickson, W. J. 1961 [1939]. *Management and the Worker.* Cambridge, MA: Harvard University Press.

Roman, A. M. o.J. Results from the Methods Development Survey (Phase I). Vervielfältigt, Washington, DC: U.S. Bureau of the Census.

Rosenhan, D. L. 1973. On Being Sane in Insane Places. *Science,* 19. Januar, S. 250-58.

Rosenthal, R. und Jacobson, L. 1973. *Pygmalion im Unterricht.* Weinheim: Beltz (Orig.: *Pygmalion in the Classroom.* New York: Holt, Rinehart & Winston 1968).

Rossi, P. H. und Lyall, K. C. 1976. *Reforming Public Welfare: A Critique of the Negative Income Tax Experiment.* New York: Russell Sage Foundation.

Russell, B. 1950. *Philosophie des Abendlandes.* München: Kindler (Orig.: *A History of Western Philosophy.* New York: Simon und Schuster 1945).

St. John, N. H. 1975. *School Desegregation: Outcomes for Children.* New York: Wiley.

Saxe, L. und Fine, M. 1981. *Social Experiments: Methods for Design and Evaluation.* Beverly Hills, CA: Sage.

Schachter, S. 1971. Some Extraordinary Facts About Obese Human Beings and Rats. *American Psychologist,* 26 (Februar), S. 129-43.

Schaie, K. W. 1965. A General Model for the Study of Developmental Problems. *Psychological Bulletin,* 64, S. 92-107.

– 1983a. The Seattle Longitudinal Study: A 21-Year Exploration of Psychometric Intelligence in Adulthood. In: Schaie (Hg.).

– 1983b. What Can We Learn from the Longitudinal Study of Adult Psychological Development? In: Schaie (Hg.).

– und Hertzog, C. 1982. Longitudinal Methods. In: Wolman (Hg.).

Schaie, K. W. (Hg.) 1983. *Longitudinal Studies of Adult Psychological Development.* New York: Guilford Press.

Schlenker, B. R. 1974. Social Psychology and Science. *Journal of Personality & Social Psychology,* 29, S. 1-15.

Schuman, H. 1982. Artifacts Are in the Mind of the Beholder. *American Sociologist,* 17, S. 21-28.

– und Presser, S. 1977. Question Wording as an Independent Variable in Survey Analysis. *Sociological Methods & Research,* 6, S. 151-70.

Seattle-Denver Income Maintenance Experiment. Siehe: *Final Report of the Seattle-Denver Income Maintenance Experiment*.

Sessions, V. (Hg.) 1974. *Directory of Data Bases in the Social and Behavioral Sciences*. New York: Science Associates International.

Siegler, I. C. 1983. Psychological Aspects of the Duke Longitudinal Studies. In: Schaie (Hg.).
– im Druck. Psychological and Social Findings, 1973-1983. In: Palmore (Hg.).
– und Gatz, M., im Druck. Age Patterns in Locus of Control. In: Palmore (Hg.).

Siegler, I. C., George, L. K. und Okun, M. 1979. Cross-Sequential Analysis of Adult Personality. *Developmental Psychology*, 15, S. 350f.

Simon, H. 1980. The Behavioral and Social Sciences. *Science*, 4. Juli, S. 72-78.

Singer, B. und Spilerman, S. 1976. Some Methodological Issues in the Analysis of Longitudinal Surveys. *Annals of Economic & Social Measurement*, 5, S. 447-74.

Singer, E. und Kohnke-Aguirre, L. 1979. Interviewer Expectation Effects: A Replication and Extension. *Public Opinion Quarterly*, 43 (Sommer), S. 245-60.

Singer, J. und Glass, D. C. 1975. Some Reflections upon Losing Our Social Psychology Purity. In: Deutsch und Hornstein (Hg.).

Small, A. 1895. The Era of Sociology. *American Journal of Sociology*, 1, zitiert bei Cohen 1983.

Smith, M. B. 1983. The Shaping of American Social Psychology: A Personal Perspective from the Periphery. *Personality & Social Psychology Bulletin*, 9 (Juni), S. 165-80.

Social Science Research Council. *Items*, Vierteljährliches Mitteilungsblatt.

Sontag, L. 1969. The Longitudinal Method of Research: What it Can and Can't Do. In: Duke University Council.

Spiegelman, R. G. und Yeager, K. E. 1980. Overview [Überblick über die Einkommensstützungsexperimente in Seattle und Denver]. *Journal of Human Resources*, 15 (Herbst), S. 463-79.

Steeh, C. G. 1981. Trends in Nonresponse Rates, 1952-1979. *Public Opinion Quarterly*, 45, S. 40-57.

Taeuber, R. C. und Rockwell, R. C. 1982. National Social Data Series: A Compendium of Brief Descriptions. Washington, DC: Social Science Research Council.

Tanur, J. M. 1982. Advances in Methods for Large-Scale Surveys and Experiments. In: Adams, Smelser und Treiman (Hg.), Teil 2.

Terman, L. M. et al. 1938. *Psychological Factors in Marital Happiness*. New York: McGraw-Hill.

Thoits, P. und Hannan, M. 1979. Income and Psychological Distress: The Impact of an Income-Maintenance Experiment. *Journal of Health & Social Behavior*, 20 (Juni), S. 120-38.

Thomas, W. I. und Znaniecki, F. 1918. *The Polish Peasant in Europe and America*. Chicago: University of Chicago Press.

Thompson, L. W., Eisdorfer, C. und Estes, E. H. 1970. Cardiovascular Disease and Behavioral Changes in the Elderly. In: Palmore (Hg.).

Thorne, B. und Henley, N. (Hg.) 1975. *Language and Sex: Difference and Dominance*. Rowley, MA: Newbury House.

Tumin, M. M. 1970. Some Social Consequences of Research on Race Relations. In: Douglas (Hg.).

Turner, C. F. und Martin, E. (Hg.) 1981. *Surveys of Subjective Phenomena: Summary Report*. Panel on Survey Measurement of Subjective Phenomena, Committee on National Statistics, National Research Council, Washington, DC: National Academy Press.

U.S. Bureau of the Census. 1978a. Census Surveys. Measuring America. Druckschrift, Washington, DC: Bureau of the Census.
– 1978b. *Demographic Aspects of Aging and the Older Population in the United States*. 2. überarb. Aufl., Current Population Reports, Series P-23, No. 59, Washington, DC: U.S. Government Printing Office.
– 1980. *Census ›80: Continuing the Factfinder Tradition*. Von C. P. Kaplan, T. Van Valey und Mitarbeitern, Washington, DC: U.S. Government Printing Office.
– 1984. *Economic Characteristics of Households in the United States: Third Quarterly 1983*. Current Population Reports, Series P-70, No. 1, Washington, DC: U.S. Government Printing Office.
U.S. Congress, Joint Economic Committee. 1984. Estimating the Effects of Economic Change on National Health and Social Well-Being. Washington, DC: U.S. Government Printing Office.
U.S. Department of Health, Education, and Welfare. 1978. Protection of Human Subjects. Institutional Review Boards. Bericht der ›National Commission for the Protection of Human Subjects of Biomedical and Behavioral Research‹, *Federal Register*, 43 (30. November), S. 56174-98.
– 1979a. Income Survey Development Program. *Survey of Income and Program Participation (SIPP). The Conference on Potential for Analysis*. Hg. von C. A. Linninger, Annandale, VA: JWK International.
– 1979b. *Statistical Uses of Administrative Records with Emphasis on Mortality and Disability Research*. Ausgewählte Vorträge gehalten auf der Jahrestagung der ›American Statistical Association‹ 1979, Washington, DC: Social Security Administration Office of Policy.
– 1981. Code of Federal Regulations, Part 46 of 45CFR; Revisions. *Federal Register*, 46 (26. Januar), S. 8386-92.
U.S. Department of Health and Human Services. 1981. Federal Council on the Aging. *The Need for Long-Term Care: Information and Issues*. DHHS Publication No. (OHDS) 81-20704, Washington, DC: U.S. Government Printing Office.
– 1983. [Ohne Titel]. Solicitation for contractor proposals for the Work Incentive Experiment Data Collection and Management Project. Ref: SMM-33, SSA-RFP-83-0115, Baltimore, MD: Social Security Administration.
U.S. General Accounting Office. 1981. *Income Maintenance Experiments: Needs to Summarize Results and Communicate the Lessons Learned*. HRD-81-46, Gaithersburg, MD: U.S. General Accounting Office.
U.S. Senate. 1978. *Welfare Research and Experimentation*. Anhörungen vor dem ›Subcommittee on Public Assistance of the Committee on Finance‹, 15.-17. November, Washington, DC: U.S. Government Printing Office.

Verwoerdt, A., Pfeiffer, E. und Wang, H.-S. 1970. Sexual Behavior in Senescence. In: Palmore (Hg.).

Vroom, V. H. 1969. Industrial Social Psychology. In: Lindzey und Aronson (Hg.), Vol. 5.

Wang, H. S. und Busse, E. W. 1974. Brain Impairment and Longevity. In: Palmore (Hg.).

Webb, E. J. et al. 1975. *Nichtreaktive Meßverfahren*. Weinheim: Beltz (Orig.: *Unobtrusive Measures: Nonreactive Research in the Social Sciences*. Chicago: Rand McNally 1966).

Weber, M. 1956. *Wirtschaft und Gesellschaft*. 4. Aufl., hg. von J. Winckelmann, Tübingen (Engl. Ausg.: *The Theory of Social and Economic Organization*, Oxford: Oxford University Press 1947).

– 1905. Die protestantische Ethik und der »Geist« des Kapitalismus, I, II, *Archiv für Sozialwissenschaft und Sozialpolitik* 20. Bd., S. 1-54, 21. Bd., S. 1-110 (Amerik. Ausg.: *The Protestant Ethic and the Spirit of Capitalism*, New York: Scribner 1958).

Weinberg, M. S. und Williams, C. J. 1975. Gay Baths and the Social Organization of Impersonal Sex. *Social Problems*, 23, S. 124-36.

Weiner, N., Pandey, J. und Latané, B. 1981. Individual and Group Productivity in the United States and India. Vortrag gehalten auf der Tagung der American Psychological Association.

Wells, R. H. und Picou, J. S. 1981. *American Sociology: Theoretical and Methodological Structure*. Washington, DC: University Press of America.

West, R. W. 1980. Effects on Wage Rates: An Interim Analysis. *Journal of Human Resources*, 15, S. 641-53.

Whiteman, T. C. o.J. The Measurement of Nonfarm Self-Employment Income: The 1979 ISDP Research Panel. Vervielfältigt, Washington, DC: U.S. Department of Health and Human Services.

Whyte, W. H. 1980. *The Social Life of Small Urban Spaces*. Washington, DC: Conservation Foundation.

Wilkie, F. und Eisdorfer, C. 1974a. Intelligence and Blood Pressure. In: Palmore (Hg.).

– 1974b. Terminal Changes in Intelligence. In: Palmore (Hg.).

Williams, K., Harkins, S. und Latané, B. 1981. Identifiability as a Deterrent to Social Loafing: Two Cheering Experiments. *Journal of Personality & Social Psychology*, 40, S. 303-11.

Williamson, J. B. et al. 1982. *The Research Craft: An Introduction to Social Research Methods*. 2. Aufl., Boston: Little, Brown.

Wolman, B. B. (Hg.) 1982. *Handbook of Developmental Psychology*. Englewood Cliffs, NJ: Prentice-Hall.

Ycas, M. [zirka 1979]. ISDP Research Report 1: Evaluation of ISDP Survey Data Quality. Vervielfältigt, Washington, DC: U.S. Department of Health, Education, and Welfare.

– [1982]. Measuring Annual Income: Conceptualization. Washington, DC: U.S. Department of Health, Education, and Welfare.

– und Lininger, C. A. 1981. The Income Survey Development Program: Design, Features, and Initial Findings. *Social Security Bulletin*, 44 (November), S. 13-19.

Zajonc, R. B. 1968. Cognitive Theories in Social Psychology. In: Lindzey und Aronson (Hg.), Vol. 1.

Zimbardo, P. und Kabat, L. G. 1981. Induced Hearing Deficit Generates Experimental Paranoia. *Science*, 26. Juni, S. 1529-31.

Zimmermann, D. H. und West, C. 1975. Sex Roles, Interruptions, and Silences in Conversations. In: Thorne und Henley (Hg.).

Sachregister*

---

* Fett gesetzte Seitenzahlen verweisen auf eine eingehende Behandlung des Begriffs

Ronald Inglehart
Kultureller Umbruch
Wertewandel in der westlichen Welt

1989. 546 Seiten. ISBN 3-593-34153-0

»Das umfassende neue Buch von Inglehart ist die wichtigste Darstellung und Fortführung des Ansatzes zur Politischen Kultur seit annähernd einem Vierteljahrhundert.«

Robert D. Putnam, Harvard University

»Auf der Grundlage aktueller Forschungsergebnisse und Längsschnittstudien aus 25 Staaten entwickelt Ingelhart in seinem neuesten Buch – der ersten umfassenden Darstellung seiner Thesen in deutscher Sprache – seinen Ansatz weiter und analysiert Ursachen, Verlauf und Folgen der ›stillen Revolution‹ innerhalb der westlichen Gesellschaft.«

Handelsblatt

»Ich wüßte momentan kein anderes deutschsprachiges Buch zu empfehlen, in dem eine Fülle von Umfragedaten derart theoriegeleitet und methodisch sauber verarbeitet und auf den theoretischen Punkt gebracht werden wie in dem vorliegenden Buch. Hier äußert sich ein Einzelforscher, der Zugang zu den Ressourcen eines der größten Sozialforschungsinstitute hat, nämlich denen des Institute for Social Research in Ann Arbor, Michigan, und der gleichzeitig wissenschaftlicher Berater der EG-Kommission für die jährlichen Umfragen im EG-Raum ist, die unter dem Namen Eurobarometer bekannt sind.«

Franz Urban Pappi, Soziologische Revue

Campus Verlag · Frankfurt am Main

Aus unserem Programm

Reiner Aster, Hans Merkens, Michael Repp (Hg.)
Teilnehmende Beobachtung
Werkstattberichte und methodologische Reflexionen

Campus Forschung Band 632
1989. 146 Seiten. ISBN 3-593-34157-3

Anders als in der quantitativen gibt es in der Sozialforschung (noch) wenige kodifizierte Methoden. In diesem Band diskutieren Experten und Praktiker sowohl Anwendungsbeispiele aus verschiedenen Bereichen als auch Möglichkeiten, Grundsatzprobleme und Grenzen der Methode »Teilnehmende Beobachtung«.

Themen sind:

– Teilnehmende Beobachtung:
  Erlernbare Technik oder Intuition?
– Die Rolle des Beobachters
– Der Zugang zum Feld
– Die (Re-)Konstruktion der Wirklichkeit durch Feldprotokolle
– Gütekriterien des Verfahrens

Autoren: Roland Girtler (Wien), Athanassios Gotowos (Ioannina/Berlin), Volker Heeschen (Seewiesen), José Mulder van de Graaf (Berlin), Mechthild Niemann (Berlin), Jo Reichertz (Hagen), Richard Rottenburg (Berlin), Anne Sprenger (Berlin).

Campus Verlag · Frankfurt am Main